횡단적 암흑 구경의 목소리

근대 조선인과 독일인의 여행기를 중심으로

이 저서는 2019년 대한민국 교육부와 한국학중앙연구원(한국학진흥사업단)의
한국학대형기획총서사업의 지원을 받아 수행된 연구임(AKS-2019-KSS-1230001)

횡단적 암흑 구경의 목소리

근대 조선인과 독일인의 여행기를 중심으로

김용하

국학자료원

책을 내면서

현대 사회는 유동적이다. 각자 자신의 신념만을 지키기에 급급하다. 자신의 신념과는 다른 세계를 혐오하기도 한다. 페이크뉴스(Fake News) 와 딥페이크(Deep Fake)가 횡행하는 세계에서 타인과 더불어 살기 위한 자세가 어느 때보다 중요한 시대이다. 그런데 진실을 담대하게 말하는 과정은 쉽지 않다. 자신의 신념을 잠시 내려놓고 타인의 목소리를 들으려고 하지 않는다. 스스로가 자기 착취를 일삼기도 한다. 이러한 상황에서 낯선 타인과 잠깐 교류하면서 자신의 영토를 유지할 수 있는 여행과 관광의 시대로 진입하였다. 여행과 관광 주체가 세계를 자유롭게 이동하는 모습이 낭만적으로 보일 수 있다. 그렇지만 여행과 관광 주체가 놓치고 있는 것은 없을까 하는 의문이 들었다. 희망이 가득한 세계를 마음껏 누릴 수 있는 다수 혹은 소수의 이동만으로는 우리가 꿈꾸는 관문에 들어설 수는 없다.

신자유주의적 여행과 관광이 놓친 곳에서 기억과 망각의 늪을 벗어날 수 있는 힘을 발견할 수 있다. 이러한 의문에 대한 무기력한 답이 『횡단적 암흑 구경의 목소리-근대 조선인과 독일인의 여행기를 중심으로』이다. 본 저작은 2019년 한국학중앙연구원의 대형기획총서지원사업의 일환으로 쓰였다. 공식 기억에서 배제된 자들의 지리적 이동을 세밀하게 살펴보고 그들이 근대 폭력에 대항하는 목소리의 실체를 정리하였다. 근대 조선인-독일 유학생과 독일 망명객-과 근대 독일인-탐험가, 저널리스트, 지리학자, 선교사-들이 각각 독일과 조선을 횡단하는 과정에서 외면할 수 없었던 근대의 암흑 지점에서 근대 폭력의 '속셈'을 면밀하게 해체하려는 다양한 목소리를 들을 수 있다. 그들은 아름답지는 않더라도 윤리적으로 반응할 수 있는 자국과 타국의 비극 속에 포함된 자기 기만과 타인 억압을 거부하고 자기 배려와 타자 인식의 가치를 발견하였다. 비록 그들이 근대 폭력을 극복하기 위한 구체적 실천을 온전하게 행하지 못했다고 하더라도, 동서양 근대의 모순을 자각하고 제 생각을 솔직하게 표현하는 것을 주저하지는 않았다.

『횡단적 암흑 구경의 목소리-근대 조선인과 독일인의 여행기를 중심으로』를 탈고하는 동안, 『근대의 초상』(김인환, 난다, 2023)을 읽었다. 『자본론』독해를 위한 지침을 표방한 수필집이다. 그 중 근대 사회가 어긋남의 세계라고 규정하는 대목이 유독 눈에 띄었다. 경제적 혹은 정치적 어긋남을 직시해야만 자기 배려의 순간을 맞이할 수 있다. 요컨대, 암흑 역사에서 환상으로 도피하지 않고 암흑 지점을 구경하는 실학적 태도를 견지하면서 세계의 모순에 대해 대담한 저항(Libera Contumacia)을 표출하는 태도는 현재에도 유효하다. 아무쪼록 암흑 세계의 작은 구멍 너머를 구경하면서 자신의 신념과 이념을 조금씩 정정(訂正)하는 용기를 위한 시간을 맞이하기 바란다.

2024년 1월 15일
김용하

목차

다크 사이트로서의 근대 횡단하기

1. 동서양의 만남

근대 사회에서는 제국주의, 식민주의, 민족주의가 상호 간에 긴장 관계를 형성하였다. 근대 이념이 상상의 공동체를 형성하고, 근대 제도를 확립했다는 긍정적 요인도 있지만, 국가 폭력의 무한 투쟁을 실질적으로 증폭하였다. 국가는 개인의 폭력을 억압하면서 폭력에 대한 독점권을 소유하였다. 국가의 폭력 독점은 개별 국가 내에서만 작용하는 데 그치지 않고, 타국에 대한 폭력 행사를 강압적으로 시도하였다. 개별 국가 간의 폭력 투쟁은 동서양의 정치·경제적 갈등을 심화시켰다. 서양은 동양을 제국주의적 착취의 대상으로 간주하면서 동양의 물질적 토대와 정신적 구조를 해체하였다. 반면 동양은 서양의 근대성을 수용하면서 서구식 근대성을 동양에 이식하였다. 동서양의 제국주의, 식민주의, 민족주의는 각각의 토대 위에서 생존과 실존의 모험을 감행하였다.

서양은 근대적 이성과 합리의 표준을 지향하였다. 근대적 인간은 서양의 문화와 제도를 렌즈 삼아 인간과 세계를 전반적으로 파악하였다. 서양은 과학과 수학을 통해 인간과 사회의 보편적 질서를 형성하였고 서양 문명은 동양에 대해 절대적 우위를 차지하였다. 서양 특유의 이성과 합리의 보편적 단일성은 역설적으로 폭력적 성격을 띨 수밖에 없다. 서양과 동양의 비동일성이 승인되지 않는 상황에서 서양의 가치는 동양에 폭력적으로 이입되었다. 결국 서양의 계몽적 이성의 범주 내 동양의 존재를 승인하는 구조는 동양의 자립과 존립을 영속적으로 유예한다. 반면 동양은 서양을 모방하였다. 동양은 유럽으로 대변하는 서양 문화를 보편적 표준으로 간주하고 유럽 문화를 자국에 편입하였다. 일본은 서양 문화를 유입하는 과정에서 근대성을 선점하였다. 이에 조선과 중국 역시 일본을 통한 서양과의 미메시스(Mimesis)를 추진하였다.

동서양 만남은 물질과 제도만을 지향하는 태도를 비판하고, 삶의 새로운 국면을 창출할 수 있는 인문학적 성찰의 지형을 제시한다. 그간 서양 문화의 이식 과정에서 파생한 근대성에 대한 성찰이 진행되었지만, 동양의 서양에 대한 비판적 시각을 상호 간에 주체적으로 고찰하는 경우는 미흡하였다. 동서양 상부구조와 하부구조의 격차를 냉철하게 인식하고 근대사회의 부조리한 국면을 업그레이드할 사유의 지도가 필요하다. 동서양 만남은 옥시덴탈리즘(Occidentalism)과 오리엔탈리즘(Orientalism)의 동서양에 나타난 구체적 역사성과 이데올로기성을 주목하는 관점에서 벗어나 사회정치적 윤리 패러다임을 구축해야 한다.[1]

동서양 만남은 여행을 통해 진행되었다. 근대 사회에서는 여행이 관광과 결부되면서 개인과 대중이 자유롭게 이동하면서 자국과 타국의 차이를 자각하고, 이를 토대로 보편적 인간의 위상과 이념을 체득할 수 있다. 여행은 자기 목적을 구현하기 위해 일정 기간 사유의 시간을 보내는

---

1) 서유석, 2008, 「동서양 문명의 만남을 바라보는 관점들-오리엔탈리즘과 전통지상주의에 대한 비판」, 『시대와 철학』 통권 44호, 한국철학사상연구회, 146~148쪽.

과정이라면, 관광은 자기 욕망을 충족하기 위해서 타국의 경관을 소비한 후 귀국하는 단계를 뜻한다. 동서양은 자발적 여행과 자율적 관광의 조합을 거치면서 자국과 타국의 문화적 차이를 인식하고 상호 문화 교류를 위한 문화적 리터러시를 공유한다. 동서양 만남의 과정에서 비롯된 불화의 원인과 결과를 살펴보고, 그에 대한 새로운 대안을 창출하는 과정이 필요하다. 여행은 자국에서 타국으로 이행하는 과정을 거쳐 자국과 타국의 이질성과 동질성을 인식하는 계기를 마련한다.

동서양의 호모 비아토르(Homo Viator)는 여행하는 인간으로서 인간의 내면적 영혼을 상징한다. 세속적 질서와 여행자가 되려는 의식을 결합하는 과정을 거쳐 인간은 본원성에 도달할 수 있다. 호모 비아토르는 유동, 액체, 미지의 이미지를 동반하고, 객관적 본질과 주관적 실존의 경계를 유영하는 존재로 생각할 수 있다.[2] 호모 비아토르의 관점에서 근대적 관광 산업을 성찰하면 현대 사회의 동서양 만남의 문제점을 극복할 방안을 마련할 수 있다.

여행과 관광의 의미를 구분할 필요가 있다. 여행은 더욱 단순한 수단, 힘들다, 위험과 모험, 적극적인 질문과 발견, 능동성, 현지인, 현지 문화와 접촉, 순수한 체험, 탐구 활동, 독창성과 진정성, 독립적 여행이라면, 관광은 발전된 교통 안락하고 편안하다, 위험의 부재, 가이드 관광과 기만, 수동성, 현지인, 현지 문화로부터의 격리, 인위적 체험, 소비활동, 인공성과 진정성의 결여, 패키지 및 조직화한 투어를 나타낸다.[3] 관광은 선진적 문물과 문화재, 자연 경치, 독특한 풍속을 둘러보고 견문을 넓히

---

2) Marcel, Gabriel. Craudfurd, Emma and Seaton, Pau(trans), 2010, Home Viator: Introduction to the Metaphysic of Hope, St.Augustines Press, pp.1~6.
3) 신동주, 2022, 『여행과 관광의 이해』, 대왕사, 102쪽.

는 것이라면, 여행은 타자의 시선으로 자신의 삶을 돌아보면서 심신의 자유로움을 확장하는 과정이고 아울러 관광객은 이문화 현장과 명소를 체험하고 호기심을 충족하려고 한다면, 여행객은 힘든 여정을 수반하면서 참혹한 역사적 현장을 방문해 교훈, 반성, 참회, 치유를 통해 인류와 자신의 성찰을 추구한다.[4]

현대 사회는 관광화되고 있다. 글로벌리즘과 신자유주의가 결합하면서 자본 이동이 수월해지고, 시공간의 자본화가 가속화되고 있다. 선진국과 후진국의 격차가 커지면서 전 지구적 위험이 증대하고 있다. 전 지구의 관광화는 로컬의 가치를 훼손하고 공동체의 위기를 유발하고 있다. 자본의 관광화를 포맷하는 과정을 거치면서 관광으로 오염된 여행의 본원적 의미를 회복하는 일이 시급하다. "관광이라는 형식 속에서 여전히 숨 쉬고 있는 의미를 향한 충동으로서의 여행"[5]으로 고찰하지 않았음을 재발견하고, "여행기는 관광 대상에 대한 '체험'을 붙박인 자아를 통한 소통 가능한 여행 '경험'의 지평"[6]을 담고 있다. 현대 사회에서 관광으로 포섭되는 일상생활을 구제하기 위해서는 의미와 가치를 발견하기 위한 여행을 복원하고, 여행 전후에 발생하는 표피적 관광의 체험에서 벗어나 자아와 세계의 소통을 지속할 수 있게 만드는 여행의 경험을 표현하는 여행기의 맥락을 다시 탐색하는 과정이 중요하다. 여행은 근대 사회에서 관광이 산업화하여 가는 과정에서 파생한 위험 요인을 자각하고, 여행의 진정성(Authenticity)을 다시 점검하는 과정이다.

여행은 동서양 만남의 틈새를 극복할 수 있는 관점을 제시한다. 동양

---

4) 이웅규, 김용완, 2023, 「다크투어리즘 연구 용어 사용의 부적절성 고찰」, 『한국과 국제사회』제7권 제3호, 한국정치사회연구소, 302~306쪽.

5) 김종엽, 2002, 『타오르는 시간-여행자의 인문학』, 창비, 13쪽.

6) 김종엽, 2022, 위의 책, 27쪽.

에서는 서양의 관광을 수용하는 과정을 거치면서 근대적 여행의 모습을 갖추기 시작했다.[7] 여행은 타국과 타인과의 만남을 통해 자국화 개인의 정체성을 새롭게 재인식할 수 있는 과정이다. 여행은 자국에서 타국으로 이행하는 과정을 거쳐 자국과 타국의 이질성과 동질성을 인식하는 계기를 마련한다. 여행을 통한 만남은 인문학적으로 어떻게 타자를 환대할지에 관한 질문을 제시한다. 여행은 근대성에 대한 성찰을 동반한다. 유럽중심주의와 동양중심주의간의 길항 관계에서 파생한 근대적 폭력에 대처할 방안을 제시할 뿐만 아니라, 동서양의 대화를 위한 선결 조건을 마련할 수 있다. 여행은 보편적 목소리를 추구하는 과정이 아니다. 여행을 통한 토대에는 이질성과 다양성에 대한 겸허한 목소리를 추구한다. 이러한 점을 염두에 둔다면, 여행객으로서의 호모 비아토르는 동서양 근대성에 대한 근원적 성찰을 내포한다. 개별 국가의 구성원으로서는 발견할 수 없는 타국과 타인의 세계를 성찰하는 과정은 동서양의 본원성을 회복하는 데 작용한다. 서양 문화에 대한 동경은 여행과 관광을 통해 구현되었다. 타국의 경관을 표피적으로 소비하는 형식인 관광만으로는 동서양의 진정한 만남을 도모했다고 볼 수는 없다. 그러므로 동서양 만남의 과정에서 촉발된 요인이 무엇인지를 살피고, 이를 토대로 자국과 타국의 경계를 여행하고 어두운 세계를 관광할 수 있는 토대에서 발생한 계기를 회복해야 한다.

---

7) 도재학, 2018, 「관광(觀光)'의 어휘사와 문화 변동」, 『한국학연구』제64권, 고려대학교세종캠퍼스 한국학연구소, 84쪽.

2. 조선과 독일의 만남

유럽인들은 동아시아의 문화적 동질성을 전반적으로 인식하고 있었으나, 관찰 대상을 국가별로 세분화하였다. 아울러 유럽 여행객은 동아시아 개별 국가의 현재 사회를 야만으로 규정짓지 않았지만, 근대 사회에서는 퇴락한 모습을 진단하는 부정적 입장을 드러내었다. 19세기 유럽 여행기에는 동아시아 국가들이 찬란한 과거와 퇴조한 현재를 극복하기 위해서 서양의 근대화를 수용할 수밖에 없다는 주장이 반영되었다.[8) 조선과 독일의 호모 비아토르들은 동서양 만남의 단계에서 조선과 독일이 지속해서 여행과 관광의 변용을 보여준다. 한일병합 전에 조선을 여행한 독일인의 여행기에는 청결 문제, 여성의 지위, 관리들의 부패상, 한반도의 정체 등 조선의 내외부를 통합적으로 살피는 시선이 반영되어 있다.[9) 근대적 시공간은 전근대와는 달리 표준화와 합리화를 추구한다. 만인은 시공간의 균질성을 준수하면서 사회 제도 내에서 생활한다. 근대적 시공간은 개인의 이탈과 탈주를 허용하지 않는다. 만인은 균질성의 구조에서 생존과 실존을 모색할 뿐이다. 근대적 시공간을 둘러싼 만인의 만인에 대한 투쟁은 개인 차원에만 머물지 않고 사회적, 국가적, 민족적 차원으로 확대되기도 하였다. 만인은 시공간의 표준이 제시하는 자유를 승인하면서 균질적 시공간이 폭력으로 작용할 수 있다는 점을 인식하였다. 표준과 기준에 어긋나는 대상은 주체로서 자리 잡지 못하고 객체로 전락할 수밖에 없었다. 중심에서 배제된 객체는 자생적 존재

---

8) 박용희, 2009, 「19세기 유럽인들의 동아시아 인식-다섯 여행기 분석을 중심으로」, 『동양사학연구』 제107권, 동양사학회, 149쪽.
9) 홍명순, 2010, 「19세기 말 독일인의 조선여행기-문화간 커뮤니케이션 관점을 중심으로」, 『외국어로서의 독일어』 제25호, 한국독일어교육학회, 169쪽.

값을 승인받지 못한 채 주체를 모방하는 운명에 처한다. 이러한 관점을 염두에 둔다면, 동서양 만남은 서양과 동양의 미메시스를 둘러싼 만인의 투쟁 과정에서 발생한 문제점을 성찰하고, 서양과 동양 주체와 객체의 보편성과 특수성을 승인할 수 있는 조건을 탐색하는 과정이었다.

한국과 독일의 만남은 태동(~1882)과 모색과 준비(1882~1948)기간을 거쳐 현대까지 이어지고 있다. 한국과 독일인의 역사적 최초의 접촉은 1664년 청나라에 볼모로 간 소현세자와 아담 샬(Adam Schall von Bell)의 만남이다. 그들은 제국인 청에서 만났으나 소현세자가 급서함에 따라 지속적 관계로 이어지지 못했다. 이후 1832년에 카를 귀츨라프(Karl Gützlaff)와 1886년에 에른스트 야콥 오페르트(Ernst Jakob Oppert)가 조선에 입국하였다. 1882년 한독 수교가 이루어지고, 1910년 이후에는 한독 관계가 단절되었다. 이 당시 독일인은 한국의 산업, 지리, 기후 등에 대해 제국주의적 혹은 선교적 목적을 추구하였다.[10] 아담 샬은 중국에서 천문학자로서 봉사하였지만, 선교사의 지위는 불안정하였다. 그는 조선 선교에 대한 꿈을 꾸었지만, 청나라 사람들이 조선 출입을 강력하게 금지하였기 때문에 소현세자를 만나 조선에서는 위로부터의 선교를 기대하였다.[11] 귀츨라프는 폐쇄적이고, 복음의 불모지이고, 은둔의 나라인 조선에 그리스도의 복음을 심고 하나님의 나라를 세우려고 노력하였고, 미개의 나라로 간주하였던 조선의 문화와 역사를 존중한 선교사였다. 아울러 짧은 선교 여행을 통한 성경, 전도 책자, 주기도문 번역은 조선에서 기독교가 주체적으로 자생할 수 있는 토대를 마련한 것이었다.[12]

---

10) 이은정, 이영석, 2009, 「독일 한국학의 성립과 발전」, 『독일어문학』제17권 제2호, 한국독일어문학회, 274~276쪽.
11) 황정욱, 2012, 「소현세자와 아담 샬」, 『신학논단』제69집, 연세대학교 신과대학 연합신학대학원, 268쪽.

1884~1894년 사이에 이루어진 독일과 조선의 통상은 동서문화 충돌의 양상을 보여주었다. 1884년 이후 파울 게오르크 폰 묄렌도르프(Paul Georg von Möllendorff)가 세창양행을 통해 근대화 작업에 착수한 조선 조정과 계약을 체결해 초기 상업적 발판을 견고히 하였고, 조선 조정과 상인들에게 차관과 대출을 제공하여 사업 확장을 도모하는 데 일조하였다. 이를 토대로 독일 총영사관은 외교 통로를 통해 청과 일본으로부터 세창양행의 이익을 원조하였다.[13] 제국주의 시대의 독일은 사회진화론에 따라 한국의 상대적 위치를 평가절하하였고, 19세기 서양의 진보관에 따라 조선을 재단하는 과정을 거쳐 서양 문명의 우수성과 성숙성을 증명하였다.[14] 조선이 근대화로 진입하기에 앞서, 독일은 서양 문명의 정치적 혹은 경제적 관점에서 조선을 타자화하는 모습을 보였다. 독일인이 직접 근대 조선을 방문하는 것과는 달리, 일본에 체류하면서 표류민으로서의 조선인과 만나 조선과 조선인에 대한 기록을 남긴 때도 있다. 시볼트는 1828년 3월 17일 일본 나가사키 앞바다의 데지마에서 세척의 배로 난파당한 36명의 전라도 출신 어민과 상인들을 우연히 만났다. 그는 조선인 표류민을 만나면서, 조선인의 인종, 의복, 습관, 문자 등을 관찰하였다. 그는 "이 난파당한 사람들이 심정을 토로함에는 그것이 한정된 지식의 단편에 지나지 않는다고 할지라도 그 내용과 표현은 마음과 정신이 도야(陶冶)되어 있음을 가리키고 있다. 자신의 사상을 즉석

---

12) 조해룡, 2019, 「한국 최초 방문 선교사 칼 귀츨라프(Karl F. Gützlaff)의 선교 사상과 조선 선교 연구」, 『복음과 선교』제45권 제1호, 한국복음주의선교신학회, 210쪽.

13) 이영관, 2002, 「동서문화의 충돌 : 독일과 조선의 통상 및 교훈 1884-1894」, 『중앙사론』제16집, 한국중앙사학회, 142쪽.

14) 고유경, 2005, 「한독관계 초기 독일인의 한국 인식에 나타난 근대의 시선」, 『역사와 담론』제40권, 호서사학회, 307~308쪽.

에서 형태에 맞춰 넣어, 충분치는 않을지라도 틀림없는 중국 문자로 슬슬 써 내려가는 능력은 조선의 문화 수준에 관한 좋은 이미지"15)를 제시한다고 말한다.

반면 근대 계몽기의 한국인들은 문명과 영웅 담론의 관점에서 독일에 접근하였다. 근대 계몽기의 문명개화론자들은 독일을 포함한 서양 강국의 근대 문명을 수입하고 이를 통해 국민을 계몽하여 문명 강국으로 거듭나고자 하였다. 이를 위해서 독일의 학문, 기술, 선진적 교육 제도에 관심을 표하였다. 독일의 근대화 과정에서 발생한 권위주의와 영웅주의의 문제점을 간과하였다. 이러한 문제점은 탈아입구(脫亞入歐)를 표방하면서 서구를 지향했던 일본의 옥시텐탈리즘을 생각 없이 수용했기 때문이다.16)

근대 조선인의 독일 여행기와 독일인의 조선 여행기는 분과 학문의 관점에서 이루어졌다. 근대 조선인과 독일인들은 국경을 넘어 상호 간에 문화적 의사소통의 지형을 심층적으로 고찰할 필요가 있다. 그들이 각각 자국과 타국에 대한 여행의 목적과 과정에 나타난 계몽 주체의 지형이 구체적으로 무엇인지 살펴보지 못하고 있다. 그들의 여행기를 중심으로 근대 여행 주체가 파악한 자국과 타국의 경계선에 잔존하고 있는 여행과 계몽의 관계를 통합적으로 고찰해야 한다.

근대 조선에서는 근대와 식민이 공존하였다. 식민주의는 근대성을 표방하면서 피식민지의 자연과 일상을 지배하였다. 전통은 파괴되고 문명이 곳곳에 자리를 잡기 시작하면서, 근대 조선에서는 이질적 공간이 등

---

15) 시볼트, 류상희 옮김, 1987, 『시볼트의 조선견문기』, 박영사, 34~35쪽.
16) 고유경, 2006, 「근대계몽기 한국의 독일인식-문명담론과 영웅담론을 중심으로」, 『사림』제25호, 수선사학회, 208~209쪽.

장하였다. 식민주의는 피식민지의 공간을 하나의 구경거리로 전락시켰다. 관광 식민주의(Tourist Colonialism)는 식민주의자들이 관광여행의 경험을 통해 제국적 주체로서의 자각과 실감을 획득하는 과정이라면, 관광여행의 안정화와 대중화는 제국에 대한 식민지의 복속과 실질적 영토화를 증명하는 과정이다.[17]

3. 암흑 구경과 목소리

1) 암흑 구경(dark kukyong)으로서의 다크투어리즘

다크투어리즘(darktourism)은 인간의 실수와 반인륜적인 행위 때문에 비극이 일어났던 곳을 관광객이 방문해 반성하고 교훈을 얻는 행위이다.[18] 근대 사회에서 발생한 역사적 비극은 근대 구조 자체에 내재하고 있는 폭력의 작동 방식에 대해 탈근대의 관점에서 재해석하는 과정을 수반한다. 현대 사회가 위험사회로 진입하면서 후기 근대 사회의 위험 요인을 하나의 관광 현상으로 살펴보려는 움직임이 발생하였다.[19] 다크투어리즘은 근대적 관광 산업이 망각하거나 은폐한 관광의 풍경을 성찰한다. 예컨대, 근대 사회에서 자행된 전쟁, 박해, 재해, 학살, 사회 격차의 시공간을 여행자의 시선으로 응시하고, 근대 사회의 폭력 구조를 비판적으로 고찰한다. 자연과 경관을 소비 대상으로만 간주하지 않고, 무의식적으로 외면했던 세계의 비밀을 대면하고자 한다.[20]

---

17) 김백영, 2014, 「철도제국주의와 관광식민주의-제국 일본의 식민지 철도관광에 대한 이론적 검토」, 『사회와 역사』제102호, 한국사회사학회, 199쪽.
18) 한숙영, 박상곤, 허중욱, 2011, 「다크투어리즘에 대한 탐색적 논의」, 『관광연구저널』제25권 제2호, 한국관광연구학회, 15쪽.
19) 한숙영, 조광익, 2010, 「현대사회에서의 위험과 관광-다크투어리즘의 경우」, 『관광학연구』제34권 제9호, 한국관광학회, 23쪽.

근대 조선을 중심으로 이루어지는 투어리즘은 관광의 일상화가 지니는 근대적 의미를 해명하는 데 일관하였다. 근대 투어리즘을 일상적 근대성에만 접근하는 과정은 자칫 근대 투어리즘이 작동하는 이면에 정치적 욕망이 활성화되고 있다는 점을 간과할 수 있다. 다크투어리즘은 근대의 모순을 탐사하는 과정이다. 투어리즘이 근대 사회의 문제점에 무감각하다면, 다크투어리즘은 근대 사회의 모순에 대해 감각적으로 반응한다. 다크투어리즘은 근대 사회에서 발생한 전쟁과 재해의 폐허가 발생한 몰락 상황을 성찰하는 시각이다. 다크투어리즘의 관점과 시각에서 근대 사회의 문제를 비판적으로 성찰하기 위해서는 다크 사이트에 대한 여행자의 목소리가 무엇인지 고찰해야 한다. 현대 사회에서 관광객 주체는 근대 폭력의 문제를 해결할 관점을 제시할 수 없고, 근대 폭력에 종속될 수밖에 없다. 다크투어리즘은 "빛나는 곳(光)을 보는 것이 아니라 오히려 '어두운 곳(暗)'을 본다. 밝고 환한 이성의 빛이 내리는 합리적인 삶의 세계나 문명의 위대함에 속한 기억이나 의미, 내용을 찾는 것이 아니라 오히려 합리성과 문명의 이름으로 억압하거나 파괴한, 그리하여 우리가 믿는 합리성과 문명 그 자체를 뒤흔들어 놓는, 비합리적이면서도 반문명적인 기억이나 의미, 내용을"[21] 찾는다. 다크투어리즘은 전쟁 혹은 재해를 비롯한 인류의 슬픔을 기억하기 위한 여행이다. 다크투어리즘은 근대 사회에서 발생한 다크 사이트를 성찰하는 시선을 담고 있다. 근대 폭력이 작동한 다크 사이트를 확인하는 일은 삶의 방식을 각성하고 사회를 구축하는 데 이바지한다. 근대의 정치적 폭력에 대항하기

---

20) 井出 明, 2018, 『ダークツーリズム拡張―近代の再構築』, 美術出版社, p.74.
21) 박영균, 2021, 「현대성의 성찰로서 다크 투어리즘과 기획의 방향」, 『로컬리티 인문학』제25권, 부산대학교 한국민족문화연구소, 23쪽.

위한 기억을 보존하고 근대 구조의 한계를 파악할 수 있다. 역사의 슬픈 기억을 보존한 지역을 여행하는 과정을 거쳐 근본적으로 근대란 무엇인가를 되물을 수 있다.[22]

근대적 관광 산업은 국가와 자본의 경계를 해체하는 과정을 거쳐 탈민족주의, 탈국가주의를 지향하는 양상을 선보였다. 근대적 관광 산업이 국가와 자본의 유용성을 원활하게 작동하면서 근대성의 긍정적 요인을 제시한 측면도 있지만, 관광의 상업화와 산업화는 근대 사회에서 발생한 부정적 세계를 은폐하는 데 일조하기도 하였다. 근대 사회에서 자행된 제국주의적 혹은 식민주의적 상처에 대한 망각을 강화하고, 폭력 기억을 은폐하는 상징을 보편적으로 작용시켰다. 근대 조선을 중심으로 동서양 만남의 일환인 여행 담론 과정에서 도출된 글쓰기에 투영된 목소리를 면밀하게 고찰한다.

①돛단배 한두 척이 하류로 흘러가고, 작은 어선들은 황토색 모래톱에서 햇볕을 쬔다. 어부들은 우리를 등지고 강변에 앉아 작은 금속 부리가 달린 긴 담뱃대로 담배를 피운다. 기차에는 관심도 없다. 그들은 주절대듯 흐르는 푸르른 강물을 꿈꾸듯 바라본다. 이런 걸 '구경(Kukyong)'이라고 한다. 다니며 감상한다는 뜻이다. 한국인들은 이러기를 좋아한다. 외딴 농가가 숨은 협곡 위로 벗은 암벽이 돌출되어 있다. 장마에 작은 밭이 개울물로 넘치면 욕심 없는 백성들의 끼니도 해결된다.[23]

②하우고개는 내륙 쪽으로 1시간 반쯤 들어가야 있다. 저녁 무렵 숲이 무성한 계곡에 도착한 나는 그곳에서 새로운 자연의 경이와 마주했다. 몇 킬로미터에 이르는 산비탈 전체가 내 고향의 석남꽃이나 알프스 들장미와 아주 흡사한 철쭉으로 인해

---

22) 井出 明, 2018, 『ダークツーリズム 悲しみの記憶を巡る旅』, 幻冬舎, pp.20~26.
23) 노르베르트 베버, 박일영, 장정란 옮김, 2012, 『고요한 아침의 나라』, 분도출판사, 56~57쪽.

분홍과 보랏빛으로 타올랐다. 하얀 옷을 입은 조선 사람 여러 명이 입에는 여지 없이 담뱃대를 물고 길가 언덕에 앉아 그 멋진 광경에 빠져 있었다. 그들에게 무얼 하느냐고 묻자 이런 대답이 돌아왔다. "구경합니다."

　'구경'이라는 말은 그 후에도 자주 들었다. 흔히 쓰는 말의 하나인데, "산책을 하며 주변 경치를 바라보고 호기심을 갖고 몰입한다."는 뜻이다. 나는 자연의 형태와 색깔에 몰입하는 조선인들의 행동이 내면으로 향하는 그들의 사려 깊은 본성의 표시라고 생각했다.[24]

　①과 ②는 공통으로 구경의 양상을 제시하고 있다. 구경은 조선인들이 자신 이외의 영역을 바라보는 태도로서 주체와 객체의 적절한 거리 두기를 뜻한다. 구경꾼의 시선은 자기 너머의 세계에 호기심을 갖고 주위와 주변을 살피는 과정이다. 구경은 주체와 객체가 서로의 영역을 보존하면서도 대상에 대한 관심을 포기하지 않는다. 아울러 세계의 밝음과 어둠을 자기화하는 단계로서 주체의 자기화와 해석화를 구현할 수 있다.

　①은 노르베르트 베버가 쓴『고요한 아침의 나라』의 일부이다. 그는 기차를 타고 조선의 풍경을 바라본다. 근대인이 기차 속에서 바라보는 태도는 근대적 시선을 담고 있다. 산들 사이의 평야, 들에는 흰옷을 입은 사람들, 초가집, 돛단배, 작은 어선, 담배를 피우는 어부들이 보인다. 어부들은 지나치는 기차에 무관심한 채, 푸른 강물을 구경한다. 그는 한국인들이 다니면 감상하는 행위인 구경을 선호한다고 지적한다. 조선인들의 구경은 지적 호기심의 발로로 다양한 신들과 영웅들을 대하는 소박한 형태의 숭배라고 평가한다.[25]

---

24) 안드레 에카르트, 이기숙 옮김, 2010,『조선, 지극히 아름다운 나라』,살림출판사, 80쪽.
25) 박일영, 2012,「노르베르트 베버의 한국 선교정책 연구」,『종교연구』제66권, 한국

②는 안드레이 에카르트가 쓴 『조선, 지극히 아름다운 나라』의 일부이다. 그는 서구 여행객의 시선으로 조선인들이 세계를 이해하는 방식인 구경의 원리를 체험한다. 그는 하우고개를 지나 내륙 쪽으로 접어들면서 자연의 경이를 만난다. 조선인들은 "산책을 하며 주변 경치를 바라보고 호기심을 갖고 몰입"하는 과정을 구경이라고 말한다. 그는 조선인들이 사려 깊은 본성을 지니고 있다고 생각하였고, 소란스러운 일본인들과는 달리 조선인의 심성을 나타낸다고 말한다.

> 관광객의 시선은 관광객들을 일상의 체험과는 분리된 풍경과 도시 경관의 모습을 향해 있다. 사람들이 이런 측면을 보는 것은, 이들이 어떤 의미에서 일상으로부터 벗어난 것으로 간주되기 때문이다. 그러한 관광 명소를 보는 것은 흔히 서로 다른 형태의 사회적 패턴화와 관련이 있는데, 일상생활에서 흔히 발견되는 것보다는 풍경이나 도시 경관의 시각적 요소에 대해 훨씬 더 큰 민감성을 갖는 것이다. 사람들은 사진, 엽서, 영화, 모형 등등의 것을 통해서 흔히 시각적으로 대상화되거나 포착되는, 그런 시선으로 시간을 보낸다. 이러한 것들을 통해 시선은 시간을 초월하고 공간을 가로질러 재생산되고 재포착되고 재확산된다.[26]

구경의 독법은 주체와 객체가 각각 자기 영역과 경계를 유지하면 상호 간에 거리를 형성하면서 배제하지 않는다. 근대적 시선은 주체가 객체를 장악하면서 객체를 주체화하는 과정을 거친다. 주체와 객체가 분리된 채 객체를 억압하는 방식으로 작동한다. 기존 관광과 여행의 한계를 극복하기 위해서는 다크투어리즘적 시각에서 근대 사회를 해석해야 한다.

다크투어리즘은 암흑 구경(dark Kukyong)으로 간주할 수 있다. 암흑

종교학회, 121쪽.
26) 존 어리, 요나스 라슨, 도재학, 이정훈 옮김, 2021, 『관광의 시선』, 소명출판, 20쪽.

구경은 다크투어리즘의 개념을 활용해 제시한 것이다. 근대 조선인과 독일인들은 근대 사회의 제국주의와 식민주의가 작동하는 곳을 여행하였다. 그들의 여행기에 가장 많이 언급된 어휘는 구경이다. 구경과 관광은 서로 다르다. 구경은 흥미로운 대상에 거리를 둔 채 열중하며 들여다보는 행위이고, 관광은 자국과 타국의 경관을 하나의 소비 대상으로 간주하는 태도이다. 근대 조선인과 독일인들은 조선과 독일에서 발생한 삶의 전환과 변환 과정을 두루 구경하면서 격변의 풍경이 보여주는 의미를 자기화하였다.

암흑은 다크투어리즘에서 말하는 전쟁과 재해의 흔적을 의미하지만, 근대 조선인과 독일인들은 암흑세계를 발견하면서도 이를 소비 대상으로만 파악하지 않고 구경의 독법으로 해석하는 모습을 보여준다. 제국주의와 식민주의의 폭력이 기입된 생활세계(Lebenswelt)를 철저하게 상품화하는 관광 전략이 동원되었다. 그러나 일본과 외국의 유학을 통한 이행을 관광의 관점으로만 접근하는 데에는 한계가 있다. 외국인들이 근대 조선에 부합하는 과정 역시 관광 산업만으로는 확인할 수 없는 이념적 요인이 작용하고 있다. 조선인과 서양인의 상호간 이행 구조를 관광의 관점에서 파악하는 것에서 벗어나 여행의 시각에서 접근하고자 한다. 그들은 외국의 문화 경관과 자연경관을 구경하면서 느낀 바를 여행기에 반영하고 있다. 다크투어리즘적 시각에서 근대 사회를 분석하는 과정을 거쳐 기존 투어리즘이 근대성에 대한 의식 지평만을 긍정할 수 있는 오류를 극복할 수 있다.

호모 비아토르와 다크투어리즘적 관점에서 동서양의 만남 양상을 살펴볼 필요가 있다. 다크투어리즘은 역사적 죽음 공간을 방문하는 일을 통해 역사적 폭력의 양상을 파악할 수 있고, 위험이 남아 있는 곳을 방문하는 일을 통해 위험에 대한 성찰을 모색할 수 있다. 근대 투어리즘과는 거리를 두는 근대 조선에서의 여행 담론을 고찰하는 과정은 근대 투어리즘이 간과한 근대 사회의 제국주의, 민족주의, 식민주의에 대한 영토를 마련할 수 있는 계기를 부여한다. 근대 조선을 중심으로 국민과 식민이 월경하는 풍경은 지금 우리가 근대성의 모순을 극복할 수 있을지에 대한 방향을 담고 있다. 다크투어리즘의 시공간에 대한 물리적 접근에서 벗어나 다크투어리즘적 렌즈로 포착될 수 있는 근대 조선과 독일의 만남을 구체적으로 살펴보고자 한다.

2) 목소리로서의 파레시아

파레시아(Parrhesia)는 진솔성, 신념과 진실의 일치, 위험을 무릅쓰는 용기, 비판적 기능, 의무를 지향하면서 세계와 인간에 대한 진실을 말하기 위한 과정이다. 개인은 자신을 억압하는 구조의 오류와 모순을 감지하는 순간 동조 압력을 겪는다. 불합리한 구조가 제시하는 맥락을 진솔하게 파악하고 자신의 신념을 고수하면서 진실을 추구하는 사회가 정상적이다. 세계의 오류와 모순을 비판하는 행위는 위험을 수반할 수밖에 없다. 자기 자신과 타자의 어긋남을 있는 그대로 인지하고 이를 인지적 지형으로 새롭게 구축하기 위해 진실을 둘러싼 모순을 폭로하는 것이다. 자기 배려를 통한 윤리적 기능을 다시 구성하고 기존 담론 영역에서 벗어나 자기만의 존재 가치를 형성하는 주체로 거듭날 수 있는 계기를 제공한다. 발화 주체는 발화 상황에의 오류와 모순을 감지하고, 이를 토대로 타인과 세계의 모습을 비판적으로 인식한다.

파레시아는 자기 목소리를 확보하고 타자의 목소리를 횡단하는 과정에서 발생하는 엄격한 자기 윤리의 힘을 포함한다. 진실을 말하기 위해 이성과 비이성의 파열에서 생성되는 진실에 대한 목소리가 역설적으로 감정과 매개되고 있다. 파레시아 주체는 정치적 주체로서 진실 세계를 사회적으로 표현하고 폐쇄적이고 사유화된 공간과 권력의 왜곡을 탈사유화하는 공정한 권력을 필요로 한다.[27] 파레시아의 특징을 세분해 설명하면 다음과 같다.

첫째, 파레시아는 진실을 말하는 용기이다. 무조건 진실이 진리가 될 수 없지만, 진실의 조건이 현실에서 작동하는 맥락을 다층적으로 파악하는 과정은 용기가 필요하다. 진실은 객관적 사실의 축적만으로 성립하지 않는다. 이와 달리, 진실은 담론으로 구성된다. 사회 담론은 각 구성원이 각자의 이념을 자유롭게 제시하는 것처럼 보이지만 권력을 동원해 형성되기도 한다. 진실의 위계질서가 설정되는 다층적 담론 맥락을 새롭게 해석하는 전략이 필요하다. 진실과 담론이 권력과 매개하는 과정에서 주체는 무의식적으로 진실의 실체에 접근할 기회를 잃어버릴 수 있다. 진실 속에 권력 담론의 메커니즘이 작동하는 점을 파악하는 일은 진실의 강제력을 해체할 용기를 구체적으로 발언하는 일이다.

둘째, 파레시아는 위험을 감수하는 말하기 행위이다. 진실이 공개적으로 표출되는 순간, 사회적 압력을 견뎌야만 하는 상황이 발생한다. 진실을 은폐하거나 혹은 조작하는 담론이 팽배한 상황에서 진실 발화의 위험성을 자각하고, 이를 토대로 자기 발화에 대한 구조적 폭력을 폭로하는 적극적 수행이 요구된다. 진실 발화 주체는 공개적 모욕과 오해를 받을 수 있다. 그렇지만 자신에게 부여된 정치·경제적 위험을 감수하는 힘을 포기하지 않는다. 거짓 진실은 진실의 형식과 내용을 외적으로 취

---

27) 윤민재, 2018, 「현대사회의 파레시아(Parrhesia)의 특징과 그 실현 가능성 탐색」, 『담론 201』제21권 제2호, 한국사회역사학회, 121쪽.

하고 있지만 특정 이념을 옹호하기 위한 거짓에 불과하다.

셋째, 파레시아는 비판적 태도를 추구한다. 비판은 특정 사실의 오류와 모순을 지적하는 행위이다. 미성숙한 존재가 성숙한 존재로 거듭나기 위해서는 계몽 주체의 자기 인식이 필요하다. 반면 진실 발화 주체는 자기 인식과 자기 배려의 세계를 동시에 추구하면서 진실 담론의 허구성을 예리하게 언급한다. 진실과 진리가 담론으로 구성되는 상황에서 복수의 진실을 고찰하고 권력 담론의 작동 방식의 한계를 비판하는 일은 권력의 헤게모니를 분쇄하는 일에 속한다. 진실을 외면하고 진리를 독점하는 데 악용되는 냉소주의와 달리, 파레시아는 지속해서 자신과 세계의 어긋남을 자각하면서 비판 주체로서의 의식을 견지하려고 한다. 이러한 점을 염두에 둔다면, "자기 배려의 견지에서 파레시아는 주체의 윤리적 실천의 문제인 동시에 자신이 진실한 발언의 주체로 스스로 구성하기 위해 요구되는 실천"[28]이다.

파레시아는 진실, 위험, 비판의 맥락에서 세계의 부조리를 계몽하는 것이다.

목소리(Voice)는 파레시아의 세계를 표상한다. 목소리는 과정으로서의 목소리와 가치로서의 목소리로 구분할 수 있다. 과정으로서의 목소리는 우리가 스스로에 관해 이야기하는 내러티브를 구현하고 자기 경험과 세계를 바라보는 관점을 표현하는 행위이다. 가치로서의 목소리는 과정으로서의 목소리 그 자체를 인간의 삶과 조직이 가치 있게 고려하여 이를 선택하는 행동으로서 개별 목소리의 존중과 지지로 이어지기 때문에 개별 목소리를 부정하고 약화하는 사회경제적, 정치적 조직을

---

28) 안현수, 2018, 「미셸 푸코의 주체화에 대한 연구」, 부산대학교 대학원 박사논문, 122쪽.

분별있게 반대하는 행위를 뜻한다.[29] 현대 사회에서는 개별자의 목소리가 전체 목소리에 포섭되어 자율적 혹은 자생적 요소를 상실할 수 있다. 혹은 침묵을 강요하는 상황이 발생하면서 개별자의 상호 연결을 차단하기도 한다. 그러므로 개별 목소리가 연결되는 상황에서 자신들만의 주체적 목소리를 드러내고 서로의 차이를 새롭게 융합하는 형식을 구현할 필요가 있다. 진실이 조작 혹은 왜곡되는 상황에서 자신의 목소리를 표출하는 과정은 위험하다. 음험한 위험이 제시하는 폭력에 대처하기 위해서는 목소리를 억압하는 시스템을 비판해야 한다. 목소리의 음성적 가치는 정서적 반발과 깊은 관계를 맺는다. 가치로서의 목소리는 파레시아의 형식과 매개될 수 있다. "파레시아는 윤리적 기능 역시 수행한다. 발화자는 진실 말하기를 통해 진실 담론을 생산하고 그 담론을 통해 자신을 형성함으로써 기존의 담론에 의해 구성된 주체가 아니라 '다르게 존재하기'를 실천하는 주체가 된다. 더욱 급진적으로 자기는 진실한 삶을 살아감으로써 '다른 삶'에 대한 담론을 작동시키는 진실의 주체"[30]를 설정하는 과정이다. 목소리는 발화 주체가 자신의 진실을 왜곡과 조작의 상황에 부닥칠 수 있다는 점을 인식하고, 이를 토대로 부조리한 진실 담론의 허위성을 표현하는 것이다. 아울러 실제 같은 근대 모습을 은폐하지 않고 있는 그대로 재현하는 과정에서 발생한다.

　파레시아는 진실과 관계를 맺으면서 살아가는 말과 삶의 일치를 추구하는 윤리적 실천이고, 자기 통치를 위해 자기 자신에게 근본적 관심을 기울이는 태도이다.[31] 이상과 같이, 파레시아는 주체들이 자유롭게 자

---

29) 닉 콜드리, 이정엽 옮김, 2015, 『왜 목소리는 중요한가』, 글항아리, 16~17쪽.
30) 조난주, 2020, 「담론적 실천으로서 파레시아」, 『시대와 철학』 제31권 제3호, 한국 철학사상연구회, 222쪽.
31) 김세희, 2018, 「자기 배려로서의 자기 인식과 파레시아:미셸 푸코의 해석을 중심으

신들의 문제의식을 표출하면서 자기 부정 단계에서 벗어나 자기 배려와 타자 인식의 단계에 진입하기 위해 목소리로 규정할 수 있다.

4. 근대 조선인과 독일인의 암흑 구경과 목소리

동서양 교류의 흔적을 발견하기 위해서는 동서양의 횡단적 여행 경로를 고찰하고, 이를 토대로 근대 계몽 지식인들의 목소리를 살펴야 한다. 근대 조선인의 독일 여행기에 대한 논의는 유럽과 독일 여행을 통해 유학자들이 습득하고자 하는 지적 열망을 포착하고 있다.[32] 그러나 그들이 독일에서 마주한 실존적 고통의 전후 맥락을 살펴보지 못하고 있다. 근대 독일인의 조선 여행기에 대한 논의는 서양중심주의적 관점으로 조선을 타자화하는 과정에서 도출된 조선의 이미지를 분석하고 있다.[33]

로」, 『교육철학연구』제79호, 한국교육철학학회, 81~82쪽.

32) 곽승미, 2006, 「세계의 위계화와 식민지주민의 자기응시:1920년대 박승철의 해외 기행문」, 『한국문화연구』제11권, 이화여자대학교 한국문화연구원 ; 우미영, 2013, 「근대 지식 청년과 渡歐 40여 일의 문화지정학 - 1920~30년 독일 유학생의 渡歐 記 중심으로」, 『어문연구』제42권 제4호, 한국어문교육연구회.

33) 김미란, 2009, 「20세기초 독일여행문학에 나타난 한국문화 : 노르베르트 베버의 『고요한 아침의 나라에서』를 중심으로」, 『브레히트와 현대연극』제20호, 한국브레히트학회; 김연신, 2016, 「구한말 독일인 여행기에 서술된 동북아상-"황색의 위험"의 기능변화」, 『카프카연구』제36권, 한국카프카학회; 이미정, 2019, 「근대적 지리로서의 금강산 표상 연구-노르베르트 베버의 『수도사와 금강산』을 중심으로」, 『비평문학』제74호, 한국비평문학회; 정희선, 2020, 「지그프리트 겐테의 조선 기행문에 투영된 근대 지리학자의 시선-제국주의와 과학적 경험주의의 결합」, 『문화역사지리』통권 72호, 한국문화역사지리학회 ; 조관연, 2007, 「헤르만 산더의 한국 기행(1906~07) 목적과 조사방법」, 『역사문화연구』제26권, 한국외국어대학교 역사문화연구소; 조록주, 2021, 「루돌프 차벨 기행문으로 살펴본 1904년 제철로 양상 검토」, 『중원문화제연구원』제6권, 중원문화재연구원; 최석희, 2004, 「독일인의 한국여행기에 나타난 한국상」, 『독일어문학』제26권, 한국독일어문학회; 홍명순, 2010, 「19세기 말 독일인의 조선여행기- 문화간 커뮤니케이션 관점을 중심으로」,

그러나 그들이 조선을 여행하면서 대면한 식민지 조선의 다양한 요소를 심층적으로 살피지 못하고 있다. 근대 조선인과 근대 독일인의 여행기를 각각 살펴보면서 동서양 근대 사회의 계몽 지식인의 주체성에 나타난 의미를 고찰한다. 근대 조선인의 독일 유학 담론에서 생성된 여행기, 학술논문, 선언문 등에 반영된 욕망을 고찰하고자 한다. 반면 근대 조선을 여행한 독일인의 여행 담론에 생성된 여행기, 학술서 등에 나타난 의식을 살펴보고자 한다.

　근대 조선과 독일의 호모 비아토르는 자국과 타국의 경계에서 발생한 근대성의 폭력을 자각하고, 이를 통해 근대성의 이면에 내재하고 있는 '속셈'을 새롭게 해석하였다. 근대 조선인과 독일인은 각각 독일과 조선을 여행하거나 관광하는 과정에서 근대적 다크 사이트를 발견하고, 근대적 폭력에 대항하기 위한 자신들의 목소리를 재현하기 위한 글쓰기를 수행하였다. 그들은 다크투어리즘의 시선으로 이해할 수 있는 근대의 다크 사이트를 자각하는 과정에서 근대의 작동 방식이 외면한 흔적을 기록하였다. 근대의 형식이 무비판적으로 수용되는 맥락을 해체하기 위해 파레시아의 목소리를 표현하였다. 그들의 다크투어리즘의 관점과 파레시아의 중층적 작동 방식은 근대성의 폭력이 은폐된 형식과 내용을 드러내는 과정의 일환으로 이해할 수 있다. 근대 조선과 독일의 호모 비아토르들은 각각 동서양 시공간에 응축된다. 암흑 영역을 거부하지 않고 있는 그대로 수용하면서 여행의 과정에서 파생된 계몽의 한계를 여행기로 표출하였다. 그들은 역사에서 잊힌 시공간을 추적하고 복원하면서 인간의 어두운 지평의 세계를 글쓰기로 보여주는 과정을 발견하였다.

　근대 조선인과 독일인들은 국경을 넘어 상호 간에 문화적 의사소통의

───────────────

『외국어로서의 독일』제27권, 한국독일어교육학회.

지형을 심층적으로 고찰할 필요가 있다. 그들의 여행기를 중심으로 근대 여행 주체가 파악한 자국과 타국의 경계선에 잔존하고 있는 여행과 계몽의 관계를 통합적으로 고찰해야 한다. 조선과 독일의 호모 비아토르들은 자국과 타국에서 발생하고 있는 근대 폭력이 발생하는 맥락을 목격하고 국가와 민족의 해체와 생성을 동시에 구현할 방안을 모색하였다. 근대 사회에서 조선과 독일은 근대성의 부정성이 극단적으로 반영된 공간이었다.

공공역사(Public History)의 관점에서 다크투어리즘의 실제성을 확보할 수 있다. 공공역사는 전문적 역사 담론에서 벗어나 모든 역사서술, 역사 활동, 역사 활용의 실천 양식, 역사에 대한 메타 담론과 담론을 매개로 한 다양한 사회적 논의, 실천, 활동이기 때문에 대중에 대한 역사, 역사가의 공적 역할과 능동적 대중 참여와 상호작용 속에서 역사를 이해하고 해석하는 과정이다.[34] 근대 조선의 독일 유학생들은 독일 유학을 목표로 삼았지만, 조선에서 독일로 이행하는 과정에서 조선의 식민주의적 실체를 파악하였다. 반면 근대 독일인들은 정치적, 언론적, 학문적, 종교적 차원에서 조선을 방문하였지만, 조선에서 발생하고 있는 근대 폭력의 흔적을 발견하였다. 그들이 각각 독일과 조선에서 직시한 근대 풍경 여행기를 다음과 같이 정리해 접근하고자 한다. 근대 조선인과 독일인은 독일과 조선을 여행하는 과정에서 근대 폭력에 노출된 풍경을 자각하고, 근대 모순을 말하지 않을 수 없는 조건을 폭로하였다. 각자 자신들이 직면했던 타국의 실상을 외면하지 않고 구경하는 과정을 거치면서 형성된 감정적 반응을 솔직하게 말하려는 자발성이 그들의 여행기에

---

34) 한성민, 2023, 「공공역사의 관점에서 다크 투어리즘의 한국적 맥락 이해」, 『한국사학보』제92호, 고려사학회. 111~112쪽.

나타나고 있다. 물론 근대적 다크 사이트를 외면하거나 부정할 수도 있지만, 그들은 근대 제국주의와 식민주의의 문제점을 말하기 위한 목소리를 포기하지 않았다. 그들은 목소리로서의 파레시아를 여러모로 구현하면서 항의, 호소, 증언, 고발, 폭로, 고백의 관점에서 자신들의 자국과 타국의 횡단 과정에서 도출된 실상을 제시하였다.

　제1부에서는 근대 조선인의 독일 암흑 구경과 자기 배려의 목소리를 살펴본다.

　제Ⅰ장에서는 독일 유학생:고투의 구경과 항의의 목소리를 다룬다. 그들은 독일 유학 생활 동안 독일 문명의 조선화를 위해 고투하였지만 근대 조선의 식민지 모순을 자각하고 이를 해결하기 위한 항의의 목소리를 표출하였다. 근대 조선의 독일 유학생-김준연, 김현준, 계정식, 도유호, 박승철, 이극로, 이갑수, 정석태-들은 독일의 선진문명과 문화를 동경하였다. 그들은 독일의 학문 체계를 습득하는 것 못지않게 조선 독립과 건국을 위한 이론과 실천을 마련하고자 하였다.[35] 근대 조선에서

---

35) 프랑크 호프만은 베를린에 유학한 조선인들의 내력과 활동을 정리하였다. 특히 1920년대에 베를린에 도착한 대부분의 조선인들은 상해와 모스크바를 경유한 정치적 이주자이거나 일본에서 유학을 한 경험이 있는 학생들이었다. 그들의 사회적 신분을 고려하건대, 몇몇 예외를 제외하고는 대부분이 엘리트 출신이었다. 해당 시기에 베를린의 한인 유학생들은 사회주의자의 학습을 추구하여 조선 독립을 목표로 한 정치적 활동에 주력하였다. 그들은 독일에서 학업을 마친 후에, 미국과 유럽에서 자신의 커리어를 지속하기 위해 학생, 아카데미, 교수로 생활하거나 본국으로 돌아가기도 했다. 제1차 세계 대전과 제3제국 시대에 걸쳐, 독일 베를린에서 머문 그들은 로컬 독일의 정치적 갈등에 깊이 몰두하였다. 나치 시대의 일본 외교관과 NS 제도와의 협력에 따라 1920년대에 조선의 독립을 목표로 한 애국주의 혹은 좌파 활동을 포기한 채, 베를린에 머문 몇몇 조선인과 후일 다시 결합한 자들은 자발적으로 노골적인 파시스트 치하에 살 수밖에 없었다. 주요 사회정치적 혹은 문화적 흐름에 의하면, 1920년대와 1930년대 동안 독일의 주요한 정치적 혹은 지적 성격은 일본과 조선의 상황과 거의 병행하였다. 문학과 예술에서 사회적 비평의 강력

유학이 의미하는 바를 논의하면서, 그들이 독일을 유학지로 선택한 맥락을 살펴보고자 한다. 그들이 조선에서 독일로 유학을 가는 경로를 면밀하게 분석하면서 독일이라는 서양에 대한 침윤된 세계를 파악하고자 한다. 그들이 독일 유학을 하면서 직접 체험한 세계가 구체적으로 무엇인지를 살펴보면서 독일 유학 고투의 행로를 탐색하고자 한다. 독일 유학생들은 유럽 문화를 동경하였지만, 그들이 독일에서 유학 생활을 하면서 조선의 다크한 상황을 인식할 수밖에 없었다. 이러한 점을 염두에 두면서, 그들이 유학 생활에서 발견하고자 했던 상상계(the imaginary Order)로서의 독일 문화와 상징계(the symbolic Order)로서의 근대 사회의 경계에서 역설적으로 실재계(the Real Order)로서의 조선의 현실을 인식하는 과정을 설명해야 한다. 유덕고려한인회가 타국에서 조선 독립을 위해 독립운동을 펼친 이면에 작동한 탈식민주의적 인식이 무엇인지를 면밀하게 고찰한다. 해외여행 담론의 일부인 유학 과정에서 근대 조선의 지식인들이 인식한 사고방식을 살펴보는 과정을 거쳐 근대 조선의 인문학적 목소리의 양상이 구체적으로 무엇인지를 살펴보고자 한다. 자국에서 타국으로의 이행 과정에서는 불가피하게 여행 경험을 기억하기 위한 글쓰기가 수반될 수밖에 없다. 각자의 경험에 기반을 둔 기억의 글쓰기는 각자의 이념에 따라 다양한 목소리를 제시하였다. 그들은 유학을 통해 탈민족주의, 탈국가주의를 지향했으면서도 타국에서 민족주의

한 강조와 정치적 이데올로기와 문화적 혹은 인종적 순수성을 고려한 아이디어의 혼재, 헨리 포드의 모더니티에 따른 기계 시대의 개념과 낭만주의와 유토피아 사회주의가 혼합된 초우파 민족주의가 병행하였다. 베를린의 조선인들은 조선, 도쿄, 상해에서 알고 있던 것과 매우 비슷하게 익숙한 정치적 그룹을 알았고, 사회문화적 유사성에 따라 그들은 자연스럽게 네트워크하였다.
Hoffmann, Frnak, 2015, Berlin Koreans and pictured Koreans, Praesens, p.154.

와 국가주의를 생성하기 위해 노력하였고, 그들은 학적 담론을 구성하면서도 민족주의를 끝까지 포기하지 않았다.

제Ⅱ장에서는 독일 망명객:비탄의 구경과 호소의 목소리를 다룬다. 이미륵은 독일 망명 기간에 독일과 조선의 상황을 비탄의 시선으로 구경하고, 이를 해결할 수 있는 방안을 자기성찰적 메타여행소설(selbstreflexive Meta-Reisefiktionen)[36] 형식을 활용해 호소하였다. 독일 망명이 근대 사회에서 차지하는 의미를 파악하고, 이미륵을 포함한 독일 유학생들이 참여한 피압박민족대회의 성격을 검토하면서 독일 망명객이자 유학생인 이미륵의 여행소설을 중심으로 조선에서 탈출해 독일에 정착한 근대 지식인의 절망과 비극적 양상을 살펴본다. 이미륵이 여행소설을 작성하면서 보여준 국경 경관 의식이 망명자로서의 자의식을 담고 있는 양상

---

36) 독일 여행 문학 텍스트는 다음과 같은 분류할 수 있다. 기록 중심의 여행기(dokumentarische Reiseberichte)는 실제 여행과 관련된 자료를 토대로 역사적 고증이 가능한 장소와 사건을 중시한다. 여행자는 실제 공간과 연관된 자료를 토대로 역사적 고증을 거치면서 여행지의 속성을 기록하는 방식이다. 여행자들은 역사적 기록에 반영된 시공간의 맥락을 살피는 과정을 중요시한다. 사실적 여행기(realistische Reiseberichte)는 여행기의 관습에 따라 서술하고 여행을 배경으로 이야기의 플롯을 구성한다. 여행자들은 기존의 여행 관습에 따라 여행하면서 자신들의 이야기를 구성하였다. 기존 여행 경로에 따라 마주한 풍경의 의미를 재구성하는 과정으로 이해할 수 있다. 편집 여행기(revisionistische Reiseberichte)는 대화적 혹은 비평적 상호 텍스트 관계를 보이면서 전통적이고 관습화된 여행 기록 양식을 변경시키고자 한다. 기존 여행기와의 비평적 대화를 거치고 상호 텍스트의 맥락에서 여행지의 공간을 재편하면서 변형된 여행 기록으로 간주할 수 있다. 자기성찰적 메타여행소설(selbstreflexive Meta-Reisefiktionen)은 여행을 재구성하고 텍스트에 허구적 요소를 가미하여 자기 관련성이 강하다. 여행자가 실제 여행기로 기록하지 않고 허구적 요소를 가미한 메타여행소설 형식을 차용해 여행 과정에서 마주한 공간에 대한 기억과 현실 감각을 마련한 맥락을 제시한다. 신혜양, 2016, 「여행문학의 텍스트 전략-괴테의 이탈리아 여행의 이중 문학화」, 『인문과학연구』제34권, 성신여자대학교 인문과학연구소, 101~102쪽.

을 살펴보고자 한다. 그가 메타여행소설을 작성하면서 조선과 독일의 경계에서 마주한 제국주의와 식민주의를 비판적으로 고찰한 망명객의 시선이 중요하다. 그는 고향상실(Heimatlosigkeit)의 상황에서 조선인의 삶의 원형을 간직할 수 있는 방식을 보여주고자 한다. 그는 망명객으로서 독일에서 마주한 풍경 속에서 조선의 풍경을 연상하지만, 조선의 실상에 접근할 수 없다고 생각한다. 그가 독일에서 발견한 다크 사이트를 중심으로 자기 성찰적 태도를 보이는 맥락을 고찰하고, 조선의 정치적 파국을 인식하는 과정에서 상실감을 표출하는 방식을 분석한다. 그의 메타여행소설은 독일에서 다크 디아스포라 투어리즘(dark Diaspora Tourism)의 성격을 띠고 있다. 조선의 몰락과 재건이라는 이율배반적 조건을 구조화하기 위해 독일로 유학을 떠난 근대 조선의 지식인들은 독일을 프리즘 삼아 서양의 근대 문명을 긍정적으로만 인식하지 않았다. 그들은 독일의 근대 문명에서 조선에서 결핍된 양상을 어떻게 채울 수 있을지를 고민하였다.

제2부에서는 근대 독일인의 조선 암흑 구경과 타자 인식의 목소리를 살펴본다. 독일인 탐험가, 저널리스트, 지리학자, 선교사들이 근대 조선을 여행하면서 마주한 세계를 기록한 여행 담론에 나타난 독일인들의 목소리가 무엇인지를 고찰하고자 한다. 그들이 조선을 암흑 구경하는 과정에 만난 식민지 조선의 변화와 전통으로서 조선의 문화가 공존하는 과정을 인식하는 맥락을 살펴보고자 한다.

제III장에서는 독일인 탐험가: 위험의 구경과 증언의 목소리를 다룬다. 그들은 근대 조선에 나타난 위험 요소를 구경하고, 근대적 위험이 촉발하는 폭력 결과를 증언한다. 에른스트 야코프 오페르트(Ernst Jakob Oppert)와 헤르만 산더(Hermann Sander)가 조선을 방문하는 과정에서 발견한 조선의 실상을 살펴보고, 그들이 조선인을 어떻게 인식하고 있는지 고찰하고자 한다. 그들은 각각 상인과 군인이라는 다른 직업을 지니고 있음에도 불구하고, 조선이라는 낯선 시공간을 탐험하는 과정을 거치면서 조선인이 처한 상황을 인식할 뿐만 아니라 조선인의 일상생활에 내재하고 있는 작동 방식을 분석하였다. 그들은 조선을 탐험하는 과정에서 타국에 대한 불안과 공포를 넘어설 수 있는 용기가 필요하였다. 오페르트가 경제적 통상과 천주교 박해를 인식하면서 근대 조선의 정치적 몰락을 예감하는 과정을 살펴보고자 한다. 아울러 헤르만 산더가 러일전쟁 전후의 조선에서 발생한 전쟁의 흔적과 조선 민속을 관찰한 바를 검토하고자 한다.

제Ⅳ장에서는 독일인 저널리스트:죽음의 구경과 고발의 목소리를 다룬다. 그들은 근대 조선에 나타난 다양한 형식의 죽음 세계를 구경하고, 조선이 직면한 죽음의 요인을 냉정하게 고발한다. 루돌프 차벨(Rudolf Zabel)과 지크프리트 겐테(Sigfried Genthe)는 조선을 취재 여행하면서 전쟁과 식민이 작동하는 조선의 실체에 접근하였다. 루돌프 차벨은 신혼여행의 형식을 취하였지만 실질적으로는 종군 기자로서 러일전쟁 전후의 조선 상황을 목격하고자 하였다. 지크프리트 켄테는 조선을 횡단 여행하면서 제주도에서 발생한 종교 박해의 문제를 파악하였다. 이러한 점을 염두에 두면서, 그들이 전쟁 상황의 조선인들이 살아가는 과정에 은폐된 제국주의와 식민주의의 무의식을 폭로한다는 점을 분석하고자 한다. 그들이 조선을 여행하면서 조선 내외부에서 작동하고 있는 정치적 폭력을 심층적으로 고발하는 목소리를 살펴보고자 한다. 근대 조선인들이 독일에서 조선을 발견하는 목소리를 제시하였다면, 독일인들은 조선에서 빈곤을 발견하였고, 타자로서의 조선을 연민하였다. 이러한 과정에는 제국주의적 시각이 반영되어 있기도 하지만, 근대 조선의 암흑 모습을 있는 그대로 표현한 측면도 있다. 독일인의 조선 기행에 나타난 빈곤의 양상을 고찰하고자 한다. 독일인들이 조선인의 삶을 인식하는 시선에는 제국주의와 식민주의적 시선이 투영되어 있지만, 조선의 남루한 빈곤을 연민하는 시선도 동시에 존재하였다.

제Ⅴ장에서는 독일인 지리학자:암흔의 구경과 폭로의 목소리를 다룬다. 그들은 근대 조선의 암흑적 지리 상황을 구경하고, 이를 토대로 식민주의의 지리적 훼손을 폭로한다. 카를 곳체(C.Gottsche)와 헤르만 라우텐자흐(Hermann Lautensach)의 연구 여행을 중심으로 제국주의와 식민주의적 지리학이 어떻게 조선에서 작동하고 있는지를 살펴보고자 한다. 그들은 조선 지리를 연구하는 과정에서 여행을 시도하면서 조선 지리의 고유성과 자립성을 파악하였다. 그들은 근대 조선을 여행하면서 근대 조선에서 작동하고 있는 일본식 식민주의의 부정적 양상을 구경하고, 근대 조선에 잔존한 어두운 흔적 등을 인식하였다. 이러한 점을 토대로 근대 조선에 나타난 어두운 지리적 세계가 어떤 의미를 지니고 있는지를 고찰하고, 그들이 일본식 식민주의의 한계를 객관적으로 폭로하는 과정을 면밀하게 분석하고자 한다.

제Ⅵ장에서는 독일인 선교사: 속죄의 구경과 고백의 목소리를 다룬다. 그들은 근대 조선에 나타난 일본의 폭력을 속죄의 시선으로 구경하고, 이를 제어할 수 있는 힘을 고백하려는 태도를 보인다. 노르베르트 베버(Norbert Weber)와 안드레 에카르트(Andre Eckardt)의 조선 여행기를 살펴본다. 그들은 독일에서 조선을 방문한 후 각각 조선에 장기간 체류하면서 타국의 정체성을 확인하였다. 노르베르트 베버의 『고요한 아침의 나라』와 『수도사와 금강산』을 중심으로 선교와 순교의 비극 현장을 방문하고, 금강산에서 일본의 식민 경관에 훼손 받지 않은 자연경관의 원형을 발견하고자 양상을 살펴보고자 한다. 아울러 안드레 에카르트의 『조선, 지극히 아름다운 나라』에 나타난 조선의 역사, 문화 등을 하나의 풍경으로 고찰하는 맥락을 심층적으로 탐색하고자 한다. 문화 상호 간의 지리적 만남을 넘어 인문학적 시공간을 확보하는 타자의 고통을 인식하고 주체화하는 과정과 조선과 독일의 문화 접속과 교류 과정에서 근대 조선인과 독일인의 상호 문화론적 관점의 양상을 살펴보려고 한다. 그들은 공통으로 종교적 시점에서 근대 조선의 지리적 변경 모습을 고찰하였다. 그들은 타자로서의 근대 조선의 모습을 비판적으로 고찰하였다. 독일인 선교사들의 시선에는 조선인들이 자립적으로 혹은 주체적으로 근대화를 추진하지 못하는 과정에 대한 연민[37]이 반영되기도 한다. 연민은 타인의 고통에 대한 관찰자의 가치판단, 개인의 윤리적 토대, 사회 규범의 핵심으로서, "연민의 장애물이 되는 사람들을 구별 짓는 수치심, 질투심, 혐오감으로부터 벗어나야 하며, 감정이입에 의해 타자의 고통을 상상적 재구성하는 것을 넘어서서 고통받는 타자를 자기 삶의 목적으로 끌어와 그에게 좋은 일을 행하도록 노력해야 한다."[38] 한다는 점을 고려해야 한다. 그런데 근대 독일인들이 조선인들에 대해 보인 연민의 감정은 자기애에서 자존심으로 이행하는 자아의식의 확장이라는 사회화 과정을 발견한 타자에 대한 감정으로 간주할 수 있다.[39] 연민의

---

37) 연민과 관련된 원어는 compassion, sympathy, pity, empathy이다. 이지성은 누스바움의 공감 연구을 토대로, compassion은 공감, sympathy는 동정심, pity은 연민, empathy은 감정이입으로 번역하였다. 이지성, 2013, 「타인의 고통, 연민을 넘어 공감으로」, 『대동철학』제63권, 대동철학회, 85쪽.

38) 이선, 2018, 「연민의 사회적 역할:누스바움의 연민 분석을 중심으로」, 『교육문화연구』제24권 제 6호, 인하대학교 교육연구소, 41쪽.

39) 김용환, 2003, 「공감과 연민의 감정의 도덕적 함의」, 『철학』제76권, 한국철학회,

감정은 자아와 타자간의 사회적 관계를 매개로 발생한다고 생각할 수 있다. 독일인 선교사들은 조선여행 과정에서 대면한 문화적인 충격(Kuturschock)의 극복은 자문화와 이문화의 경계를 이해하고, 타자의 입장이 되어 직면하게 되는 문화 양상을 관용적으로 수용하는 태도가 필요하다.[40] 이러한 연민은 고백의 목소리와 연결된다. 근대 조선의 독일인은 연민의 진실을 발견하면서도 조선인에 대한 공감의 자세를 고백한다.

근대 조선인과 독일인이 각각 독일과 조선을 횡단하는 여행 도중에 마주한 근대의 암흑적 폭력 현상은 각자의 개별 목소리를 통해 구현된다. 횡단성(Transversality)은 동서양이 타국을 여행하는 과정을 거쳐 상호 간에 정치 문화적 요인을 모방하거나 극복하는 과정에서 파생되는 균열의 지점을 확인할 기회를 제시한다. 횡단성은 개별성을 보존하면서도 개별성 간의 교차, 횡단, 소통을 통해 연대적 혹은 집합적 공동선을 성립하고, 이를 통해서 지구시민의 열린 정체성을 해석하는 데 유용하다.[41] 횡단성의 정치(politics of transversality)는 차이의 정치(politics of difference)를 넘어 차이들을 개별성으로만 간주하지 않고 그 차이들을 통일시키는 보편성도 전제하지 않기 때문에 차이의 복합적 혹은 정치적 상태를 표현하는 것이다.[42] 근대 사회의 개별성과 보편성만으로 포착될 수 없는 근대성에 내장된 횡단성의 구조를 파악하는 일은 중요하다. 이러한 횡단성 개념을 중심으로 동서양 근대 사회에서 조선인과 독일인이

177쪽.

40) 홍명순, 2010, 「19세기 말 독일인의 조선여행기- 문화간 커뮤니케이션 관점을 중심으로」, 『외국어로서의 독일』제37권, 한국독일어교육학회, 169쪽.

41) 이동수, 2010, 「지구시민의 정체성과 횡단성」, 『21세기정치학회보』제20권 제3호, 21세기정치학회, 183쪽.

42) 이동수, 정화열, 2012, 「횡단성의 정치:소통정치의 조건」, 『한국정치연구』제21권 제1호, 서울대학교 한국정치연구소, 299쪽.

자국과 타국의 정치 문화적 맥락을 해체하고 재구성하는 방식을 살펴보려고 한다. 횡단 이성은 계몽 이성의 전체성과 획일화하는 다른 다원적 이성과 이행을 추구하기 때문에 이질적이고 공약 불가능한 요소들의 관계를 지향한다.[43]

이상과 같이, 『횡단적 암흑 구경의 목소리』는 근대 동서양 만남이 여행과 관광을 통한 동서양 횡단의 과정에서 근대의 암흑 폭력에 은폐된 실체를 파악하려는 목소리의 양상을 심층적으로 살펴보려는 여정이다.

---

43) 신지영, 2012, 「새로운 이성에 관한 현대적 탐구의 여정들-냉소적 이성 비판과 횡단 이성 그리고 과정으로서의 이성을 중심으로」, 『시대와 철학』제23권 제3호, 한국철학사상연구회, 238~239쪽.

제1부

근대 조선인의 독일 암흑 구경과 자기 배려의 목소리

—

Ⅰ. 독일 유학생:
고투의 구경과 항의의 목소리

1. 독일 유학

근대 조선의 지식인들은 근대 문화와 문명을 수입하기 위해 유학을 떠났다. 그들은 일본 유학을 통해 서구화를 확인하고 조선에 이식하려고 하였다. 근대 초기 해외 유학생들은 전근대 문화에 익숙한 세대들로서 유학 체험을 통해 전근대 문화와 단절을 시도하였고, 일본 유학생 출신 문인들은 문명개화와 친일 경도의 경계에 위치하였지만, 그들은 근대 사상과 근대 문화 및 제도를 조선에 정착시켰다.[1] 근대 조선의 지식인은 계몽 주체로서 전근대에 머무는 조선을 근대적으로 전환하기 위해 일본과 서양의 지식을 활용하고자 하였다. 물론 근대적 제도와 체제를 구축하는 과정에서 민족주의에 반하는 정치적 행보를 보이기도 했다는 점을 부정할 수 없다. 1880년대에는 향반, 중인, 상민 신분들이 일본 유학을 통해 조국의 근대화를 위한 인재 양성과 개화 세력의 확충을 추구하였다.[2]

---

1) 김영민, 2007, 「근대적 유학제도의 확립과 해외 유학생의 문학·문화 활동 연구」,
  『현대문학의 연구』제32권, 한국문학연구학회, 299~303쪽.
2) 박기환, 1998, 「근대 초기 한국인의 일본유학-1881년부터 1884년까지를 중심으로」,

근대 조선의 지식인들은 해외여행의 일환으로 외국 유학을 떠났다. 그들은 일본으로 유학을 떠나면서 근대 문명을 확인하고 근대 조선에 이식하려고 하였다. 반면 서양에 직접 유학을 떠나는 과정을 거쳐 근대 문명의 실체를 확인하려는 움직임도 있었다. 근대 조선의 여행담론과 유학담론은 조선, 일본, 동양과 서양과의 차이점을 인식하는 과정을 거쳐 근대 국가를 둘러싼 다양한 입론과 각론을 구축하였다. 유럽국민국가의 시대에 들어 조선에서는 서양의 개별 국가들에 대한 정보가 대량으로 유입되거나 유통되면서 독일, 프랑스, 영국 같은 대표적인 제국주의 국가들의 문학, 문화, 학문이 동양의 근대 사회에 막대한 영향을 끼쳤다.[3] 근대 조선의 지식인들이 독일 유학을 통해 서양의 근대 문화를 체험하는 과정에서 역설적으로 다크 사이트인 조선의 모습을 발견하였다. 근대 조선의 지식인들이 작성한 여행 담론과 유학 담론에는 다크 사이트인 조선의 실상을 자각하면서 민족주의의 강화를 위한 시선이 담겨 있다.

　　해외 유학은 자국에서 타국으로 이행하는 과정에서 자국의 근대적 결여를 타국의 근대성으로 채우려는 욕망에서 발생한다. 자국과 타국의 공간적 차이는 물리적 국경을 넘어서 인간의 인식에까지 영향을 끼친다. 이러한 과정에서 자국과 타국에 대한 지리적 발견은 제국주의, 식민주의, 민족주의의 삼각관계에 정치·경제적 영향을 끼친다. 동서양 근대 사회에서 자국과 타국의 국경을 넘나들면서 국가의 지리적 한계를 극복하기 위해서는 여행을 통해 외국 세계를 인식하고 외국 문명을 적극적으로 수용하려는 관점이 필요하였다.

　『일본학보』제40권, 한국일본학회, 249쪽.

　3) 김미지, 2019, 『우리 안의 유럽, 기원과 시작-근대의 문턱에서 조우한 유럽』, 생각의 힘, 14쪽.

근대 조선의 해외 유학생들은 조선의 식민주의 상황을 해체하면서 독자적 국가를 생성해야 한다고 생각하였다. 그들은 해외 여행의 변주인 해외 유학을 통해 유럽 문명의 문화적 조건을 수용하려고 하였다. 그들은 유럽으로 이행하는 과정에서 동양과 서양의 공간을 인식하고, 동서양의 역사와 문화를 발견하려고 하였다. 외국어 학습 능력, 유학 생활비 등 유학은 타국에서 공부하는 과정만을 의미하지 않는다. 유학 과정은 자국어와 외국어의 경계에서 자국의 상황을 타국의 관점에서 성찰하는 기회를 부여한다. "당시의 지식인들은 해외유학이나 여행을 통해 서양의 근대문명을 체험했으며, 필리핀이나 인도와 같은 식민지국가를 여행했던 것으로 보이는데 이들은 여행기를 통해 대부분 근대문명의 우수성을 이야기 하지만, 그것과 비교하여 나타나는 조선의 현실이나 후진성, 혹은 상대적으로 억압적인 조선의 식민지상황에 대한 비판적인 시각을 나타내고 있었다."[4] 는 점을 알 수 있다.

　근대 계몽기 유학 담론은 신문물의 도입, 학문 발전을 통한 문명 진보의 민족과 대아를 지향하였다. 식민 통치 일제 강점기 유학 담론은 자유로운 세계와 근대 국가에 대한 동경을 지향하여 실력주의와 수양론에 기반을 둔 계몽 이데올로기로 변화하였다. 독일, 프랑스, 영국, 미국으로 유학 대상국으로 확대되었으며, 서구 근대와 직접 대면하는 과정을 거쳐 일본의 정치적 혹은 군사적 공격에 대항하기 위한 저항적 민족주의의 경향을 보였다.[5] 그들은 일제 식민주의를 몸소 경험하는 과정을 거치면서 억압적 식민 체제의 문제점을 자각하고, 이를 극복하기 위해 서

---

4) 황민호, 2009, 「개항 이후 근대여행의 시작과 여행자」, 『숭실사학』제22집, 숭실사학회, 29쪽.

5) 서민정, 2019, 「일제 강점기의 유학 담론 변화」, 허재영 외, 『계몽의 주체로서 근대 지식인과 유학생』, 경진출판, 303~310쪽.

양의 학문과 지식을 활용해야 한다고 생각하였다.

근대 조선인이 독일 유학을 가는 행위는 독일 문물과 문명을 수입하기 위한 과정이었지만, 조선의 식민지 상황을 극복하는 데 필요한 동력을 확보하기 위한 전략의 일환이었다. 독일 유학생들은 조선의 독립을 추구하기 위해서 유럽 문화를 적극적으로 수용해 귀국 후 조선을 개조하려는 정치적 열망을 표방하였다.

2. 독일 유학생

근대 조선의 독일 유학생들은 인문학, 자연과학, 공학, 의학 등 근대 학문을 두루 전공하였다. 이들은 독일의 근대 학문을 공부하면서 공적 영역과 사적 영역에서의 욕망을 충족하려고 하였다.

<표1> 일제강점기 독일에 체류한 한인 유학생

성명	출생연도	독일에서의 전공	독일 체류 시기	
			바이바르공화국	나치 시기
강세형(姜世馨)	1899	철학	1931~	1934
고일청(高一淸)	1886	법학	1923~1926	
공인태(孔仁台)	1900	수리학	1926	
계정식(桂貞植)	1904	음악	1923~1933	
김갑수(金甲洙)	?	철학	1920□1925	
김백평(金柏枰)	1900	생물학	1925~	1936, 1943
김상수(金上洙)	1891	의학	1924, 1925	
김성공(金成功)	?	항공학		1936
김숙례(金淑禮)	?	문학	1925	
김재원(金載元)	1909	고고학	1929~	1934
김재은(金在殷)	?	문학	1925, 1926	
김재훈(金載勳)	1899	음악(작곡)	1920~	1937
김준연(金俊淵)	1895	정치·경제학	1921~1925	
김중세(金重世)	1882	철학	1909~1928	
김종성(金鍾聲)	1900	공학	1920, 1925	

김필수(金弼洙)	?	경제학	1923~1925	
김현준(金賢準)	1897	경제학	1922~1928	
도유호(都宥浩)	1905	역사학	1930~1933	
박계성(朴啓星)	1902	음악		1934
박승철(朴勝喆)	1897	역사학	1921~1925	
박영인(朴永仁)	1908	무용		1937~1938, 1943
박유진(朴有鎭)	1900	법학	1923, 1925	
박주병(朴柱秉)	1902	의학(약물학)	1922~1926	
배운성(裵雲成)	1900	미술	1922~1930	1934
백성욱(白性郁)	1897	철학	1921~1925	
손원일(孫元一)	1909	항해학	1930	
안병소(安柄昭)	1908	음악		1934~1937
안익태(安益泰)	1906	음악		1936, 1941~1943
안철영(安哲永)	1910	경제학(영화)	1931~	1936
안호상(安浩相)	1902	철학	1925~1929	
원형택(元亨澤)	1901	역사학	1922~1928	
유일준(兪日濬)	1895	의학(세균학)	1921~1924	
유재성(劉在晟)	1903	항공학	1930~	1940
윤건중(尹建重)	1896	경제학	1919~1928	
윤동섭(尹同燮)	?	문학	1923,1925	
윤치형(尹治衡)	1896	의학	1922~1923	
이갑수(李甲秀)	1899	의학	1922~1926	
이강국(李康國)	1906	경제학·법학	1932~1935	
이관용(李灌鎔)	1891	동물학	1921~1935	
이극로(李克魯)	1893	경제·인류학	1922~1927	
이석갑(李錫甲)	1898	의화학	1921~1927	
이석신(李錫申)	?	생화학	1921~1927	
이석중(李錫重)	1897	의학	1925	
이성용(李星鎔)	1898	의학(세균학)	1921~1925	
이애내(李愛內)	1907	음악		1934~1938
이용흡(李龍洽)	1896	?	1920~1926	
이의경(李儀景)	1899	생물학·철학	1920~	1950
이한호(李漢浩)	1897	공학	1925	
임창하(林昌夏)	1893	상과대	1921~1925	

장 극(張 劻)	1913	항공학		1935~1939, 1943
정상종(鄭商鍾)	?	경제학	1925~1930	
정상호(鄭尙好)	1898	문학	1922~1930	
정석태(鄭錫泰)	1901	의학(세균학)	1922, 1925~1926	
정석해(鄭錫海)	1899	정치·경제학	1922, 1925	
정석호(鄭錫好)	1893	음악	1922, 1925	
채동선(蔡東鮮)	1901	음악	1924~1929	
최두선(崔斗善)	1892	철학	1922~1925	
한수용(韓秀龍)	1900	?	1924~1925	
황우일(黃祐日)	?	경제학	1921~1927	
황진남(黃鎭南)	1897/99?	철학	1922~1924	

<표1> 일제 강점기 독일에 체류한 한인 유학생6)에서도 알 수 있는 것처럼, 근대 조선의 독일 유학생들은 근대 학문을 두루 전공하였고, 독일의 선진 문명과 문화를 조선에 이식하고자 하였다. 이 중에서 독일 여행기와 독일 유학 생활을 기록한 대표적 유학생들의 이력을 소개하면 다음과 같다.

1) 김현준

김현준은 1898년 전라남도 나주에서 태어나 공립나주보통학교를 다닌 후 1912년 휘문의숙에서 4년간 수학하였다. 그는 1922년 독일로 유학하여 라이프치히대학에서 신문학을 전공하고, 우리나라 최초로 신문학 박사학위를 취득하였다. 귀국 후 그는 보성전문학교에서 사회학 강의를 담당하였고, 1930년 초반 1년 동안 조선일보에서 편집 고문 또는 논설위원으로 재직하였다. 그러나 일본 군국주의의 악화를 감지한 후,

---

6) 한해정, 2019, 「일제강점기 독일유학 한인들의 독일인식」, 『독일연구-역사·사회·문화』제42호, 한국독일사학회, 191~193쪽 재인용.

<그림 1> 「김씨 독일유학」, 『동아일보』, 1922년 4월 24일.

만주로 건너가 인쇄 사업을 하다가 광복 후 명륜전문학교 교장, 전주사범학교 교장, 조선대학 문리학후방을 역임하다 1949년 8월 8일에 별세하였다.[7]

2) 김준연

김준연은 1895년 음력 3월 14일 전라남도 영암군 영암면 교동리 187번지에서 태어났다. 그는 1920년 동경제국대학 독법과를 졸업하고 조선 유학생으로 구성된 고국 방문 순회강연단에 참여하기도 하였다. 그는 대륙의 선진 국가인 독일 유학을 염원하여 베를린대학에서 학업에 매진하였다.[8] 그는 독일에서 정치학, 법학, 경제학 등을 두루 공부하면서 공산주의와 민족주의에 대한 학문적 관심을 기울였다. 그는 유덕고려학우회에 적극적으로 참여하면서 조선 독립을 위한 실천에도 매진하였다.[9]

7) 차배근 외 3인, 2019, 『한국언론학선구자-김동성과 김현준』, 서울대학교출판문화원, 139~140쪽.
8) 오수열, 2009, 「낭산(郎山) 김준연의 생애와 정치이념」, 『서석사회과학논총』제2권 제2호, 조선대학교 사회과학연구원, 7~8쪽.
9) 김상현, 2012, 「낭산 김준연의 민족운동과 해방 후 정치 활동」, 『민족운동사연구』제70호, 한국민족운동사학회, 266~268쪽.

3) 계정식

계정식은 숭덕보통학교, 숭인상업학교, 숭실전문학교에서 수학하였다. 일본 동경의 동양음악학교를 거쳐 1923년 독일 유학을 떠났다. 그는 1924년 독일 뷔르츠부르크음악학교에서 바이올린을 전공하고 스위스 바젤대학 철학부에서 철학박사학위를 받았다. 독일 유학 과정에서 체득한 유럽에 대한 동경과 좌절이 고스란히 담겨 있다. 그는 아트투어리즘적 관점에서 독일을 포함한 유럽 문화의 한계를 인식하였다. 아울러 서양과는 대비되는 주체적 음악을 만들기 위해 동양적 음악의 형식과 내용을 개조하려고 하였다. 독일 유학 이후 유학 비용을 보내주던 형 계이식이 화재 사고 후 화상을 입어 치과 병원을 운영할 수 없게 되자 경제적으로 어려움에 부닥치게 되었다. 그러나 그는 개인교습과 연주로 경제 문제를 해결하며 학업에 매진하였고, 일제의 탄압에서 벗어나 자유롭게 학문에 매진하였다. 10)

계정식은 박승철과 이극로와는 달리 음악을 전공하였다. 그는 독일 유학을 가면서 근대 조선과 독일의 음악을 비교하는 과정을 거쳐 주체적 음악 세계를 마련하였다. 그는 일본 유학부터 독일 유학 시기까지 서구 사회를 비교하는 사유 과정을 거쳐 비서양 국가 출신 지식인으로서 자기 정체성 구성과 그것의 잠재적 대립항으로서의 서구를 의식할 수밖에 없었다.11) 동양과 서양 음악의 차이를 극명하게 인식하고, 근대 조선의 음악적 주체성을 확보하는 과정은 독일 유학을 시도하는 과정에서부터 시작되었다.

---

10) 오유진, 2013, 「계정식의 생애와 음악활동」, 『음악과 민족』제45호, 민족음악학회, 147~149쪽.
11)김은영, 2016, 「청년 계정식의 근대적 욕망과 조선음악 연구: 계정식의「한국음악(DIE KOREANISCHE MUSIK)」을 중심으로」, 『음악과 민족』제52호, 민족음악학회, 54쪽.

4) 도유호

<그림 2> 「도유호씨 철학박사논문통과」, 『동아일보』, 1936년 4월 7일.

도유호는 1905년 5월 29일 함경남도 함흥시에서 출생하였다. 그는 함흥영신보통학교, 함흥영생학교, 휘문고등보통학교에서 수학하였다. 1930년 4월 22일에 중국 대련에서 배편으로 출발한 후, 1930년 6월 6일 제노바에 도착한 후. 1930년 6월 18일에 독일 프랑크푸르트에 도착하였다. 그는 프랑크푸르트 대학에 입학하고, 1933년 5월에는 빈 대학 철학부 사학과에 전학하였다. 이후 1940년 1월 27일에 귀국하였다. 그는 귀국 후에 조선의 정치적 상황에 개입하면서 민주주의민족전선과 조선공산당에 가입하였다. 1946년 10월 16일에 월북한 후 김일성 대학에서 교편을 잡았다. 고고학과 관련된 학술 활동에 매진하였다. 1982년쯤에 사망하였다.[12] 그는 동서양의 넘나들면서 인류의 보편적 삶의 양식을 고고학적 시선으로 살펴보았다. 그는 서양의 학술적 방법론을 기반으로 동양과 조선의 특수성을 분석하는 과정을 거쳐 유적 발굴과 유물 관리에 매진하였다. 그는 독일 프랑크푸르트 대학에서 사회철학, 오스트리아 빈 대학에서 고고학으로 철학박사 학위를 받았다. 그는 고고학적 지형을 염두에 두면서 근대 조선의 고고학적 기원을 탐색하였다. 고고학의 기록은 기억의 가치를 복원하고, 유럽 문화의 보편성과 특수성을 동시에 추구하려는 것으로 간주할 수 있다.

---

12) 한창균, 2017, 『하담 도유호』, 혜안, 494~501쪽.

5) 박승철

박승철은 초대 주미공사 문익공인 박정양의 아들로서 월남 이상재의 후견 아래 YMCA에서 영어 교육을 받고 일본 와세다 대학에서 유학 후 사학을 전공했다. 그는 2·8 독립선언에 연루되어 일본의 요시찰 대상이 되기도 하였다. 그는 1922년 김준연과 함께 독일 베를린대학에서 유학하였다. 귀국 후에는 김준연과 함께 전국 순회를 하면서 조선을 계몽하기 위한 활동을 벌였다.

6) 이극로

이극로는 1898~1911년 한학과 신학문 수학, 1912~1921년 중국과 러시아 활동, 1921~1928년 유럽 유학, 1929~1945년 한글 운동, 1946~1948년 민족운동, 1948~1978년 북한 활동으로 구분할 수 있다. 그는 1893년 8월 23일 경남 의령군 지정면 두곡리 827번지에서 출생하였다. 1912년 4월에 서간도행을 감행하고 1916년 4월에 상하이 동제 대학에 입학하였다. 1922년 1월에 독일 베를린으로 유학하였고, 4월 28일에 독일 프리드리히-빌헬름 대학 철학부에 입학한 후 유덕고려학우회에 가입하였다. 1927년 2월에는 벨기에 브뤼셀 국제피압박민족대회에 조선대표단 단장으로 참가하였다. 1929년에는 조선어연구회에 가입하고 조선어사전편찬회 위원장을 역임하였다.

1948년 4월에는 조선건민회 대표로 남북연석회의 참석차 평양으로 간 후 잔류하였다. 1948년 8월 이후에는 조국통일민주주의전선 중앙위원회 중앙상무위원, 조선어 및 조선문학연구소장, 최고인민회의 상임위원회 부위원장, 조국통일민주전선 중앙위원회 상무위원, 조국통일민주주의전선 의장, 조국평화통일위원회 위원장을 역임하였다. 1978년 9월 13일 85세로 귀천한 후 평양 애국렬사릉에 안장되었다.[13] 1922년에 베를린대학 철학부에 입학한 후, 그는 학과 선택이 자유로운 베를린대학의 학칙에 따라 정치학, 경제학, 철학, 인류학, 언어학 등을 공부하였고, 경제적 어려움에 부닥친 상황에서 1923년 10월에 베를린대학이 조선어과를 개설하였다.[14] 그는 춘원 이광수의 『허생전』을 선택해 서양에서 조선어 활자와 가로쓰기 등을 시행하여, 조선어 학습 보조 교재를 제공하였다.[15] 그는 학문적 성취를 추구하는 한편 경제적 어려움이라는 현실적 상황에서도 조선의 독립을 위한 방안도 실천하였다.

7) 이갑수

이갑수는 1899년 황해도 김천군에서 태어나 매동보통학교, 경성제일고등보통학교에 입학하여, 1920년에 경성의학전문학교를 졸업하였다. 1921년에 박주병, 최두선 등과 함께 독일 유학을 떠났다. 1924년 베를린 의과대학을 졸업하고, 프라이부르크 대학교에서 내과의 수련 생활을 1년간 마쳤다.[16]

---

13) 조준희 엮음, 2019, 『이극로 전집 Ⅰ 유럽 편』, 소명출판, 494~499쪽.
14) 차민기, 1998, 「고루 이극로 박사의 삶」, 『지역문화연구』제2권, 경남부산지역문학회, 1998, 17쪽.
15) 신용철, 2012, 「독일 유학생 이극로의 조선어 강좌 개설과 이광수의 허생전」, 『춘원연구학보』제5호, 춘원연구학회, 176~177쪽.
16) 신영전, 정일영, 2019, 「미수(麋壽) 이갑수(李甲秀)의 생애와 사상: 우생 관련 사상과 활동을 중심으로†」, 『의사학』제61호, 대한의사학회, 46~47쪽.

8) 정석태

정석태는 서울 출생으로 일본 동경의과대학을 졸업하고, 독일 프라이부르크 의과대학에서 의학 연구를 한 후 의학박사학위를 받았다. 그는 독일 유학을 하면서 유럽 도시를 구경하였고, 프랑스 파리에서 유럽 문화의 한계를 체험하였다. 그가 독일에서 남긴 글들은 전반적으로 독일 문화에 대한 동경을 포함해 동서양 문화 차이에서 비롯된 생활의 불편함 등을 다룬다. 아울러 독일 유학 과정에서 조선에 대한 향수를 느끼거나 독일 예술 도시에서 자국 문화에 대한 그리움을 표현한다.

3. 독일로의 해안 항로

1) 영국 식민지 지역 구경: 이갑수의 「歐洲行」

「歐洲行」[17]은 독일을 유럽 북방 대국이며 과학이 발달한 나라로 언급하면서 시작한다. 후대 연구자들이 독일 유학하거나 여행할 때 참고할 내용을 적었다. 그는 여행권 발급 신청에 얽힌 이야기를 전한다. 약 2개월에 걸쳐 유학에 필요한 서류와 서식을 구비하고 제출하였다. 김준연과 이성용은 8월에 독일로 유학을 떠났지만, 자신은 사정이 여의찮아 12월 이후에 출발하였다. 우여곡절 끝에 출항하게 되어, 프랑스 마르세유까지 도착하는 경로를 선택하였다. 그 후 영국과 독일 영사관의 조사와 프랑스 영사의 조사를 받는 과정에서 민적등본에 사진을 부착하지 않았다는 지적을 받는다. 그는 민적등본 1부와 사진 2장을 필참해야 한다고 기록한다. 독일 여행을 염두에 두었다면, 구주항로기항지가 대부분 영국 영지에 포함되기 때문에 영국 영사의 조사를 받을 수 있다고 말

---

17) 이갑수, 「歐洲行」, 『매일신보』, 1921년 6월 11일.

한다. 그는 큰 트렁크와 작은 트렁크를 준비해야 하고, 휴대품 지참 관련 사항을 언급한다. 그는 5월 26일 오전 10시 동경에서 출발하여 후시미마루(伏見丸)에 탑승하였다. 그는 고베에서 합승하기로 한 최두선과 이미 합승한 박주병과 동행하고 마르세유까지 이동하면서 후시미마루 선내를 구경하였다. 아울러 고베항을 기점으로 보이는 후지산의 장관을 보았다. 6월 1일 오전 10시 상해로 출발하였다. [18]

「歐洲行(一)」에서는 상해 일대를 돌아보고, 홍콩으로 이동하기까지의 경로를 소개한다. 상해는 모든 외국인이 서로 경쟁하여 번영하였고, 상업이 성대해져서 중국 통상 제일의 항구로 자리를 잡았다.

「歐洲行(二)」은 홍콩에 도착한 전후 상황을 기록하고 있다. 홍콩 주변 항들을 거론하고, 선상 생활 도중 배 옆으로 지나치는 선박들을 관찰한다. 홍콩의 지리적 특성, 인구수 등을 거론하면서 홍콩이 영국의 통상 요구에 따라 남경조약 이후 영국령이 된 역사적 내력을 설명한다. 홍콩에는 일본으로 가는 항과 남방으로 가는 항이 있고, 영국 주도하에 수도 제작, 수목을 경작하는 등 풍토를 변화시켰다. 아울러 홍콩 화폐 단위를 설명하고, 영국 빅토리아 여왕 동상이 있다는 점을 언급한다.

「歐洲行(三)」은 싱가포르에 도착한 전후 상황을 기록하고 있다. 싱가포르의 지리, 기후, 인구, 인종, 언어, 화폐 등을 역시 설명하고, 영국의 해협 식민지이기 때문에 홍콩과 유사하다고 말한다. 유람 장소는 시가, 은 제련공장회사, 은행, 여왕 기념 연예장, 동제상, 박물관, 식물관 등이 있다. 열대식물의 재배와 말레이 인종의 일상생활을 구경하였다.

---

18)「歐洲行(一)」, 『매일신보』, 1922년, 7월 25일;「歐洲行(二)」, 『매일신보』,1922년 7월 26일;「歐洲行(三)」, 『매일신보』, 1922년 7월 27일;「歐洲行(4)」, 『매일신보』, 1922년 7월 28일;「歐洲行(五)」, 『매일신보』, 1922년 7월 30일.

「歐洲行(四)」는 말레이시아 페낭에 도착한 정황을 제시한다. 페낭은 영국 동인도 회사가 케다스 술탄국에서 패낭섬을 사들여 영국 식민지역으로 자리매김하였다. 그는 켁록시 사원(Kek Lok Si Temple)과 식물원을 유람하였다.

「歐洲行(五)」는 스리랑카의 수도인 콜롬보에 도착한 전후 모습을 설명한다. 네덜란드와 영국 지배를 받았고 커피 재배를 통해 경제적 이익을 취하였다. 기후, 인종, 종교, 화폐, 교통을 설명하고, 위구도리아 여왕의 대리석 석상과 마리가간다 사원을 참관하였다.

2) 이국 풍경 구경과 낯선 인종과의 만남: 박승철의 「獨逸 가는 길에」

박승철은 「獨逸가는 길에(一~三)」를 작성하였다. 그는 독일로 가는 여정을 기록하면서 동양과 서양의 지리적 차이를 발견하였다. 그는 여행자로서의 주체적 시선으로 타국의 경치를 면밀하게 관찰하였다. 그는 고베(神戶), 싱가포르(新嘉波) , 베트남(彼南), 스리랑카(錫蘭島) 등을 거치면서 이국적 풍경이 담고 있는 세계의 비밀을 이해하였다. 독일로 가는 과정은 동양에서 서양으로의 공간적 이동만을 뜻하지 않는다 '가는'에 내포된 세계는 이동과 정지의 변증법을 통해 세계를 응시하는 생성의 자발성을 포함한다. 그가 독일 유학길에 오르면서 대면한 이국적 풍경은 친숙하면서도 낯선 시공간을 나타낸다.

박승철은 고베에서 닛폰유센(日本郵船)의 요시노마루(吉野丸)호를 타고 여행을 시작한다. 그는 동양을 거쳐 서양으로 진입하는 과정에서 조선과는 다른 세계의 언어와 문화를 접한다. 그러면서 자신의 독일행이 앞으로 어떻게 전개될지를 상상한다. 근대 제국주의와 식민주의가 혼합되는 상황에서 근대 조선인이 근대적 동서양 문화를 직시하는 과정은 이국적 풍경을 관광하는 것에 머물지 않고 근대 사회의 변화 양상을 파악하는 과정으로 이해할 수 있다.

> 새벽 세時까지 說話하다가 翌朝 7時에 일어나서 곳 埠頭로 나가게 되엇나이다. 中國의 貧民만흔 것은 참으로 놀낫나이다. 到處에 乞人이요 貧民이더이다. 그래 某友는 中國은 거지世界라까지도 말하더이다. 가장 불상한 것은 中國人이라 아니 할 수 업더이다. 印度人 巡査에게 몽둥이로 매 맛는 것을 보면 異國人인 나로서도 憤하더이다. 上海는 어떠한 方面으로 보아서는 亡國人들이 大闊步하고 中國人을 壓頭하더이다. 그 中에도 우리 同胞가 모도 困窮히 지내는 것은 確實한 事實이며 思想이 左傾한 것도 亦 事實이외다. 이제는 上海야 잘 잇거라 하고 香港로 가나이다.[19]

박승철이 출항한 지 3일 만에 상해에 도착한 후 맞닥뜨린 세계는 서양식으로 개조된 것들이었다. 중국으로 대변되는 중화주의적 세계는 서양식으로 변화되었고, 이러한 과정에서 서양식 문화에 편입되지 못한 주변부 문화가 잔존한다. 그는 "이국인"의 시선으로 서양식 공간과 동양인의 모습을 살펴본다. 그는 중국인들이 서양식 호텔을 짓고 서양식 서비스를 제공하는 모습이 낯설게 여긴다. 그러다가 새벽에 부두로 나가 중국인 걸인과 빈민들의 모습을 본다. 중국인 걸인과 빈민들이 인도인 순사에게 몽둥이질 당하는 것을 보면서 분함을 느꼈다. 그는 망국인으로서 중국인들이 근대화 과정에서 주변부로 배제되는 과정에 경악한다. 이국인과 망국인의 시선은 타국의 정치·경제적 상황에 대해 거리를 둔다. 지리적 공간 이동 과정에서 불편하지만 새롭게 인식되는 모습을 부정할 수는 없다. 이러한 직시는 역설적으로 자국의 정치 경제적 상황을 재인식하는 과정으로 작용한다. 그는 상해에는 망국인들이 많이 있

---

19) 박승철, 「獨逸가는 길에>(一)」, 『개벽』제21호., 1922년 3월 1일, 74쪽.

고, 상해에 거주한 조선 동포들 역시 곤궁하게 지내고, 사상적으로 좌경적 요소가 있다고 말한다.

박승철은 상해를 거쳐 홍콩(香港)에 도착한 연후에도, 도시 곳곳에 빈민들이 즐비하게 자리를 차지하고 있는 모습을 발견한다. 홍콩은 런던과 파리를 축소해 놓은 것 같지만, 홍콩 시내에는 남녀 빈민들이 맨발로 돌아다니고 아이들이 길거리에서 배회하고 있었다. 그는 빈민과 거리를 두면서 자동차를 타고 홍콩의 곳곳을 살펴본다. 산상 철도는 전기 기계로 철동아줄을 전차 밑에 매여 오르고 내렸다. 그는 홍콩을 떠나는 배 갑판에서 홍콩의 야경을 보고 기존 홍콩 자연과 전기 장식으로 어우러지는 모습에서 대영제국의 위엄이 자리를 잡고 있다고 생각하였다. 대영제국의 식민주의는 피식민국가에 근대적 문명을 이식하면서 피식민지 구성원들의 무의식을 지배한다. 근대 문명의 판타스마고리아(Phantasmagoria)는 기존 피식민 구성원의 의식을 마비시킨다. 근대 문명은 과학과 수학의 합리성을 기반으로 삶의 부정적 세계를 계몽하는 과정에서 발생하였다. 근대 계몽 주체는 타자를 훈육하기 위해 근대적 제도를 활용하였다. 근대 계몽 주체의 시선 아래 타자를 포섭하기 위한 학교, 병원, 군대와 같은 장치를 마련하였다. 근대적 계몽 주체의 시선에서 배제된 대상은 구제받을 수 없다. 빈민은 자국과 타국의 지배에서 배제된 존재이다. 근대 문명은 곳곳에 구걸하는 빈민을 방치한다. 왜냐하면 빈민의 존재를 통해 포섭과 배제의 원리를 정치적으로 작동시킬 수 있기 때문이다.

今日이야 新嘉波에 倒着하얏나이다. (중략) 참으로 同病相憐인지는 몰나도 中國人과 馬來人이 불상하더이다. 自動車는 길길이 소슨 椰子樹와 芭蕉나무 빗으로 或은 꼬무나무 밋으로 지낼 적에 左右邊에는 丹青을 곱게 하고 풀은 빗나는 珠簾을 느

린 것은 썩 시원해 보이며 奇花異草가 人目을 眩煌케 하며 植物園에 가보니 이름 몰
으는 붉고 누른 꽃이 遠客을 반가히 맛는 듯 꼬무園에 가보니 꼬무나무 밋둥의 껍질
을 버끼고, 약물터에 물줄기 대듯 양철조각을 꼬저 노면 牛乳가튼 것이 흘너 나오더
이다. 그것을 가지고 꼬무를 맨든다 하나이다. 그 길로 博物館에 가서 여러 가지 奇
風異習의 遺蹟을 보앗나이다. [20]

박승철은 싱가포르에 도착한 후 중국인과 말레이시아인들을 불쌍하
게 여기고, 식물원과 박물관을 방문하였다. 그는 식물원에서 고무나무
를 유심히 구경하였다. 박물관에서도 기이한 유적물을 구경하였다. 토
인들의 검기가 숫빛이라고 여기고, 노동자들이 윗옷을 벗고 지내는 모
습을 본다. 식물원과 박물관은 근대적 시설이다. 두 시설은 자연을 인위
적으로 특정 공간에 편입한다. 인간의 이성적 공간 분할과 재편 과정을
거치면서 자연과 유적을 근대적으로 변용한다. 근대적 공간은 자연을
인간화하면서 타자로서의 자연을 정복한 이념을 표상한다. 그는 식물원
과 박물관을 구경하면서 노동자를 발견한다. 그는 빈민, 걸인, 노동자와
같은 근대적 시공간에서 배제된 존재들을 인식한다. 그는 그들의 생활
조건을 인식하지만, 그들이 처한 상황의 정치 경제학적 맥락을 분석하
지 못하였다. 그는 대영제국의 금력과 무력의 우월성만을 확인하고 있
을 뿐이다. 이러한 인식의 이면에는 자신이 처한 상황에 대한 예리한 자
각이 동반되지 못했기 때문에 세계 모순의 구조를 해결하려는 방안까지
는 도달하지 못하고 있다.

夕陽을 등지고 배에 돌아와서 沐浴하고 나니 精神이 酒落해지며 멀리 東天을 向
하야 故土를 생각하엿나이다. 가장 알어 보기 어려운 것은 印度人이외다. 얼골이

---

20) 박승철, 「獨逸가는 길에(一)」, 『개벽』제21호, 개벽사, 1922년 3월 1일, 76쪽.

모도 검고 거의 똑가태서 어대를 가보던지 그 사람이 그 사람갓더이다. 나도 每日 얼골이 검어지나이다. 이대로 가면 不過 며칠에 印度人과 가티 되겟나이다.[21]

박승철은 상해, 싱가포르를 떠나 베트남에 도착한다. 베트남에 도착해서는 중국인의 극락사에 방문한다. 그는 사찰을 에워싸고 있는 자연 속에서 세속의 욕망을 잠시 잊어버리려고 하였다. 그는 고베를 떠난 이후, 서양 제국주의의 그늘이 드리워진 곳을 지속해서 발견하였다면, 극락사는 규모가 크지 않고 단정하여 전각 뒤에 노대가 있어 사다리를 타고 올라가며 넓이가 넓었다. 인도양이 보이고, 야자수가 늘어선 평야가 보이고, 열대식물이 즐비하였다. 이러한 모습은 동양 고유의 색채를 선명하게 보여주는 것이다. 베트남의 수원지를 방문해 수원지 뜰 앞에 인도인이 태평스럽게 잠을 자는 모습을 본다. 그는 베트남에서 인도인을 자주 발견했다. 싱가포르에서 탄 30여 명의 인도인들은 갑판에 차일을 치고 머물었다. 그는 타인들을 만나면서 자신의 정체성을 고민한다. 그는 사토 코우로쿠(佐藤紅綠)의 소설 『微笑』를 읽으면서 시간을 보낸다. 근대 소설은 전근대 서사와는 달리 개인성을 중시하는 장르이다. 개인은 각자의 시간에 소설을 읽으면서 타인의 서사와 만날 수 있다. 그는 동경 유학 시절에 소설에 흥미가 없었다는 점을 고백하면서, 여행 도중에 소일거리로서 소설을 읽는 데 흥미가 있다고 말한다. 소설은 근대적 계몽 주체의 세계 변혁을 주도하기 위한 장르일 수 있지만, 근대적 여행 기간에는 여행의 무료한 시간을 보내기에 적합한 장르였다. 여행객은 소설의 흥미와 재미를 따라가면서 허구적 시공간의 의미를 추적한다. 그는 사찰을 방문한 후 배로 돌아와 타자로서의 인도인을 발견한다. 그는

---

21) 박승철, 「獨逸가는 길에(二)」, 『개벽』 제22호, 개벽사, 1922년 4월 1일, 62쪽.

빈민, 걸인, 노동자와는 다른 존재인 인도인을 발견하면서 낯선 인종에 대한 호기심이 발생하였다.

> 大英帝國이 異民族을 統治하옴에 어떠케 苦心하는지를 察知하겟나이다. 大英帝國이 金力으로나 武力으로나 錫蘭島民을 一時的 壓迫하기는 如反掌이겟스나 異民族 統治에 經驗과 才氣가 잇슴으로 基督敎國으로서 佛敎寺刹에서 裁判을 行함은 實로 英國이 錫蘭島民의 慣習을 尊重함에서 由出한 것이라 하나이다. 이와 가티 異民族 統治가 至難한 것이외다.[22]

박승철은 1월 30일에 스리랑카의 콜롬보에 도착하였다. 그는 캔디에 있는 석가모니 치아를 보러간다. 석가모니의 치아를 봉안한 절은 모든 것이 인도식이고, 조각한 석주가 있었다. 승려들이 황색과 홍색의 가사를 입는 모습을 구경하였다. 그는 절의 규모가 크지 않았지만, 순수하게 인도식으로 가치가 있는 것이라고 생각한다. 아울러 양난대왕의 항재소를 구경하러 간다. 이곳은 양난대왕 시절에 왕이 친히 인민을 재판하였던 곳이고, 영국 관헌이 재판 형식을 차용한다는 말을 안내인에게 전해 들었다. 대영제국은 이민족을 금력과 무력으로 통치할 수 있지만, 기독교국으로서 불교 사찰에서 재판을 행하는 과정을 거쳐 이민족의 습관을 존중하는 태도를 보였다. 제국의 입장에서 식민지배의 문화적 양태를 이상적 모델로 간주하는 과정은 지배자와의 동화를 거치고, 식민지 주인이라는 정체성을 제국의 눈으로 대상화할 수밖에 없다.[23]

그는 스리랑카의 콜롬보를 떠나면서 선상에서 진행된 장례식에 참석

---

22) 박승철, 「獨逸가는 길에(三)」, 『개벽』제22호, 개벽사, 1922년 5월 1일, 108쪽.
23) 곽승미, 2006, 「세계의 위계화와 식민지주민의 자기응시: 1920년대 박승철의 해외 기행문」, 『한국문화연구』제11권, 이화여자대학교 한국문화연구원, 262쪽.

한다. 선상 장례식이 거행된 상황에서 자신이 앞으로 살아가기 위해 신체적 혹은 정신적으로 신경을 써야 한다고 다짐한다. 그는 홍해를 지날 때 이국적 광경을 보면서 선상 생활의 무료함을 달래었다. 아라비아와 이집트를 지나 수에즈 운하에 도착했다. 그는 수에즈 운하를 중심으로 동서양의 배들이 교차하는 모습을 기록하고, 이집트의 카이로를 관광하지 못한 점을 애석하게 여긴다. 제국과의 동일성(Identität)은 식민 주체와 식민 객체의 이념적 조화를 지향하면서 식민지 객체를 배제한다. 그런데 식민 객체 중 식민 주체의 이념과 동일성을 추구하는 과정에서 식민 객체의 정치적 상황을 오도하는 상황이 발생할 수 있다. 자발적으로 식민 주체의 의식 체계와 동조화하는 과정을 거치면서 자신의 이념적 토대를 망각한 채 식민 주체의 이념을 비판 없이 수용한다. 박승철 역시 대영제국의 식민주의 작동 방식에 동일성의 원리를 적용한 채 피식민주의 상황과 스스로 거리 두기를 하고 있다. 근대 조선의 계몽 주체는 해외 유학 과정을 거치면서 근대 조선의 식민주의를 극복하려고 했지만, 식민주의의 작동 방식과 무의식적으로 동일성을 추구하면서, 식민주의에 처한 근대 조선의 정치적 상황에서 자가 격리할 수 있다. 그는 이집트의 포트사이드에 도착해 수에즈 운하의 개통자인 페르디낭 드 레셉스 (Ferdinand Marie de Lesseps)의 동상을 보고, 포트 사이트 명칭 유래를 간략하게 언급한다.

그저 英雄烈士를 조상하면서 馬耳塞에 왓나이다. 馬耳塞는 원래 希臘人이 創設한 것으로서 羅馬에 正服되엇다가 西曆 15世紀頃에 佛領이 된 것이외다. 神戶를 떠난지 꼭 40日에 一路 平安히 왓스며 船員의 말에 이번 航海가 比較的 平穩하엿다 하나이다. 馬耳塞에 一夜를 지내고 巴里가서 4,5日 留連하다가 白耳義國을 지내서 伯林으로 가나이다.24)

박승철은 지중해를 거쳐 서양으로 진입하였다. 지중해는 서양 문화의 기원에 속하고, 서양의 흥망성쇠를 보여준다. 그리스·로마 문명과 이탈리아반도의 풍경은 사뭇 다른 정념을 표출한다. 그는 이탈리아의 영웅호걸을 언급하고, 마르세유와 파리를 거쳐 베를린에 도착하였다.

박승철은 지중해의 이탈리아를 중심으로 한 영국의 제국주의와 식민주의의 흔적을 동남아시아를 남행하면서 확인하였다. 그는 동양의 타국에 나타난 빈곤뿐만 아니라 생활양식이 후진적 면모를 보인다고 생각한다. 독일행을 선택한 것은 개인적 학문 세계를 완성하고자 하는 열망과 망국의 상황을 타개할 방법을 동시에 마련하려는 태도에 비롯되었다.

3) 이집트 문화유산 구경과 망국의 비애: 김준연의 「獨逸 가는 길에」

(1) 「獨逸 가는 길에(一)~(四)」(1921년)

<그림 3> 「獨逸 가는 길에(二)」, 『동아일보』, 1921년 12월 16일.

김준연은 「獨逸 가는 길에(一)~(四)」(1921년)에서 동양과 서양의 지리적 경계를 언급한다. 그는 독일로 가는 길을 공간적 이행으로만 파악하지 않고, 세계의 공간을 지리적으로 학습했던 시절을 기억하고, 서양으

---

24) 박승철, 「獨逸 가는 길에(三)」, 『개벽』제23호, 1922년 3월 1일, 111~112쪽.

로 진입하는 과정을 체득하였다. 지리적 인식은 세계와 인간을 글로컬하게 사유하는 과정에서 발생한다. 그는 독일 유학 과정에서 발견한 근대 모순과 조선의 상황에 대한 정념을 기록하고 있다.

「獨逸 가는 길에(一)」는 독일 여행담을 시작한 계기를 설명하고, 여행권 구매의 애로사항과 독일 학비가 적다는 소견을 적고, 독일에서는 조선인 차별이 없이 요시찰인물이더라도 독일 생활을 할 수 있다고 말한다.

처음에獨逸간다할때에는맛치어린兒弦들이설(正月元旦)이나秋夕期待리듯이滋味잇게생각하고今番旅行記는滋味잇게記錄해서될수잇스면東京에잇는우리學友들의게또는서울게신여러先輩들의게또는各地方에잇는여러親舊들의게보이려고생각을하엿습니다十月二日午後七時半東京驛에서여러親舊와作別할때에는이생각이매우極度에達하였습니다四日午前十一時에神戶港을떠날때에도그러하고六日正午에門司港을떠날때에도亦是感激한가온대잇섯습니다하지만은얼마되지안이하여서이感激性은어데론지飛散하고하루지나고이틀지나는동안에넘우平凡化하고말엇습니다이와갓치되여서는到底히滋味잇는旅行記는쓸수업다는생각이낫습니다하지만은兄님의게는무엇이되던지하나써보내야만되겟다하는責任感이힘세게잡아달임니다그럼으로不得己해서卽今旅行談을兄님의게하려함니다[25]

「獨逸 가는 길에(二)」는 독일행에 대한 재미있는 이야기를 작성하고 이를 동경에서 동문수학한 자들과 공유한다. 그는 독일 유학에 대해 자부심을 느끼고 미래에 학문적 목적을 성취하리라고 다짐했다. 그러나 독일 유학의 감격성은 사라지고 독일행의 평범함이 자리를 잡았다. 그래서 애초 재미있는 이야기를 기록한다는 생각을 포기하고, 후일 자신과 같이 독일행을 결심할 자를 위해서 책임감 있게 여행기를 작성한다

---

25) 김준연, 「獨逸가는 길에(二)」, 『동아일보』, 1921년 12월 16일.

고 말한다. 그는 동남아시아와 지중해를 경유하면서 자신만의 시각으로 근대 사회의 풍경을 관찰하였다. 그는 독일로 이동하는 과정에서 자신의 세계관과 인간관이 변화되는 모습을 발견한다. 그는 고베에서 출발해 마르세유를 거쳐 독일에 도착하였다. 그는 동서양의 국경을 넘나들면서 전근대와 근대의 문화가 어떻게 상호 간에 영향을 주고받는지를 관찰하였다.

김준연은 상해에 도착해서 상해의 대륙적 인상을 받았고, 조선 동포들이 많이 있다는 점을 알게 되었다. 상해의 곳곳을 관광하면서도, 그는 상하이 외국인 묘지인 정안사에 안치된 윤현진의 묘소를 참배하였다. 홍콩에서는 삼정물산회사지점과 강색철도발전소를 방문하고, 홍콩 야경을 즐긴다.

「獨逸 가는 길에(三)」는 홍콩 야경을 구경하던 중 동경역을 떠나 유학 길에 오른 이후 조선의 상황을 살핀다. 그는 홍콩을 군국주의의 대 기념탑으로서 간주하고, 조선의 상황을 생각하며 한숨을 지었다. 조선 동포는 아직 전체적 만족에 도달하지 못했고, 사회 경제생활의 압박을 받은 나머지 조선 민족은 비참한 상황에 부닥쳐 있다고 생각한다.

「獨逸 가는 길에(四)」는 베트남을 떠나 싱가포르에 도착한 전후 상황을 기록한다. 싱가포르는 말레이시아와 해협 식민지로서 지형학적으로 공과가 존속하였다. 그는 정치적으로 멸한 민족은 다시 존립할 수 있지만 경제적으로 멸망한 민족은 자립할 수 없다고 말한다.

(2)「獨逸 **가는 길에**(一)~(七)」(1922년)

「獨逸 가는 길에(一)」는 콜롬보 이후 이집트행에 대한 기록이다. 김준

<그림 4> 「獨逸가는 길에(一)」, 『동아일보』, 1922년 1월 30일.

연은 홍해를 지나면서 이국적 자연 모습과 기후와 온도를 언급한다. 「獨逸 가는 길에(二)」는 영국 황태자가 탄 군함이 인도를 항해하러 가는 모습을 본 일본인들이 만세를 부르는 모습을 기록하고, 이집트행은 현대 문명 기관과 세계 문명의 3대 발상지를 확인할 수 있었고, 아울러 타국의 지배를 받는 나라의 현장을 방문하였다. 이집트 풍속을 살펴보면서 가옥 제도가 이상하다는 점을 발견한다. 「獨逸 가는 길에(三)」는 이집트 여성의 의복의 특이성을 기록한다. 이집트 부인의 의복이 특이하다고 생각하면서 기혼자는 흑색 내의를 입고, 미혼자는 흑적색을 착용한다고 말한다. 이집트 여성들이 얼굴을 감싸는 이유를 금자탑 근처에서 발견하였다. 이집트 나일강은 태반이 사막으로 이루어져 있고, 비가 많이 내리지 않기 때문에 여성들이 수건으로 얼굴을 가린다고 생각하였다. 차를 타고 카이로로 이동하면서 미이라 형상의 관을 짊어진 장례식을 관찰하였다. 카이로의 거대한 정차장을 보고 놀라워한다.

李兄! 駱駝를타고『피라밋드』『스핑크스』압헤서々 明朗한月色下에四千年前의埃及文明을回顧할때에偶然長太息하엿습니다『피라밋드』『스핑크스』는千載下에突立해서 埃及文明을자랑하지만은不祥한埃及民族은어데가고『아라비아』의壓迫을밧고土耳其의專制를當하고 英國人의毒手에걸녀서 氣力을펴지못하는가?

埃及人아『피라밋드』를자랑하지마라 | 東方의어느氏族도磁器를자랑하지만은
오날날저地境이웬일인가　埃及人아『스핑크스』를자랑하지마라！東方의어느民
族도 銅製活字와鐵甲船을자랑하지만은 오날々저地境이윈일인가 한개돌로도能
히『아브라함』의子孫을만드시는造物主는 모든것을生々不己하신다[26]

「獨逸 가는 길에(四)」는 자동차에서 내려 낙타와 당나귀를 타게 하려
는 아랍인들을 만나 곤욕을 치른 이야기와 이집트 문화유적을 관광한
경험을 기록한다. 이집트는 아라비아, 튀르키에, 영국의 지배와 압제를
받는 상황에 부닥쳐 있다. 이집트가 찬란한 역사 유물을 보존하고 있지
만, 역사적 유물과는 별개로 타국의 지배를 받는다면 역사적 유물의 가
치를 상실할 수 있다. 그는 이집트의 역사적 상황을 보면서 조선의 망국
을 떠올린다. 그는 이집트와 조선의 참담한 광경으로서의 망국을 생각
하면서 역사 발전의 진보가 무의미하다는 점을 지적한다.

김준연은 이집트로 여행하는 과정에서 맞닥뜨린 이집트의 풍속과 문
화는 객관적 관광의 대상이 아니라 자신이 처한 식민주의적 상황과 결
부시켜 고찰하기도 하였다. 이집트와 식민 조선의 상황이 유사하게 인
식되는 과정은 이집트 문명의 몰락을 재인식하게 했다. 이집트 문명의
몰락에서 조선의 상황을 반추하여 민족적 정체성을 위한 시선은 식민지
적 감정과 비난의 태도로 연결하지 않고, 유학생 신분에 몰두한 시각의
안정성만을 보여주었다.[27] 그는 이집트의 피라미드와 스핑크스 유적을
보면서 고대 이집트 역사를 찬미하지 않고 근대 사회에서 이집트가 처
한 지정학적 혹은 국제 정치학적 위기를 거론한다. 피라미드와 스핑크

26) 김준연, 「獨逸가는 길에(四)」, 『동아일보』, 1922년 2월 2일.
27) 우미영, 2013, 「근대 지식 청년과 渡歐 40여일의 문화지정학 － 1920~30년 독일 유
　　학생의 渡歐記를 중심으로」, 『어문연구』제42권 제4호, 한국어문교육연구회, 273쪽.

스가 이집트의 찬란했던 문명을 상징하는 유산이라고 하더라도, 근대 사회에서 타국의 지배와 억압받는 상황에서 역사적 유물의 가치는 크지 않다고 생각한다. 이러한 점에서 이집트 유물에 대한 시선은 조선의 망국에 대한 자신의 시선과 겹친다.

「獨逸 가는 길에(五)」는 이집트의 피라미드를 구경하고 난 후, 교사원을 구경한 기록이다. 그는 위대한 건축은 고대 종교사상을 대표하는 피라미드와 깊은 연관성을 맺고 있다고 생각한다. 그는 교사원을 일본의 동조궁과 조선의 근정전, 경희루와 유사하다고 말한다. 교사원의 내부를 세밀하게 묘사한 후 가극 구경을 위해 시내로 나갔다. 카이로 시내에서 다양한 인종의 사람들이 모여 한가한 시간을 보내는 모습을 바라본다.

「獨逸 가는 길에(六)」는 이집트 운하 도시 포트 사이드에 도착한 전후 상황과 시실리 섬을 방문한 것을 기록하고 있다. 그는 카이로에서 포트 사이드로 오는 기차에서 일본총리대신 신원경이 암살되었다는 전보를 이집트 신문을 통해 발견하였고, 이집트행을 마치고 귀국한 취딘 교수의 자당이 별세했다는 소식을 접한다. 그는 이탈리아 주변 섬들을 구경하고 파리를 거쳐 베를린에 도착할 예정이라고 언급한다. 아울러 독일행에서 곤혹스러웠던 화폐 문제를 논의한다. 「獨逸 가는 길에(七)」는 독일행 소요 경비를 언급하고, 스트롬볼리 화산, 시실리 섬, 메시나 해협 풍경을 서술하고 있다.

「獨逸 가는 길에(一)~(七)」는 이집트 문화유적을 구경하는 것을 중심으로 조선인이 유럽으로 진입하는 과정에서 겪게 되는 경제적 문제와 학문적 이상 사이에서 초래된 걱정과 타국에 대한 구경에서 발생한 재미를 드러낸다.

4) 자연재해와 세계인종전람회: 계정식의「印度洋과 地中海, 渡歐手記」

계정식은「印度洋과 地中海, 渡歐手記」에서 유럽으로 이동하는 여정을 꼼꼼하게 표현하였다. 주로 선상에서 시간을 보내면서 해안 경치와 육지 관광지를 둘러보면서 느낀 소회를 담담하게 서술하고 있다.

<표 2>「印度洋과 地中海, 渡歐手記」여행 경로

날짜	여행 경로
1926년 11월 11일	동경 출국
1926년 11월 13일	관문해협
1926년 11월 14일	관문에서 출범
1926년 11월 15일	양자강 어구
1926년 11월 19일	홍콩
1926년 11월 27일	싱가포르
1926년 12월 3일	콜롬보
1926년 12월 11일	홍해
1926년 12월 15일	수에즈 운하
1926년 12월 19일	이탈리아
1926년 12월 23일	마르세유 경유 파리 출발

「印度洋과 地中海, 渡歐手記」는 총 9회에 걸쳐『동아일보』에 연재되었다. 여행 일정에 따라 구체적으로 여행 경로를 언급하면서 인도양과 지중해를 거쳐 독일에 도착하는 과정을 세밀하게 표현한다. 그는 유자(遊子)의 시선으로 인도양과 지중해의 풍경을 꼼꼼하게 서술한다.

東亞報의多大한後援下에送別音樂會를 맛친翌日京城을出發하야東京에 到着한것은十一月二日이엿다 華麗하고도雄壯하던東京市는暗黑地獄과갓치쓸쓸하고 急造한바람만 눈에띄일따름이다 나는그震災로말미암아破滅된 東京市街를볼때에驚嘆의感을늣기지안을수업다
　　東京靑年會總務崔承萬氏는 震災통에紛失한나의 旅行券을再請하는데 만흔힘

을써주엇다衷心으로崔承萬君을 感謝하엿다十一月十二日 出發하는加茂丸이잇슴
을 機會로惚惚한行李를수습하여가지고 東京을떠나기는十一月十一日이엇다[28]

「印度洋과 地中海, 渡歐手記(一)」에서는 일본의 지진을 언급하면서
자연재해에서 벗어나 유럽으로 이동하게 된 상황을 언급한다. 자연재해
로서의 지진에 처한 동경의 모습에서 정서적으로 안도감을 느끼기도 하
지만, 유럽 여행에 대한 불안과 감사의 이중적 반응을 보인다.

「印度洋과 地中海, 渡歐手記(二)」에서는 고베에서 마르세유까지 가
모마루(加茂丸)를 타고 이동하였다. 그는 선상 생활을 하면서 구주행을
일삼는다. 계정식은 출항하는 순간 사람들의 극진한 환송 의식을 받았
다. 고베에서 상륙지 마르세유까지의 여정은 근대 조선과 동경에서 보
지 못했던 풍경과 체험의 세계를 나타낸다. 가모마루는 1907년에 장리
삼릉제철소에 제조된 구주항로선으로 수용인원과 수용시설이 웅장하
였다. 그는 선실과 선실의 부대 시설을 관찰하면서 선상 생활의 다양한
모습을 기록하였다. 선실 내에서 다양한 민족 구성원들이 승선하였기에
각자 선상 생활을 위한 원칙을 준수하였다. 선실은 근대적 서비스를 제
공하고, 식사와 침실이 쾌적하였다. 그는 피난 연습에 참석하고, 때때로
음악 연주를 선보이기도 하였다. 그는 중국 영해에서 오사카상선일청기
선, 기타 외국선박, 이국 군함이 정박하고, 연안의 각종 공장에서 매연이
치솟는 것을 본다.

「印度洋과 地中海, 渡歐手記(三)」에서는 상해를 지나 홍콩에 도착하
는 전후 상황을 서술한다. 홍콩항에는 각국 선박들이 자국의 국기를 매
달고 왕래하였다. 그는 식물원과 강색철도발전소를 둘러보았다. 식물원

---

28) 계정식, 「印度洋과 地中海, 渡歐手記(一)」, 『동아일보』, 1926년 7월 17일.

에서는 각종의 식물을 보고 화단에 핀 다양한 꽃들을 구경하였다.

「印度洋과 地中海, 渡歐手記(四)」에서는 강색철도발전소를 구경하고 싱가포르에 도착하는 상황을 서술한다. 그는 케이블카를 타고 빅토리아 케이프를 등정하면서 주변 광경과 절경을 구경한다. 영국이 홍콩을 통치하는 과정에서 외교적으로 능수능란하게 처리한 바에 대해 감탄한다. 싱가포르 도착 전후로 선객들이 은화를 물속에 던지는 모습을 기이하게 여긴다.

「印度洋과 地中海, 渡歐手記(五)」에서는 영국동인도회사가 싱가포르와 베트남을 통치한 상황을 제시한다. 그는 영국동인도회사가 싱가포르를 영국 지배하에 두고 통치하는 상황을 간략하게 언급한다. 싱가포르는 지형학적 조건에 따라 다양한 국가와 인종이 상호 간에 교류하는 곳이었다. 싱가포르에서 승선한 인도인들을 만났다. 아울러 싱가포르에서 베트남으로 이동하면서 역시 영국동인도회사가 베트남을 통치하게 된 상황을 서술한다.

> 또佛陀의齒를奉祀하는古刹『따라따마리가와』寺가有한데土人等은此處를靈場이라하야 觀光巡禮의徒가不絕한다 街衢는市街中央에全部歐風建築으로 된곳도잇고市場도잇서   電燈이煌煌하지만은市外에는土窟小屋式으로『람프』에點火한것도볼수잇다土人의奇習이速히 보이는것은皓齒가白雪과가치희고 口脣은紅色 唾液에色染되야 時時로血과갓흔唾液을吐出하는 것이다 [29]

「印度洋과 地中海, 渡歐手記(六)」에서는 싱가포르의 콜롬보를 관광하는 모습을 기록한다. 그는 콜롬보에 입항하기 전후로 선상과 육지에

---

29) 계정식, 「印度洋과 地中海, 渡歐手記(六)」, 『동아일보』, 1926년 8월 1일.

서 낯선 인종의 생활을 구경한다. 스리랑카는 영국령이 될 때까지 약 이백 년간 고성으로 자리를 잡아 낙원으로 불렸다. 부처의 치아를 보관한 불치사(The Temple Of The Sacred Tooth Relic)가 있어 관광 순례가 이어

<그림 5> 「印度洋과 地中海, 渡歐手記(六)」,
『동아일보』, 1926년 8월 2일.

졌다. 그는 콜롬보에 오후 1시에 상륙하였다. 그는 여행권을 받고 승객들과 함께 자동차로 시내를 질주하였다. 콜롬보에서는 인력차가 보이지 않고 우차로 이동하는 데 전부 동색인 토인들로서 남녀가 반쯤 몸을 옷에 숨긴 채 다니고 있었다. 그는 콜롬보의 일상을 이국적 시선으로 바라본다. 동남아시아인들의 얼굴빛과 체형이 낯설고 주변 경관이 다른 상황에서 타국의 문화를 객관적 시선으로 바라본다. 그는 코트를 입고 유방만 가린 여자를 보았다. 촌락에는 삼삼오오 모여 담소를 나누는 이들도 있었다. 물을 나르는 처녀도 있고, 여행객을 맞이하는 사람도 있었다. 어린 소녀가 손을 내밀며 구걸하는 소리를 듣는다. 그는 빈국의 사람들이 보이는 걸인 근성에서 조국을 잃은 비애를 통감하였다. 그는 유럽에 유학을 가는 길이지만 망국의 감정을 상실할 수 없었다. 망국의 지식인으로서 유럽 학문을 배워 조선을 근대화시키려고 다짐하지만, 실제 현실에서는 조선 독립의 희망이 여전히 보이지 않았다. 그러다 보니 걸인 소녀의 구걸에서 정서적 동질감을 느꼈다.

「印度洋과 地中海, 渡歐手記(七)」에서는 베라데니아 식물원을 방문한 것을 기록한다. 계정식은 베라데니아 식물원을 방문하고 스리랑카에

도착하였다. 그는 스리랑카의 지리적 면적을 언급한다. 스리랑카의 수도인 콜롬보는 포령과 란령과 영령의 지배를 받았다. 그러다보니 인종이 "人種은最初殖民者인Sinhalese이最多하고其他南印度에서移住하여온pawl人이잇고亞刺比亞에서온Moor人과南洋에서渡來한馬來人이잇고其他無數한混血種"처럼 다양하였다. 그는 선상에서 즉흥적으로 음악회를 열기로 논의하였다. 축음기로 승선인들의 국가를 틀었고, 선상 생활의 무료함을 달래기 위해 곡을 연주하였다. 그 당시 독일 유학생들의 여행기에는 보이지 않던 음악회에 대한 묘사는 미적 세계가 현실과 결합하는 과정을 거쳐 인종과 민족의 경계를 순간적으로 탈피하는 모습을 보여준다.

此地는別로히 求景할것은업지만 入港한翌十六日朝一行과同히市內를 一巡하엿다 市街는整然히 羅列하엿스며自働車馬車는 疾走하야店頭는모도殷賑하게번창하다 住民은大部分亞刺比亞人으로 男子老幼를不問하고 赤褐色『툴키』帽를戴하엿스며 或은洋裝或은『개짐』式『사루ㄴ』를纏하엿다 旣婚婦人은頭部를黑布로被包하야 僅히兩眼만 露出하야異形의粉粧으로 徘徊하는樣은珍奇하엿다[30]

「印度洋과 地中海, 渡歐手記(八)」에서는 홍해와 수에즈 운하 도착 전후의 상황을 기록하고 있다. 수에즈 항은 삼천 년 동안 이집트의 오래된 항으로 16세기에서 18세기 말까지 구주무역의 중추 시장이었다. 수에즈 운하가 개통되어 경제적 혹은 군사적 영향이 커졌다. 영국과 프랑스의 공동 경영과 국제협약으로 영세중립 지역이 되어 평상시와 전시에도 군함이 자유롭게 이동할 수 있었다. 수에즈 항에서 물건을 내리면서 파

---

30) 도유호, 「印度洋과 地中海, 渡歐手記(八)」, 『동아일보』, 1926년 8월 2일.

세토에 도착한다. 계정식은 파세토에서는 구경할 것이 없어 시내를 순례하였다. 시가는 정연히 나열되어 있고, 자동차와 마차는 도로를 질주하고, 사람들은 적갈색 툴키 모자를 착용하였다. 두 눈만 노출한 이형의 분장으로 배회하는 기혼 부인의 모습이 진기하게만 보였다. 그는 동남아시아의 인종들과 대면하면서 인종적 차이를 체감한다.

「印度洋과 地中海, 渡歐手記(九)」에서는 마르세유를 거쳐 파리로 출발하는 상황을 서술하고 있다. 이탈리아 시칠리섬을 보고, 매시나 해협, 스트롬볼리섬, 보니파시오 해협을 지났다. 그는 지중해를 지나면서 선상에 머문 채 어학 연습, 외국 지리 조사, 바이올린 연습을 하는 등 즐거운 선상 생활을 보내었다. 시칠리섬의 본연을 살피고 매시나항의 아름다운 경치를 구경하였다. 스트롬볼리 화산을 구경하고, 보니파시오 해협을 통과하면서 이탈리아 애국자와 나폴레옹의 출생지를 살펴보았다. 그는 유럽의 관문인 마르세유에 도착하는 전후로 독일 유학에 대한 불안감을 느끼고, 입국 심사를 받으면서 유럽에서의 첫 시간을 보낸다.

「印度洋과 地中海, 渡歐手記(一)~(九)」에는 계정식이 유럽으로 가는 길에 마주한 동남아시아의 실상을 목격한 바가 기록되어 있다. 인도양과 지중해를 중심으로 동서양이 구획 지어지고, 유럽으로의 긴 여행에 대한 기억을 표현하고 있다. 그는 영국 식민 통치의 흔적을 구경하고, 동양 인종이 처한 근대적 상황을 관찰한다. 그는 세계 인종이 혼혈 방식으로 공존하고 있는 곳을 발견한다. 동남아시아 지역은 동양 권역에 위치하지만, 인종적으로 매우 다양하다. 그는 스리랑카와 필리핀을 경유하면서 낯선 세계의 인종과 문화를 수용하는 태도를 보인다. 그는 일본 체류 동안 근대적 생활 방식을 자기화하는 과정을 거쳤지만, 동남아시아에서는 빈곤과 가난에서 벗어나지 못한 국면도 존재한다는 점을 자각하였다. 근대의 인종적 차별과 불평등이 초래된 상황에 대한 정치적 입장을 분석하지는 못했지만, 동남아시아 인종들이 경험하는 삶의 모순을 구경하였다.

5) 남방의 풍토기(風土記)와 이탈리아 명소 구경 : 도유호의 「歐州行 印度洋건너서서」

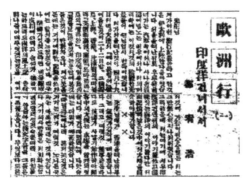

<그림 6>「歐州行 (一) 印度洋건너서서」,
『동아일보』, 1930년 9월 2일.

도유호는 「歐州行 (一) 印度洋건너서서」에서 이탈리아에 도착한 후 인도양을 건넌 전후 과정을 여행기로 기록하였다. 후청도, 상해, 향항, 필리핀, 란령, 인도를 거치는 험난한 여정에 대한 기록은 객관적 풍경을 단순하게 소개하는 데 그치지 않고, 자신의 심정에 남아 있던 기억을 소개하려는 과정에서 생성한 것이다. 그는 여행기에서 유럽 문화의 힘을 찬양하였다. 유럽 문화의 모방은 식민지 조선을 근대적으로 이끌 수 있는 동력이고, 근대 조선의 문화적 근대성을 확보하기 위한 전략의 소산이었다. 그는 자신의 기억에 의존해 유럽으로 가는 도중에 맞닥뜨린 세계의 모습을 기록하였다. 동남아시아와 이탈리아에서 근대 조선과는 다른 생활 방식을 확인하고, 이를 토대로 근대 동남아시아에서의 식민지 상황과 이탈리아의 문화적 요인을 비교한다.

<표 3> 「毆州行 印度洋건너서서(一)~ (十一)」여행 경로

제목	게재지면	게재 날짜	여행 경로
「毆州行 (一) 印度洋건너서서」	동아일보	1930년 9월 2월	홍콩, 마닐라, 마닐라 싼타아나 무도장
「毆州行 (二) 印度洋건너서서」	동아일보	1930년 9월 3일	싱가포르. 팔라완 비치(Palawan Beach), 술탄 모스크(Sultan Mosque), 콜롬보, 홍해
「毆州行 (三) 印度洋건너서서」	동아일보	1930년 9월 4일	피라미드, 수에즈 운하, 알렉산드리아, 지중해
「毆州行 (四) 印度洋건너서서」	동아일보	1930년 9월 5일	지중해 크레타섬, 시실리 섬, 제노바항
「毆州行 (五) 印度洋건너서서」	동아일보	1930년 9월 6일	이탈리아 라팔로
「毆州行 (六) 印度洋건너서서」	동아일보	1930년 9월 10일	제노바 순회
「毆州行 (七) 印度洋건너서서」	동아일보	1930년 9월 11일	카프렐리 가족묘지
「毆州行 (八) 印度洋건너서서」	동아일보	1930년 9월 12일	밀라노
「毆州行 (九) 印度洋건너서서」	동아일보	1930년 9월 13일	성 암브로시오 성당
「毆州行 (十) 印度洋건너서서」	동아일보	1930년 9월 14일	산타 마리아 델레 그라치에 성당
「毆州行 (十一) 印度洋건너서서」	동아일보	1930년 9월 16일	코모 호수, 빌라 카를 로타, 볼차노, 베로나

「毆州行 印度洋건너서서(一)~(十一)」는 동남아시아, 지중해, 이탈리아를 경유하면서 마주한 타국의 모습을 기록하고 있다. 마닐라, 싱가포르, 콜롬보, 카이로, 크레타섬, 라팔로, 제노바, 밀라노 등을 여행하면서 동남아시아와 유럽 관문 지역을 비교하는 과정을 거친다. 도유호는 각

국의 관광지를 구경하면서 동양과 서양 문화의 차이를 발견하고, 남방 지역과 이탈리아 지역의 독특한 문화 경관을 체험한다.

도유호는 기후 변화로 질병을 걱정했지만, 무사하게 '마닐라'에 내렸다. 그는 마닐라인들의 얼굴 모양새가 다르고 중국어를 사용하지 않는 점을 이국적이라고 생각하였다. 그들은 스페인과 미국의 통치 지배를 받으면서 문화적 혼종성이 강하게 드러났다. 그는 '싼타아나' 무도장을 구경하러 가서, 필리핀 여성들이 사람들에게 호객 행위를 일삼는 모습을 보았다.

멋칠을지나드니 배는어느듯 紅海에들어섯습니다 紅海어구에들어서부터는 사나웁든波濤도잠잠하야젓고 구석에썩들어서부터는 확근확근몸에 퍼붓든데위도 次次식어왓습니다 先生님 紅海는 녯날에 『모세』가埃及에서 이스라엘同族을 救援할적에 물을갈라길을내고 건너왓다는곳입니다 그뒤로 『바로』王은 軍兵을보내어 뒤를쫏찻스나 그들이 갈녀진물새로 紅海한판에들어섯슬때 사나운波濤는다시 모와들며 그들을모다 水葬해 버렷답니다 只수에듯자온즉 紅海에는 人魚가만어서 밤에窓門을닷지안흐면때로로 人魚의무리가 船室로들어오는수가잇답니다[31]

도유호는 말레이반도의 싱가포르에 도착하였다. 싱가포르 주민 다수가 중국어를 사용한다는 점에서 안도하였다. 싱가포르에 내려 배 위에서 동전을 던지면 사람들이 물속에 빠진 동전을 주우려고 혈안이 되는 모습과 인도인 손금을 보는 장면, 부두에 늘어선 산호 등을 언급한다. 그는 팔라완 비치에서 야자수와 파초를 구경하고, 술탄 모스크를 방문한 후 남국의 일몰을 보았다. 콜롬보에서 힌두교도들이 그린 달과 교가람을 구경하였다. 그곳에서 간디의 구금소식을 전해 들었다. 홍해에서는

---

31) 도유호, 「毆州行 (二) 印度洋건너서서」, 『동아일보』, 1930년 3월 2일.

모세의 이야기와 이스라엘 민족의 출애굽기를 기록한다. 그는 여행하는 곳에 대한 인문학적 소견을 바탕으로 타국의 문화를 이해하려고 한다. 카이로에서 피라미드와 스핑크스를 구경하려고 했지만, 경제적 상황이 여의찮아 관광하기를 포기하였고 수에즈 운하를 구경하는 것으로 만족하였다. 그는 피라미드와 운하를 자연의 힘에 대항하기 위해 인간이 인위적으로 발명한 세계로 간주한다. 그는 알렉산드리아를 지나면서 현대 문명과는 달리 자연의 무궁한 변화를 파악하는 방식이 차지하는 의미를 되새긴다.

> 積極的 反動政治의 伊太利가黑內衣天下라는소리는미리부터들엇습니다만 이 黑內衣影響이 그다지甚하기는 꿈밧기엇습니다. 旅舘문간에도 파ㅣ씨스트黨의 訓令 茶店壁에도 파ㅣ씨스트黨의 訓令들이부텃습니다 茶店의飮食代도規定하야 잇스며 이것도『무』大將의命令이오 壁에무튼吐啖禁止삐라도『무』太將이랍니다 그날『제노바』市에나『애베뉴』나무그늘알에서 어떤분이 알아듯기어려운英語로『무쏠리늬』소리를끄집어낼때에여긔저긔서『꺼먼빗』에精神채린저는 그만덥허노코緘口하야버렷습지요[32]

도유호는 지중해의 인근 섬을 경유한 후, 이탈리아 부두에 내리자마자 파시스트 소년군을 만난다. 그는 이탈리아에서 적극적 반동 정치의 위험을 경계하였다. 이탈리아의 여관 문 앞에는 파시스트당의 훈령이 걸려 있고 무솔리니의 검은 빛처럼 폭압적 선동 방식이 작동하는 세계에 대해 침묵하였다. 그러나 무솔리니 파시즘의 폭압적 통치와는 달리, 이탈리아인들은 자신들만의 일상을 보내고 있었다. 그는 제노바와 밀라노를 여행하면서 이탈리아의 명소를 구경하였다. 그는 이탈리아의 관광

---

32) 도유호, 「歐州行 (五) 印度洋건너서서」, 『동아일보』, 1930년 9월 6일.

명소를 구경하면서 이탈리아 파시즘이 지배하는 일상도 살펴보았을 뿐만 아니라 이탈리아의 종교와 예술의 가치를 확인하였다.

천주교당(chiesa di aranciata)에서 이탈리아 회화, 조각, 경치가 혼연일체 되는 모습을 본다. 그는 좁은 골목길을 돌아다니는 자동차를 신기하게 여기면서, 노상 카페, 호텔에서 시간을 보낸다. 독일의 교통 규정은 전차, 자동차, 수레는 모두 우측통행하고, 사람은 좌측통행한다. 이러한 교통 규정 때문에 길거리 좌우로 통행하는 쪽에는 식탁과 의자를 놓은 카페가 위치하였다. 그는 그랜드 호텔에 돌아와 쌀죽과 앵두를 먹었다.

도유호는 제노바 시 안과 밖을 순회하였다. 제노바의 구시가와 신시가는 11세기에 지어졌고, 귀족, 영주, 대승정들의 궁정이라고 부르는 주택이 관청, 상점, 은행으로 변용되었다. 그는 궁정을 구경한 후 성체절 묘소와 관련된 이야기를 전한다. 그곳에서 사방 벽면을 채운 조각작품을 살펴본다. 조각과 같은 예술 작품은 경제법칙의 관점에서 보면 화폐 가치가 없고, 무용한 사물에 불과할 수 있다. 그는 예술 작품에 투영된 장구한 시간과 정력을 투여한 예술가들의 가치를 인정해야 한다고 말한다. 그는 예술적 가치를 인정하고 생명의 가치를 발견하는 일은 인간 활동에 속한다고 말한다.

도유호는 노동자 투쟁의 가치를 제시한다. 노동자들이 생활의 개선을 위한 행동으로 투쟁을 추구하면서 인간 활동의 생명에 내재한 가치를 인정해야 한다고 말한다. 아울러 어떤 실업가의 무덤을 보며 성스러운 인간의 태도와 이를 승인하는 종교적 성스러움이 중요하다고 언급한다. 실업가의 무덤에는 어린 천사들이 명상에 몰두하고, 백골이 곁에 위치하고, 십자가에 매달린 예수상이 새겨져 있다. 그곳에서 죽음은 생을 위해 존속하거나 생을 조소하기도 한다고 생각한다. 인간의 역사는 삶과

죽음이 교차하며 고통의 순간을 마주한 자신만의 삶을 살아가기 위한
노력이 중요하다고 말한다.

어느새車는大寺院아페니르럿습니다. 이것이有名한『밀라노』의大伽藍입니다
뾰족뾰족이 올려민尖塔들이며 그우에선彫刻들 그것이 모다大理石으로되엇습니
다. 中世紀의發見으로 高丈의建築物에 必要하다는『꼬딕스타일』로지엇습니다이
伽籃선것이 西曆一千三百八十六年이랍니다. 天下八奇中에한자리를차지한다니
만큼참말큼직큼직합니다.절안에들어서니 처다뵈는 天井이 아득아득합니다 天井
에는 구멍이 숭숭뚤닌게 저게비나 안새나 念慮햇드니 그것은정말 구멍이아니라
그림이랍니다. 33)

도유호는 제노바를 떠나 밀라노를 여행하였다. 정차장에서 자신의 반
대편 기차에서 노래를 부르는 사람들을 만난다. 그는 밀라노 대성당의
특징을 서술한다. 밀라노 대성당은 고딕스타일로 지어졌고, 내부 천정
은 아득하다. 대성당 안에는 그림이 진열되어 있고, 세인트의 시신이 관
속에 안치되어 있다.

도유호는 성 암브로기오 사원(Basilica di Sant'Ambrogio)를 구경한다.
성 암브로기오 사원은 386년에 시작해 이단과 기독교의 표어가 함께 비
치되어 있다. 로마 사람들은 이단신에게 공물을 바치고, 석제상이 대문
오른쪽에 있다. 사원 안에는 로마 사람이 사용한 척도가 남아 있었다. 상
업적인 로마인들은 상원 앞뜰을 시장으로 사용하였다. 이곳은 로마의
황금시대를 연 아우구스티누스 황제를 포함해 유명인들이 세례를 받거
나 개종을 한 장소였다. 문화를 정복하는 자는 문화의 위력을 제시한다.
그는 문화의 세력과 그 가치를 언급하면서 문화는 한 민족이 민족 특수

---

33) 도유호, 「歐州行 (八) 印度洋건너서서」, 『동아일보』, 1930년 9월 12일.

의 형태에서 자연을 정복한 정도와 자연을 정복하는 과정에서 도출된 내적 생활을 뜻하고, 문명은 문화의 범위를 벗어나 모든 문화의 종합이 인류 전체에 끼친 자연 정복의 표시라고 말한다. 이를 토대로 로마가 주변국을 로마화하는 과정을 거치면서 로마 문명은 영원성을 확보했다고 지적한다.

산타 마리아 델레 그라치에 성당(Chiesa di S., Maria DelleGrazie)에서는 레오나르도 다빈치가 그린 <최후의 만찬>을 본다. 밀라노 묘지를 방문해 묘지가 비잔틴식으로 건축되어 있다는 점을 살피고, 동 조각상이 많다는 점을 발견한다. 코모호수 주변을 구경하고, 빌라 카를 로타를 돌아다녔다. 그는 베로나와 볼차노로 간다. 볼차노에서 독일어가 사용되는 이유를 설명하고, 등산객들이 모여드는 모습을 살폈다.

4. 독일 지방 구경

1) 인문 도시 견문(見聞) : 박승철의 「獨逸地方의 二週間」

박승철은 「獨逸地方의 二週間」에서 라인 강변을 산책한 후 자기 생각을 기록하였다. 그는 '포츠담'에서 출발 해 십여 곳을 여행하였다. 그는 괴팅겐(Goettingen), 쾰른(Koeln), 카셀(Cassel), 본(Bonn), 마인쯔(Mainz), 바스바덴(Wiesbaden), 보름스(Worms), 뷔텐베르크(Wittenberg), 다름슈타트(Darmstadt), 프랑크푸르트(Frankfurt), 뷔르츠부르크(Wurzurg), 뮌헨(Munchen), 예나(Jena), 바이마르(Weimar)를 경유하였다

<표 4> 「獨逸地方의 二週間」 여행 경로

독일지방도시	여행 경로
쾰른(Koeln)	쾰른 대성당(Kölner Dom)
본(Bonn)	베토벤 하우스 (Beethoven-Haus Bonn)
마인쯔(Mainz)	구텐베르크 박물관(Johannes Gutenberg Museum)
뷔텐베르크(Wittenberg)	마르틴 루터의 종교 개혁지
프랑크푸르트(Frankfurt)	괴테 생가(Goethehaus)
바이마르(Weimar)	괴테와 실러 동상(Goethe Schiller Denkmal)

박승철은 조선인들이 라인강을 동경하면서 라인강에 대한 시와 소설을 발표했다고 말한다. 영국의 시인 롱펠로우(Longfellow)가 라인강의 아름다움을 표현했다고 부연한다. 라인강은 독일 문화의 발상지이고, 독일 산업진흥지의 중심으로서 자리 잡았다. 그는 독일 지방을 여행하면서 독일의 작가와 문화 공간을 관광한다. 독일 문화의 우수성을 파악하고, 독일 라인강의 자연이 문화와 매개하는 모습을 서술하였다. 라인강의 자연경관은 독일 자체에서 중요한 곳으로 여겨진다. 라인강은 자연 경치 뿐만 아니라 정치적 혹은 역사적 의미를 차지한다. 그는 독일의 라인 강변을 경치로만 파악하지 않고 인간과 상호 간에 소통할 수 있는 시공간으로 간주하였다. 박승철은 라인강변의 지방 도시를 견문한다. 그는 김준연과 함께 독일 인문 도시의 다양한 모습을 살펴보았다. 그는 인문학적 관점에서 독일 지방 도시를 아트 투어하는 모습을 보인다. 그는 아트에 대한 감각적 시선을 중심으로 독일의 특징을 제시한다.

①라인江에 배를 타고 가면서 보면 最上流로부터 最下流까지 船舶의 出入이 便한 故로 恰然히 水面은 船舶으로 업힌 것 가트며 左右 兩岸에는 殷盛해 보이는 江村들이 櫛比하고 不絶히 往來되는 것은 汽車이더이다. 또 그리고 라인江畔의 求景거리로 일러오는 葡萄園이외다. 葡萄가 익어서 따게되는 秋節에 오면 가장 求景 할만

하다 하나이다. 그때에는 山등성이에 葡萄 따는 사람이 널럿스며 또 포도 따는 노래
가 들을 만하다 하나이다. 그 外에 가장 有表히 보이는 것은 山上에 由來가 잇는 無
數한 古城들이외다. 午後 4時 暇量이 되어서 靑天에 黑雲이 덥히더니 소내기가 한
줄기 오나이다. 無論 배에는 防雨設備가 잇는 故로 밧갓을 내다보니 實로 그 景致를
形言할 수 업나이다.[34]

②三十日(삼십일)에는 비가 왔는데 우리는 「라인」江의 景)를 흠뻑 玩賞하였읍니
다. 그 사이에 저 「하이네」의 詩에 有名한 「로렐라이」가 있습니다. 葡萄밭이 있습니다.
葡萄는 거의 全部가 山비탈에 심어졌습니다. 아직 잎은 피지 아니하였습니다. 그 옆
을 지나니 술냄새 가나는 듯합니다. 그 다음은 無限한 꽃밭입니다. 리梨花 자두꽃 桃
花가 滿發하였습니다. 故國의 苦難은 잊어버리고 우리도 흠뻑 이 景致를 즐겼습니
다. 그는 自然도 아름다우려니와 獨逸사람들이 다 즐거워하기 때문입니다.[35]

①과 ②는 각각 박승철과 김준연이 라인강변의 포도밭 경치를 구경한
기록이다. ①에서 박승철은 라인강에서 배를 타면서 최상류에서 최하류
까지 주변 강변을 구경한 기록이다. 라인강의 구경거리로 포도원을 언
급한다. 포도가 익어서 제철에 먹게 되는 상황이 가장 구경할 만하다고
말한다. 아울러 라인강변은 시적 대상으로도 많이 활용되었다. 로렐라
이 전설을 언급하고 평양 대동강과 경성 한강의 물결을 생각하면서 라
인강 물빛에 대해 한탄한다. ②에서 김준연은 라인강의 경치를 감상한
기억을 기록하고 있다. 그는 고국의 고통을 잊어버리고 잠시나마 꽃밭
의 경치를 즐겼다. 박승철과 김준연은 독일 라인강의 같은 지역을 여행
하면서 조선의 암담한 현실을 연상하고 그에 대한 자신들의 상념을 기
록하고 있다.

---

34) 박승철, 「獨逸地方의 二週間」, 『개벽』제26호, 개벽사, 1922, 43쪽.
35) 김준연, 「生氣에 찬 西獨『본』市에서」, 『동아일보』, 1957년 4월 10일.

電話를 發明한 두 사람도 이곳에 살엇스며 또 詩聖 꾀테(Goethe)의 出生한 집도 이곳에 잇나이다. 꾀테의 집은 市 中央에서 조금 뒤골목에 잇나이다. 當時에 꾀테 生活이 어떠케 裕足햇든가는 그 住宅만 보아도 一見에 알겟나이다. 內部에 들어가서 日常生活하든 模樣을 보면 文房具라든지 甚至於 廚房에 器皿을 늘어 노흔 것을 보드래도 確實히 알겟나이다. 現代人의 奢侈로운 生活에 比하면 아모것도 아니지마는 當時의 一般 程度를 생각해보면 極히 豊足한 生活이라 아니할 수 업나이다. 附屬 博物館에 가보면 꾀테와 쉴러(Schiller)의 筆蹟이 노혀잇스며 꾀테는 詩聖 뿐 아니라 그림에 對한 素養이 相當히 잇든 줄 알겟나이다..[36]

박승철은 프랑크푸르트에서 괴테 생가를 방문하였다. 독일 유학생들은 괴테 생가를 찾아서 독일 문학의 위엄을 확인하였다. 독일 문학은 괴테를 정점으로 독일 계몽주의가 구현된다. 괴테는 인간성과 인류성을 표방하면서 인류의 보편적 가치를 문학을 통해 표현하였다. 조선의 독일 유학생들은 괴테의 집을 관람하면서 독일 문학의 이념을 직접 보고자 하였다. 프랑크푸르트는 베를린에 견주어 도시 규모가 소박하다. 독일의 도시들은 지방 분권의 영향으로 도시 외양이 유사하다. 프랑크푸르트는 상업과 공업지로 유명하고, 역사적으로는 신성로마제국과 보불전쟁의 여파로 외국인이 많이 거주한 곳이다. 괴테 생가는 각 층마다 젊은 시절 괴테의 일상을 확인할 수 있는 유품들이 비치되어 있다.

괴테 생가는 단조로운 듯하면서 정갈하게 구성되어 있고, 방문객들이 괴테의 흔적을 파악할 수 있도록 물품들이 유기적으로 진열되어 있다. 부속 박물관에는 쉴러와의 관계를 확인할 수 있는 물건들도 볼 수 있다. 바이마르 역시 괴테와 쉴러의 흔적을 확인할 수 있는 곳이다. 괴테는 젊은 시절에 어린 칼 아우구스트 공작의 권유로 바이마르 공국의 추밀원

---

36) 박승철, 「獨逸地方의 二週間」, 『개벽』제26호, 1922, 개벽사, 47쪽.

<그림 7> 괴테 생가 내부 (필자 촬영)	<그림 8> 괴테 생가 내부 (필자 촬영)	<그림 9> 괴테 생가 입구 (필자 촬영)

이 되었다. 그는 추밀원이 되어 예나 대학 정책을 살펴보았다. 괴테는 사회 전체의 이념에 능동적으로 동참하거나 예나대학의 봉건적 이념을 넘어 근대적 이념을 구현하려고 하였지만, 비정치적 노선을 추구하는 경향을 보이기도 한다.[37]

2) 리버 투어의 총괄적 인상기와 독일 문명 구경: 김준연의 「라인江畔에서, 獨逸地方旅行紀」와 「獨逸의 精華」

(1) 「라인江畔에서, 獨逸地方旅行紀」

김준연은 「라인江畔에서, 獨逸地方旅行紀」에서 라인강변을 중심으로 독일 지방을 여행한 것을 8회에 걸쳐 『동아일보』에 기재하였다. 「라인江畔에서, 獨逸地方旅行紀」는 비개인적이고 비이기적으로 생존 경쟁에 몰두하여 개인적 욕심만을 충족시키는 약육강식의 원리에서 벗어나 공존공영의 이념을 토대로 비이기적 이상주의를 구현하고자 하였다. 독일인들은 부자의 생활이고, 의식주가 풍족해 도로설비와 교통기관, 가옥이 생활의 편의에 맞춰 구비되어 있고, 가옥은 상하층의 구별없이 외면상 무차별

---

37) 조우호, 2013, 「괴테와 바이마르 공국의 대학정책」, 『독어교육』제58권 제58호, 한국독어독문학교육학회, 319쪽.

<그림 10> 「라인江畔에서, 獨逸地方旅行紀」, 『동아일보』, 1922년 7월 22일.

의 세계를 중시한다.

현대 독일 라인강 리버 투어의 중심인 라인강과 마인강 지역은 역동적이고 다양한 경제 문화적 자산을 보유하고, 고성, 도시, 마을 등 주변 관광 자원이 풍부하여 역사 문화자원을 적극적으로 활용하고 있다.38) 그는 라인강변을 여행하면서 독일 역사와 문화에 대한 총괄적 인상기를 남겼다. 독일의 아트를 포함해 다양한 정치, 경제, 사회, 문화 등 통합적 인문학의 시선에서 독일 사회를 살펴보았다. 그는 라인강변의 자연 풍광과 관광 도시들의 문화유산에 담긴 역사적 내력을 세분해서 설명한다. 그는 독일 여러 지방을 여행하면서 독일인들이 자연을 인공적으로 정복했다고 생각한다. 그는 독일 사회가 전반적으로 정결하고 화려한 모습을 갖추고 있다고 정리한다.

<표 5 > 「라인江畔에서, 獨逸地方旅行紀」여행 경로

제목	게재지면	게재 날짜	여행 경로
「라인江畔에서, 獨逸地方旅行紀(一)」	동아일보	1922년 7월 22일	괴팅엔(Göttingen), 쾰른(Köln), 본(Bonn)
「라인江畔에서, 獨逸地方旅行紀(二)」	동아일보	1922년 7월 23일	마인츠(Mainz), 쾨니히스베르크(Königs berg)

38) 신원섭, 2009, 「독일 리버투어리즘의 중심, 라인강 관광상품 개발 사례」, 『한국관광정책』제38호, 한국문화관광연구원, 115쪽.

「라인江畔에서, 獨逸地方旅行紀(三)」	동아일보	1922년 7월 24일	쾨니히스베르크(Königs berg)
「라인江畔에서, 獨逸地方旅行紀(四)」	동아일보	1922년 7월 25일	로렐라이(Loreley)
「라인江畔에서, 獨逸地方旅行紀(五)」	동아일보	1922년 7월 26일	빙겐(Bingen)
「라인江畔에서, 獨逸地方旅行紀(六)」	동아일보	1922년 7월 27일	비스바덴(Wiesbaden)
「라인江畔에서, 獨逸地方旅行紀(七)」	동아일보	1922년 7월 28일	보름스(Worms)
「라인江畔에서, 獨逸地方旅行紀(八)」	동아일보	1922년 7월 29일	다름슈타트 (Darmstadt)

김준연은 5월 13일에서 5월 26일까지 독일 각지를 돌아다녔다.『베데커』와 같은 실용적 여행안내서의 발행으로 그랜드 투어에서 대중 관광으로 변모하여 민족 정체성과 유럽 이념을 동시에 표출하여 독일의 자연경관으로서의 라인강에 대한 긍정과 유럽 공동 유산으로서의 자연의 아름다움을 찬미하는 계기를 마련하였다.[39] 서양에서는 그랜드 투어(Grand Tour)가 매스 투어리즘(Mass Tourism)으로 변화하였다. 부유한 개인의 그랜드 투어가 자본의 산업화가 진행되면서 쇠퇴한 자리에 매스 투어리즘이 자리를 차지하였다. 그랜드 투어는 영국에서 발생하였는데, 부유한 집안의 자제들이 자국의 교육적 환경 등을 비판적으로 생각하여, 장기간 타국 여행하면서 타국의 문화 등을 교육적으로 수용하는 과정이었다. 영국을 기점으로 프랑스, 독일, 이탈리아를 경유하는 장기간의 여행은 교양 축적이라는 교육 본연의 목적을 달성하기 위한 수단으로 작용하기도 하였지만, 특정 계층의 무분별한 소비 형식으로 간주하

---

[39] 고유경, 2013,「'유럽 기억의 장소'로서의 라인 강 −19세기 라인 여행의 대중화를 통한 유럽 의식의 형성」,『역사학보』제218호, 역사학회, 499쪽.

기도 하였다. 그랜드 투어의 엘리트주의에 대한 반발로 매스 투어리즘이 대두하였다. 19세기 중엽 그랜드 투어는 종말을 맞이하면서, 여행과 관광의 분리가 진행되었다. 여행은 출발과 돌아감을 전제로 한 인간의 공간적 이동을 의미하면서, 다양한 목적으로 지니고 길을 떠나는 행위를 뜻하였다면, 관광은 일상을 떠나 다시 돌아올 것으로 목적으로 하는 즐거움을 위한 여행으로 정의되었다.[40] 엘리트주의적 그랜드 투어가 대중 중심적 매스 투어리즘으로 변화하는 과정에서 여행의 교육적 측면은 소멸하거나 잔존하면서 대중 사회의 관광 산업이 급격하게 발전하였다. 그랜드 투어의 교육적 측면이 완전하게 소멸하지 않고 유학과 같은 여행으로 변모하기도 하였다. 라인강 연안에 있는 도시들은 경제적 라인, 역사적 라인, 시적 라인으로 구분 짓는다 상중하 라인은 독일인들의 삶의 흔적을 간직하고 있고 독일문명의 발전상을 보여주는 자연경관이다.

和蘭『롯텔담』에서 獨逸『퀼른』까지를 下『라인』이라하고『퀼근』부터『마인쓰』까지를 中『라인』이라하고『마인쓰』부터 瑞西『빠ㅣ셀』까지를 上『라인』이라합니다 下『라인』은 二百哩 中『라인』은 一百十六哩 上『라인』은 二百九哩 河口近處는 河幅이 約四百五十間 瑞西『빠ㅣ셀』近處는 約百間이올시다『라인』求景하는 사람은 普通『퀼른』서 배를타고 一百十六哩를 溯上해서『마인쓰』에서 끗침니다[41]

김준연은 1월 15일에 '퀼른'을 방문한다. 퀼른은 대상업지로서 라인 강을 이용해 영국과 무역을 하고, 동해 연안 각 지방과도 통항하였다. 퀼른 <돔>은 로마교의 사원인데 1248년에서 1880년에 완성되고, 돔의 탑은 지상을 경모하는 마음을 불러일으킨다. 그는 오랜 기간에 걸쳐

---

40) 설혜심, 2013,『그랜드 투어 - 엘리트 교육의 최종 단계』, 웅진 지식하우스, 339쪽.
41) 김준연,「라인江畔에서, 獨逸地方旅行紀(一)」,『동아일보』, 1922년 7월 22일.

돔을 건설한 독일인에 경건함을 표현한다. 그는 쾰른을 출발하여 '본'으로 이동하였다. 본에서 회석집 사이에 정결한 풀과 나무의 모습을 보고, 대로 위에서 활보하는 청년 남녀의 즐거운 모습을 관망하기도 하였다. 그는 유람객(遊覽客)으로 '본'을 배회하면서 즐거운 독일의 일상을 살펴보았다.

김준연은 1월 13일에 '핏팅겐'을 방문한다. 핏팅겐 대학의 내력과 대학생들이 각색첨모를 쓰고 흉간에 각색 띠를 두르고 돌아다니는 모습을 언급한다. 그들은 자기 소속 단체의 명예를 중시하기 때문에 무사적 기풍을 여전히 따른다고 지적한다.

김준연은 종교 혁명의 성지인 '보름스'를 구경한다. 종교 혁명은 인류사에서 가장 중요한 사실의 하나이다. 황제 칼 제오세는 로마 황제와 결탁해 자기 기반을 확고하게 다졌다. 이에 대해 루터는 무명한 교승과 독일의 제일 적은 제후의 신하로서 황제에게 대항 세력으로 자리 잡았다.

김준연은 독일 역사가인 랑케(Lanke)의 말을 인용하면서, 루터의 역사에 대한 통찰력을 언급한다. 루터는 1517년 10월 31일에 구십오개조의 법황공격문을 '빗텐벨그' 교회 정문에 붙였다. 그는 성경을 위반한 법황의 교정을 공격하였다. 그는 기존 사이비 종교를 비판하고 성경의 말씀대로 각 개인이 자신들의 양심대로 살아가야 한다고 종교적 해석을 내렸다. 로마법왕은 황제와 결탁해 육체와 정신의 통합을 절대적으로 주관하려고 하였다. 루터는 종교적 혹은 정치적으로 자신의 신념을 통해 개혁을 도모하였다. 보름스에는 루터의 동상(Lutherdenkmal)이 있다. 1856년에서 1868년에 완공되어 동상의 좌우에는 그를 협력하고 지지한 사람들의 동상들이 옹위하고 있다.

김준연은 루터의 종교 개혁을 역사적으로 매우 중요한 사건으로 간주한다. 루터의 종교 개혁은 종교와 정치가 결탁하는 과정에서 발생한 비종교적이고 반정치적 폭력에 대항하기 위해서 종교의 신념화를 근본으로 하는 실천이다. 그는 보름스의 루터라는 종교적 인물이 역사의 시공간으로 편입되는 맥락을 구체적으로 기록한다. 인문 역사 도시 구경은 역사의 경과 과정을 인문학적으로 고찰하면서 근대 사회에서도 볼 수 있는 종교의 정치화와 정치의 종교화를 비판적으로 인식할 수 있는 계기를 제공한다.

(2) 「獨逸의 精華(一)~(五)」

김준연은 동료 다섯명과 함께 독일 지방을 여행하였다. 그는 베를린에서 라이프치히(Leipzig)로 이동하면서 독일 지방 여행을 시작한다. 「獨逸의 精華(一)~(五)」에서는 독일의 정신문명과 물질문명, 과거 문명과 현재 문명을 비교한 관점을 담고 있다.

<표 6> 「獨逸의 精華(一)~(五)」 여행 경로

제목	게재지면	게재 날짜	여행 경로
「獨逸의 精華(一)」	동아일보	1923년 1월 6일	라이프치히(Leipzig), 바이마르(Weimar)
「獨逸의 精華(二)」	동아일보	1923년 1월 7일	바르트부르크(Wartburg) 산성
「獨逸의 精華(三)」	동아일보	1923년 1월 8일	아이제나흐(Eisenach), 비텐베르크(Wittenberg), 하노버(Hannover)
「獨逸의 精華(四)」	동아일보	1923년 1월 9일	함부르크(Hamburg)
「獨逸의 精華(五)」	동아일보	1923년 1월 10일	뤼베크(Lübeck), 홀스텐토(Hostentor)

김준연은 1923년 11월 19일 오전 11시 30반에 라이프치히에 도착한다. 그는 라이프치히가 독일의 중요한 상공업 도시, 서적 출판업, 라이프치히대학, 유럽의 대류 교통 중심지로 유명하다고 지적한다. 그는 라이프치히대학과 독일최고재판소와 국가재판소를 구경한다. 그는 재판소의 건물을 보면서 법적 권위와 법적 제도를 제시한다.

그는 1923년 11월 20일에 바이마르(Weimar)를 방문한다. 바이마르는 괴테와 실러의 문화 도시이고, 독일공화국헌법의 탄생지였다. 바이마르 국민 극장 앞에 있는 괴테와 실러의 동상(Goethe Schiller Denkmal)을 구경하고, 바이마르헌법 제정에 관한 국민 극장 전면을 바라보았다.

그는 1923년 11월 10일 13시 17분에 아이제나흐(Eisenach)로 이동하였다. 그는 루터의 생가를 구경한다. 루터의 생가에서 루터가 신약성서를 번역하는 방, 책상, 의자 등을 살펴보았다. 아울러 바르트부르크(Wartburg)산성을 방문한다. 이곳은 지방 제후의 궁궐로서 역사적 유물이 많이 보존되어 있었다. 그는 바르트부르크성에서 루터의 방을 유심히 구경하였다. 루터의 방은 산성 입구 옆 2층에 위치하고, 나무판자, 의자 한 개, 책장 한 개, 책장 위에 성경책이 놓여 있었다. 루터 부부의 그림을 보고, 루터의 필적도 관찰하였다. 루터가 비텐베르크(Wittenberg)에서 95개 명제를 선포한 후 온갖 고초를 겪은 이야기, 보름스 의회(Reichstag zu Worms)에서의 종교 개혁에 관한 이야기를 기록한다. 루터가 비텐베르크에서 아이제나흐로 경유하면서 신약성경을 번역하는 과정을 소개한다. 그러면서 그는 루터를 독일 민족에게 표준 독일어를 마련해주었고, 학문과 과학과 도덕의 측면에서 독일 문명의 뿌리로 간주한다.

그는 1923년 11월 10일 19시에 하노버(Hannover)에 도착한다. 하노버에서는 자동차를 타고 의사당, 박물관, 오락관, 공원, 별장 지대를 구경하였다. "獨逸의어느都市던지 가볼때마다우리朝鮮서울생각이제절로나고 거긔딸아서한숨이제절로납니다 우리는엇지해서남과가치살지못하는고? 文明이라하는것이 自然開發한다또는自然에다가人力을加한다는것이라하면獨逸은참으로文明하엿다생각합니다 우리도언제나남과가치살아볼가?"[42]라고 자문한다. 파울 폰 힌덴부르크(Paul von Hindenburg)의 정치적 맥락을 소개하고, 헤렌하우젠 궁전(Schloss Herrenhausen)을 방문한 후 독일 국회의 정치적 상황을 언급한다.

1923년 11월 23일에는 함부르크(Hamburg)에 도착한다. 함부르크는 다른 독일 도시들과 달리 소란스럽고 분잡한 모습을 보였고, 칠팔층 건물들이 즐비해 도시의 질서 등을 느끼지 못했다. 아울러 전쟁 전에는 유럽에서 제일 큰 개항장으로 세계적 상업지였으나, 전후에는 연합국 측에 경제적 손실을 입었다.

우리는이리저리計算해는結果바로伯林으로向하지안이하고긔往여긔까지왓스니『키ㅣㄹ』軍港까지가보자고決議가되엿습니다車는東北으로進行합니다亦是急行車로두時間쯤걸립니다午後일곱時三十五分『키ㅣㄹ』軍에到着하엿습니다『키ㅣㄹ』東海港口올시다이港口의歷史는獨逸帝國의英國과의爭覇戰의歷史가되겟습니다 이軍港을根據地로하고 이軍港에다가海軍大學을두고世界에第二位되는海軍을建設하고한번海外에크게雄飛하야大英世界帝國과海上權을닷투려하던獨逸海軍全滅하엿습니다 딸아서이軍港도寂해젓습니다[43]

함부르크에서 독일해군의 근거지인 킬(Kiel)군항을 방문한다. 킬(Kiel)은 동해에 인접한 항구이다. 킬을 중심으로 군비 건설, 해군대학을

---

42) 김준연, 「獨逸의 精華(三)」, 『동아일보』, 1923년 1월 8일.
43) 김준연, 「獨逸의 精華(五)」, 『동아일보』, 1923년 1월 10일.

두었지만 영국과의 해군전에서 패하여, 킬 항과 군사상 시설 역시 철폐되었다. 이곳을 살펴본 후, 여관을 찾아다니다가 인심이 사나운 독일인의 인종차별적 대우를 받는다. 함부르크 운하는 킬만에서 시작해 북해와 연결되기 때문에, 웅장한 경관을 제

<그림 11> 「獨逸의 精華(五)」,
『동아일보』, 1923년 1월 10일.

시한다. 김준연은 함부르크에서 베를린으로 직행하지 않고, 한자동맹과 관련된 뤼베크(Lübeck)로 가서 홀스텐토 (Hostentor)일대를 구경한다.

3) 현지조사여행 : 김현준의 「現代의 獨逸-歐羅巴旅行 感想記中에서」

김현준은 「現代의 獨逸-歐羅巴旅行 感想記中에서」에서 일본 유학과 독일 유학 과정을 거치면서 구라파에 대한 구라파 신문계와 신문기자의 지위, 신문학연구대학 조직과 경영 방침 들을 서술하였다. 그는 독일 현지 조사 여행을 통해 현대 독일 제반 사회적 구조와 정치적 맥락뿐만 아니라 물적 토대까지 아우르는 총체적 독일 인상기를 기록하였다. 그는 박승철과 김준연과는 달리 독일 모습을 신문기자처럼 객관적으로 서술하였다. 조선과 독일의 경계에서 조선에 결핍된 모습을 독일에서 발견하는 과정에는 신문화의 건설을 위한 계몽 주체의 염원이 반영되어 있다. 그는 독일 현지를 조사하는 과정에서 독일과 조선의 차이를 발견하고, 조선이 수용할 수 있는 독일의 긍정적 요인을 관찰하였다.

過去六年前卽西曆紀元一九二二年早春에故國을 떠나서 歌羅巴에洋行케되엇다 當時旅行中日本、中國、印度、埃及、土耳古佛國、瑞西、英國、露西亞等地에四千三百五十餘日이라는長久한時日을費하야 海陸八萬二千의路程을踏破하얏스나 그實은純然한旅行이아니고 日本에五年 獨逸에六年은學窓에서보내게되엇스며 그外各國에는或四五週間 或一二週間式旅行하얏슬뿐임으로 의歐洲旅行感想記中에서爲先本題를擧하야在內同胞에게紹介하고後日을俟하야歐洲諸國의現狀及歐洲視察의主觀이라할만한歐羅巴新聞界와聞記者의地位며 新聞學硏究大學等組織如何와그經營方針如何를槪述하야보려한다.[44]

김현준은 일본, 중국, 인도, 이집트, 튀르키예, 스위스, 영국, 러시아 등을 경유하는 여행이 아니라, 일본과 독일에서 구주 제국의 현상을 시찰한 것을 서술하였다. 이를 위해 1) 현대독일사회와 독일인, 2) 독일의 풍속, 3) 독일의 도시와 농촌급교통, 4) 독일의 종교와 일요급제 축일 등의 실제 생활, 5) 현대독일국민의 생활과 정치경제적 지위, 6) 현대독일 인구와 직업문제, 7) 독일노동자와 실업 문제, 8) 현대독일청년 운동, 교육급문화방면의 운동, 농촌청년의 운동급 지위 등을 다룬다. 그는 현대독일의 내적 혹은 외적 지형을 탐색하면서 인종, 풍속, 주거, 교통등의 외관과 일반 독일인의 사회, 정치 경제 현상, 인구와 직업 문제, 사회운동과 노동운동을 개략적으로 서술한다.

物質方面의發達은過去一千八百年末에비롯오實現되엇는、 이는理想主義에根源한배요 此에依하야各種技術及工業이發達되엇고딸하서近代의社會主義及資本主義가對峙케되엇다 過去一千七百年及一千八百年中葉에歐羅巴諸國中特히普佛兩國의歷史에依하건대 漸次發達된資本主義는商工業의發展極致에케하얏스며此에附隨되는軍國主義가全盛케되엇다 佛國을볼진대 루이쓰·마캬멀리時代를經하

44) 김현준, 「現代의 獨逸(一)-歐羅巴旅行感想記中에서」, 『동아일보』, 1928년 6월 8일.

야 나폴레온全盛時代에至하야는佛國大革命이勃發되엇스며獨逸에在하야는푸리
드리히大王及윌헬름·비쓰맑等全盛時代를經하야過去不遠한一九一八年의大革命
의結果를매졋다 獨逸의七年戰爭 三十年戰爭其他一般軍事的行動勿論 資本主義
的軍國主義의表現이엇섯다 [45]

현대 독일 사회와 독일인을 이해하기 위해서는 독일 사회와 서방의
관계를 고려해야 한다고 말한다. 문화적, 정신적, 역사적 관찰뿐만 아니
라 물질문명의 발달까지 동시에 살펴보아야 한다. 독일은 그리스 문화
문명을 수용하면서 칸트, 헤겔, 피히테 등의 윤리와 철학의 사조를 확립
하였고, 경험주의와 자연주의가 결합해 근대 자연과학을 발달시켰다.
물질적 발전은 각종 기술 공업이 발달하고, 자본주의는 상공업의 발전
과 매개하여 약육강식과 생존 경쟁의 보편적 이념으로 성립하여 사회기
반시설의 확충을 도모하는 데 이바지하였다. 이러한 경로를 통해 독일
을 포함한 서양 국가들은 침략주의와 식민주의를 지향하여 군국주의적
요소를 사회적으로 전파하였다.

現代人의理想이라할것은自今으로는人類의技術로써空中界를征服코저하는傾
向이보인다 現代獨逸人의計劃은地上交通方面으로는 在來의鐵道軌道를廢하야
石??을不用하고 架空線으로電車를利用하야空中을往來하는同時에自由로無線電
話의通信을하게하며空中에는在來의飛行機를廢止하고此代에一層敏速한特別裝
置의飛行機를發明하야獨米間을三時間에通行할計劃이잇다近日此地新聞에依하
건대上述한飛行機는自今十年後에는完全히實現되리라하며 去年秋獨逸新聞에前
獨逸皇帝의말에依하면　近來歐洲人(英佛人을意味함)의太平洋及大西洋橫斷飛行
의試驗은未來의空中戰을表徵함이라云謂함에對하야種種의流言蜚語가잇다 要컨
대이러한技術的交通과工業의發達은勿論此等意味가不無하다 말이넘우枝說에흐

45) 김현준, 「現代의 獨逸(一)-歐羅巴旅行感想記中에서」, 『동아일보』, 1928년 6월 9일.

르는것가타서다시前論에들어가實例를擧하야民俗學的又는社會學的觀察을試코
저하노라[46]

김현준은 독일을 포함한 근대 사회에서는 기술을 통해 공중계를 정복
하고 있다고 말한다. 현대 독일인들은 지상 교통, 철도 교통 등을 폐하
고, 공중선을 만들었다. 또한 무선전화 통신을 이용해 국가 간의 긴밀한
물질 유통망을 구성해 기술적 교통과 공업의 발달이 진행되고 있다고
지적한다. 테크놀로지의 발전은 공중을 지배하면서 과거와는 확연하게
다른 각 민족 간의 특별 장치 비행기가 발명될 것으로 예측하였다. 그는
현대 유럽이 물질적 진보를 이루고 일상생활의 기계화를 가속하는 상황
에 부닥쳐 있다는 점을 분명하게 파악하였다. 그런데 근대 유럽은 물질
적 풍요로움을 추구하는 데 만족하지 않고 자국의 경계를 넘어 타국의
지배까지 욕망하는 단계에 진입하였다. 문명의 발달이 문명의 몰락을
불러일으키는 양상을 보였다. 독일 사회에서는 물질문명의 발전에 따른
부정적 효과를 제어하지 못한 채 군국주의의 욕망을 극단적으로 추구하
는 과정에서 세계 대전을 일으켰다. 그는 독일 사회의 현대성에 내재한
의미를 재구성하고, 그에 대한 자신만의 관점을 선명하게 제시하였다.

김현준은 독일 지형, 기후, 인종적 특징을 언급하고 독일의 일상에 대
한 민속학적 관찰을 진행한다. 그는 독일 남녀의 의복 착용에 대해 언급
한다. 독일 남녀의 의복은 보통 양복이다. 학교에서 학생들은 운동복 상
의와 장양말을 신는다. 전반적으로 독일 남녀는 형형색색의 옷을 자유
롭게 착용하고 길흉일과 축제일에 부합하는 옷을 입기도 한다. 여자들
의 신식 유행은 호기심을 자극한다. 독일 여자들은 정갱이를 노출하는

---

46) 김현준, 「現代의 獨逸(一)-歐羅巴旅行感想記中에서」, 『동아일보』, 1928년 6월 8일.

것을 아름다움으로 여기고, 외출할 때는 모자를 반드시 쓰는 습관이 있으며, 하복을 입을 때에는 사지의 일부 이상을 노출하여 청홍적백의 문형 직물로 만들어진 의복을 입고 회식과 극장 등에 나가는 모습이 의복전람회와 비슷하다고 말한다. 독일 여자들이 단발머리를 하는 것은 두뇌의 건전과 위생을 위한 측면도 있지만 단발머리의 편안함, 여성미의 표출로 간주하였다. 독일 여자들이 머리 비용에 시간과 돈을 많이 사용하기 때문에 수입을 허비하고 생활에 곤란함이 생긴다고 말한다.

> 西洋女子의美와貌樣내는것은東洋의그것과달라서露骨的이오外揚的이다우리나라에서는女子가팔다리를 路出시킬것가트면失禮로看做하나西洋에서는此에反하야女子美를專혀팔과다리며압가슴을露出시킴에잇는風俗이잇다 이러한風俗은非但夏季요　四季를莫論하고通行된다大道上에서나劇場이나舞踊場이나音樂會나카페가튼會集場所에서少毫도躊躇함이업시이러한風俗을現出시킨다化粧하는樣은實로天然的이오開放的이다겨우알멧가슴이나가릴만한單衣에半袖上衣는上肢의前半을露出케하며同時에손목에끼인金팔지가依例히번적인다목에는金剛石목줄을걸고등어리가다들여다보이는느즌목에는毛皮목돌이를감앗다[47]

김현준은 서양 여자가 아름다운 모습을 표현하는 일이 외양적이라고 말한다. 조선 여자들은 팔다리를 노출하면 실례로 간주하지만, 서양 여자들은 신체 일부를 노출하는 일을 여성미로 생각한다. 큰길, 극장, 무용장, 음악회를 막론하고 서양여자들은 신체를 노출하거나 화장하는 일이 빈번할 정도로 천연적이고 개방적이다. 그러면서 서양여자들은 화려한 복장과 장신구로 몸을 치장해 여성미를 뽐낸다.

김현준은 독일 가족 제도를 설명한다. 이성애 가족에 기반을 두고, 결

---

47) 김현준, 「現代의 獨逸(五) 歐羅巴旅行 感想記中에서」, 『동아일보』, 1928년 6월 12일.

혼과 동거가 자유롭고, 남편의 의사에 따라 별가 생활도 가능하다. 18세에 이른 아이들은 각자 업무에 종사하고, 수입 중 자기 식대와 방세를 부모 둘에게 납부해야 한다. '코스트켈드'로 불리우는 풍속은 어린 시절부터 독립생활의 기초를 확립하고 자립자영하는 미풍 선속을 중대하기 위한 것이다. 생산력을 증가하고, 의존성과 기생성의 악풍 폐습을 근절하기 위한 것이다. 그는 조선과 독일의 풍속상 차이를 관찰하면서 독일 풍속의 의미를 객관적으로 수용하는 모습을 보였다.

김현준은 현대 독일의 실업 문제를 주목하였다. 실업 문제는 개인 차원이 아니라 국가와 사회 현안으로서 전후의 상황에서 경비 축소와 인원 정리 때문에 발생하였다. 독일 경제가 대외 배상금과 국채 정리를 하는 과정에서 일반 국민들은 경제적 부담을 겪을 수밖에 없었다. 이러한 상황에서 불가피하게 실업자 문제가 발생한 것이다. 이를 해결하기 위해서 독일 정부는 직업 소개소와 실업자 구조금 등을 마련하는 응급수술처방을 단행하였다. 그런데 실업자들은 급여가 안정적인 직업을 얻기를 원했다. 독일인들은 신성한 자유노동을 인정하면서 실업 문제를 해소하였다. 불구자와 노년자들을 제외하고 일반 독일인들은 실업문제에 근원적으로 접근하고 이에 대한 해결책을 모색하였다. 그는 독일인들이 단기 처방에 몰두하지 않고 장기적으로 실업 문제에 접근하는 태도를 존중하였다.

독일 도시는 도시인들의 잡담과 군중의 번잡이 섞인 공간이다. 도시인들은 생존 경쟁에서 살아남기 위해 도시 공간을 신속하게 이동한다. 독일식 주거 환경은 문명식 설비인 수도, 와사, 전기, 공용증기난로, 공용승강기, 식당, 응접실, 침방, 목욕실, 화장실 등을 구비한다. 일반가옥 내부뿐만 아니라 외부 역시 사농공상사민과 부귀빈천을 막론하고 모두

평등하게 건축물 내에 공동 거주하였다. 국력과 부호의 힘에 따라 건축된 건물들은 국가에서 세금을 활용해 인민의 행복 안녕과 이익 증진을 도모하였다. 그는 독일의 도시와 주거 환경을 언급하면서 조선의 상황과 대비적으로 제시한다. 동양에서는 외양을 중시하고 빈부 차이를 구별 지어 생활상의 불안과 부자유를 초래하였다.

독일에서 일요일은 종교적 차원에서 휴일이지만, 현대 독일에서는 신도와 비신도를 막론하고 휴식하는 습관이 발생하였다. 그들은 좋은 의복, 음식, 구두, 양말 등을 일요일을 위해 준비하여 원족, 다화, 강연회, 기타 부인 담화회에 참가한다. 일요일에는 레저 생활을 하면서 다양한 스포츠에 참여한다. 일요일 야간에는 청년운동단과 청년당파의 행렬이 보인다. 공산당, 사회민주당과 같이 정파적 단체가 정치적 의사 표현을 하는 과정에서 각 당파의 당기를 앞세우고, 가급적 인기를 받기 위해 선정 창가를 부르며 행진하는 모습도 보인다.

要컨대以上에概述한바와如히現代獨人의實際的生活이며日曜及公休日等如彼하게 利用함은實로獨逸國民性의勤勉이如何하며向上力이如何히 豊富하다는것을可히推察할것이다獨人은男女를勿論하고그긔상이快活하며 義氣가잇고露骨的이오忠實하고勤儉하다 休日에는麥酒를痛飮하며徹夜歡遊하야도그翌日에는如前히自己職務에從事하야秋毫도社會에弊害를不及하는特徵이잇다[48]

김현준은 독일 남녀가 쾌활하고 의기가 있고 노골적이고 충실하면서도 근검하다는 점을 지적한다. 자기 직분에 충실하게 종사하는 과정을 거치면서 사회에 폐해를 끼치는 않으려는 특징이 있다고 말한다. 그들

---

48) 김현준, 「現代의 獨逸(十一) 歐羅巴旅行 感想記中에서」, 『동아일보』, 1928년 6월 19일.

은 개인 생활과 단체 생활에서 이기주의를 초월하고 이성을 발현하고 이타적 국면을 중시하기 때문에 공익심과 애국 사상이 탁월하다. 그는 독일 민족의 공공성과 이타성이 독일 국가의 우수성을 나타낸다고 생각하고, 이러한 이념이 생활 곳곳에서 구체적으로 실천되고 있다는 점을 지적한다. 그런데 독일의 국민성이 탁월함에도 불구하고 독일이 군국주의, 공업주의, 자본주의가 세계 대전으로 말미암아 파괴되면서 독일의 정치 외교적 고립 상태에 도달해 지폐 가격 폭락을 발생하였고, 경제적 파멸에 도달하였다는 점을 지적한다. 정당 간의 극심한 분열과 격렬한 투쟁이 발생하여 내각이 와해하였다. 이러한 정치 사회적 혼란을 극복하여 회복된 독일로 자리매김하였다.

> 現代獨逸靑年의運動史를볼진대文化方面이나社會方面의運動은始作된지가不遠하다고볼수밧게업다 戰前에도이러한現象이업지아니하얏스나直接으로文化運動이나社會運動을目的하고設立된機關은업섯고 當時에大學及中學生間에적이이러한動機를有하얏슬뿐이며처음에는文化와社交的方面에重義를置하얏든것이 近來에는政治 經濟 社會宗敎界等에運動線을擴張하얏다近者靑年의社會運動은國內뿐아니라 國外로範圍를擴大하야瑞西 伊太利 佛蘭西 露西亞又는 極東方面까지도有無形間直接間接으로關係를有하게되어 要컨대世界的으로靑年運動이擴張되엇다[49]

김현준은 현대 독일에서 발생한 독일 청년운동을 관찰하였다. 현대 독일 청년 운동사는 문화와 사회 방면에서 운동이 시작되었고, 정치, 경제, 사회, 종교 영역으로 확장해, 국내외에서 활동 범위를 확대하고 러시

---

49) 김현준, 「現代의 獨逸(十六) 歐羅巴旅行 感想記中에서」, 『동아일보』, 1928년 6월 24일.

아, 이태리, 프랑스까지 포함하는 세계적 청년운동으로 거듭났다. 서양 문명은 물질문명이고 근대 자본주의가 극점에 도달한 곳에서 발달하였다. 계급 간의 갈등이 증폭되는 상황에서 학생운동의 계급적 요인을 수용하면서 교육 문화적 활동을 전개하였다. 독일 청년운동 중에도 순정 신수양방면 종교 운동을 전개하기도 하였고, 내재적 완전을 요구하는 신앙에 따라 인간의 악폐를 일절 폐기하고, 신인간의 활로를 구하려는 움직임도 있었다.

결론적으로 김현준은 사회제도가 각 개인에게 허용된 자유만큼 개인의 생활 역시 독립 자영해야 한다고 말한다. 독일인들은 개인 존위로 의존성을 근절하고 기생 생활을 수치로 여긴다. 독일인은 근검 저축의 자세로 경제공황의 위기를 극복하고 경제부흥을 위한 대안을 마련하였다. 빈곤과 실업문제를 해결하기 위해 다방면의 노력을 기울였다. 정치·경제적으로 인구문제에 접근하는 과정을 거쳐 소극적 인구 제한 방침이 적용되어 산아제한이 유행이 될 수 있다는 비관이 속출하였다. 그는 독일 사회를 예리하게 관찰하는 과정을 거치면서 독일과 대비되는 동양인이 삶의 태도를 간접적으로 비판한다. 그는 동양인들이 여전히 빈부격차와 계급 갈등 문제에 제대로 대처하지 못하고 정치 사회적으로 낙후된 모습을 보인다고 말한다. 현대 독일의 모습을 반추하는 과정을 거쳐 집단주의와 가족주의에서 벗어나 개인주의의 건전성과 성실성을 고려해야 한다고 말한다.

4) 미국식 오버투어리즘 비판과 리비도의 발견: 도유호의 「毆州行 印度洋건너서서」

도유호는 독일에 도착한 후 독일 도시의 명소를 구경하는 시간을 보내었다. 「毆州行 印度洋건너서서 (十二) ～ (二十)」에서는 독일 지역을 순례하는 시간을 보내면서 독일의 학문적 특징과 문화유산을 꼼꼼하게 살피는 모습을 보여주었다. 그러면서 독일 근대 사회에서 문화론적 시간을 견지하며 문화유산을 단순하게 관람하는 것이 아니라 독일 정신의 후면을 고찰한다. 뮌헨에서는 독일 박물관을, 뉘렌부르크에서는 선교파의 예배당, 천주교 부인 교회, 화가 뒤러 하우스, 미술관을, 뷔르츠부르크에서는 궁정을 구경하고, 이포펜에서는 성벽을 구경하였다.

<표 7> 「毆州行 印度洋건너서서(一)～ (十一)」 여행 경로

제목	게재지면	게재 날짜	여행 경로
「毆州行 (十二) 印度洋건너서서」	동아일보	1930년 9월 18일	독일 뮌헨 국립독일박물관
「毆州行 (十三) 印度洋건너서서」	동아일보	1930년 9월 19일	독일 뉘른베르크
「毆州行 (十四) 印度洋건너서서」	동아일보	1930년 9월 20일	뉘른베르크 관청 뒤러 그림 관람
「毆州行 (十五) 印度洋건너서서」	동아일보	1930년 9월 21일	법정 감옥, 뒤러 생가 방문
「毆州行 (十六) 印度洋건너서서」	동아일보	1930년 9월 24일	호엔촐레른가 오각루와 고문실 방문
「毆州行 (十七) 印度洋건너서서」	동아일보	1930년 9월 27일	브라트부어스트 글레클라인 (Bratwurstglöcklein방문
「毆州行 (十八) 印度洋건너서서	동아일보	1930년 9월 28일	골든포스트호른 (Goldenes Posthorn)

「毆州行 (十九) 印度洋건너서서」	동아일보	1930년 9월 30일	뷔르츠부르크(Würzburg)
「毆州行 (二十) 印度洋건너서서」	동아일보	1930년 10월 1일	이포펜(Iphofen), 프랑크푸르트, 제노바

도유호는 이탈리아를 경유해 독일 뮌헨에 도착하였다. 뮌헨은 철학, 과학, 예술의 중심지이다. 그는 독일국립박물관에서 세계 최초 비행기 '으라잇'호, 수뇌정, 해저폭탄, 폭탄외각, 거함 라인라트의 모형 등 다양한 근대적 문물을 구경하였다. 독일 박물관에 전시된 근대적 문물은 인간의 삶을 개선하고 진보적으로 삶을 전환한 것도 있지만, 인류의 삶을 파괴할 수 있는 기계들도 포함한다.

米國서온富者집따님들이自動車를붕붕을니고달어납니다先生님米國사람말입니다만 제노바에서맛나고 밀라노에서맛나고 고모湖에서도실컷본米國사람들은 여기서도또맛나게되엿습니다 旅行者의大部分은米國사람들입니다더구나『뮌헨』에는十年만에한차례식열니는『오베라메가우』村의聖劇구경하려온사람들이홈뻑합니다오베라메가우(Oberamegan)의돈벌이꾼들은米國의富者집아들따님들을相對로聖劇(Passions-spiele)廣告를宏壯히하고잇습니다 汽船會社의生員님네도『배표』좀 더팔냐고 이聖劇廣告를불이낫케합니다 그들도거의米國손들을相對로한답니다 黑死病에넉이빠진『오베라메가우』村에는 只今米國사람돈이 또내려붓기나봅니다[50]

도유호는 뮌헨에서 동경과 북경에서 보았던 모던걸을 볼 수 없다고 말한다. 독일인들은 검소하게 생활하지만, 독일을 여행하는 사람들은 대부분 미국인들이었다. 그는 미국식 자본주의가 독일 곳곳에 나타나는 형식을 불편하게 생각한다. 미국식 투어리즘은 자본을 중심으로 타국의

---

50) 도유호, 「毆州行 (十三) 印度洋건너서서」, 『동아일보』, 1930년 9월 19일.

문화를 수용하는 것이 아니라 하나의 소비 대상으로 간주하면서 관광지를 독점한다. 미국인들은 성극 구경을 위해 매표 행위를 하면서 성스러운 예술 공연 역시 독차지한다. 그는 독일 학문과 미국 학문의 차이를 구별한다. 미국 학문은 학문의 극을 기계에 제한하고, 학문의 척도를 실제에서 구하고 진리의 근거를 이해관계에 두기 때문에, 물질 시설의 구체화를 지향하는 자본주의를 형성하였다. 이러한 학문적 바탕은 자연과학이기 때문에 인간과 세계에 대해 편견적이고 무비판적이다.[51]

도유호는 뮌헨을 여행한 후 뉘른베르크로 이동한다. 그는 뉘른베르크의 일상적 공간을 산보객처럼 도보로 구경한다. 뉘른베르크 사원들은 신교파의 예배당이 대부분이고, 벽화, 십자가, 조각이 있는데, 새로운 교도를 받아들이지 않고 기존 교도들만 위한 좌석이 배치되어 있다. 그곳은 루터 시대부터 있었지만, 천주교당이던 곳이 신교당으로 변화하였다. 아울러 이곳은 라틴어가 아니라 독일어로 소통하였던 점을 특이하게 생각한다. 뉘른베르크의 관청, 예배당을 돌아다니면서 죄수와 범죄자들을 감금하거나 처벌한 공간을 유심히 관찰하였다. 뉘른베르크 구청사의 감옥과 사형장을 둘러보고, 일반인들을 법적 처벌하는 권력의 잔인함을 확인한다. 그는 죄수들이 넘나들던 구멍을 하나 구경한다. 죄수들이 친족들과 면회하고 사형대에 나가기도 하는 곳이다. 이곳의 벽에 사형수가 죽음을 앞두고 새긴 글들이 있다. 법관들은 자신들의 권력을

---

51) 오버투어리즘(Overtourism)은 자본이 이념과 국경을 자유롭게 넘나들면서 자국과 타국의 경계를 해체하는 과정에서 관광의 초과 수요가 발생하는 과정을 뜻한다. 관광공해(觀光公害)로 번역되는 오버투어리즘은 관광 자본을 절대적으로 승인하는 과정에서 파생된 부작용을 뜻한다. 자국으로 여행하는 관광객의 수효가 극대화되기 때문에, 자국민의 생활 세계가 파괴되는 문제가 발생한다. 신자유주의적 관광객이 타국을 자본으로 독점하여 타국의 원주민을 경제적으로 종속시킨다.

동원해 위협하는 지상지옥의 모습을 보여준다. 아울러군중들이 모여 괘종시계가 울리는 모습을 보고 선제후에게 헌례하고 사라지는 광경을 살폈다. 그리고 그는 뒤러의 생가(Albrecht-Dürer-Haus)를 방문한다. 그림, 원화의 석판사본, 주방, 기구가 놓여 있는 것을 둘러본다. 카이저부르크 성(Kaiserburg Nürnberg)에서는 큰 우물을 구경한다. 전시의 급수를 고려해 왕후공과 병졸, 죄수들이 큰 우물에서 각각 물을 먹었다.

오각루(Fünfeckiger Turm)에는 정치범과 종교범을 수감한 후 인간의 신체를 구금하는 장치가 진열되어 있다. 그는 도시 산보객으로서 오각루 주변을 돌아다니면서 인간의 신체를 구금하고 고문하는 방식을 일시적으로 관찰한다. 그러한 일시적 관찰 과정에서 역사의 폭력과 잔인한 권력의 속성을 파악한다. 아울러 오각루에는 엡펠라인 폰 까일링겐(Eppelein von Gailingen)의 모형이 전시되어 있다. 그는 중세 독일의 유명한 도적으로 궁성에 붙잡힌 적이 있었다. 궁성의 모든 자들은 그가 사형당하는 모습을 보고자 모여 들었고, 그는 자신이 애지중지하는 말을 한 번 태워달라고 했다. 사람들이 그의 소원들을 들어주자 그는 자신의 말을 타고 성벽을 넘어 탈출했다. 그는 못된 떡장수와 엉터리 피리쟁이 등을 벌하는 곳을 둘러보고, 참수할 때 사용된 청룡도를 보고 고문실 바깥으로 나왔다. 브라트부어스트글레클라인(Bratwurstglöcklein)을 방문한다. 그곳은 화가 뒤러와 구두쟁이 한스 작스가 자주 출입하던 주점이었다. 한스 작스는 1494년 11월 5일 뉘른베르크에서 출생하고 1576년 1월 19일에 사망한 실존 인물이다. 그는 재단사의 아들로 태어나 1509년에 뉘른베르크 라틴어 학교에서 공부하고, 15세부터 구두장이 기술을 익혀 1511년에 구두 기능공으로서 독일 지역을 여행한다. 그는 마이스터징거 조합의 구성원과 인문주의자들과 교류하면서 서정시인과 극작

가로 활동한다.52)

　도유호는 생명의 리비도에 대해 언급한다. 그는 리비도를 엄숙하게 충동시키는 것이 예술이라고 말한다. 반면 국부의 관찰에 근거해 전부를 처리하고, 모순을 포함하면서도 진리를 거론하는 일은 학문의 장난이라고 규정짓는다. 인간의 경제적 활동을 설명하기 위해 인간 활동 전체를 취급하는 경제학적 노력, 인간 생활의 전부를 설명하는 문학적 노력, 인체의 생리적 구조와 활동을 설명하며 인간 존재 전부를 규명하려는 생리학적 노력 등은 일부적 관찰을 통해 전부를 처리하는 것에 속한다. 이에 반해 리비도의 엄숙한 충동은 인간 생활에서 가장 필요하다고 말하면서 서양인은 리비도를 긍정적으로 활용하는 반면, 동양 사회에서는 리비도를 시의적절하게 구사하지 못하다고 지적한다.

　뷔르츠부르크(Würzburg)에서는 뷔르츠부르크 궁전만 구경하였다. 뷔르츠부르크 궁전은 지은 지 150년밖에 되지 않았고, 장식은 화려하였다. 시가 중앙의 공원을 산보하면서 독일 공원의 청결을 높이 평가하였다. 이포펜(Iphofen)은 독일의 다른 도시들과는 달리 농촌과 전원의 풍경을 만끽할 수 있는 곳이었다. 그는 독일 여행을 하면서 물질적 세계의 변화를 긍정적으로 인식하고, 이를 토대로 현실 세계를 적극적으로 변용할 수 있는 힘을 발견하려고 한다.

52) 엄선애, 2012, 「"뉘른베르크의 소중한 작스 만세"바그너의 가극『뉘른베르크의 마이스터징거』에 나타난 예술(가) 예찬」, 『인문학논총』제29집, 경성대학교 인문과학연구소, 8~9쪽.

5. 고투의 공동체

1) 독일 고학 생활

김준연은 독일 유학 생활에 대한 기사를 작성하면서 유학 비용에 관심을 표명하였다. 그는 고물가 시대에 독일에서 유학하였다. 독일에서 학문을 추구하는 것 못지않게 유학 관련 체류 비용과 도서 구입 비용 등 경제적 어려움을 호소한다. 독일 유학에 대해 낭만적으로 접근하지 말고 현실적 요소를 고려해야 한다고 말한다. 제1차 세계대전 후 독일 초인플레이션은 재정-통화적 접근, 국제수지-환율 접근, 정치사회구조적 접근, 포스트 케인즈주의적 접근을 통합적으로 고려해 경제 상황에 대한 실증적 분석 결과 1920년 6월에서 1923년 5월 걸쳐 화폐임금 압박으로 인한 통화공급증가, 지난 기 실질임금에 음(negative)으로 반응하는 내생적 화폐임금결정 메커니즘, 국내물가와 명목환율 사이의 양의 관계 (positive relationship)가 강하게 발생하였다.[53]

> 그러면即今時勢로해서醫學硏究하실이는例外로빼놋코 法律이나政治나經濟
> 나할사람을 心中에두고여러地方中에그中間되는『포쓰담』에서 한달에잇서야
> 만工夫해나갈수잇는 費用計算해봅시다
> 一、房稅及食事 四千二百馬克
> 一、其他雜費 一千馬克
> 一、語學先生授業科 一千馬
> 克
> - 、書籍費 一千八百馬克合計金八千馬克也
> 『포쓰담』서即八千馬克日貨로하면約八十圓이나잇서야지내가겟습니다   이書

53) 이건민, 2010, 「第1次 世界大戰 後 獨逸 超인플레이션」, 『경제논집』제49권 제4호, 서울대학교 경제연구소, 304~305쪽.

籍費一千八百馬克은社會科學硏究하는사람에게는 만히不足합니다 또그中에는旅
行할費用이어대던지끼 여잇지안이하고 또洋服만들어입을費用이어대던지들어잇
지안이하엿습니다 함으로即수도每月統計를얼맛동안平均해놋코보면百圓以上이
됩니다 더한層讓步해서書籍費를뺀다(工夫한다는사람일것갓트絕對的不可한일
은일이겟지만은)해봅시다하더라도六千二百馬克約六十圓이듬니다 이것을今年
十二月頃의形便을豫測하야노코보면近圓겟슴니다그러함으로 또다시한번獨逸留
學온다는사람이면 每朔百圓豫算絕對로必要하다는것을明言합니다[54]

김준연은 방세, 기타 잡비, 어학선생수업료, 서적비 등 유학비용을 제
시한다. 의학과 사회과학을 전공하려는 유학생은 의료시설 사용과 추가
서적 비용 등을 신중하게 고려해야 한다고 말한다. 독일 유학비용이 다
른 유럽 국가에 견주에 다소 저렴하다는 풍문에 의존해서는 온전하게
독일 유학 생활을 마칠 수 없다고 언급한다. 독일은 대학의 평등성, 대학
의 자율성, 무학비, 세미나 중심의 교육을 지향한다. 독일 대학은 순수국
립대학이고 국민의 교육세로 운영되어 학문의 본질을 천착하는 데 매진
할 수 있도록 무학비의 전통이 이어오고 있다.[55] 그는 독일 유학의 무학
비만을 고려해 유학을 결행할 때 생길 문제점을 사전에 제시한다.

누구나獨逸境內에드러스면첫재늣길거슨獨人이외人의게對한感情의險惡이겟
지오그거슨世界皆敵이란敵愾心에서도나왓겟지만그보담도 그네들自身살님이貴
치아느니까 손님待接이엇지好々하리오 그런中近者에 더욱〈馬克이暴落되야 暴
落되느니만큼 우리留獨生活이裕餘할줄아는(本國게신이들中에獨人同感을가진
니도마니잇는줄은本國서오는書信으로아옴니다)그네들은百種之物과 學校의學

54) 김준연,「獨逸서 必要學費(二) 오시려고하는 여러분에게 警告」,『동아일보』, 1922
   년 8월 6일.
55) 전광식, 1991,「독일의 대학과 학문연구」,『학생생활연구』제6권, 고신대학교 학생
   생활연구소, 48쪽.

費까지도 50% | 100%을 더바드며 甚한者는米貨로나日貨로내되 現紙幣馬克價를 舊金馬克價대로 要求하니 其實馬克暴落된今日 우리生活費는 暴落前生活費보담 倍數로騰貴되야不遠한將來에우리들은울며獨逸을作別하는悲運을 안맛날가하니 다筆者의留獨十個月 의生活費表를左記하옵니다[56]

김준연은 독일 유학을 시작한 지 십개월 이후 독일의 경제 상황을 파악하면서도 "留獨하는 外人"으로의 불안과 공포를 느끼면서 이에 대한 자신의 주관적 정세 파악을 제시하였다. 그는 독일인들이 자신들의 경제적 상황이 좋지 않아 외국인을 환대하지 않는다고 말한다. 이러한 독일 상황을 정확하게 파악하지 못한 조선인들이 외국 유학을 고려할 때 심사숙고해야 한다고 지적한다.

日前엇던高等學校教授를맛나談話中에그는한숨을쉬며『오늘米佛一에二千三百馬克이되엿구려이대로가면三個月後에는大小商店의居半이閉鎖가될거시요獨逸은아주亡해가오 내의月給이月四千馬克이니 몃날갓흐면몰나도 지금돈四千馬克가지고무엇하오 웃한벌갑도못되니妻子는무어스로멕여살린단말이오』居傲自尊한獨逸紳士로서나外國人을對하야거의差跎의悲鳴을發하는그말은참말일거시고이一個人뿐아니라到處誰某를맛나는지 國亡하는悲歎과 生活難타령이니簡單한이말노도 獨逸의實際狀態를窺知할수잇는줄아나이다 留獨하는우리의當하고보는바로도獨逸에對한印象과 馬克에對한觀念이 如此온대 本國에안즈서서可謂休紙獨貨貿易으로 一攫十金을妄想하고 게신이들은 經濟學上무슨洞觀을가즈섯는지모르지만露貨貿易으로前敗의쓰린가삼을獨貨貿易으로다시태일가하와一言을 告하옵는同時에 거긔關聯되는우리生活의一部를 添書하엿습니다[57]

김준연은 '타마타양행(玉田洋行)이 독일화이억만마극내지'이라는 광

---

56) 김준연, 「獨逸貨에 對하야一言함(二)」, 『동아일보』, 1922년 8월 6일.
57) 김준연, 「獨逸貨에 對하야一言함(二)」, 『동아일보』, 1922년 8월 6일.

고를 낸 이후로, 독일 마르크가 경제적 이익을 유발할 수 있다는 소식을 접했다. 그는 초인플레이션이 지속된다면 독일의 수치적 비명이 들리고 국민의 비탄과 생활난의 타령이 발생하고 있는 독일의 실제 상태를 드러낸다고 언급한다. 그는 독일의 경제적 악화와 마르크 가치 훼손을 냉정하게 파악해야 한다고 말한다. 독일 유학생들이 독일 경제 상황과 마르크에 대한 불안감을 지니고 있기 때문에, 그는 독일 유학의 이상에 몰두하지 말고 냉철하게 유학의 정치 경제학적 요인을 살펴야 한다고 말한다.

계정식은 「留獨雜記」에서 독일에서 음악을 공부하려는 후학들을 위한 유학 정보를 제시하고 있다. 근대 초기의 기행문은 한문체의 잡기(雜記), 유기(遊記), 일기(日記)라는 제목을 사용하였고, 그 내용은 문명개화를 위한 견문 넓히기의 일환이었고, 근대 기행문은 해외 유학생들이 문명개화와 신학문의 내용이 주를 이루었다.[58] 그는 베를린의 의학 발달과 기후 관계를 언급하면서 독일인의 일상생활, 독일의 물가, 독일인의 일반 심리, 독일인의 거주 수속받은 법 등을 기록하였다. 독일인의 일상생활은 과학이 발달하였기 때문에 보편적으로 무난한 삶을 살 수 있다고 몽상하였지만, 실제로 독일인의 삶은 물질적 풍요로움과 거리가 멀었다. 독일인들이 미세한 현상을 분석하는 실험 확증이 강해서 의학이 발달하고 위생 사상을 중시한다고 생각하였다.

①特히研究에目的을가지거나 音樂을目的으로하는人士는 獨逸留學이 第一인줄안다더욱 問題에對한깁흔 研究와一定한學說을主唱하랴는人士는 獨逸留學이

---

58) 김경남, 2013, 「근대적 기행 담론 형성과 기행문 연구」, 『한국민족문화』제47권, 부산대학교 한국민족문화연구소, 100쪽.

最適當한줄안다 但學位 똑똑을하는데는 四個年以上在學畢業後에 試驗에合格되면學位를할수잇슴니다 音樂學校는學年制가아님으로 年限에制定은업시 獨逸政府에서規定한課目을修了하여야 卒業할수잇스며 其後論文을題出하면考査에依하야 學位를엇을수잇슴니다 獨逸서音樂學校를卒業하랴면年限制定이업슴으로 各其技能에依하야 或은三四年或은七八年에야卒業하는사람도잇슴니다.[59]

②나의現在學籍을두고工夫하는學校는뷜츠뿔히國立音樂學校인데大는同하다 然이나나는先生의선택에依하야 는내의兄의오직한友로잇는 金在勳氏의引導下에서만은 사랑을밧으면서공부중이외다 독일은음악에王宮인만整然된것이오며 音樂의程度는東洋과는 大差가有합니다 東洋과比할수업다는것이無理는안인줄암니다 西洋人은約七八歲때부터 各特인樂器를修하야十四五歲의음악학교에입학하야 七八쪽.年間적어도게속硏究하닛가독일음악의程度며學生의技能은讀者諸位의推測에맛기고그만둠니다[60]

①은 학문 연구 혹은 음악 연구를 위해 독일 유학을 염두에 두고 있는 후학들에게 독일 내학의 학제 등을 설명하고 있는 대목이다. 독일 유학은 학문적으로 최적화되었다. 박사 학위를 받는 데에는 오랜 시간이 걸리기 때문에 학위 수여를 위해 시간상으로 고려할 점이 많다고 말한다. 음악학교는 학년제가 아니라 졸업 연한이 없다는 점을 고려해 학위 수료를 위해 주의해야 할 점을 당부하고 있다.

②는 독일 뷔르츠부르크(Würzburg)대학의 학적 사항을 언급하면서 서양과 동양의 음악 교육에 대한 차이를 언급하고 있는 대목이다. 독일은 음악의 왕국을 자처하고, 유소년기와 청소년기에 음악에 대한 연구가 집중적으로 진행된다는 점을 말하면서, 음악학교 입학을 위한 행정

---

59) 계정식, 「留獨雜記(二)」, 『동아일보』, 1926년 11월 20일.

60) 계정식, 「留獨雜記(四)」, 『동아일보』, 1926년 11월 20일.

수속과 자격을 설명한다. 중학졸업증서, 독일어 정통 능력, 음악 기술 고사 합격 여부, 졸업증명서, 자필 이력서 등 행정 서류도 구비되어야 한다고 언급한다.

①과 ②에서는 음악을 매개로 비서양인이 서양 문화를 학습하고 자기화하기 위한 선결 조건을 구체적으로 설명하고 있다는 점을 알 수 있다.

계정식은 독일 대학에서 음악을 전공하기 위해 독일 유학을 도모하기 전후로 독일 문화에 대한 동경을 마음속으로 품고 있었지만, 일상생활에서는 자신의 이념을 충족시켜주지 못하는 독일 현실을 낯설어 하였다. 동경과 이상의 대상이었던 독일의 현실은 세계 대전을 거치면서 궁핍한 삶의 모습을 보여주기만 하였다. 그는 독일을 포함한 유럽 문화에 대한 좌절감을 극복하기 위해 동양에 대한 주체적 음악을 정립하려고 하였다.

도유호는 독일유학생활에서 직접 겪은 체험과 경험을 일기 형식으로 기록하였다. 「獨逸留學日記」는 볼펜하우젠촌에 방문해 경험한 이야기이다. 그곳에서 그는 랑 부인 언니의 시집인 빠우만 댁의 객주에서 머물면서 루듸군과도 만났다. 국수사회주의자인 루듸군은 정치의 필요성을 언급하면서 공화정치의 문제점을 지적하였다. 빠우만 집에 루듸, 월헴씨, 젭펠군 등이 거주하고 있었다. 거기에서 그는 노선장 펫츠씨를 만났다. 「獨逸大學生의 生活, 劍客男女 裸體生活 尖端戀愛」에서는 서양식 생활을 보면서 당혹스러움을 느끼는 모습이 보인다. 독일 대학생과 유학생들의 일상생활에서 보이는 연애 모습은 조선인의 시각에서 보면 낯설기만 하다. 연애는 서구적인 사랑의 형식을 전달하는 매개체로서 영어 Love의 번역어에서 유래하였고, 비공식의 영역 속에 은폐된 사람의 감정을 공적 논의의 영역을 해방하는 전략적 장치로 간주하였다.[61] 서양식 연애는 정신적 교류뿐만 아니라 육체적으로도 자신들의 열정을 표현하는 수단이다. 서양식 연애를 수용한 동양에서는 전통과 근대의 시각에 따라 연애 표현을 상이하게 수용할 수밖에 없었다. 도유호는 동양적 전통관의 관점에서 서양의 연애 감정 표현 방식에서 독일 학생들의 자유분방한 언행을 다소 불편하게 여긴다. 독일 유학생들 사이에서 발생하는 나체 체조를 도저히 수용하지 못하였다.

도유호는 K珈琲店에서 波斯의 A君, 獨伊間兒 「아른트」군, 「삐드」군, 神學士 (米) 한 분, 詩人 學徒 「쒼더만」 군 등 독일 유학생 사이에서 자유롭게 문학과 인생을 난상 토론하는 모습을 기록하였다. 독일 유학 과정은 국적을 막론하고 무수한 타자들과 학적 교류를 통해 자신만의 학문적 세계를 마련하는 것이다. 독일 유학생들은 진로와 문학에 대한 열정 등 자신들의 삶에 대한 고민에 매진하였다. 그들은 이성에 대한 연애 감정에 몰두하면서 계급 차이에 따른 이성애, 찰라적 현상에 매몰되기도 하였다. 그는 질풍노도의 독일 유학생들의 모습을 보면서 연애의 순결성이 중요하다고 생각하였다.

나는 燕京時代에 滋味잇는 冗談 하나를 들은 일이 잇읍니다. 연중행사의 하나로 1930년 初頭에 지금 「하버드」에서 교편을 잡고 잇는 史學大家 「떼바거쓰」교수는 「1929년」을 단행본 식으로 강의화하엿읍니다. 그것이 마침 지질학부에서 열렷기에 지질학부의 교수 한 분이 개회사를 하게 되엿섯읍니다. 그때 그는 冗談格으로 역사가의 떠벌이는 소리는 자기같은 지질학가에게는 개소리(Nonsense)로 밖에 안 들린다고 하엿섯읍니다. 그것은 사실이외다. 기나 긴 자연계의 장구한 시간의 변화를 이 쩔은 인류의 역사에 비할때 가장 特殊相이고 가장 단기간 내의 변화인 이 인

---

61)김지영, 2005, 「'연애'의 형성과 초기 근대소설」, 『현대소설연구』제27호, 한국현대소설학회, 55-56쪽.

류의 역사는 사고에 넣기에 너모나 어리석어 뵈입니다. 지질학에 잇어 이성동물기 (Psychozoic Era)는 인류가 인류의 최고 문명을 건설한 紀로 이것만이 발서 30만년을 계산하고 잇읍니다. [62]

도유호는 연경 시대에 있었던 재미있는 일화를 소개한다. 역사학의 대가인 「떼바거쓰」 교수를 거론하면서 역사가와 지질학자의 시간에 대한 차이를 설명한다. 지질학자들은 역사가의 시간관념을 개소리 (Nonsense)라고 말한다. 왜냐하면 지리학자들은 인류의 장구한 시간 변화를 토대로 특수성을 보여주는 지질 연대의 속성을 고려해야 하기 때문이다. 이에 견주어 근대적 역사관은 지엽적인 것에만 몰두하여 인류적 차원의 시간을 확인하지 못한다. 이성동물기(Psychozoic Era)에 해당하는 30만년의 시간을 고려하는 인류학적 시간은 생물의 국부적 시간관념이 보이는 인간의 편협성과 대비된다. 우주의 영원성을 포함하고 생물과 무생물의 경계를 넘어 인류의 원시적 시간 속에서 인간이 지엽말단적 연애 감정에만 몰두하는 태도는 삶의 충실성과 실재성에서 멀어지는 것이다.

①獨逸에는 금년에 끔찍끔찍한 炭坑椿事가 세번이나 잇엇습니다. 첫번은 『하우쓰또르프』, 둘쨋번에는 『아-ㄹ쓰또르프』, 셋쨋번에는 『마이바흐』에서 大慘劇이 일어낫는데, 셋쨋번 『마이바흐』의 椿事는 『아-ㄹ쓰또르프』에 椿事가 일어난 불과 2,3 日後에 생겻섯습니다. 『하우쓰또르프』 炭鑛의 椿事는 그야말로 사나운 자연의 작란이엇습니다. 人類의 기억이 이르지 못하는 한 옛날 地球의 外面에 뽀르다지 모양으로 山의 형체가 솟으며 터지며 할 때엇겟습니다. 『하우쓰또르프』 지대에 이리저리 땅이 솟앗다 내렷다 툭 터지며 연기가 나왓다가 하는 동안에 속에서 올려 미든 독

---

62) 도유호, 「獨逸大學生의 生活, 劍客男女 裸體生活 尖端戀愛」, 『동광』, 1931년 11월 10일, 78쪽.

기의 한 뭉치가 채 나오기도 전에 熔岩이 넘노는 속에 묻히어 버렷든가 봅니다.[63]

②게다가 그것도 6개월밖에 못받게 되니 氏의 사정도 꽤 딱하게 되엇습니다. 공장에서는 年少한 職工을 원합니다. 나이 많은 직공들은 이 공장측의 所願에 不適한 자리라고 뒤에서 밀어나오는 소위 産業豫備軍에게 모주리 공격을 당합니다. 여태껏 불안한 생활상태에 잇으면서 그리면서도 당분간은 생활수단의 획득을 계속할 방도가 잇엇고, 그리고 또 당분간은 다소라도 가정이라는 보금자리 속에서 밤마다 몸을 녹이게 되든 氏는 氏와 동일한 처지에 잇는 勞働者階級중의 다른 분들과 함께 社會民主主義의 信奉者이엇습니다.[64]

「苦憫의 獨逸에서, 타고翁의 訪獨, 米國品의 洪水, 失業擴大」에서는 독일에서 발생한 세 번의 참사, 『코블렌츠』의 교량파괴, 실업 문제를 언급한다. ①은『하우쓰또르프』, 『아-ㄹ쓰또르프』, 『마이바흐』의 대참사는 자연 지형의 변화에 따라 발생한 것이지만, 인간의 힘으로 해결할 수 없는 독기가 터져나와 수백명의 광부들이 독살을 당한 사건이었다. 예상하지 못한 자연재해와 인재가 동시에 발생하면서 인명 피해가 심했다. 아울러 삼대 탄광 사건뿐만 아니라 『코블렌츠』의 교량 파괴 발생을 언급하고 있다.

②는 S·P·D를 지지하는 노동자계급의 신봉이 차지하는 맥락을 언급하면서 독일 유학생의 불안감을 암시하고 있다. 나이 많은 직공들은 안정적 일자리를 확보하지 못한 채 노동자계급과 함께 사회민주주의를 신봉하였다. S·P·D는 자본주의에 반항하는 결사체로서 경제적으로 안정적이지 못한 계급의 이해관계를 대변하였다. S·P·D의 신봉자들은 공상

---

63) 도유호, 「苦憫의 獨逸에서, 타고翁의 訪獨, 米國品의 洪水, 失業擴大」, 『동광』21호, 1931년 5월 1일, 53쪽.
64) 도유호, 「苦憫의 獨逸에서, 타고翁의 訪獨, 米國品의 洪水, 失業擴大」, 『동광』21호, 1931년 5월 1일, 54쪽.

주의에 대해 적개심을 품었다. 독일 사회를 강타한 실업 위기는 경제적 위기를 증폭시켰다. S·P·D를 통해 경제적 문제를 해결하는 계층 역시 발생하였다. 사회주의는 공산주의를 불신하면서 자신들만의 계급적 이해관계를 견고하게 유지하려고 하였다. 독일 사회의 실업문제는 사회주의와 공산주의 계급의 경계에 위치한 독일유학생들의 삶을 대변하지 않았다. 독일 유학생들은 실업이라는 외적 강제에 능동적으로 대처하지 못한 채 위기감을 느낄 수밖에 없었다.

<표7> 이극로 독일유학생활과 베를린 풍경과 독일인 관련 글

제목	게재지면	게재 날짜
「獨逸學生 氣質」	신동아 64~65	1935년 4월
「채커리크에서 한여름」	신동아 5-8	1935년 8월
「(海外留學印象記)獨逸留學篇」	학등 21	1935년 12월
「海外로 留學하고 싶은 분에게」	학등 22	1936년 1월
「白林의 大學과 獨逸文化」	사해공론 2-2	1936년 2월
「나의 大學卒業시대의 追憶」	학등 23	1936년 3월
「海外留學案內-獨逸편」	사해공론 2-4	1936년 4월
「(海外生活콩트集) 白林大學 鐵門」	신인문학 3-3	1936년 8월
「海外大學生活座談會」	신인문학 3-2	1936년 8월
「歐美留學時代의 回顧」	우라키 7	1936년 9월
「獨逸女子의 氣質」	신동아 5-5	1935년 5월
「(十二月의 追憶) 白林의 除夜」	사해공론 8	1935년 12월
「(異城에서 새해 맞든 느낌) 獨逸의 新年」	고려시보	1936년 1월 1일
「(戰勝軍隊의 凱旋 紀念) 白林의 凱旋柱」	삼천리 10-12	1938년 12월
(내가 맞나 본 「外國女子-世界女性의 氣質」 일 잘하고 검박한 獨逸女子」	여성5-1	1939년 1월
「(戰時生活現地休驗記-世界大戰 當時를 回顧코)獨國民 忍耐性」	조선일보	1939년1월 1일
「(大戰의 敎訓) 敗戰에 痛哭도 一瞬, 强國 獨逸을 再建」	조선일보	1939년 9월 12일

「强國과 强國精神 强國留學生座談會(十四)-積極 外交에 進出, 大學에 外交研究會 設置」	매일신보	1941년 5월 16일
「(내가 밤을 새고 읽은 책) 솜바르트 著 現代資本主義」	청춘 2-5	1941년 6월
「(잊지 못할 나의 恩師記) 회갑 지나서 「愛의 巢」를 이룬 世界的 학자 솜바르트 博士」	삼천리 13-9	1941년 9월
「(勞動精神의 源泉을 차저서)勤勞가 國民道德 배울만한 獨逸國民의 勞動精神」	매일신보	1941년 9월 24일

<표7> '이극로 독일유학생활과 베를린 풍경과 독일인 관련 글'[65]에서도 알 수 있는 것처럼, 이극로는 독일 유학 전후 독일론을 작성하였다.

이극로는 독일 학생들과 교류관계를 맺으면서 독일 민족의 특징들을 관찰하였다. 「獨逸學生 氣質」에서 독일 민족은 상무정신, 군대적 동작, 연구천착력, 비상적 돌파력을 구비하고 있다고 언급하였다. 독일은 외부 세력의 침입에 쉽게 노출되는 지리적 조건 때문에 타국과의 생존의 기로에 놓인다. 독일 민족은 타국과의 무력적 대결에서 우위를 점하기 위해서 상무정신을 고취한다. 독일의 대학생은 집단주의적 성향이 강하기 때문에 계층, 성별, 연령을 막론하고 독일 민족 구성원들은 군대와 같은 조직 작동 방식이 일상생활 곳곳에서 작용하였다. 그는 수학여행단의 일원으로 여행하였던 지역의 숙소에서 전시 상태에 준하는 일상생활을 발견하면서 독일 민족의 국가주의를 경외하는 태도를 보이기도 하였다. 상무 정신과 군대적 작동 방식은 타국과의 무혈 전쟁 등에 선제적으로 대응하기 위한 불가피한 조건들이다. 상무 정신과 군대적 작동 방식

---

65) 조준희 엮음, 2019, 『이극로 전집 Ⅰ』, 소명출판, 317~380쪽.

이 타국과의 관계에서 비롯된 자질이라면, 연구천착력과 비상시 돌파력은 독일 민족 내 특이성을 고려한다. 연구천착력은 독일 학생들이 특정 분야의 연구 대상을 집요하게 접근하고 분석하는 과학적 태도를 뜻한다. 비상시 돌파력은 독일 학생들이 매사 다가올 비상시국에 능동적으로 대처하기 위해 노력하면서도 검소한 생활을 한다는 점이다. 그는 근대 조선의 식민주의적 상황을 타개하기 위해서는 독일 민족의 상무정신과 군대적 작동 방식과 같은 필요하다고 생각했을 수 있다.

아울러 연구천착력과 비상시 돌파력은 국력을 강화하기 위한 조건의 목적으로 국가 구성원 개개인들이 자신들은 처한 상황에서 현실적 문제를 극복해야 한다고 생각했다. 이렇게 독일 유학생들을 통해 인식한 독일 민족의 특수성에 대한 고찰은 「(海外柳樽印象記)獨逸留學篇」에서도 엿보인다. 독일 민족이 국난에 처한 상황에서 어떻게 국난을 극복할 수 있는지 살펴보고 있다. 독일은 세계 대전 중에서 국민 통제의 수단으로 식료 통제, 주택 통제, 전등 통제 등 의식주를 둘러싼 개인의 자율성을 총괄적으로 통제하였다. 이렇게 독일 국민은 전난기에 정치·경제적으로 어려움에 부닥쳐있었지만, 국난을 극복할 수 있다는 확신에 사로잡혀 있었다.

「海外로 留學하고 싶은 분에게」에서는 지식을 다른 나라에서 습득하고자 하는 사람들을 위해 고려해야 할 주의사항을 언급한다. 어학 준비, 제 나라에서 전문학교를 마칠 것, 자기가 전공하는 학문이 특별히 발달한 나라와 곳으로 갈 것, 자기 장래의 활동 지대에 관계가 있는 나라에 갈 것, 학비 관계로 경제적 조건을 살필 것을 제시한다. 「海外留學案內-獨逸편」에서는 1) 학비, 학년, 입학수순, 2) 학위 얻는 규정, 3) 전문학교 종류와 수, 4)학비와 학생 생활 등을 다룬다.

「白林의 大學과 獨逸文化」와 「나의 大學卒業시대의 追憶」에서는 자신의 대학 유학 경험을 언급한다. 「白林의 大學과 獨逸文化」에서는 종합대학으로 백림 대학의 역사적 기원을 다루고 학과 세부 전공을 언급한다. 농경대학, 관악대학, 동방어학교, 교육학교, 정치학교 등을 설치하였다. 「나의 大學卒業시대의 追憶」에서는 가정 형편과 환경이 열악한 상황에서도 내적 조건만을 생각하면서 학업에 매진하였던 바를 기록한다.

「(戰時生活現地休驗記-世界大戰 當時를 回顧코)獨國民 忍耐性」에서는 구주대전 이후 독일의 참혹한 상황을 제시하고, 이를 극복하기 위해 독일인들이 어떻게 대처했는지를 다룬다. 근대 전쟁의 특징은 기계화가 전후의 경제적 혹은 사회적 참상을 유발했다. 전후의 경제적 파탄을 맞이한 독일에서는 주택란, 물자란 등 독일 사람이 일상생활을 살아가는 데 힘든 상황이 속출하였다. 이러한 상황에서 독일인들은 경제적 궁핍을 극복하기 위해 각고의 노력을 기울이고 있다는 점을 언급한다.

이극로는 독일 유학 과정을 거쳐 조선 언어를 재발견하였고, 조선어의 문법 구조를 생성하였다. 그는 독일 생활에서 여행론을 포함해 타국에서 역설적으로 자국인 조선에 대한 인문학적 성찰을 도모하였다. 언어는 인간의 의사소통 수단이다. 그러나 언어는 의사소통 수단을 넘어서 인간의 정체성까지 구현하기도 한다. 혹은 언어를 통한 민족적 구심력을 작동할 수도 있다. 언어를 단순하게 의사소통 수단으로만 간주하는 태도는 언어의 기능과 역할을 협소하게 파악한 결과에 불과하다.

이극로는 1923년에서 1926년까지 조선어 강좌를 개설하였다. 그는 조선어강좌 개설과 관련해 보낸 편지<An den commissarishen Direktor des Orientalischen Seminars z.H.Herrn Professor Dr. MITTWOCH, Hochwohlgeboren>에서 한국어는 한국, 만주, 동 시베리아에 사는 한국

인들이 사용하는 언어로서 극동아시아에서 세 번째 중요한 문화어라고 언급하였다. 아울러 한국어의 문자가 독특하다는 점, 언어학적으로 중대한 의미를 가지고 있다는 점을 말하면서 독일에는 한국어가 알려지지 않다고 말한다. 독일 대학에서 조선어 강좌를 개설한 것은 유럽 문화를 모방해 근대 조선에 이식하는 과정 못지않게 조선의 독립을 이루기 위한 방편으로 생각할 수 있다.

이극로는 「海外大學生活座談會」, 「(勤勞精神의 源泉을 차자서) 勤勞가 國民道德배울만한 獨逸國民의 勤勞精神」에서 지속해서 반더포겔(Wandevogel)을 언급하였다. 반더포겔은 20세기 초 반근대주의 운동을 상징하고, 청년의 자율을 주장하면서도 개혁운동 지도자인 성인들의 지도에 다분히 의지했고 중세 지향적이고 낭만적인 도보여행과 현실 비판적이고 미래지향적인 교육개혁의 주장이 공존했던 운동으로서, 남성 중심적 이념과 여성해방의 요구, 평등주의적 사고 방식과 반유태주의적 태도, 타락한 성윤리에 대한 비판과 동성애적 취향이 혼재했던 운동이다.[66]

이극로는 독일민족성과 독일청년운동, 독일 유학 중 대학생활과 관련된 사항을 언급하였다. 독일 유학은 유럽의 다른 대학들에 견주어 학비가 저렴한 편이다. 외국 대학에서 학문을 연마하는 과정에는 다양한 애로사항이 있을 수밖에 없다. 그는 해외유학을 위해서는 어학준비, 본국에서 전문학교 수학 완료, 자기 전공 분야 관련 대학 사전 조사, 장래 활동 지대 고려, 학비 포함 경제적 사항 등을 고려해야 한다고 말한다.

수학여행은 개인적 기능, 학습적 사회화 기능, 사회문화적 기능을 살

---

66) 고유경, 2003, 「문화비판으로서의 반더포켈 운동 1896~1913」, 『독일연구』 제6권, 한국독일사학회, 26~27쪽.

퍼볼 수 있다. 개인적 기능은 신체적 유지기능, 정신적 계발기능, 심리적 안정기능, 가치 지향적 기능이다. 학습적 사회하 기능은 인간사회하 적응기능, 여가 및 관광 기회 경험 기능, 새로운 생활 및 현장 체험의 강화 기능이다. 사회 문화적 기능은 새로운 집단, 환경 적응 기능, 역할의 수행과 책임 수행기능, 결속 및 귀속의식 강화기능, 가치관의 형성, 변화 및 문화 창조 기능이다.[67]

이극로는 1926년 9월에 베를린에서 채케리크 농촌에 한 달 동안 머물며 독일의 농촌 상황을 연구하였다. 채케리크 농촌은 오더 강역 살림이 울창한 곳으로 이곳에는 산림 관리소가 있고, 독일에서 이름이 높은 농림기사로 여러 가지 기계를 발명한 임정관인 슈피첸베르크씨가 소장으로 활동하고 있었다. 그는 슈피첸베르크를 자주 만나 임업에 대한 상식을 얻었다. 그는 농사짓는 법과 농촌 경제 현상을 살펴보았고, 독일 농민의 자작자급의 정신과 실제를 파악하였다. 아울러 대규모의 현대식 기계 농촌법의 실행과 소규모 경영으로 타작은 도리깨질을 하고 있다는 점을 알게 되었다. 농가에서는 면양을 길러 그 양의 털을 깎아 손으로 두른 채 물레에 실을 자아 속옷과 양말을 짜 자작자급한다는 사실도 발견하였다. 체케리크 곳곳에 협동 조합이 있어 농촌 경제 조직이 원만하게 되었다는 점을 지적하였다.

이극로는 「중국의 생사 공업 Die Seidenindustrie in China」로 박사학위논문을 취득하였다. 그가 중국의 생사 공업을 롤모델로 삼으면서 역설적으로 조선의 경제적 하위 구조를 이용후생할 방안을 모색하였다. 그는 독일 유학생활 체험에 대해 다양한 관점을 적용해 기록하였다. 독

---

67) 강남국, 1997, 「수학여행의 행태와 문제의 시사」, 『사회과학연구』제5권 제2호, 안양대학교 사회과학연구소, 99~100쪽.

일 유학생으로서 구비해야 할 경제적, 언어적, 문화적 조건을 다채롭게 제시하였다. 그는 독일 유학생활을 하는 틈틈이 독일 지역을 여행하기도 하였다. 그는 독일 지역을 여행하면서 독일 민족의 우수성을 발견하였다. 독일 민족의 학문적 엄격성, 군국주의적 요소들을 승인하면서도 근대 조선이 처한 식민주의적 상황을 타개하기 위한 방안을 모색하였다. 그가 독일 유학생활에서 남긴 여행기를 포함한 글들은 독일 유학 과정에서 망각했다고 간주한 근대 조선의 상황을 극복하려는 비전까지 포함하고 있다는 점을 간과해서는 안 된다.

이극로는 베를린에서 동남 방향으로 100여리 떨어진 슈프레발트 지방을 방문하여 그곳에 사는 토족인 슬라브 민족에 속하는 벤덴족을 탐사하였다. 벤덴족은 자기의 고유한 문화를 가지고 살아가면 김준연과 인류학적 관점에서 벤덴족의 민족 문화를 연구하였다. 그는 벤덴족에 대한 인류학적 시선을 통해 소수 민족이 자신들의 문화를 보존하고 전승하는 과정을 수학여행에서 터득하고자 하였다.

> 눈을 드러 밧글 내다보니 새벽빗 열리는 속에 만목 광경이 도시 荒涼 悽慘할 뿐인데 이것이 지난 歐洲大戰에 무참하게도 독일에게 破碎를 당한 白耳義의 戰迹地다. 아직도 놉흔 산 넓은 들에는 한 업시 비참한 자최가 머믈너 잇서 지나가는 만리 여객의 同情淚를 재촉케한다. 그 때에 慘禍를 당하던 적은 나라 白耳義는 얼마나 呼天號地, 哀怨을 부르지젓스랴. 이 생각 저 생각이 머리를 떠오르며 한업는 늣김만 사람을 괴롭게 한다.[68]

정석태는 파리 생활을 접고 벨기에를 경유해 독일로 이동하였다.

---

68) 정석태, 「獨逸伯林의 첫生活, 巴里로부터 伯林에」, 『별건곤』 제5호, 개벽사, 1927, 119~120쪽.

<그림 12> 「獨逸서 三個星霜 細菌學을
專攻, 平壤 鄭錫泰氏 入京」, 『동아일보』,
1926년 1월 9일.

Gare Nord 정차장에서 독일행을 감행하면서 기차칸에서 낯선 외국인들과 함께 좌석에 앉아 있었다. 그는 벨기에를 떠나면서 세계 대전의 여파가 남긴 참혹한 전적지를 보았다. 그는 전쟁의 비참한 자취를 발견하면서 전쟁의 비극을 체감한다. 벨기에를 떠나 독일땅 쾰른에 도착하였다. 그는 라인강을 보면서 로렐라이 노래를 연상하고 고향이 온 듯한 느낌을 받는다. 베를린으로 향하는 동안, 독일의 풍경을 감상하였다. 베를린에 도착한 후 서양식 생활 방식이 익숙하지 않아 변비증에 시달리는 이유가 궁금했다. 그는 조선인들이 주로 야채를 먹기 때문에 변비에 걸리지 않았지만 서양인은 육식을 주식으로 삼아 생리학상으로 변비에 걸릴 수밖에 없다고 생각한다. 변비 문제뿐만 아니라 숙소를 정하는 일 역시 쉽지 않았다. 일본에서 독일어를 전문적으로 공부했다고 하지만, 독일어를 통해 일상생활을 영위하기가 여전히 힘들었다. 그리고 숙소에서 숙박비용을 가지고 주인과 대화를 나누던 중 자신이 경제적으로 안정적이지 못하고 독일인 숙박 주인은 자신에 대해 동정을 품기 보다는 냉대를 보인다고 생각하였다. "「엽서도 잇는 체하고 몰나도 아는 체하는 것이」현대 行世術(123쪽)"를 익히면서 독일 생활에 적응하는 모습을 보여준다.

정석태는 「外國에 가서 생각나든 朝鮮 것-암만해도 못닛는 것」에서는 정신적으로 자극이 없는 순결한 생활인 고국 생각과 물질적 음식에 대한 향수를 언급한다. 그는 "문명은 발달을 따라 비상하게 악화하여 감은 당연한 이치로서 歐洲 천지의 인심과 야박한 생존 경쟁의 눈알이 벌 개여 헤매이는 것을 농촌의 처녀가튼 순량한 우리 안목으로서는 참아 볼 수가 업슬 뿐이 안이라 감히 이러한 천지에서 살게가 될가 하는 생각 이 나는 동시에 아직 극도로 악화치 안은 좃곰일망정 정다운 우리 살림 살이(146쪽)"의 소중함을 생각하고, 서양 음식에 적응하지 못하는 모습 을 보여준다.

2) 항일 투쟁

(1) 유덕고려학우회

1920년대에 진입하면서 독일을 포함해 외국 유학이 활발하게 진행되 었다. 1880년대부터 독일은 학문적으로 우수한 나라로 인식되었고, 3·1 운동과 임시정부 연루자들이 독일로 이행하였다. 독일은 사회주의의 성 지에 속했기 때문에 사회주의 운동가들이 베를린에서 반제국주의 대연 맹을 결성하였고, 이 단체는 1927년에 피압박민족대회에 유학생 단체 인 유덕고려학우회 대표들이 참가하여 독립 의지를 표명하였다.[69]

유덕고려학우회(留德高麗學友會)는 1921년 1월 1일에 독일 베를린에 서 설립된 것으로 추정된다. 유덕고려학우회는 구제활동, 대임정지원활 동, 대외선전활동, 국제대회 활동을 추진하였다. 구제활동은 독일 유학 생들의 경제적 악조건을 해결하기 위한 것으로 한인들의 명예를 실추시 키는 일제의 밀정들을 색출하는 동시에 경제적 곤란에 처한 유학생들을 구제하기 위해 임시구제부를 설치하였다. 임시구제부는 본국에서 송금

---

69) 한해정, 2019, 「일제 강점기 독일유학 한인들의 독일인식」, 『독일연구』제42호, 한 국독일사학회, 189~196쪽.

된 유학비용을 십시일반 해 기부금 형식으로 모금하였다. 상해 대한민국 임시정부에 대한 지원활동은 1921년 임정의 지지와 존속을 위한 입장을 대내외에 발표하였는데, 조선의 독립국과 조선인의 자유민을 세계에 선언하고, 정치적 사사로움을 버리고 건국을 위한 노력에 매진하기 위한 것이었다. 일제의 한인 학살에 대한 항일선전활동은 1923년 일본의 관동대지진의 여파로 한인 말살에 대한 일제 만행을 규탄하는 것으로, 일제의 가혹한 식민 통치를 규탄하였다. 피압박민족대회 외교활동이 1927년 벨기에 브뤼셀에서 개최된다는 소식을 접한 유덕고려학우회는 피압박 민족과 계급의 생존을 대변하는 반제국주의대연맹을 결성하고 이를 식민지 한국의 독립과 연결 짓는 것이었다.[70] 독일 유학생들은 근대 학문 지식을 습득하는 행위 못지않게 식민지 조선의 상황을 해결하기 위한 조직과 단체를 결성하였다. 그들은 독일 유학 과정에서 독일 곳곳을 여행하면서 독일 유학생의 학문적 지향을 추구하면서 국제정치의 정체를 파악하고자 하였다. 독일 유학생들은 자신들의 학문적 성취를 추구하는 일 못지않게 조선이 처한 식민주의를 타개할 방안을 실천하려고 하였다.

(2) 재독한국인대회와 관동대지진

유덕고려학우회는 관동대지진 발생 이후 한인 대학살의 참상을 독일 〈보시쉐 자이퉁(Vossische Zeitung)〉지 1923년 10월 9일자에 부르카르트(Burchart)가 작성한 "Massaker unter den Koreanern"("한인에 대한 대량학살") 기사를 통해 재독 한인 사회에 알려졌다. 그들은 이를 「한인학살」로 번역해 배포하였다. 「한인학살」은 관동대지진이 발생하는 과

---

70) 홍선표, 2006, 「1920년 유럽에서의 한국독립운동」, 『한국독립운동사연구』제27 집, 독립기념관 한국독립운동연구소, 446~472쪽.

정에서 일본이 조선일을 도처 살육하고, 일본 인민과 군병의 만행을 숨기기 위해 무선전선을 포함한 일절 통신을 금지하는 내용의 신문 기사를 1923년 10월 12일에 유덕고려학우회의 이름으로 공표하였다.

재독한국인대회는 1923년 10월 23일 관동대지진 발생 시 일본 만행을 폭로하기 위해 개최하였다. 이칭 카오(In Ching Kao), 김준연, 이극로는 재독한국인대회를 추진하면서 「한국 내 일본의 유혈 통치」를 작성하고 배포하였다. 「한국 내 일본의 유혈 통치」는 관동대지진과 한일학살을 규탄하는 문건이다. 그들은 한국 내 일본의 유혈 통치의 역사와 실상을 폭로하고 이에 저항하기 위한 신념을 표방한다. 일본은 지속적으로 혹독하고 잔인한 수단을 통해 억압을 시행하였다. 일본은 한국인들의 신체적 혹은 정신적 요인을 억압하는 시스템을 작동하였다. 일본 정부는 식민주의의 비인간적 행위를 은폐하는 형식을 사용하였다. 일본이 한국인을 억압하는 사실을 조작하는 대표적 사례로 관동대지진이 언급되고 있다. 그들은 일본이 관동대지진의 사실 왜곡을 통해 자신들의 야만적 입장을 숨기려는 정치적 행위에 단호하게 대응해야 한다고 주장한다. 재독 유학생들의 항일선전활동에 대해 독일 내 일본 측은 "독일 언론을 향해 한인 학살의 원인을 한인들의 범죄행위 때문으로 돌리는 것과 이케다가 유덕고려학우회의 활동을 상해에 본부를 둔 공산주의자들의 소행이라고 독일 외교부에 왜곡 보고한 것 등은 모두가 관동대지진 직후 일본 정부의 대외선전활동"[71]을 강화하였다. 해외 조선인 생산 문건은 외교적 대응을 위한 항의문, 정치적 목적을 담은 선전문, 사건의 전승을 위한 기록문의 형식을 취하였다. 특히 유덕고려학우회에서 작성한

---

71) 홍선표, 2014, 「관동대지진 때 한인 학살에 대한 歐美 한인세력의 대응」, 『동북아 역사논총』제43호, 동북아역사재단, 163쪽.

「재독한인회 성명서」는 조선인들이 유언비어의 희생자이고 유언비언의 유포자들이 군대라는 점을 지목하고, 조선인 학살에 나타난 일본의 잔인성과 비인도성을 강조한다.[72]

　이극로는 「한국의 독립운동과 일본의 침략정책」에서 한국의 개혁과 외세의 쇄도, 1920년의 합병과 그 후의 해, 1919년 3월 독립선언과 그 후의 시간을 다루면서 서울의 독립운동 본부 설립, 연로한 전 황제 살해, 한국의 독립선언과 서울 및 지방에서의 시위, 외국의 한국인들과 노인 동맹, 한국의 임시정부와 임시정부의 외교적 활동, 강우규의 사이토 총독 암살, 조선의 의병 운동, 김익상과 오성륜의 일본 육군대신 다나카 암살 등을 제시한다. 동만주 한국의 민간인 학살과 관동대지진의 한국인 학살 등을 제시하면서 "한국의 독립운동에 대한 일본인들의 공포는 그들이 한국인들을 군복무에 동원하는 것을 포기한 데에서 잘 드러난다. 한국인 경찰들의 무장은 무딘 칼이었고, 오직 급박한 위기 시에만 권총과 극히 소량의 탄환이 마련되었다. 자신들의 언어와 문자, 고유의 문화를 갖고 있는 다른 민족을 말살하거나 동화시키려 한 일본인들의 노력은 우스운 정치적 꿈이며, 그 꿈의 실현은 사정을 아는 누구도 믿을 수 없"[73]다고 주장한다. 아울러 「한국, 그리고 일본제국주의에 맞선 독립 투쟁」에서는 문화, 역사적 고찰, 일본 지배 아래 있는 한국의 현재 상황, 독립을 위한 한국의 지속적 투쟁을 제시한다. 한국의 자유 투쟁 사례를 다양하게 제시하면서 한국 독립 투쟁의 정치 운동의 방향을 제시한다. 1920년까지 혁명운동은 일반적 국가 독립만을 목표로 추진되었고,

---

72) 김강산, 「관동대학살에 대해 해외 조선인이 생산한 문건과 그 성격」, 『동국사학』 제74호, 동국대학교 동국역사문화연구소, 333~334쪽.
73) 조준희 엮음, 2019, 위의 책, 109쪽.

1920년 이후에는 사회주의운동, 자유 투쟁과 정치적 혹은 경제적 투쟁을 병행했고, 1919년 3월 혁명 이후 민족주의와 사회주의가 협력하여 일본제국주의에 대항하기 위한 공동 전선을 연합하였다.

(3) 브뤼셀 국제피압박민족대회

1927년 2월 벨기에 브뤼셀에서 세계피압박민족회의가 개최되었다. 세계피압박민족회의는 약소민족과 무산계급의 협력을 도모하고 전세계피압박 계급과 민족들의 생존권을 보장하여 민족의 자유와 인류 평등을 실현하는 데 목적을 두었다. 1926년 8월에 계획된 베를린 대회가 식민지 민족 대표의 여행권 불허로 연기되어 1927년 2월 5에서 14일까지 벨기에 브뤼셀에서 시행되었다. 이미륵, 이극로, 김법린, 황우일이 참석하였다. 이를 세부적으로 살펴보면 다음과 같다. 1927년 2월 10일에는 가타야만 센의 기조연설이 이어, 김법린은 조선대표단을 대표하여 일제 규탄 연설을 했다. 2월 14일에는 각 대표단의 결의안이 낭독되었다. 조선 대표 결의안은 일본으로부터 한국의 독립 확보, 일본인들이 한국에서 취한 모든 특별한 권리는 무효라고 선언하였다.[74]

「조선 대표단 결의안(대회 채택안)」과 「한국의 문제」를 브뤼셀 국제피압박민족대회에 제출한다. 「조선 대표단 결의안(대회 채택안)」에서는 대한민국은 일본에서 독립한 국가로 간주되어야 하고, 일본인이 한국에서 불법 탈취한 특권들이 무효라는 점을 결의한다.

「한국의 문제」는 일본의 식민지배 통치를 받은 조선의 상황과 실상을 구체적으로 제시한다. 일본은 조선의 경제적 손실을 악화시켰다. 조

---

74) 조준희 엮음, 2019, 『이극로 전집 Ⅰ』, 소명출판, 47쪽,

선에 기생하는 일본인들을 먹여 살리는 비용이 증가하고, 모든 경제 정책은 일본인만을 위한 것이다. 일본의 문화 정책은 조선의 문화를 부정하는 시스템을 강압적으로 작동하였다. 일본의 식민주의는 대내외적으로 조선이 일본의 지배를 받아 근대 문명의 세례를 받았기 때문에 정치적으로 만족한다는 사실 조작을 폭로한다. 일본제국주의는 조선에서의 반일 행위를 잔혹하게 처단하고 보복하였다. 1919년 3월 1일 이후, 한국의 독립선언에 따라, 노동운동과 청년운동이 교살 받았기 때문에, 조선 독립을 강화하기 위해 주체적이고 자율적 반일을 위한 투쟁을 강화해야 한다고 말한다.

　대회 참가자들의 국제반제동맹과 관련한 후속 활동이 불가능했던 것은 유학생이라는 신분적 한계, 국제반제동맹을 통한 반전과 반제의 연대가 이루어지려면 국내에 국제반제동맹 조선지부가 결성되어야했고, 일제의 감시와 국내 운동의 관심사가 '신간회' 결성에 집중되었기 때문이다.[75]

75) 박한용, 2022, 「1920년대 후반 국제반제동맹의 출범과 조선인 민족주의자들의 대응」, 『공존의 인간학』제8집, 전주대학교 한국고전학연구소, 239쪽.

II. 독일 망명객:
비탄의 구경과 호소의 목소리

1. 독일 망명

망명으로 번역되는 Exil 은 정치, 경제, 종교적 이유로 고국을 떠난다는 뜻으로, 어원상 라틴어 exilium에서 유래하여 추방(Verbannung)을 의미하고, 이는 정치적 강요에 의해 불가피하게 조국을 떠났지만, 정치적 상황의 변화에 따라 다시 조국으로 돌아갈 수 있다는 뜻도 포함한다.[1] 망명은 정치적 선택이다. 독일 유학생들은 독일에서 선진 학문과 문물을 습득하는 과정을 대부분 거쳤다. 그들은 독일 유학 이후 조선으로 귀국한 후, 조선 독립과 건국을 위한 실천에 참가하였다. 이미륵은 조선으로의 귀국을 포기한 채 독일 망명 상태를 유지하였다.

망명은 무엇보다도 국가나 종교적 집단에 의한 정치적 인종적 이데올르기적 박해에서 기인한다. 그 이외에 고국을 떠나지 않으면 안될 정도로 고국에서의 꼭 얽매인 참을 수 없는 관계도 원인으로 작용할 수 있다. 고국에서의 참기 어려울 정도로

---

1) 국중광, 1994, 「독일 망명 문학 –개념 규정과 반파시즘 활동을 중심으로」, 『한신논문집』제11권, 한신대학교 출판부, 6쪽.

옭매인 극단적인 현상으로는 추적, 체포, 고문, 투옥 당함 등이 있다. 이러한 상황에서 그 사건에 옭매인 해당자는 한 인간으로서의 존재 경험을 느끼는 공간이 감옥을 한정되기가 일쑤인데, 바로 이러한 경우 감옥보다는 외국으로 도피하는 편이 훨씬 더 낫겠다는 생각이 들어 이를 실행으로 옮기는 것이 망명이다. 이러한 것들을 미루어 볼 때 망명은 본래의 체류지에서 개인의 자유로운 활동이 제한받는 것과 관계가 있다.[2]

망명은 지식인으로서의 개인에 대한 신념에 대해 국가와 종교가 정치적, 인종적, 이념적으로 박해하는 과정에서 발생한다. 인간의 신체적 억압 과정을 중지하기 위한 목적으로 감옥행을 선택할 수도 있지만, 망명은 자국 혹은 고국의 억압적 상황에서 벗어나기 위해 개인이 정치적 도피를 선택할 수밖에 없는 상황이다. 동서양 근대 사회에서 제국주의와 식민주의가 자국과 타국의 경계를 허물어 폭압 하는 상황에서는 개인이 정치적 목소리를 발화하기 위해서 용기가 필요하다. 개인의 자유로운 활동이 제한받는 상황에서 고국의 정체성을 포기한 채 새로운 시공간에서 정치적 의사 결정을 도모할 수 있다.

서양에서 발흥한 근대화는 문명과 문화를 개선하고 개량하면서 전통과 근대를 구분지었다. 그러나 동양에서는 서양의 근대화를 선취하느냐의 여부에 따라 상이한 문명화의 과정을 거칠 수밖에 없었다. 일본은 서구 문명을 수용하면서 근대성을 마련하고자 하였다. 반면 조선과 중국은 쇄국과 개방의 경계에서 자국 문화의 우수성과 자립성을 견지하려고 하였다. 일본, 조선, 중국이 서양의 근대 문명을 수용하는 과정에서 식민주의가 작동하였다. 일본의 식민주의는 서양의 자본주의와 제국주의를 변용하는 과정을 거쳐 타국을 억압하는 방식을 취하였다. 일본의 식민

---

2) 서장원, 2015, 『망명과 귀환이주』, 집문당, 34쪽.

주의는 이중적 모습을 드러낸다. 자본주의의 물질주의는 사회적 부의 평등을 유발하는 것처럼 보인다. 반면 제국주의에 기반한 식민주의는 국가의 정체성을 부정하는 것처럼 보인다. 일본식 자본주의, 제국주의, 식민주의는 동양 사회에서 근대성을 체험하는 주체에 따라 상이한 모습을 나타낼 수밖에 없다. 일본식 근대성을 수용할 것인지, 비판할 것인지, 대항할 것인지에 따라 피식민지 구성원들은 각자의 관점을 확보해야만 했다.

> 대부분의 망명 상황의 어려움은 단순히 강제로 고향을 떠나야만 했다는 점에 있지 않습니다. 망명의 어려움은 현대적 삶의 일상은 정상 소통되고 있지만 옛 고향과의 접촉은 감질나게도 영원히 충족되지 않는다는 사실을 상기시키는 상황을 매일같이 겪어야 한다는 것입니다. 따라서 망명이란 새로운 환경에 완전히 합일되지도 못하고 그렇다고 옛 거처로부터 온전히 해방되지 못한, 반쯤은 소속되어 있으면서도 반쯤은 배제된, 한편으로는 향수와 감상에 빠져 있으면서도 다른 한편으로는 능숙하게 모방하거나 비밀스럽게 따돌림 받는 일종의 중간 상태에서 존재하는 것입니다. 지나치게 편안하거나 안전하게 느껴지는 상황을 끊임없이 경계하며, 생존을 위한 처세술을 갖추는 것이야말로 이들에게 주요한 과제가 됩니다.[3]

지식인은 동서양 경계에서 자립적 혹은 주체적 정신을 유지하려고 하였다. 망명은 자발적 선택이기에 앞서 정치 경제적 강요에 따라 인위적으로 결정되기도 한다. 망명자는 자국과 타국의 경계에 머물기 때문에 생존과 실존의 갈림길에 위치한다. 기존 삶의 터전에서 벗어나 익숙하지 않은 시공간에서 지식인으로서의 정체성에 위협받는다. 지식인은 사유의 지평을 현실에 안주하지 않으면서 끊임없이 확장한다. 일상의 안

---

3) 에드워드 W. 사이드, 최유준 옮김, 2012, 『지식인의 표상』, 마티, 62쪽.

락함을 무조건 수용할 수도 없고, 생존을 위한 가능성조차도 포기할 수 없다. 기존 체제 내에서 순응주의적 태도를 견지하면서 살아가기 위한 방편을 마련하려고 한다. 이러한 상황에서 망명은 자신의 현실적 조건을 부정하고 삶의 조건을 새롭게 재편하려는 의지이다.

> 지식인이 실제 망명 상태와 같이 주변화된 자, 길들여지지 않는 자가 되는 것은 권력자보다는 여행자에 가깝고, 관습적인 것보다는 임시적이고 위험한 것에 가까우며, 현 상황에 주어진 권위보다는 혁신과 실험에 가깝게 반응한다는 의미입니다. 망명자적인 지식인의 역할은 관습의 논리에 따르지 않고 대담무쌍한 행위에, 변화를 표방하는 일에, 멈추지 않고 전진해가는 일에 부응하는 것입니다.[4]

지식인은 지적 망명을 감행한다. 망명자적인 지식인은 지적 통찰과 관점을 중심으로 세계의 무사안일을 비판한다. 그는 권력자, 관습, 권위의 폭력이 인간을 억압하는 과정을 자각하고 이에 대한 자신의 사유를 제시한다. 망명자적 지식인과 세계의 불화는 상호 간에 존속할 수밖에 없다. 그는 여행자, 임시적이고 위험한 것, 혁신과 실험에 대한 전진을 추구한다. 동서양 근대 사회 이후 정치적 격변을 통해 망명자적인 지식인들은 자신들이 설정한 진실을 타인과 공유하기 위해 가치중립적 태도를 버리고 가치를 실현할 수 있는 방안을 모색하였다.

2. 망명 경로

이미륵은 동서양 경계에서 자립적 혹은 주체적 정신을 유지하려고 하였다. 그는 독일 유학생들과 달리 유럽으로의 망명을 결행하였다. 그의

---

4) 에드워드 W. 사이드, 최유준 옮김, 2012, 위의 책, 77쪽.

자기성찰적 메타여행소설에 나타난 자국과 타국의 모습은 경계인의 심리와 관찰이 반영되어 있다. 이미륵은 "독일의 침략에 억눌린 민족처럼 일본의 침략에 따라 평화가 깨지는 우리 민족의 고단한 사람을 한국어도 일본어도 아닌 독일어로 써서 보여 주고 있는 것은 침략에 평화가 깨지는 아픈 소리, 민족의 서러움"[5]을 표현하였다. 그는 독일로 망명하면서 서양과 동양, 일본과 조선의 경계에 불안하게 위치하면서 인류의 보편성을 파괴하는 근대의 폭력을 직시하고자 하였다. 그는 타국의 언어로 자국의 현실을 기록하면서 자국이 처한 현실을 좀 더 객관적으로 파악할 수 있었다. 이러한 과정을 거치면서 조선이라는 시공간이 간직하고 있었던 삶의 질서와 무질서가 드러난 간극을 망명 전후로 명확하게 확인할 수 있었다. 그는 일본이 지배하는 조선에서 벗어나 독일에서 공부하면서도 독일의 나치즘이 폭력을 구사하는 상황도 목격하였다. 결국 그는 일본과 독일이 근대성의 폭력을 동시에 타국에 구사하는 방식을 인식하면서도 조선의 독립을 위한 국외에서 수행하는 과정은 "조국을 떠나 독일에서 활동하면서 조국의 언어 대신에 망명지의 언어로 창작을 했다는 점에서 이중적인 의미의 고립성을 벗어날 수 없었다. 낯선 환경에서 비롯하는 정체성의 균열, 그리고 낯선 언어에서 비롯하는 의사소통의 단절은 망명작가로서의 이미륵이 피할 수 없는 실존조건"[6]이었다.

망명은 외적인 강요에 의해 발생한 것이 일반적이지만 정치적인 동기나 강한 처

---

5) 진영희, 한지영, 2018, 「문학사 교육에서 망명 작가의 문학사적 위치와 의의:이미륵을 중심으로」, 『학습자중심교과교육연구』 제18권 제20호, 학습자중심교과교육학회, 1125쪽.

6) 김종욱, 2006, 「씌어지지 않는 자서전-이미륵의 <압록강은 흐른다>」, 『현대소설연구』 제32권, 한국현대소설학회, 137쪽.

벌에 대한 두려움 때문에 다시는 돌아오지 않으려는 목적으로 본인의 나라를 떠나는 '자유의지망명'도 있다. 자유의지망명은 어려운 삶에서 탈출하고자 함과 본인의 정체성을 찾으려는 목적을 지니고 있다.[7]

이미륵이 조선에서 독일로 망명하는 과정은 물리적 공간의 이행이다. 그는 근대 조선의 외적인 강요의 측면도 있지만 정치적 동기와 강한 처벌에 대한 두려움 때문에 독일로 망명하는 길을 선택하였다. 그는 국외 망명을 시도하는 과정에서 내적 망명(Innere Emigation)[8]을 시도하였다. 그가 근대 사회의 모순을 극복하기 위해서 정치적 행위를 시도하지 않고 내적 망명의 세계에 안주한다는 점은 유럽을 이상향으로 간주했지만 유럽의 실상 역시 근대의 폭력에 무기력하게 노출되었다는 자각에서 비롯되었다. 그는 근대 사회를 정치적으로 개조하지 못한 채 지식인의 운명에 처한 것으로 볼 수 있지만, 망명지에서조차 삶의 비극을 해결할 방안을 마련하지 못한 경계에 선 자의 불안한 내면을 표현하였다.

이미륵은 독일에서 정착했지만 이방인의 위치에서 여전히 벗어날 수 없었다. 그는 "식민지 근대와 이산의 삶"[9] 속에서 망명자의 시선으로 근대 사회를 살펴보았다. 식민지 근대에 처한 조선에서는 식민지 체제가 작동하면서 조선인의 삶을 강제하였다. 독일 이산의 삶은 조선인의 정체성을 갈망하지만 독일 파시즘이 득세하는 상황에서 독일인으로도 자처할 수 없는 상황을 고민하였다. 이러한 상황에서 그는 인류애에 기반을 둔 삶의 기록을 선택하지 않을 수 없었다. 그는 근대 동서양에서 발생

---

7) 서장원, 위의 책, 40쪽.
8) 류진상, 2015, 「이미륵 문학의 실존적 비극성」, 『혜세연구』제34권, 한국혜세학회, 233~234쪽.
9) 이미나, 2015, 「이미륵 작품에 나타난 식민지 근대성과 경계인 의식」, 『국제한인문학연구』제15호, 국제한인문학회, 167쪽.

한 폭력의 한계를 자각하기에 앞서 훼손된 삶의 시공간을 기억하려고 하였다. 일본과 독일이 인류에 악영향을 끼치고 있는 상황에서 무기력하지만 자신의 영혼이 비극적 운명에 처한 존재라는 점을 자각하는 순간, 그는 내외적 망명의 순간을 기록할 수 있다. 그가 망명의 독법으로 본 근대 동서양의 모습은 파괴와 생성이 동시에 발생하는 곳이고, 근대 이후에 다가올 시간을 맞이하기 위한 통과의례로서 고통스러운 근대의 폭력을 망명자의 시선으로 바라보는 것이다.

이미륵은 일본이 지배하는 사회에서 조선이 도달할 지점을 선험적으로 인식하였다. 그는 일본이 조선에 구현한 문명과 문화의 이면에서 조선을 파괴하기 위한 욕망이 투영되어 있다고 생각했다. 조선의 문명개화를 위한 일련의 활동은 자칫 일본 식민주의 구조 내 독립투쟁에 국한되어 문명화의 본질을 상실할 수 있다고 간주하였다. 그는 망명을 선택하였다. 그는 다른 독일 유학생들과는 달리 조선으로 귀국하지 않았다.[10] 그는 독일에서 망명 생활을 하면서 조선 독립을 모색하고 학문적 혹은 문학적 활동을 병행하였다. 그는 독일로 망명하고 유학하는 도중에서 조선의 몰락을 기억하기 위해 소설을 창작하였다. 그가 생전에 출간한 작품집과 사후에 간행된 유고집들은 조선의 역사적 파국을 감지하고 생존과 실존의 가능성을 확보하기 위한 인식을 담아내고 있다.[11]

『압록강은 흐른다』는 자전적 요소를 가미해 근대 조선의 격동을 사유하면서 독일로 망명을 선택할 수밖에 없었던 요인을 다루고 있다. 「탈출기」에서도 조선에서 독일로 망명하는 과정을 보여준다. 「탈출기」에

---

10) 정규화, 박균, 2010, 『이미륵 평전』, 종합출판범우.
11) 이미륵, 정규화 옮김, 2010, 『압록강은 흐른다』, 다림.
   이미륵, 정규화 옮김, 2000, 『그래도 압록강은 흐른다(외)』, 범우사.

서는 압록강, 만주 평야, 남경, 상해, 홍콩, 콜롬보, 지부티, 수에즈 운하, 프랑스를 거쳐 독일에 도착하는 과정을 담고 있다.「그래도 압록강은 흐른다」에서는 독일 유학 생활의 모습을 보여준다. 독일 망명 후 독일 유학 생활을 하면서 체험한 모습들과 고충을 다층적으로 보여준다. 이미륵의 자기성찰적 메타여행소설은 근대 조선에서 발생한 근대성의 폭력이 무엇인지를 발견하고, 이를 토대로 근대성의 한계를 면밀하게 성찰하는 과정을 포함한다. 그가 소설의 허구적 장치를 통해 몰락한 조선의 모습을 있는 그대로 제시하고, 유럽 문명을 수용하기 위한 전략적 시도는 서양과 동양의 근대에 내재한 폭력에 대응하기 위한 인식의 소산이다. 이미륵은 한국 문제뿐만 아니라 독일 체류 기간 동안 독일의 나치즘이 경제적 불안정을 해소하기 위해 독일 민족만을 우월하게 여기는 과정에서 민족 간 분열을 조장하고, 이를 토대로 정치적 이익을 도모하는 태도를 비판적으로 인식하였다. 그는 뮌헨대학교 학생 시절에 쿠르트 후버(Kurt Huber)교수의 수업을 수강하면서 후버 교수의 정치 행위가 일정 정도 제어가 필요하다고 말했다. 후버 교수의 정치적 사상이 현실에서 불행을 맞이할 수 있다는 점을 거론하였다.[12] 디아스포라 투어리즘과 다크투어리즘을 연계하면서, 이미륵은 독일 문화와 만나는 과정을 거쳐 조선 문화에 대한 기억을 복원하였다.

---

12) 정규화, 1999,「이미륵의 문학활동과 휴머니즘」,『한국학연구』제11집, 고려대학교 한국학연구소, 133~137쪽.

3. 국경 경관

1) 압록강

압록강 표상은 『압록강은 흐른다』와 「탈출기」에서 주요하게 등장한다. 이미륵은 삼일운동에 연루되어 조선에서 생활하는 것이 힘들어져 서양으로 탈출을 모색하였다. 그는 메타여행소설을 통해 조선을 떠나 중국을 거쳐 서양에 도착하는 과정을 표현하였다. 압록강을 중심으로 원주민과 이주민의 삶이 분리되는 상황에서 압록강이 그의 삶에서 차지하는 의미는 크다. "국경은 국가 간 조약의 산물이며, 더 엄밀하게는 역학 관계의 결과이다. 그런 의미에서 국경은 언제 불안하다. 국가 간 힘의 균형이 한쪽으로 기울거나 힘의 무게중심이 이동할 때 모든 국경은 분쟁에 휩싸일 가능성이 많다. 대부분의 국경은 이미 역사적으로 분쟁을 내포하는 곳"[13]이라는 점을 염두에 둔다면, 이미륵이 압록강을 단순하게 지리적 지형으로만 파악하지 않고 삶과 죽음, 동양과 동양, 동양과 서양의 경계에 위치하는 장소로 파악하고 있다는 점을 알 수 있다. "접경은 국경 이전의 역사와 문화는 물론, 생애와 일상의 아카이브이자 국경 이후 위기의 최전선에서 삶을 지켜온 공동체"[14]로써, 접경 지역과 국경 경관은 상호간에 인간의 삶에 개입한다.

> "그래, 너는 도망쳐야 한다."
> 어머니는 거급 말씀하셨다.

---

13) 이승수, 2022, 「압록강 국경 표상의 형성」, 『한국문학연구』제68호, 동국대학교 한국문학연구소, 181쪽.
14) 전우형, 2021, 「다중적 국경경관(Multi-scalar Borderscapes)과 접경의 재현 정치」, 『역사비평』제136호, 역사문제연구소, 127쪽.

"국경인 압록강 상류는 경계가 아직 그렇게 심하지 않다는 말을 들었다. 그곳에 가면 아직 북쪽으로 도망칠 수 있을 게다."

나는 잠자코 있었다.

그 많은 학생들이 도망치다가 붙잡혀 체포되고, 또 사살당했다는 소식을 들었기 때문에 도망칠 용기가 나지 않았다. 그렇지만 어머니는 그다지 위험하게 생각하시지 않는 것 같았다. 이미 많은 학생들이 국경을 넘는 데 성공하였고, 또 그곳에서 잘 살 수 있을 거라고 말씀하셨다. 나 역시 그렇게 해서 국경을 넘고, 학문을 계속하기 위해 여권을 만들어 유럽으로 가야 한다고 하셨다.

유럽이라는 단어부터가 나에게 용기를 불러일으키지 못했다. 나는 유럽에서의 공부가 모든 면에서 얼마나 어려우며, 또 언어 한가지만 하더라도 아시아 사람에게는 극복할 수 없는 장애물이라는 것을 알고 있었다.[15]

이미륵은 어머니와 함께 자신의 미래에 대해 의논하였다. 압록강은 자연 경관이 아니라 국경 경관으로 제시되고 있다. 조선과 중국이 접해 있는 국경인 압록강은 정주와 탈주의 삶이 교차한다. 그가 유럽에 도착하기 위해서는 압록강을 거쳐 미지의 세계와 마주할 수밖에 없다. 압록강을 건너 유럽으로 가는 길은 죽음과 불안의 세계이다. 그는 압록강이라는 국경을 넘어서 유럽의 시공간을 유토피아로만 파악하지 않았다. 그는 유럽 생활 역시 무수한 장애물이 있을 것으로 생각하였다. "다른 세계로의 여행(184쪽)"은 유럽의 문명과 문화를 습득하기 위한 과정이다. 그렇지만 압록강을 건너 중국 국경 도시에 접근하는 일은 순탄하지 않았다. 그는 압록강을 건너 조선이라는 물리적 대상을 객관적으로 다시 인식하였다. 압록강 이내에서 조선의 삶은 소박하고 순박하면서 중국 국경도시와는 대비되는 모습이었다. 그는 압록강의 경계에서 조선으로 귀환할 수 없다고 생각한다. 향후 국경과 유럽은 그의 삶을 지배하는 표상이 된다.

---

15) 이미륵, 정규화 옮김, 2010, 위의 책, 182쪽,

시원한 바람이 불어오니 불유쾌한 것을 모조리 씻어버리는 듯 마음이 상쾌했다. 나는 지금까지 여러 해 동안 괴로웠던 일, 그리고 바로 어제 이 강을 가만히 도강(渡江)할 때 추격당했던 일까지 모조리 잊어버리고 싶었다. 그저 내가 그토록 사랑하는 내 나라, 저 건너에 보이는 내 조국이나 이 마음속에 간직하고 싶을 뿐이었다.

압록강은 유유히, 그리고 시퍼렇게 흐르고 있었다. 어느덧 해도 서산에 넘어가 버리고 저 멀리 보이는 남쪽 하늘도 서서히 어두워져가고 있었다.16)

「탈출기」에서는 압록강 표상이 구체적으로 나타나고 있다. 이미륵은 자식으로서의 의무를 저버린 채 어머니와 이별을 받아들였다. 그는 어머니를 정신적 사유의 중심으로 간주하였다. 그가 서양으로 도주하는 상황에서 맞이하는 국경 경관은 생존과 실존의 경계를 나타낸다. 국경은 지리적 구분을 뜻하지 않는다. 압록강은 국가 간 조약의 산물이고, 역학 관계의 결과로서 분쟁에 휘말릴 가능성이 큰 장소이다.17) 그가 조선을 벗어나 처음으로 마주한 곳은 압록강이다. 압록강은 조선, 동양, 서양을 경계짓는 공간이다.18) 그는 조선에서 통용되는 "경쟁의 현실 세계를 경멸(133쪽)"하였다. 압록강 표상은 망명객으로서의 자의식을 발견하고, 이를 토대로 타국으로 이행하는 과정을 명증하게 나타내는 것이다. 이러한 과정에서 압록강은 경계 표상의 물리적 조건에서 벗어나 정치적 장소로서 자리매김한다.

---

16) 이미륵, 정규화 옮김, 2000, 위의 책, 138쪽.
17) 이승수, 2022, 「압록강 국경 표상의 형성」, 『한국문학연구』제68호, 동국대학교 한국문학연구소, 181쪽.
18) 고순희, 2013, 「일제 강점기 망명 관련 가사에 나타난 만주의 장소성」, 『한국시가연구』제34권, 한국시가학회, 189~216쪽.

2) 심양의 처형장과 남아시아 도시

이미륵은 압록강을 넘어서는 순간, 중국 국경 도시와 남아시아 도시와 마주하였다. 그가 유럽으로 망명하는 과정에서 관찰한 중국 국경 도시들은 심양, 산해관, 남경, 상해이다. 아울러 사이공, 싱가포르, 콜롬보를 경유하였다. 그는 중국을 거쳐 남아시아를 경유하는 여정에서 조선과는 다른 이국 풍경을 구경하였다.

> 만주의 수도인 심양도 이와 같은 광활한 평야에 위치하고 있었기 때문에, 그 육중한 성벽은 공포감을 자아냈다. 중앙아시아에서 불어오는 폭풍과 몽고 사막에서 날아오는 먼지에 둘러싸인 이 성은 한 때 전아시아로 확대하려던 만주 세력의 본거지였다. 나는 마차를 타고 도시로 가서, 예전에 마적이었으나 현재 이 만주 지방을 자기 나름의 구식 제도로 다스리는 장작림(장쮀린) 장군의 궁성을 둘러보았다. 성벽 밖에 있는 처형장의 광경은 정말 무서웠다. 이 처참한 처형장의 주변에는 처형당한 자들의 묘가 즐비했다. 개개의 묘 앞에는 비와 먼지로 얼룩진 나무판에 이름과 나이와 직업이 적혀 있었다. 벌판의 한가운데에는 그 무서운 처형 행위가 집행되는 큰 정자가 서 있었다.[19]

이미륵은 심양에서 중국 거리의 많은 인파와 소란을 보고, 위생 관리가 좋지 못하다고 생각하였다. 일제의 군사적 만주 침략 계획은 장작림과의 야합으로 촉진되었고, 일제는 만주 침략을 위해 장작림을 친일적 세력으로 포섭했고, 장작림은 만주에서의 세력과 대륙 진출을 위해 물질적 정치적으로 일본의 원조가 필요했기 때문에, 만주 지배를 위한 장작림과 만주 침략의 야망을 지닌 일제가 한인 탄압을 매개하였다.[20] 그

---

19) 이미륵, 정규화 옮김, 2010, 위의 책. 188~189쪽.
20) 도원기, 2012, 「일제의 만주침략과 간도참변」, 『독립운동사연구』제41호, 한국독립운동사연구, 212쪽.

는 심양에서 처형장을 보면서 역사 속에서 진행되는 죽음과 죽임의 세계를 인식한다. 그는 심양의 기차역에서 대합실이 없다는 점을 발견했다. 기차는 정시에 출발하지 않았다. 중국과 만주간의 비무장 지대를 관통하는 급행열차를 타고, 오랜 역사의 중국을 생각하였다. 그러면서 그는 진시황제가 지은 만리장성을 보았다. 기차 속에서 여행의 불편함을 감수하면서 역사와 인간의 운명적 관계를 생각하기도 하였다. 그는 심양을 거쳐 산해관에 도착하였다. 산해관에서는 중국 관리들이 여행자들의 짐을 조사하기 시작하였다. 중국 관리들은 아편 소지 유무를 확인하기 위해 검문을 진행하였고, 모든 승객들은 검문 과정을 반드시 거쳐야만 하였다. 그는 남경행 기차를 갈아타면서 공자의 묘소를 순례하고 싶었으나 일정상 방문하지 못했다. 그는 열차를 타고 가면서 양자강을 보았다. 그는 남경의 여관에 머물면서 명나라 태조의 묘를 구경하였다. 심양, 산해관, 남경을 경유하는 여정은 예기치 못한 사건들이 발생하였지만 중국 역사의 흔적을 볼 수 있는 기회이기도 하였다.

①상해는 세계의 온갖 인종들이 다 모인 곳이었다. 즉 문지기를 하면서 밥벌이를 하는 인도 사람들, 프랑스 경찰서에 근무하는 안남(安南) 사람들, 그리고 알 수 없는 일을 해먹고 사는 흑인들 외에도 별사람이 다 사는 곳이었다. 그들은 모두 자기 나라 고유의 옷을 입고 있었으며, 자기 나라 풍습대로 살고 있었으나, 모두가 유럽 사람들이 사는 지역에서 생장되고, 매일매일 점점 더 촉진되는 그런 템포로 이리저리 뛰어다니며, 자동차도 횡횡 몰고 다녔다. 사람들은 모두 이리저리 막 몰고 다니는 무서운 자동차에 치이지 않기 위해서 앞을 다투어 뛰어다녔다. 사람들이 그렇게 긴장 상태에서 살아야 하는 것이, 자동차는 자동차대로 사정없이 달리고 항구의 배들도 그렇고 큰 건물의 지붕 위에 달린 선전물들과 사람들의 마음까지 서두르게 하기 때문이었다. 말하자면 사람들이 정신을 차리지 않고 집중하지 않으면 큰일 나는 세상 같았다. 행동이 민첩하고 강한 자가 생존 경쟁에서 승자가 되고, 그렇지 못하

고 느릿느릿하며 약한 자는 패자가 되는 그저 난폭하고 매정한 인간들이 사는 곳이었다. 그러니 사람들은 울 시간도 웃을 시간도 없을 정도였다.[21)]

②상해에서 다채로운 것으로 각기 다른 법에 의해서 관리되는 여러 개의 보호구역들이 있다는 것도 들 수 있다. 예를 들어서 프랑스권 구역에서는 프랑스의 법에 어긋나는 것만 아니면 무슨 짓을 해도 상관없다는 것이 특징이다. 많은 정치 망명객들이 이곳에 와서 프랑스 사람들의 보호를 받고 있었으나 그 대신 프랑스 망명객들은, 예를 들어 안남 사람들은 이 지역을 조심스럽게 피해 다니지 않으면 안 되었다. [중략] 그러니 상해라는 곳이 어떤 사람들에게는 악운을 초래하는 곳이요 또 다른 사람들에게는 아주 안정성이 있고 조용한 도시였다.[22)]

『압록강은 흐른다』에서는 상해 경관을 자세히 다루지 않았지만, 「탈출기」에서는 상해의 지리적 특성을 구체적으로 제시하였다. ①에서는 상해의 다인종 요소를 언급하고 있다. 국적과 인종을 막론하고, 다양한 구성원들이 상해에 모여 살아가면서 각자의 풍습과 문화를 고수한다. 근대의 산물인 자동차의 신속성과 급박함이 공존하는 가운데 상해에 거주하는 사람들은 적자생존과 약육강식의 원리에 따라 생존을 모색하고 있다. 이미륵은 상해의 급박한 모빌리티를 객관적으로 관찰하면서 다인종 구성원들이 살아가는 방식의 한계를 자각한다.

②에서는 상해와 망명의 관계를 서술하고 있다. 이미륵은 상해를 거쳐 유럽으로 망명을 시도하였다. 이러한 상황에서도 근대 구조의 작동 방식이 인간을 억압할 수 있다고 생각한다. 상해는 치외법권 지역을 설정하는 과정을 거쳐 정치적 망명을 위한 공간이었다. 정치 망명객들은 상해에서 정치적 권한과 권익을 보호받을 수 있었다. 상해는 정치적 혼

---

21) 이미륵, 정규화 옮김, 2000, 위의 책, 162~163쪽.
22) 이미륵, 정규화 옮김, 2000, 위의 책, 165~166쪽.

란의 이면에 악운과 행운이 교차하는 곳이다. 각자가 처한 정치적 상황에 따라 상해의 치외법권을 받기 위해서는 정치적으로 자신만의 지점을 확보하는 일이 시급하였다.

상해에서 출발한 후 삼 일 만에 사이공(호찌민)에 도착한 후, 동물원을 관광하였다. 그런데 안남(베트남)의 집들을 제대로 구경하지 못한 점을 안타까워하였다. 수마트라 해협을 지나 싱가포르에 경유하였다. 그는 싱가포르에서 탄 인도 사람들을 유심히 관찰하였다. 스리랑카의 박물관도 관광하였다. 여객선 포올르카호에 승선한 다국적 풍경은 한국어, 중국어, 인도어 등 언어적 혼란스러움에도 불구하고 각자 삶의 형식을 배려한다. 포올르카호는 동양에서 서양으로 여행하는 사람들의 운명 공동체를 상징하는 것이다. 자국과 타국의 경계에서 타인을 수용하는 과정을 거쳐 자신의 정체성을 유지할 수 있다. 이러한 과정에서 인종적 한계를 극복할 수 있고 타인에 대한 선입견과 편견에서 벗어날 수 있다.

3) 서양 국경 도시

이미륵은 압록강, 중국, 남아시아를 경유해 지부티를 거쳐 유럽에 도착하였다. 그는 지부티에서 아프리카의 궁핍한 삶의 모습을 보았다. 그는 처음으로 아프리카 원주민이 살아가는 모습을 보았다. 자신들이 탄 배가 석탄 공급 때문에 지부티에 입항하였다. 지부티는 거주민이 잘 보이지 않는 단조로운 항구였다. 지부티에서는 무더위가 극렬해 일상적으로 이동하는 일이 어려웠다. 심부름하거나 백인들 뒤에서 부채질하는 검둥이 애들을 포함해 모두가 더위에 지쳤다. 그의 일행이 지부티 내륙으로 접어들자 구걸을 일삼는 아이들을 만난다. 그들은 인도 학교를 지나면서 수업 모습을 구경하였다. 마을 입구에서 세 부인이 그들을 붙들었다. 그 여자들은 자신들이 사는 마을로 그들을 강제 유인하였다. 이에 불안감을 느껴 그들은 그 여자들의 손아귀에서 벗어나려고 하였다.

이미륵 일행은 지부티에서 벗어나 유럽에 도착한 후 발생할 정치, 문화, 인종 등의 문제에 대해 선상에서 논의하였다. "왜냐하면 인제 얼마만 있으면 곧 이런 현실과 맞부딪치게 될 것이기 때문이었다. 이곳은 열등감에서 벗어나려고 하는 여러 인종들이 모이는 곳이겠고 침묵을 지키는 국제 연맹일 것이다. 한 국가가 다른 국가를, 그리고 한 인종이 다른 인종을 세계에서 일등이라고 찬양하는 일이 당연한 것"[23]으로 간주하는 상황을 대비해야 한다고 생각했기 때문이다. 동양과 서양이라는 공간적 구분과는 다른 지부티에서 동서양 문명 교류의 흔적을 찾으려고도 하였다.[24]

정오가 조금 지나서 우리는 마르세유(프랑스 남부에 있는 항국 도시)항구에 입항했다. 갑판 승강구 계단이 내려지고, 이천 명이 넘는 승객들이 내리는 데는 오랜 시간이 걸렸다. 극동에서 온 우리 학생들은 아직도 함께 몰려서 각자의 짐을 든 채 유럽 땅 위에 서 있었다.

우리는 사람을 기다리고 있었다. 프랑스에 있는 중국 학생회 회장이 우리를 도와주려고 마중을 나온다고 했다. 그러나 그는 우리를 어디로 안내해야 할지 모르고 있었다. 오랫동안 의논을 한 후, 여러 길을 통과하여 학교처럼 보이는 건물의 넓은 운동장으로 들어섰다. 여기서 회장은 긴 인사말을 하고, 이 나라의 풍속을 존중해야 하며, 오천 년 문화 민족의 후손답게 행동해야 한다고 충고했다. 공자도 다른 나라에 가면 그 나라의 풍습에 따라 생활해야 한다고 가르쳤다.[25]

---

23) 이미륵, 정규화 옮김, 2000 위의 책, 203쪽.
24) 김륜옥, 2016,「어린 시절의 재구성과 유토피아 구상-이미륵의『압록강은 흐른다』다시 읽기」,『헤세연구』제35권, 한국헤세학회, 114쪽.
25) 이미륵, 정규화 옮김, 2010, 위의 책, 212쪽.

이미륵은 지부티를 거쳐 수에즈 운하를 통과해 그리스와 이탈리아를 경유해 유럽에 도달하였다. 수에즈 운항을 간신히 빠져나와 사이드 항에 도착하였다. 그들 일행은 잠시 휴식 시간을 갖기 위해서 제방의 꼭대기 위에 세워진 기념비가 있는 곳으로 갔다. 그곳 거주민들과 함께 지중해 풍경을 바라보았다. 그는 배가 메시나(시실리 섬에 있는 도시) 해협을 통과하는 순간, 유럽땅을 유심히 바라보았다. 산, 언덕, 골목길, 농부들이 일하는 모습, 기차가 해변 철도를 지나는 모습 등을 보았다. 이미륵은 어머니와 압록강에서 헤어질 무렵 어머니가 국경을 넘어 유럽에서 학문을 하는데 매진해야 한다는 말을 기억한다. 그러나 애초 그가 유럽생활을 잘 할 수 있을 거라는 확신은 없었다. 학업과 언어가 아시아 사람들에게는 하나의 장애물이었다. "이제 나는 정말 유럽 땅에 왔으니 나의 젊은 시절에 품었던 꿈이 성취된 것이 아닌가. 나는 드디어 이런 꿈이 현실화했다는 것을 실감하면서, 온 세계와 인류를 통치할 능력이 있다고들 하는 이 유럽 땅을 밟게 되는 것이 아닌가! 여기에는 남들로부터 존경을 받으며 선망의 대상이 되기도 하고 남들이 무서워하기까지 한 인물들이 얼마나 많이 살고 있는가!"[26]라고 다짐한다.

기찻간에서 내가 내 친구 옆에 쪼그리고 앉아 있는 동안 리옹, 디종, 뮐하우젠, 스트라스부르와 다른 도시 이름들이 내 귀에 들려왔다. 나와 독일 국경까지만 동반해줄 이 친구는 어떻게 가는 것이 내 목적지까지 가장 가까운 길인가를 설명해주었다. 그는 간간이 웃으면서, 또 가끔 깊이 생각하면서 열심히 종이에다가 쓰기도 하고 약도까지 그리며 설명해주었다. [27]

---

26) 이미륵, 정규화 옮김, 2000, 위의 책, 214쪽.
27) 이미륵, 정규화 옮김, 2000, 위의 책, 217쪽.

이미륵은 자신이 도착하고자 하는 독일 땅에 이르기 위해서는 기차 시간 등을 파악해야만 했다. 그들은 트렁크를 하나씩 들고 이국땅을 걸었다. 그러자 이국인들은 동양의 방문객들을 낯설게 쳐다보았다. 이에 그는 인종적 차별의 대상이 되는 것을 불편하게 여겼다. 그들은 어느 큰 광장에서 영접 위원의 긴 인사말을 전해 듣고, 영접 위원이 전해준 프랑스 대학생증, 체류 허가서, 다른 증명서들을 받았다. 그는 프랑스에서 독일로 넘어가는 국경선에서 정서적으로 불안감을 느끼지 않을 수 없었다. 그는 자신을 배웅한 친구와 독일에서 헤어지면서 독일 땅의 곡식밭을 보다가 떠나온 고향을 그리워하였다.

「유럽전문가」[28]는 이미륵이 유럽을 동경하는 모습을 담고 있다. 식료품점의 고객들은 유럽의 장점을 알고 있었고, 추후 유럽에 살고 싶어 하는 개혁자들이었다. 아이들을 위한 간식을 마련하고 있어 그는 유럽적인 것을 시도해보기 위해 자신보다 세련된 옷을 차려입은 두 명의 아이들 곁에 앉았다. 아이 한 명은 영국인 의사의 수술에 대해 말했다. 의사는 소년에게 손가락 길이만 한 꼬리를 잘아야 한다고 말했다. 그는 이 이야기를 듣고 놀랐지만, 또 다른 아이는 자신은 꼬리를 자르지 않을 거라고 말한다. 꼬리를 잘라야 한다는 허무맹랑한 이야기는 소의 꼬리와 사람의 대장의 활용에 대한 것이었다. 이런 대화가 오가는 도중에 어른 한 명이 가게에 들어와서 유럽 사람 들은 식사 시간마다 식사량을 저울로 잰 뒤 먹는 다고 말한다. 그는 유럽 주방에 관한 이야기가 꼬리 이야기보다 재미없다고 생각한다. 다른 소년은 가게에서 나가서 유럽인들의

28) 석희진, 2023, 「이주(移住)와 탈출(脫出) 사이: 이미륵의 망명문학」, 『Journal of Korean Culture』 제62권, 고려대학교 한국언어문화학술확산연구소, 143~144쪽.

눈과 코에 대해 이야기하였다. 그는 그 소년들이 유럽전문가로서 유럽에 대해 많은 것을 알고 있다고 생각하지만 꼬리의 용도에 대해서는 알려줘야 한다고 생각한다. 동양인으로서 유럽의 실제를 확인하지 못한 상황에서 소문과 풍문으로만 유럽에 대한 이야기들을 수용하는 태도는 유럽의 전문가로 자처할 수 없다. 꼬리의 유용과 무용, 식사량 측정과 같은 유럽의 과학주의와 객관주의는 대상을 분해하고 파편화하는 과정을 거친다. 실체에서 분리된 대상이 존재하기 위해서는 어떤 조건과 상황이 있어야 하는 지에 대한 맥락적 사고를 거치지 않기 때문에 전문가의 특정 앎에 대해서만 자부심을 느낄 뿐이다. 유럽이라는 객관적 대상이 실제 동양적 삶의 영역에서 공존하기 위해서는 유럽의 맥락을 심층적으로 파악할 수 있는 토대를 마련하고 이에 대한 추가적 설명에 대해 책임을 지는 모습을 보여야 한다.

내가 처음 읽은 책은 『녹색의 하인리히』(콧트프리트 켈러의 소설)였다. 봉근이 이해하기 쉽게 쓰여졌다며 추천해 준 책이었다. 그러나 나는 매 구절마다 단어를 찾아야 했고, 어려운 문장이 나오면 그 뜻을 분명하게 파악하기 위해서 몇 시간씩 생각해야 했으므로, 이 책마저도 쉽게 읽어 나갈 수가 없었다. 나는 매일 눈이 피로해서 글자를 알아 볼 수 없을 때까지 하루 종일 읽고 생각하고, 또 읽고 생각했다. 그러다가 책을 밀쳐 놓고 잠시 동안 쉬기도 했다. 나는 창문으로 정원 전체를 내다볼 수 있었으며, 녹색 정원을 바라보고 있으면 눈도 금세 회복되었다. 그러면 다시 읽던 책을 들고, 한 줄 한 줄 애써서 읽어 나갔다.[29)]

이미륵은 독일 의과대학에 입학하기 위해 망명자와 이방인의 위치에서 벗어나 독일어 공부에 매진한다. 그는 독일에 입국하기 전에 안봉근

---

29) 이미륵, 정규화 옮김, 2010, 위의 책, 216쪽.

과 헤어진다. 안봉근은 이미륵에게 유럽 생활뿐만 아니라 독일 문화를 적극적으로 수용해야 한다고 말했다. 그래서 이미륵은 안봉근이 권해준 고트트리트 켈러(Gottfried Keller)의 『녹색의 하인리히』를 독학한다. 그는 수도원에서 독일어를 공부하면서 산책을 나가 독일인들과 만나면서 "낯선 이국땅에 와 있다는 느낌(217쪽)"을 생각한다.

4. 피로의 공동체

1) 뮌헨 : 재생의 구경

이미륵은 독일에 망명을 자처한 후 유학 생활을 시작하기 전에, 뷔르츠부르크 뮌스터슈바르차하 수도원에 머물렀다. 그는 독일 수도원에서 머물면서 독일이라는 타국에서 정체성에 대해 생각한다. 독일과 조선의 경계에서 선 자로서 어느 국가에도 소속되지 못한 인간이 자신의 미래를 고민하는 순간, 인간은 정신적 혹은 육체적으로 피로감을 느낄 수밖에 없다.

> 너무 너무 피로했다. 내 생애의 지독한 피로가 한꺼번에 이제막 엄습해오는 것 같았다. 여기 총소리도 나지 않고, 사람들이 체포당하는 일도 없는 이곳에서 피로가 나를 마비시키는 것이었다.
> 어느덧 여름과 가을이 다 지나가고 눈이 많이 내린 겨울이 돼서야 이제 여행이 끝났구나 하는 생각이 들었다.[30]

이미륵은 독일에 도착하고서 홀홀단신으로 생활해야한다는 압박감을 느꼈다. 그는 독일 유학을 위해 오랜 여행을 거치면서 심신이 지칠 대

---

30) 이미륵, 정규화 옮김, 2000, 위의 책, 219쪽.

로 지쳤다. 외부 압력이 존재하지 않게 되었지만, 피로감이 자신을 억누른다고 생각하였다. 그는 자신의 어머니가 돌아가셨다는 기별을 들었다. 그때 자신이 독일로 오는 동안의 풍경이 머릿속에 떠올랐다.

「중환의 시초」에서는 화자가 건강이 좋지 않아 중환의 단계에 진입한 과정을 다룬다. 화자는 무료하게 일상을 보내면서 피로감을 느낀다. 그는 감정(Empfindng) 관련 책을 읽거나 평행론(Paralleismus)을 생각하면서 시간을 보내었다. 그러던 중 건강이 악화하여 의사 진료를 받으러 간다. 의사는 그에게 과거에 앓았던 병, 유년 시절, 공부 내용들을 물었다. 의사는 그를 진찰한 후 찜질을 권하고 늑막에을 걸려 있다고 진단하였다. 의사는 동양 의학에서는 늑막염을 어떻게 명명하는 지를 그에게 질문한다. 의사는 화자에게 동양에 늑막염에 대한 단어가 없다면 보통 감기로 간주해 상한 혹은 통풍으로 부르거나, 이를 치료하기 위한 한의학의 관점에서 환자의 체질에 따라 약재를 부여하느냐고 질문한다. 화자가 음양오행에 따라 동양 의학에서의 인간관, 신체관을 전한다. 그는 의사 진료를 받은 후 악몽에 시달린다. 악몽은 그가 낯설고 끝없는 길을 달려가서 좁은 바다에 빠져 정처를 알 수 없는 곳에 내던져진 채 피로와 고독의 상태에 빠져 있는 것이었다. 의사는 좌측흉벽에 호흡 장애 요인인 삼출액이 과하게 축적되어 있어 이를 주사기로 뽑았다. 병원에서 치료를 받는 도중, 화자는 나이 어린 엘리 양이 자신의 운명을 무비판적으로 수락하면서 과도한 육체노동에 임하는 모습을 바라본다. 아울러 엘리양은 성탄절을 맞이해 크리스마스트리를 꾸몄다. 그의 병세는 점점 호전되어가면서 독일의 일상과 자연을 관찰할 수 있었다. 그는 독일에서 맞는 네 번째 봄에 도달하자 독일 유학 생활에 집중하였다. 강의와 학업과 책 읽기에 몰두하면서 신체적으로 안정을 취하였다. 그러던 중, 북부 독일에서 공부하는 한국 사람이 자신을 방문한다는 소식을 들었다. 그는 한국 사람의 방문을 기다리면서 학업에 진척이 없고 언어의 장벽조차 극복하지 못했다는 점을 생각하면서 자책감을 느꼈다. 한국 방문객은 화자의 학업 고충을 공감한다. 그는 화자와 어린 시절부터 알고 지냈는데, 조선에서 보통학교를 졸업하고 건축술을 공부하기 위해 일본으로 유학 갔고, 화자는 서울에 가서 의학 공부를 시작하였다. 그들은 서로 오랜만에 만나 정서적 연대와 유대를 체험하였다.

「진리를 사랑하고 윤리에 순종하고」에서는 중국인 학자 번해와의 만남과 생물학 전공 선택 과정에서 발생한 화자의 내적 불안과 외적 공포를 기록하고 있다. 화자는 겨울 학기에 교양 테마 철학 강의를 수강했다. 그는 정신적 교양의 전 분야를 통한 지식 획득을 갈망하였다. 그는 심리학이 방법론적 의문을 내포하고 있다고 생각하였다. 겨울 학기가 시작되고 난 후 난해 개념을 이해하기 위해 교수님을 찾아뵙는다. 교수는 그에게 직업과 진로에 대해 질문하였다. 교수는 그가 아직 진로를 정하지 못했다는 점을 염려하면서 그를 자신의 집으로 초대한다. 그러던 어느 날, 철학 교수의 집에서 독일 유학을 온 중국인 학자인 번해와 만났다. 중국인 학자는 철학 교수에게서 학위를 받았다. 중국인 학자는 중국에서 자연과학을 공부했고, 독일에서는 수학과 교육학을 수업했고 수학을 좀 더 연구한 후 귀국할 예정이었다. 화자는 번해에 대해 호감을 품고 있었다. 번해는 독일 철학 교수와 중국인 학자를 비교하면서 학문적 성취와 속세의 인간과 교류의 관계에서 차이가 발생한다고 말한다.

나는 깜짝 놀랐다. 나야 동양의 토산품을 갖고 있는 것도 없지만, 내 방을 한국식으로 장식할 생각조차 갖고 있지 않았다. 도리어 나는 고향 생각을 상기시키는 모든 것을 피하는 편이었다. 나는 서양문화와 관계되는 것들과만 가까워지려고 했으며, 나의 서양 교육에 방해가 되는 것은 어느 것이나 피해왔다. 이런 이유 때문에 지금 까지 나는 한국 여행기나 동양 문화의 번역물이라곤 읽은 것이 전혀 없었다.[31]

번해의 집에는 중국식을 기반으로 하면서 동양적 방 분위기를 꾸며 놓았다. 화자는 번해의 동양적 분위기 아니라 그의 명랑한 인품을 고려 해 잦은 만남을 가졌다. 독일인 친구들이 번해의 집에 방문하였다. 독일 인 친구들은 중국의 양귀비 에피소드와 도연명의 시까지도 번역할 수 있었다. 어느 날 저녁, 화자는 독일 여학생의 한문 실력에 깜짝 놀랐다. 그녀는 언어학자의 무남독녀로서 그녀의 아버지가 인도 언어를 연구하 는 곁에서 한자와 한문을 공부하던 중 철학 수업 시간에 번해를 만나 중 국 서적을 탐독하였다. 번해는 어느 독일 교수의 집에서 남아메리카에 의 칠레 대학에서 2차 대전이 돌발하여 적국민으로 추방될 때까지 안데 스산맥을 연구한 학자를 자처하는 사람을 만났다. 그 집 딸은 안데스산 맥 연구 학자와 대화를 나누다가 그가 학자가 아니라 스케치를 팔고 다 니는 가난한 노인에 불과하다고 지적한다. 반면 번해는 학자라는 분의 언행을 통해 자신도 그 집 딸과 같은 생각을 했지만, 상대의 비위를 거슬 리지 않게 하는 범위 내에서 관계를 맺으려고 했다고 말한다. 반면 그 집 딸은 서양 풍습상으로는 개인들이 각자 생각하는 것이 옳다고 하는 바 를 언급해야 한다고 말한다. 번해는 그녀의 "동정심이 전연 없는 그런 윤리"를 지적한다. 그러면서 그는 진리의 윤리를 순종해야 한다고 말하 면서, "그런 사람들은 그들의 주관적인 판단이 진리라고 확신하기 때문 이죠. 그러기 때문에 나는 자기 이웃 사람들에게 동정심이 없는 인간들

31) 이미륵, 정규화 옮김, 2013, 위의 책, 238쪽.

에게 있어서는 모든 진리가 허위고, 그 반면 자기 이웃을 사랑하는 사람들에게 있어서는 모든 허위가 진리(243쪽)"라고 말한다. 번해와 화자는 다음 학기 수강 과목에 대해서 이야기를 나눈다. 화자는 논리(Logik) 과목을 수강할 예정이라고 말하자, 번해는 철학에만 매진하지 말고 자연과학을 공부하기를 권유한다. 번해는 그에게 화자가 의학을 공부한 적이 있으니 생물학의 유전, 적응, 노쇠와 연관된 생명 문제를 공부하라고 말한다. 연구소의 주임 교수는 화자에게 제1 부전공으로 식물학, 제2 부전공으로 인류학을 공부하고 생물학을 전공으로 삼을 수 있게 학업 관련 행정 처리를 도맡아준다. 그는 다시 생물학을 공부하기로 결심한 후 대실습에 참여해도 좋다는 허락을 받았다.

> 이 아메바는 어떤 특정한 모양이나 팔다리를 갖고 있지 않은 미생물이다. 이 동물은 살아 있기는 하지만 보통 육안으로는 도저히 볼 수 없는 흰빛을 띤 자패다. 요놈은 가끔 이러저리 기어나니면서 무슨 먹이를 찾는 것같이 보였다. 이 미생물은 별것은 아니었지만 그래도 한 생물임에는 틀림없고 많은 학자들이 이 생물에 대해서 글도 발표하였다. 사람들은 이 미생물이 팔다리가 없는데 어떻게 움직이며, 먹이는 어떻게 섭취하는지 그리고 번식은 어떻게 하는 등에 대해서 연구하였다. 그래서 나는 그 다음 며칠은 많은 책을 읽어보아야만 했다. 교과서며 또한 다른 참고서를 열심히 읽어보았지만 한이 없었다. 이 생물이 얼마나 신기하며 놀라운 생물인가 하는 것을 관찰한 것에 대해 특히 읽을거리가 많았으며, 또한 이 놀라운 미생물체의 내부 구조가 어떻게 생겼을까 하는 의문에 대한 기록이 많았다.[32]

대실습 실험실에서 그와 연구생 2명을 포함 3명에게 실습 준비자는 아메바 껍질을 전달하였다. 젊은 조교인 쉴 씨가 와서 그가 학업과 실험

---

32) 이미륵, 정규화 옮김, 2000, 위의 책, 247~248쪽.

에 매진할 수 있도록 물심양면으로 지원해주었다. 화자는 아메바를 자연의 객관적 대상으로 파악하지 않는다. 그는 아메바를 자신과 유사한 대상으로 여긴다. 아메바의 무정형과 무존재는 독일 유학을 온 자신의 정체성을 드러내는 것으로 생각할 수 있다. 내부를 정확하게 이해할 수 없는 아메바의 외형적 속성이 화자의 내면과 동일시되면서 자신의 내부에서도 무슨 일이 발생하고 있는지를 파악하고자 한다.

「끝없는 사색의 장난」에서는 생물학 실습과 세포 실험 과정이 다루어진다. 실습 조교는 화자에게 고대 동양의 교육 이념이 무엇이었는지 질문한다. 화자는 동양에서는 보통 습자, 작시법, 종교 혹은 윤리 교육을 옛 한학자의 설을 통해 배운다고 말한다. 그런데 정작 고대 동양의 교육 이념이 무엇인지를 정확하게 설명하지 못했지만 공자의 윤리관은 간략하게 언급한다. 이에 실습 조교는 화자의 말에 맞장구를 치면서 서양의 교육 이념 역시 마음 교육을 통해 인간을 고상하게 구제할 수 있지 과학만으로는 인간 내면을 고양할 수 없다고 말한다. 아울러 현대 사회에서는 학문의 세속적 전문화를 추구하는 방향으로 진행되기 때문에 인간의 진심과 행복에 도달할 수 있는 길을 차단한다고 비판한다. 그는 서양의 과학관을 부분적으로 수용할 수 없지만, 동양의 유학생 관점에서는 "아직도 사물을 이해하고 진리를 인식하는 데 있어서 인간 정신의 융합을 우주의 내면적인 본질과 영적인 토대와 관련시킬 수 있다고(251쪽)"생각하였다. 그는 실습 조교와 더불어 오이덴트린(Eudendrien)을 관찰하였다. 그는 실습 조교인 쉴 씨의 생명관에 동의하였다. 실습 조교는 생명을 궁극적으로 불가해한 신비성의 기적으로 간주하고, 아메바와 다른 단세포 동물 등의 미생물과 단순 생물이 자기 생명 유지 법칙, 자기 보존의 행위를 수행하는지에 감탄하였다. 아울러 생명 자가 유지를 위해 자연이 제공하는 형식과 내용을 신기하게 여겼다. 예컨대, 가재의 평형 기관은 평형감각을 유지하는 데 기계적으로 효율성을 지니지만, 자연이 어떻게 이런 간단한 생각을 하게 되었는지를 설명하기는 곤란하다고 여긴다. 그는 쉴 씨가 건네준 책을 통해 생명의 자립적 생물체와 자연 전체의 일원으로 공존하는 생명의 변화무쌍한 요소를 탐구하였다. 그는 오이덴트린이 단세포 동물로서 미생물의 구조, 생성, 소멸 과정을 직시하면서 인간사와 유사하다고 생각한다. 그는 식물 연구소에서 자연 대상을 실증적으로 고찰하기 시작하였다. 실습이 끝나면 연구소 옆 아름다운 공원으로 산책을 나갔다. 그곳에서 동료인 도로테아를 만나 자신의 고향 이야기, 한국 풍경, 국민들의 일상 생활, 풍속, 습관, 전통, 불교적 관례, 재생의 교훈 등에 대해 이야기를 나누었다. 화자는 도로테아와 종교적 재생의 의미를 나눈 후, 진화론 학자인 외츠 교수와 함께 이야기를 나누던 도중에 플라나리아(담수에 사는 편형 동물)의 재생 과정을 깊이 있게 탐구하기 시작했다.

두 동강이 난 플라나리아의 두 부분은 며칠 동안이나 움직이지 않고 그대로 있었다. 사흘째 되는 날에 나는 벌써 한쪽 부분의 앞쪽에 새 꼬리가 나고 뒷부분으로는 머리가 생겨나는 것과 두 부분이 정상적인 동물처럼 움직이면서 뭘 먹고 있는 것을 보았다. 사흘 전에는 한몸이었던 요놈이 지금은 이렇게 두 개가 되다니. 즉 한 부분은 동물의 앞부분이고 다른 쪽은 뒷부분이었다. 그런데 오늘은 이것들이 두 개의 완연히 다른 별개의 두 동물처럼 보이고 자기네에게 영양이 되는 살 조각의 여러 군데를 핥아먹고 있었다. 그러다가 우연히 서로 마주치게 되면 몸을 움츠리며 비키곤 하였다. 나는 새로 자라난 부분을 다시 떼버리고 본래 있던 낡은 두 부분을 잘 연결시켜 아물어 붙도록 하기 위해서 아교풀로 접착시켜 놓았더니 더욱 신기한 현상을 목격할 수 있었다. 이렇게 해두고 며칠이 지나면 이것은 다시 하나의 플라나리아가 돼서 그 동안 아무 일도 없었던 동물처럼 살아가는 것이다. 이 동물은 한 생명이 두

개로 나뉘어져도 모르는 것같이 보였다. 33)

이미륵의 박사학위논문은「변칙(비정상) 조건 하에서 플라나리아 재생 시 규제적 현상(Regulative Erscheinungen bei der Planarienregeneration unter anormalen Bedingungen)」(1928)이다. 그는 미생물 플라나리아를 대상으로 실험을 진행하면서 플라나니라와 자신을 동일시하고 있다. 플라나리아는 신체가 분절되는 상황에 걸맞게 재생하는 능력이 탁월하다. 서로 이질적 변종이 결합과 분해 과정을 거치면서 부조화와 조화의 단계를 거친다. 이러한 요인은 그가 독일과 조선의 경계에서 자아가 분리되는 상황에서 플라나리아처럼 재생의 조건을 마련할 수 있다고 생각했기 때문에 가능하다. 그는 교수가 대실습의 진척 여부를 묻는 말에 곤충들이 아직 고통을 당하고 있다고 말한다.

2) 헝가리 부다페스트: 문화 경관 구경과 요양소

「끝없는 사색의 장난」의 후반부에는 번해와 화자가 동양인 모임과 전 세계 학생 기후 회합을 위한 축제의 밤을 계획하고 실천하는 과정에서 화자의 절친인 헝가리 친구가 자신을 세르비아의 어느 도시에서 거행되는 세계 학생 회의의 대표자로 추천했다는 사실을 듣는다. 화자는 학업에 열중하기에 여념이 없던 상황에 사회 사업 문제와 각국의 문화와 국민 차이, 각국 학생들의 상호 이해 문제를 생각해본 적 없다고 말했지만, 결국 헝가리 친구의 제안을 수락한다.

어느 날 이른 아침에 나는 선편으로 부다페스트로 가기 위해서 파사우로 향해

---

33) 이미륵, 정규화 옮김, 2000, 위의 책, 256~257쪽.

떠났다. 헝가리 친구는 여행을 하나도 빠뜨리지 않고 자상하게 도와주고 나서 이렇게 선편으로 가라고 일러주었다. 날씨도 흐리고 안개비가 내리긴 했지만 나에게는 몇 년 만의 선편 여행이라 이틀 간의 항해는 기분 전환에 아주 적당했다. 나는 스쳐 지나가는 협곡, 파괴된 건물들과 마을을 아주 기분 좋게 바라보았는데, 강물이 보이지 않을 정도로 넓어질 때까지 강의 협곡과 만곡이 교차되었다.[34]

이미륵은 선편으로 부다페스트로 가면서 파사우(Passau)로 향한 길을 떠났다. 헝가리 친구는 여행에 소요되는 여정 일체를 협조해주었다. 흐린 날씨에도 불구하고, 자연의 협곡과 파괴된 건물을 보면 자연과 문명의 흐름 속에서 자신의 정체성을 발견하기도 하였다. 이미륵은 헝가리 부다페스트에서 회의에 참석하였다. 회의는 1주일간 진행되었고, 40개국에서 온 300명 학생 대표들은 사회, 문화, 경제, 정치 등을 토론했고, 자신은 동서 질의 그룹 위원회에 속하였다. 동양 학생들은 유학 생활 중 서양 나라에서 어떤 인상을 받았는지, 동양과 서양의 우호 관계를 증진할 지를 토의하였다.

언젠가 한번 소풍간 곳은 도나우 강가의 숲이 없는 산턱에 위치한 수도 베오그라드(오늘날은 유고슬라비아의 수도)시였다. 나는 다른 몇몇 동료들과 함께 평탄하지 않고 돌로 포장된 길을 따라 안내되었다. 이 길 주위로는 은행, 대학 그리고 성 등 관람할 만한 건물들이 있었으며, 이것은 유럽의 다른 도시에서도 흔히 볼 수 있는 길과 별로 다를 것이 없었다. 그러고 나서 우리들은 가난한 사람들이 사는 것 같은 도시의 외곽으로 구경 나갔다. 그곳에서 나는 다른 구경도 많이 했지만 특히 인상적인 것은 네 식구가 살고 있다는 조그만한 오막살이 한 채를 구경한 일이다. 썩은 냄새가 푹푹 나는 울타리와 검은 점토의 방바닥에 침구라고는 짚으로 만든 요가 몇 채 있었고 부엌의 냄비 한 개를 빼 놓고는 살림 도구라고는 아무것도 찾아볼 수 없

34) 이미륵, 정규화 옮김, 2000, 위의 책, 261쪽.

었다. 그런데 이 냄비 주위에 네 사람이 둘러앉아서 식사 준비를 하고 있었다 나는 이렇게 가난한 사람들을 도대체 구경한 일이 없었다. 찢어지게 가난한 이 사람들을 보고 충격을 받은 나는 그 자리에 멍하니 서서 다른 친구들이 어서 가자고 할 때까지 오막살이 안을 들여다보고 있었다.[35)]

세르비아 학생회는 동양 유학생들에게 자기 나라에 체류 동안 좋은 추억을 남기기 위해 인접 도시를 관광시키거나 저녁마다 교제 시간을 위한 모임을 마련해 제공하였다. 이미륵은 도나우 강에 소풍을 갔는데, 포석으로 된 길을 따라 걸었다. 그는 길을 걸으면서 가난한 사람들이 사는 도시 외곽으로 구경을 갔다. 그곳에서 빈곤한 가족들이 사는 오막살이 집 한 채를 발견했다. 타국에서 우연히 발견한 빈곤한 삶의 흔적은 자신이 망명을 선택하기 전 조선에서의 삶과 유사하게 연결된다. 그는 가난한 타국의 사람들을 보면서 자신의 정체성을 부인하지 않기 위해 집요하게 가난한 공간을 응시하였다.

반면 이미륵이 속한 일행은 시내 중심가에 위치한 작은 다방으로 이동했다. 다양한 국적의 사람들이 다양한 언어를 통해 의사소통하는 모습을 보았다. 그는 동양은 "여기서처럼 혼잡하지도 않고 시끄럽지도 않으며 또한 그렇다고 소박하고 조용하고 신비적인 것도 아니며 그저 내성적"이라는 점을 언급한다. 저녁에는 교외의 오락장으로 나갔다. 그곳에서 3, 40명의 러시아 학생들이 주님께 슬픈 기도를 드리는 듯한 목소리로 부르는 합창 소리를 들었다. 모든 활동이 종료된 후 해당 세계 학생 기구의 명칭을 정하는 논의가 시작되었다. 세계 학생 기구 명칭 앞에 기독교적이라는 표현을 기입할 지를 논의하였다. 그는 비기독교인 다수인

---

35) 이미륵, 정규화 옮김, 2013, 위의 책, 262~263쪽.

데 기독교 행상에 가입할 수 없다고 주장하였지만 투표 결과는 두번째 안이 채택되었다. 자신이 제안한 안은 자신을 포함해 2표를 획득하는 데 그쳤다. 그 후 자신의 입장을 지지한 스웨덴에서 온 신학자와 오랜 대화를 나누었다. 스웨덴에서 온 신학자는 내부 전도와 보통 전도를 추구하면서 기독교의 가르침을 몸소 실천하는 일이 중요하지 세속적 욕망을 충족하기 위한 종교적 행위는 올바르지 않다고 말한다. 헝가리 부다페스트에서 동료들과 함께 도시 명소, 유서 깊은 건물, 성, 대학 등을 관람하기 위해 사흘 간 헝가리 학생회단의 정식 손님으로 초청받았다.

「여행 후의 요양소」에서는 건강이 악화하여 휴양을 하는 이미륵의 모습이 그려지고 있다. 그는 헝가리 세계 학생 회의를 마치고 그리스로 여행을 가려고 했지만, 건강상의 이유때문에 독일로 돌아갈 수밖에 없었다. 독일로 돌아온 후, 개체에 대한 개념이 불명확했다는 점을 자각해 박사 학위 논문의 이론적 도움을 위해 논리학 강의를 들었다. 그는 논리학 강의에서 언어 논리를 생각하고 순수 논리와 정신 기능의 형태들의 중요성을 파악하였다. 이러던 도중 학생 후생 단체의 지정의사의 건강 검진을 받았다. 건강이 악화되어 학업을 중단해 요양소에서 휴양이 필요하다는 소견을 듣는다. 요양소에서 시간을 보내면서 자신과 증세가 비슷한 환자를 만나 이런저런 이야기를 나누었다. 여러 차례 진찰을 받은 후 간호사에게 공동 식당에서 차를 마셔도 된다는 말을 듣는다. 건강이 점점 나아져 요양소 근처를 산책하거나 배회하기도 하였다. 그러던 어느 날, 샬러의 방문을 맞이한다. 그들은 서로의 근황을 묻고 자신들의 일상으로 돌아왔다.

3) 벨기에 브뤼셀과 한국의 문제

이미륵은 세계피압박민족회의에 참석해 일본의 식민주의를 규탄하기 위해「조선의 문제」를 작성하고 배포하였다. 그는 1910년에서 1926년까지 식민주의의 경제적, 교육적, 정치적 불평등을 분석하였다.

> 1) 한국은 유사 이래 독립국이었으며, 고유한 문화를 가진 나라였다.
>
> 2) 1910년 8월 일본이 한국의 국권을 완전히 강탈하여 한국인은 끝없는 불행에 빠지게 되었다.
>
> 3) 일인의 이주는 50만으로 증가되고, 모든 기회와 산업상의 이익을 독점하여 한국인 한 사족의 연간 소득은 10파운드에 불과하게 되었다.
>
> 4) 일본은 그들의 범죄적 활동을 감추기 위해 한국의 가장 나쁜 관습, 특수 개별적인 잘못을 일반화하여 국제 사회에 선전하고, 모든 개선은 일본인의 공으로 돌린다.
>
> 5) 학교 폐쇄, 일본어 강요, 신문과 책의 출판, 회사설립, 경제적 문화적 활동은 금지 또는 단속된다.
>
> 6) 일본의 지배에 반대하고 저항하는 한국인은 잔인한 보복을 받고 있다.
>
> 7) 1919년 3월 1일 한국 학생들이 주도하여 독립을 선포했다. 이것은 최후의 단계이며, 우리는 자유를 되찾기 위해 모든 일을 다할 것이다.
>
> 8) 무력이나 기만으로 일본은 더 이상 한국을 지배할 수 없다. 일본에 대한 투쟁만이 우리를 자유의 생명으로 인도할 마지막이자 유일한 대안이라는 것을 우리는 분명히 알고 있다.[36]

이미륵은 세계피압박민족대회에서 식민치하에서 한국의 실정을 국제사회에 알리기 위해 「한국의 문제」를 작성하고 배포하였다. 그는 조선의 독립국이고 고유한 문화국이라는 점을 선포한다. 1910년에 한국

---

36) 이정은, 1999, 「이미륵과 「한국의 문제」」, 『한국독일운동사연구』제13집, 독립기념관 한국독립운동사연구소, 238쪽.

은 국권을 상실하고 한국인은 일본의 제국주의와 식민주의에 불행을 감내할 수밖에 없었다. 일본은 한국을 식민 통치하기 위해 일본 자국인들이 한국에 이주하는 것을 허용하였을 뿐만 아니라 한국의 물적 토대를 독점하여 경제적 불평등을 악화시켰다. 아울러 일본은 식민주의의 범죄적 요인을 은폐하기 위해 여론을 조작하거나 은폐하는 방식을 동원해 한국인의 부정적 속성을 일반화하는 반면 한국의 긍정적 개선은 전적으로 일본의 공으로 돌렸다. 일본은 조선 내 학교를 폐쇄하고, 일본어를 강요하고, 신문과 책 발간, 회사설립 등 경제적 혹은 문화적 활동을 일절 금지하였다. 이러한 식민주의적 압제에 대항하는 세력에 대해서는 잔인하게 보복하였다. 이러한 상황에서 그는 일본에 대한 투쟁만이 한국인의 자유 생명을 유지할 수 있는 대안이라는 점을 천명한다. 그는 한국이 일본 지배를 받는 상황을 면밀하게 고찰하고 그에 대한 해법을 위해 정치적 투쟁을 추진해야 한다고 말한다.

제2부

근대 독일인의 조선 암흑 구경과
타자 인식의 목소리

Ⅲ. 독일인 탐험가:
위험의 구경과 증언의 목소리

1. 조선 탐험

탐험은 미지의 세계를 모험의 시공간으로 간주하는 일이다. 여행을 여행자의 정서적 측면을 충족하기 위한 과정으로 이해한다면, 탐험은 미지 세계에 도달하는 과정에서 예기치 못한 위험 요인을 감수하는 단계를 수용해야 한다. 서양에서 동양을 국제 지형학적으로 접근하기 위한 목적으로 탐험 여행이 시도되었다는 점을 염두에 둔다면, 탐험 여행은 미지의 영역을 방문하는 과정에서 새로운 문화적 충격을 마련한다. 독일에서 탐험 여행은 낯설고 이질적 문화를 보기 위한 일환이었고, 사라지는 문화를 담거나 자신의 추억을 위해 혹은 자신이 세계시민임을 증명하려고 하였다.[1]

지리적 탐험은 지리적 지식의 조직화 관점, 새로운 지역에 대한 이해 증진 관점, 당시 그 지역 사회 및 경제적 환경과의 상호작용 관점, 탐험

---

1) 조관연, 2007, 「헤르만 산더의 한국 기행(1906~07) 목적과 조사방법」, 『역사문화연구』제26권, 한국외국어대학교 역사문화연구소, 383~384쪽.

의 결과로 인한 지역 변화의 동인 관점을 취한다. 첫째, 지리적 지식의 조직화 관점에서 탐험은 지리적 먼 지리적 현장 연구로서 탐험 대상 지역에 관한 과거 축적 정보를 토대로 당대 지식을 축적하여 체계화가 필요하기 때문에 여러 차례에 걸친 탐험을 통한 지리 지식은 추후 탐험의 기초가 되고 탐험과 지리적 지식의 유대는 탐험이 미지의 땅을 개척하는 행위 이상이다. 탐험은 시공간에 대한 지리적 지식을 체계화하고, 과거 지식을 중심으로 탐험 대상 지역의 지리적 지식을 구체화하는 것이다. 둘째, 새로운 지역에 대한 이해 증진 관점은 과거 탐험에서 발견되지 못한 정보를 획득하고 여러 차례의 탐험 과정을 거쳐 미지 세계에 대한 이해를 촉진할 수 있는 지식을 구성하는 것이다. 셋째, 당시 그 지역 사회 및 경제적 여건과의 상호작용 관점에서 탐험은 당시 사회 혹은 경제적 여건과의 상호 작용으로서 사회적으로 민중들이 미탐험 지역에 대한 고착화된 이미지의 정확성을 도모하는 일에 속한다. 넷째, 탐험의 결과로 인한 지역 변화의 동인 관점은 경제적으로 혹은 정치적으로 탐험 지역이 탐험을 추진하는 국가의 이익을 수반한다면 지속해서 탐험 활동으로 이어지고, 탐험 지역민들과의 상호 연대를 형성하는 것이다.[2]

탐험 여행은 18세기 계몽주의 시대에 진입하면서 제도적 형식을 갖추기 시작하였고, 서양 유럽 제국들은 자연과학적, 인종학적 연구 기획의 목적으로 대탐험여행을 추진하였고, 여행 결과물은 국가 차원에서 수용되어 실증 학문의 발전에 기여하였다.[3] 서양 제국주의가 동양을 포함한 조선을 지리적으로 발견하는 것 못지않게 조선의 역사적 장소를

---

2) 김은성, 2010, 「지리상 탐험의 평가 :제임스 쿡의 태평양 탐험을 사례로」, 『지리윤리논총』제54권, 서울대학교 지리교육과, 47~50쪽.

3) 김연신, 2014, 「알렉산더 폰 훔볼트 여행기의 서술적 특징 Ⅰ-침보라소 등반기록을 중심으로」, 『독일어문학』통권 64호, 한국독일어문학회, 80~81쪽.

둘러보는 과정에서 문호 개방을 포함한 절차적 행위를 강요하였다.

2. 독일인 탐험가

1) 에른스트 오페르트(Ernst Jakob Oppert)

에른스트 야코프 오페르트(Ernst Jakob Oppert)는『금단의 나라 조선』[4)]에서 조선을 여행하면서 근대 조선의 역사 혹은 문화를 두루 살피면서 근대 조선이 처한 근대적 상황에 대한 맥락을 고찰하였다. 조선의 다양한 삶의 흔적을 탐색할 뿐만 아니라 조선 언어를 통한 역사적 정체성을 해명하려는 노력을 기울였다. 그는 조선을 여행하면서 조선의 언어를 중심으로 조선이 처한 정치적 혹은 문화적 상황을 면밀하게 살피면서 서양중심주의 관점에서 조선을 부정한 것은 아니다. 한국어만의 특수성을 인식하고, 외국어로서의 조선어가 어떤 역사적 굴절 과정을 거쳤는지 살피는 조선어의 고유성을 유지했는지를 동시에 고찰하려는 인식이 존재하였다.

그는 근대 조선의 쇄국 정책이 국제 정세에 동참하지 못한 채 정치·경제적 고립을 좌초하였다는 점을 언급한다. 국토의 천연적 요인 때문이 아니라 국토 자원을 과학적으로 활용하지 못하고 있다는 점을 말한다. 그런데도 농토를 경작하기 위한 일말의 노력을 기울인다면, 경제적으로 부유해질 수 있다고 말한다. 오페르트가 근대 조선의 빈곤한 삶의 모습을 중립적으로 보고 있다는 점을 알 수 있다. 그는 조선의 종교를 불교와 무속의 관점에서 고찰하면서 유교의 종교적 기능을 간과할 뿐만 아니라, 조선 사회에서 작동된 유교의 국가 사회적 기능에 대한 인식이 미흡

---

4) E.J.오페르트, 신복룡, 장우영 역주, 1999,『금단의 나라 조선』, 집문당.

하였다. 서구에 대한 조선인의 태도를 논하면서, 일반인과 고관들이 외국인을 대하는 태도가 상충한다는 점을 지적하기도 하였다.[5] 그는 근대 조선인이 근대적 역량을 구비하지만 근대화 과정에 적극적으로 동참하지 못한 채 근대적 주변국으로 전락하고 있다고 생각하였다. 조선인들이 근대적 변화에 능동적으로 참여하지 못하고, 타율적으로 근대 문명화하는 과정에서 도태된 상황을 간략하게 살펴보고 있다. 서구인들은 1860년 후반까지 서구인들이 일본, 중국, 조선을 차별적으로 인식하였고, 서구 열강의 복잡한 세력 다툼 속에서 조선은 주도적으로 대응하지 못한 채 일본의 식민지로 전락하였다.[6]

①중국어나 일본어와는 전혀 다르게 조선어는 그 자체로 독특한 관용어이며 동아시아의 모든 언어들 중에서도 지금까지 거의 알려지지 않은 채로 남아 있다. 조선에 대한 유럽 지식인들의 연구는 몇 나라를 거친 불완전하고 결함이 있는 정보에 제한적으로 의존하고 있기 때문에, 그들은 이 주제에 관해 빈약하고 피상적인 지식만을 얻을 수 있을 뿐이었다. 이런 면에서 호프만(J.Hoffman)은 가장 가치 있는 자료를 우리에게 제공했다. 호프만은 나가사키에서 육군 대령인 지볼트(Colonel Siebold)의 보좌관으로 복무하던 수년 동안 재량을 최대한 발휘해 매우 유익한 저술을 출간했다. 그는 『중한(中韓) 단어사전』과 일본에서 출간된 『일본어 주해』를 토대로 해서 사전을 편찬했다. 그 사전은 개정판이 출간되었으며 매우 희귀하기 때문에 현재 일반인들에게는 보급되어 있지 않을 것이다.[7]

②최근까지 조선 선교사들의 수장으로 봉직했던 페롱(Stanislas Feron)은 각종 기

5) 노혜경, 2014, 「오페르트(E. Oppert)의 조선 인식」, 『역사와 실학』제55권, 역사실학회, 208~214쪽.
6) 이영석, 2007, 「구한말 내한 독일인의 한국 이해-오페르트, 묄렌도르프, 분쉬의 경우」, 『독일어문학』37권, 한국독일어문학회, 278쪽.
7) E.J.오페르트, 신복룡, 장우영 역주, 1999, 위의 책, 131쪽.

록들이 멸실된 난제를 극복하기 위해 백방으로 애썼다. 그는 남다른 근면성을 발휘해서『불한(佛韓)사전』을 편찬했는데, 그것은 그동안 수집했던 어휘들을 모두 수록하지는 못했지만 어쨌든 현존하는 유일한 사전이다.8)

③표준어 이외에도 조선에는 각 지방마다 통용되는 독특한 방언들이 있다. 이 방언들이 널리 퍼지지는 않았지만 중국어를 차용하는 과정에서 조선에 유래되었거나 임진왜란이 끝나고 일부 일본인들의 조선 체류를 허용한 한일 양국간의 조약이 체결된 후 양국민들이 점차 융합되면서 한반도의 남부 지방에 독특한 방언이 만들어져 통용되었다. 일본어가 혼용되고 와전된 이 방언들은 남부 지방의 각지에 퍼졌으며 현재에는 그 지역에서 가장 일반화된 언어가 되었다.9)

①에서는 중국어와 일본어에 견주어 조선어는 서구의 학적 관심을 받지 못했다는 점을 지적하고 있다. 지볼트가 출간한 사전에 대해 언급하면서 조선어에 대한 연구가 진행되었다고 말한다. 지볼트는『日本』에서 한국의 언어와 문자에 대해 논하였다. 그는 한국인들이 독자적 언어를 가지고 있다고 말하면서, 한국어문법과 음운의 특징을 유럽 문법의 관점에서 서술하고 어휘 목록을 작성하고,『천자문』과『類合』등을 독일어로 번역하여 유럽에 소개하였다.10)『類合』은 외국인이 정리한 것으로 19세기 초 한국어 학습 자료, 한자 학습자료, 한자 새김과 한자음, 국어 어휘 등을 고찰할 수 있는 자료이다. 11)

②에서는 조선 선교사의 수장이었던 페롱의『불한(佛韓)사전』을 언

---

8) E.J.오페르트, 신복룡, 장우영 역주, 1999, 위의 책, 132쪽.

9) E.J.오페르트, 신복룡, 장우영 역주, 1999, 위의 책, 132쪽.

10) 고영근, 1989,「지볼트(Fr. von Siebold)의 韓國記錄 硏究」,『동양학』제19권, 단국대학교 동양학연구원, 34쪽.

11) 손희하, 2016,「지볼트 간행『類合 LUIH』연구」,『서지학연구』제68집, 한국서지학회, 188쪽.

급하고 있다. 페롱은 이른바 남연군의 묘를 파헤쳐 유골을 탈취하여 조선의 위정자를 협박하려다 미수에 그친 덕산사건에 연루된 인물이다.[12] 페롱이 작성한『불한(佛韓)사전』은 총 325쪽 어휘부만을 수록하고 있고, 표제어 배열, 부표제어 배열, 표기 등을 두루 다루고 있기 때문에, 한국어 대역어를 제시한 후 프랑스어 대응 표현을 만들어내고 있다.[13] 오페르트가 풍문으로만 들었던 페롱의『불한(佛韓)사전』을 참조하여 근대 조선의 언어가 형성되는 전후 과정을 소략하게 언급하고 있다.

③에서는 조선의 방언이 성립한 전후 맥락을 간략하게 언급하고 있다. 임진왜란 이후 일본인들의 조선 체류 기간에 조선의 방언이 형성되었다고 말한다. 오페르트는 표준어가 정립되지 않은 상황에서 조선인 삶의 구체적 실상을 인식할 수 있는 인식소로 조선 방언을 고려했다는 점을 알 수 있다.

오페르트의 한국어 자료에 대한 선행 연구는 한국어 어휘(Coreisches Vocabular ; Vocabulary)를 중심으로 전근대 시기의 문자로 남겨진 한국어 자료를 재구성되었다는 점을 전제로, 한-독/독-한 관련 어휘 자료집이나 사전의 맥락을 논의하고 있다.[14] 그의 여행기와 언어에 대한 연구는 조선어의 상황과 조선인의 삶이 매개하는 과정을 고찰하고 있다.

오페르트는 조선 방문 계획을 실행에 옮기면서 조선과 교역을 개방하고 친선 관계를 맺으려고 하였다. 그는 3번에 걸쳐 조선 해안과 내륙에

---

12) 조현범, 2017,「덕산 사건과 프랑스 선교사 페롱」,『정신문화연구』제40권 제3호, 한국학중앙연구원, 87쪽.

13) 이은영, 2016,「파리외방전교회의『한불자전』(1880)과『불한사전』(1869)」비교 연구-19세기 한국어 연구와 번역용례 말뭉치 구축을 위한 기반,『코기토』제80권, 부산대학교 인문학연구소, 74~88쪽.

14) 한영균, 2013,「오페르트(1880)의 한국어 자료에 대하여-19세기 독일어-한국어 어휘목록집」,『한국어 의미학』제42권, 한국어의미학회, 372~373쪽.

진입하는 과정을 거쳐 조선의 인종과 지리, 정치 제도, 역사, 풍습, 언어와 문자, 산업 등을 항해 보고에 담아내었다. 『금단의 나라 조선』은 대원군이 통치하는 조선에서 발생한 문제점을 발견하고 이를 토대로 조선의 문호 개방을 도출하기 위해서 자신의 노력이 필요하다는 점을 제시하고 있다. 아울러 조선 방문 전후로 조선의 역사적, 종교적, 정치적 위기 상태를 자각하고 이를 개선할 조건을 제시한다.

『금단의 나라 조선』에서는 대원군을 포함한 집권 세력에 대한 증오와 분노가 적대적으로 드러나고, 조선 일반 민중들에 대해서는 양가적 감정이 드러난다. 오페르트는 대원군이 통상수교거부정책을 추진하는 과정에서 서양의 문물을 수용할 수 있는 기회를 상실하였고, 자신들의 정치적 입장을 견고히 하기 위해 천주교와 개신교를 허용하지 않았다고 생각한다. 그런데 조선 일반 민중의 삶에 대해서는 우호적 태도를 보인다. 근대 사회에서는 동서양의 문화가 상호 간에 교류하는 상황이 속출한다.

①선원들의 대부분은 이제 서울에 거의 도착했다고 생각하고 있었다. 그러나 강기슭의 수많은 사람들과 활기에 넘치는 선박들의 움직임이 서울에 가까이 다가왔음을 입증하는 것처럼 보이긴 했지만 나는 왠지 확신이 서지 않았다. 굽어진 강줄기를 돌아 올라가도 눈앞에 있는 언덕 뒤에 숨어 있는 도시의 모습은 보이지 않았다. 그러나 그 언덕과 강둑 사이에 펼쳐진 평지에는 지금까지 조선에서 본 가장 많은 사람들이 운집하여 있었다. 수천 명은 충분히 되어 보이는 군중들이 처음으로 이렇게 내륙 깊숙이 들어온 이양선(異樣船)을 바라보고 있었다. 이들 이외에도 우리가 도착했다는 소식을 듣고 황급하게 달려온 듯이 보이는 각급 관리들도 함께 서 있었다. 그들은 모두 기수와 푸른 제복을 입은 호위병들로 둘러싸여 우리가 도착하기를 기다리고 있었다.[15]

②우리도 오랫동안 신선한 식량을 구경하지 못했기 때문에 그 선물이 더없이 고마웠다. 우리도 답례로 그가 받아들일 만한 포도주와 설탕, 일용품 그리고 배에 남아있던 마지막 양 한 마리까지 보냈기 때문에 조선 사람들도 무척 기뻐했을 것이다. 조선 사람들에게 양은 무척 생소한 가축인데다 선상에서 눈총을 사며 구박받던 양을 선물로 보내는 편이 차라리 낫다고 생각했기 때문에 일거양득이었다. 우리는 방문객들에게 늘 그렇게 해왔던 것처럼 선물을 가지고 왔던 조선 사람들이 배 안을 마음놓고 구경하도록 한 다음 이들에게 별로 신경 쓰지 않았다.16)

①은 오페르트가 제2차 방한 기간에 정족산을 지나 서울로 진입하는 과정에서 만난 조선 군중을 모습을 언급한 대목이다. 조선 군중은 조선 내륙 깊숙이 들어선 이양선을 구경하고 있었다. 조선 군중뿐만 아니라 각급 관리와 제복을 입은 호위병들이 오페르트의 배가 도착하기를 기다렸다. 오페르트의 배는 여행 주체이지만 조선 내륙에 진입하는 순간에 여행 객체로 전환된다. 이양선은 낯선 세계를 상징한다. 조선 군중은 이양선을 공포와 불안의 대상으로 간주할 뿐만 아니라 호기심 어린 시선으로 바라본다. 19세기 중반 이양선 사건은 조선의 국방을 위협하는 현안이었고, 조정은 청을 중심으로 한 외교 질서를 토대로 서양 세력에 대항했으나 실효성이 없이 서세동점기로 접어들었다.17) 근대 문명 충돌기에 이양선의 출몰에 대한 조선의 해외 인식은 19세기 서양종교인 로마 카톨릭교의 전래에서 비롯되고, 병인박해와 병인양요, 제너럴 셔먼호 사건, 오페르트의 남연군묘 도굴 사건 등을 통해 서양인의 성서와 신앙물은 부정적으로 인식되기 시작했고, 이양선 크기, 무장, 언어불통, 이방

---

15) E.J.오페르트, 신복룡, 장우영 역주, 1999, 위의 책, 201쪽.
16) E.J.오페르트, 신복룡, 장우영 역주, 1999, 위의 책, 215쪽.
17) 김혜민, 2018, 「19세기 전반 서양 異樣船의 출몰과 조선 조정의 대응」, 『진단학보』 제131호, 진단학회, 171쪽.

인에 대해 긍정적으로 인식하지 않았다.[18]

②는 오페르트가 제2차 방한 기간 동안 강화 주민들과 만나는 장면을 기록한 것이다. 그는 계두산과 유도를 가로질러 몇 명의 소년들에게 길 안내를 받아 식물 채집을 하다가 강변에 있는 한 노인의 집을 방문하였다. 그는 그 노인의 집에서 호기심이 발동해 조선인의 풍습을 훼손해서는 안된다고 명심하였다. 조선인들은 오페르트 일행에게 자신들이 가지고 있던 식량을 나누어 주었다. 오페르트 역시 자신들의 물품을 조선인들에게 전달하였다. 아울러 조선인들이 자신들의 배에 호기심을 보이는 것을 살펴 배 안을 자유롭게 구경하는 일을 허용하였다. 오페르트가 탄 배는 조선인과 독일인이 상호 간에 각자의 영역을 인정하고 구경할 수 있는 영역을 드러낸다.

2) 헤르만 산더(Hermann Sander))

『독일인 헤르만 산더의 여행: 1906~1907 한국·만주·사할린』[19]은 헤르만 산더가 덕어학교 한국인 교관인 최태경(崔泰卿)[20], 고씨 성을 가진 사람, 남경세 등과 조선을 기행하면서 찍은 사진과 조선에 오기 전후의 엽서와 편지 등을 담고 있다. 그는 근대 조선의 곳곳을 여행하는 과정을

---

18) 전제훈, 2022, 「근대문명충돌기 이양선 출몰에 따른 조선의 해외인식 연구」, 『한국도서연구』제34권 제4호, 한국도서(섬)학회, 14~15쪽.

19) 헤르만 산더, 국립민속박물관 편 2006, 『독일인 헤르만 산더의 여행: 1906~1907 한국·만주·사할린』, 국립민속박물관.

20) 최태경은 1901년에 덕어학교에 입학하고, 1904년 3월에 주찰덕국공사관 참서관으로 임명되어 우기원의 후임으로 부교관이 되었다. 1906년 학교 명칭이 관립한성덕어학교로 바뀌었을 때, 그는 진수와 유면과 함께 교관에 취임하였다. 1908년 1월에는 부교수로 서임되어 학원감이라는 직무를 겸임하였다. 신자토 루리코, 「관립덕어학교의 한국인 교관들-근대 조선의 독일어 교육사 재고」, 『사회와 역사』제116권, 한국사회사학회, 2017, 162~164쪽..

거치면서 근대 조선의 전근대와 근대의 경계에서 동시에 작용하고 있는 삶이 변화되는 모습을 발견하고자 하였다. 그는 서구적 관점에서 근대 조선의 일상과 역사에서 조선인들이 어떻게 살아왔고, 살아갈 것인지에 대한 내밀한 시선을 사진에 담으려고 하였다.

구스타프 테오도르 헤르만 산더(Gustav Theodor Hermann Sander)는 조선 기행과 조선 이미지를 논의하였다. 헤르만 산더는 베를린의 민속학과 계몽주의의 교육을 받았고, 한국에 관한 시각과 문헌 자료를 체계적으로 수집하고 연구하였으며, 독일 민속학의 체계적 관점을 반영하였다.[21]

독일 민속학(Volkskunde)은 18세기와 19세기에 걸쳐 계몽주의, 중상주의, 중농주의를 지향하면서 지역 문화 기술학으로서 간주되어 지역 내 독특한 풍습을 기록하는 분야로 시작하였다. 독일 낭만주의 시대에는 농촌과 세계를 동경하는 낭만주의 지식인들과 프랑스 지배에서 탈피하는 민족주의가 융합하면서 신화 혹은 동화 등의 구비문학을 탐색하였다. 19세기 중반부터 농촌 사회를 연구하면서 민족성 연구, 민속학적 현지조사방법과 연구 방법론을 수립하였던 릴(Riel)은 보수적 민족교육과 민족주의 이념을 강구하였다. 릴 이후 독일 민속학은 분과학문으로서 심리학, 사회학, 역사학 인접 분야의 연구 방법을 응용하거나 연구하였다.[22]

헤르만 산더는 민속학적 관점에서 조선인들의 삶에 나타난 빈곤한 모습을 고찰하면서도 계몽주의적 시각을 구체적으로 표현하지는 않았다.

---

21) 조관연, 2007, 「헤르만 산더의 한국 기행(1906~07) 목적과 조사방법」, 『역사문화연구』제26권, 한국외국어대학교 역사문화연구소, 389~391쪽.

22) 이상현, 1999, 「18세기와 19세기의 독일민속학 민족주의 이념과 민속학연구」, 『비교민속학』제17권, 비교민속학회, 452~453쪽.

그가 찍은 사진 속 조선 이미지에는 관찰자로서의 주관성이 투영되어 있을 수 있지만, 조선인이 살아가는 풍경을 객관적으로 담고 있다.

사진은 바라보기(seeing)과 지각하기(perceiving)으로 구분할 수 있다. 바라보기는 눈으로 대상의 존재나 형태적 특징을 알고, 대상을 즐기거나 감상할 수 있고, 대상의 내용이나 상태를 알기 위하여 살피는 것이다. 반면 어떤 것에 대한 정보에 접근하는 모형이 지각으로 설명된다면 오직 그러한 경우에만 그것은 자연적 의존성을 나타내고, 실재 유아성 관계는 보존되는 것이다.[23]

헤르만 산더는 근대 조선인의 삶의 모습을 바라보면서, 근대 조선인의 빈곤한 모습을 지각하였다. 그는 조선을 관찰하지 않고 조선인의 삶을 구체적으로 발견하기 위해 노력했다는 점을 알 수 있다. 그가 사진 속에 담아내고자 했던 근대 조선과 근대 조선인에 대한 사진 인문학적 시선은 타인의 고통을 외면하지 않고 직시하려는 의지로 볼 수 있다.. 그는 "한국에 관한 연구 조사에 신경을 쓰려고 하는데 지금 한국의 현황은 더할 수 없이 흥미롭다. 그래서도 나는 이 나라를 세밀하게 관찰하면서 깊이 알고 싶다(114쪽)"는 여행 계획을 세웠다. 아울러 "내가 (주일본 독일 대사관 외교관) 공적 직책이 없이 사사로운 여행객으로 한국을 둘러보고 듣는 것이 어쩌면 자유롭고 구경하기도 편할 듯합니다. (지금 내가 조사 작성하고 수집한 자료)이 모든 것이 어느 날 자그마한 업적이 될 기회(123쪽)"가 마련되기를 염원하였다.

---

23) 신선미, 2012, 「사진의 본질에 대한 인식론적 접근-'바라보기(seeing)'와'지각하기 (perceiving)'의 분석을 중심으로」, 『영상예술연구』제21권, 영상예술학회, 345~348쪽.

3. 박해와 도굴: 에른스트 오페르트의 『금단의 나라 조선』

1) 1866년 2월: 흑산도와 아산만 탐사

에른스트 야코프 오페르트는 1866년 2월에 1차 방한을 시도하였다. 조선은 일본, 중국과 달리 서양과의 문호를 개방하지 않았다. 그는 중국을 경유해 조선에 입국하려고 했으나 사정이 여의찮아 해도를 통해 조선을 여행하였다.

"나는 중국에서 가장 큰 영국 회사의 경영자인 위탈(James Wittall)이 계획하고 있던 탐험 항해에 합류하기를 제안하면서 나의 계획을 밝혔다. 나는 그가 열의를 가지고 관대한 마음으로 그의 부하들로 하여금 나의 계획에 동조 해준 데 대해 감사하지 않을 수 없다. 그는 나에게 기선을 마련해 주었고 나의 목적을 이루는 데 장애가 되는 문제들을 해결할 수 있도록 해 주었다. 모리슨(James Morrision) 선장이 운행하는 장엄한 기선 로나호(Rona)에는 뉴창(紐昌)으로 항해할 수 있는 해도가 비치되어 있었다. 로나호는 목적지까지 직항하지 않고 우회하여 조선의 서해안에 도착할 예정이었다."[24]

오페르트는 중국에서 영국 회사를 경영하던 위탈(James Wittal)이 계획한 탐험 항해에 합류하여 모리슨 선장이 운행하는 기선 로나호(Rona)에 승선하고 조선으로 진입하였다. 그는 "서울에 이르는 큰 강을 찾아내 그 물길을 거슬러 올라가 조선 정부와 조선의 교역 개방 및 친선 관계를 이룰 수 있도록 예비 접촉(148쪽)"을 도모하고자 하였다. 그러나 조선 진입을 위한 해도는 조선 지리의 구체적 경로를 담아내지 못했기 때문에, 아산만을 출발지로 정한 후, 소흑산도, 상태도, 흑산도에 이르렀다.

---

24) E.J.오페르트, 신복룡, 장우영 역주, 1999, 위의 책, 148쪽.

내가 큰 축음기를 틀자 그들은 더욱 흥이 돋기 시작했다. 수비대장은 체면을 가리지 않고 박자에 맞추어 춤을 추기 시작했다. 그는 전혀 음조가 맞지 않는 어색하고 단조로운 노래를 곁들이는 것도 잊지 않았다. 현감은 매우 차분하고 조용하게 앉아 있었으나 대단히 유쾌하고 흥미 어린 눈길로 구경하고 있었다. 어두워지기 전에 특사를 파견하기 위해 그는 저녁 때가 되자 지체없이 돌아가려 했다. 그는 우리의 친절한 접대에 진심으로 감사를 표시하고 또한 우호와 친선을 거듭 강조하면서 자리에서 일어났다.[25]

오페르트는 조선인들이 이방인을 보기 위해 몰려 들 때마다 연발 권총, 망원경, 잠망경과 같은 서구 문물을 선보였다. 조선인들은 서구 문물과 마주하는 순간, 친숙하게 간주하거나 두려워하는 모습을 드러내었다. 그는 해미(海美) 지방에 도착하면서 머리를 길게 땋은 남자들을 여자로 오인하거나, 해미 지역 현감을 만나기도 하였다. 그는 현감과 필담을 나누면서 자신의 조선 방문 목적을 전달하였다. 중국인 통역관 이청(Lee Ching)과 로나호의 일등 기관사, 소수의 수행원들을 데리고 내륙으로 출발하였다. 조선인들은 이방인에 대한 적개심이 강하다고 생각했기 때문에, 조선인들과 만나 조선 정세의 정보를 취득하는 데 어려움이 많았다. 그들은 공주 평야를 탐험하였다. 이방인들이 조선 내륙을 탐험하는 일은 쉽지 않았다. 그는 기선 출발을 연기한 채 조선의 관리가 도착할 때까지 머무르거나 혹은 회담을 중지하고 추후 적절한 협상을 재개할지를 선택해야만 했다. 그는 조선이 외국에 문호를 개방해야 한다고 생각했지만, 아산만을 떠나기로 결정하였다.

---

25) E.J.오페르트, 신복룡, 장우영 역주, 1999, 위의 책, 161쪽.

2) 1866년 6월: 천주교 박해 탐사

오페르트는 1866년 6월에 엠퍼러호(Emperor)호에 승선하여 지적인 선장인 제임스와 일등 항해사인 파커와 함께 2차 방한을 시도하였다. 그는 "첫번째 방문에서 나는 바깥 세상과의 장벽을 허물고 싶어하는 모든 조선 사람들의 열망을 확인할 수 있었다. 그리고 조선 정부가 오랜 쇄국 정책을 포기하고 결국에는 이들의 열망을 받아들일 것이라는 희망도 가질 수 있었다(172쪽)"고 생각하였다. 그는 조선의 특이한 정치 상황까지 면밀하게 파악하지 못 해 자신의 목적을 제대로 실현하지 못했다고 말한다. 2차 원정때 조선이 문호를 개방하기를 학수고대하면서 조선에 진입하는 과정에서 신유박해가 발생했다는 점을 전해들었다. 그는 조선에서 발생한 천주교 박해의 실상을 알아가면서 자신이 "직접 내륙으로 들어가서 곤경에 처한 사람들을 구해는 것이 내 의무가 아닐까 하는 심각한 고민(183쪽)"에 빠졌다.

그들은 두려움과 강압에서 벗어나 조선의 정황에 대해 적나라하게 말할 수 있었기 때문에 나는 현재 조선에서 어떤 일들이 일어나고 있으며 지금 한창 진행 중인 박해에 대해서도 소상히 알 수 있었다. 선교사들과 조선의 신도들에 대한 박해는 뚜렷한 이유도 없는 상태에서 갑자기 불거진 일이었다. 더구나 종교 문제와 관련이 전혀 없거나 혹은 종교적으로 별로 협의를 받을 만한 사람이 아니더라도 현정부에 불평 불만을 토로하는 사람이면 누구나 희생을 피할 수 없을 정도로까지 확대되었다. 이것은 불만과 증오의 대상이 되어 있었던 대원군 일파가 불평분자들을 아예 싹부터 잘라 버려 폭동을 미연에 방지하려는 일종의 쿠데타였다. 현 사태의 원흉으로 회자(膾炙)되는 사람들 중에는 두세 명의 고관 대작의 이름도 끼어 있었다. 이들은 아첨에 약한 대원군의 환심을 산 다음 권좌를 유지하기 위해서는 가혹한 조치를 가차 없이 취해야 하며 무엇보다도 조선과 교류하고자 하는 유럽인들의 기대를 단호하게 꺾을 수 있는 훈계가 필요하다는 언동으로 대원군을 부추겼다고 한다.[26]

오페르트는 조선 내륙 방문 직전에 조선의 천주교 박해 현상을 인식하였다. 그는 대원군의 폭압에 시달린 채 전국 수배령에 쫓긴 선교사 중한 사람인 프랑스인 리델(Ridel)의 편지를 받았다. 리델의 편지에는 두명의 주교와 일곱 명의 선교사가 처형을 당했고, 조선에서 가공할 천주교 박해를 받아 조선이 국내외적으로 급변할 것이라는 사실을 담고 있었다. 빌립보라는 조산인 천주교인이 리델의 편지를 오페르트에게 전달하였다. 그는 대원군의 탄압에서 벗어날 수 있는 기회만을 염두에 둔 선교사를 구제하였다. 그는 "털끝만큼이라도 기독교인이라는 의혹을 사고있는 경향 각지의 조선 사람들은 고통스러운 죽음에 기꺼이 자신의 목숨을 내던졌으며 이들의 애착과 신앙심 그리고 자기 희생이 살아남은자들의 탈출을 가능하게 했다. 몰골은 초라했을지 몰라도 자신들의 스승이 처한 운명에 죽음마저도 마다하지 않고 갖은 위험에 몸을 내던지(182~183쪽)"는 순교사들의 순교에 감탄하였다. 덕적군도 답사, 볼음도 정박, 한강 어귀, 강화도를 거쳐 서울로 가기 위해 항진하였다. 강화도에 상륙하는 과정에서 오페르트 원정팀은 조선의 수행원, 호위병과대면해 자신들의 입장을 전달하려고 하였다. 예비 대담의 일환으로 강화도 수비대를 자신의 기선으로 초대하였다. 강화도 수비대는 오페르트에게 조선의 법과 관습에 위배되는 행동을 일삼지 말라고 하였다. 아울러 강화 유수 김재헌에게 조선 탐험의 목적과 목표를 말하고 조선이 서양에 문호를 개방해 상호 교류의 장을 열어야 한다고 주장한다. 2차 탐험에서도 서울로 가는 도중에 연료 부족과 수심, 암초, 사주의 영향으로서울 탐사를 감행하려는 계획을 포기하는 일이 발생하였다. 그는 김재헌에게 정부 특사의 입장 표명을 듣고 싶다고 말하면서 나흘 동안 기다

26) E.J.오페르트, 신복룡, 장우영 역주, 1999, 위의 책, 183쪽.

렸다. 조선 개방을 위한 특사인 김인기와의 면담은 예정대로 진행되었다. 오페르트와 김인기는 각자의 입장을 토대로 문호 개방 형식과 절차를 논의하였다. 추가로 외국인 영접을 지시받은 78세의 특사 대표 방우서는 오페르트에게 조선의 개방을 허가하는 황제의 칙서를 받아오라고 요구하였다. 그는 방우서의 제안이 자신의 요구 사항을 거절하기 위한 정치적 입장에 불과하다고 생각하였다. 결국 2차 방한에서도 방우서, 이인가와의 대담이 좋은 결과로 이어지지 못했다.

3) 1868년 4월: 남연군 묘 도굴

오페르트는 묄러 선장이 지휘하는 차이나호(China)를 타고 상해에서 출발해 조선으로 세 번째 출발을 하였다. 그는 페롱 신부, 젱킨스 등과 함께 아산만에 진입하고, 남연군 묘에 도착하였다. 그는 애초 조선이 문호를 개방하는 일을 촉진하려고 하였다. 제3차 방한 기록에는 병인양요, 조선의 쇄국, 대원군의 정책 등 급격한 조선 정세를 언급한다. 아울러 리델 신부의 구원 요청과 페롱 신부 내방과 얽힌 사안을 제시하면서 자신의 남원군 묘 도굴 계획을 위한 명분을 구체적으로 언급한다. 프랑스 함대 원정이 조선과의 선리 우호의 기치를 앞세웠지만 조선 정부와 실질적 협상 결과를 도출하지 못했다. 프랑스 제독은 일차적으로 조선 정부의 문호 개방을 유인하는 듯했지만, 대원군은 문호 개방의 시기를 차일피일 미루면서 협상의 결과를 부정적으로 도출하기에 급급하였다. 대원군은 조선으로 유입되는 새로운 사조를 사전에 차단하는 과정을 거쳐 권력을 유지하려고 하였다. 조선의 쇄국 정책은 기존 지배층들의 안위와 권력 보전을 추구하였고 백성들의 개혁 열망을 좌절시키는 것에 불과하였다. 이를 견고히 하기 위해서 대원군은 토착 천주교인과 천주교

우호 세력들을 정치적으로 추방하였다.

> 나는 그 계획에 착수하는 것은 모험이긴 하지만 그로 인해 거두게 될 수확은 확실히 매우 클 것이라는 점을 마음속 깊이 확신하고 있었다. 구경꾼들은 이 계획이 헛된 망상에 불과하다고 폄하(貶下)하겠지만 나는 그간의 경험을 통해 그 전보다 훨씬 더 낙관적인 시각으로 일을 조망할 수 있었다. 그렇지만 나는 경솔하게 대들고 싶지는 않았다. 나는 며칠 동안 그 문제를 진지하고 신중하게 생각해 보겠노라고 답했다. 약속한 기한 내에 이 계획에 대해 모든 측면에서 심각하게 골몰한 끝에 나는 페롱 신부의 제안을 받아들이고 조선 왕국의 개방이라는 우리가 얻고자 하는 원대한 목표를 이루기 위해 내가 할 수 있는 한 그를 돕기로 결정했다.[27]

오베르트는 조선에서 발생하고 있는 정치적 탄압의 작동 방식을 조선 외 지역에 알리려고 하였다. 요동 북부 지방과 상해에 이르기까지 조선의 탄압 일상을 수시로 비밀리에 전달하려고 안간힘을 썼다. 이러한 과정에서 해미에서 만난 천주교 신자인 빌립보를 통해 리델의 편지를 받았던 사실을 다시 언급한다. 페롱 신부가 전하는 조선 동향을 파악하고, 서구 열강들이 조선 사태를 개선할 수 있다는 생각은 한갓 꿈에 불과하다고 생각하였다. 그는 페롱 신부를 맞이하면서 대원군과 그의 정부를 항복시켜 조선의 개방을 유도하고 조약을 체결하여 서구 열강의 힘을 빌려 수단을 제공할 수 있는 방안을 모의한다. 그들은 남연군 묘의 도굴을 시도하는 일을 추진해 대원군이 조선의 개방 요구에 부응할 수 있다고 확신하였다. 그는 페롱의 계획에 동조하면서 조선 왕국 개방이라는 목표를 관철하는 일에 착수하였다. 그는 남연군 묘의 도굴 계획이 자칫 하나의 모험 행위로 간주할 수 있는 상황에서 조선의 정치 상황을 구경

---

27) E.J.오페르트, 신복룡, 장우영 역주, 1999, 위의 책, 237쪽.

꾼으로 관망하지 않고 자신이 실질적으로 조선의 변화를 도출할 수 있다고 확신하였다.

> 우리 일행은 곧 벽을 허물기 시작했다. 그러나 이곳에 도착한 후 전혀 시간을 낭비하지 않았음에도 불구하고 뜻하지 않게 이 작업을 끝내기까지 거의 다섯 시간이나 허비되었다. 작업은 페롱신부와 그의 조선 사람 친구들이 생각했던 것보다 훨씬 더 힘들었다. 물론 우리들을 제외하고 일행중의 누구도 우리의 활동 목적을 몰랐다. 그러나 매우 중요하고 위급한 어떤 문제가 있으며 모든 일이 지금의 작업이 신속하게 마무리되느냐에 달려 있다는 것을 모든 이들은 직관적으로 감지했다. 마침내 벽이 거의 허물어졌다. 그러나 보다 험난한 새로운 난관이 나타났는데, 기대하고 있던 문 대신에 거대한 돌덩이가 버티고 있었던 것이다. 그것은 입구의 안쪽에 박혀 있었다. 우리는 그것을 제거하려고 했지만 헛수고였다. 찬찬히 살펴보니 이 마지막 장애물을 제거하는 데에는 최소한 대여섯 시간은 충분히 걸릴 것으로 판단되었다. 그러나 그렇게 오랫동안 머물 시간은 없었다.[28]

오페르트 팀은 남연군 묘를 도굴하는 계획을 강행하여 대원군에게 조선의 개방에 대한 자신들의 요구를 주장하였다. 남연군 묘 도굴 계획은 페롱 신부가 오페르트에게 제안하면서 시작되었다. 페롱 신부는 대원군과 그의 정부를 항복시켜 조선 개방을 위한 조약을 체결하려고 하였다. 조선에서는 가품과 유품을 존중하는 태도가 강하기 때문에 대원군의 아버지인 남연군의 묘에 안장된 유품을 도굴하면 대원군이 유품을 되찾기 위해 자신들의 주장을 받아들일 것으로 생각하여 남연군 묘 도굴 계획이 도모되었다. 그러나 남연군 묘를 도굴하는 일은 실패로 끝났다. 도굴 작업이 끝난 후 대원군에게 자신들의 입장에 대한 답신을 받았다. 대원군은 자신에게 위해를 가할 목적으로 조선에 들어와 해괴망측한 행동을

---

28) E.J.오페르트, 신복룡, 장우영 역주, 1999, 위의 책, 241쪽.

일삼는 자들과는 선린과 우호의 정신을 견지하지 않겠다고 말했다. 그는 대원군이 자신들의 원정에 격노했다는 점을 인식하고 조선과의 교류가 불가능할 것으로 간주하였다. 오페르트와 대원군의 정치적 갈등에 대해 조선인들은 정치적 압제에서 벗어날 수 있는 기회가 박탈되었다고 생각하였다. 이러한 상황에서 자신의 외국인 선원 중 한 사람이 송아지 한 마리를 훔치는 일이 발생하였다. 이에 즉각 조선인들에게 공식적으로 사과를 표하였다. 이러한 상황에서 조선의 병사들과 총격전을 벌이는 상황에 부닥치게 되었다. 그는 조선 병사의 총격에 대항하기를 포기하고 차이나호를 타고 상해로 항진하면서 제3차 방한의 여정을 종료하였다. 페롱 신부는 병인양요의 군사적 작전으로는 조선 천주교회의 회생을 도할 수 없다고 생각하였다. 조선 조정에 영향력을 지닌 중국 조정을 통하여 신자와 선교사들의 안전 보장을 마련하지 못해 조선 위정자 조상을 발굴을 시도하였다. 이는 천주교 탄압을 가열시키고, 극악무도한 집단으로 매도당했기 때문에 리델 신부를 포함해 파리외방전교회 선교사들은 페롱 신부를 전출시키고 조선 교회의 피해를 최소화하였다.[29]

4. 전쟁과 민속: 헤르만 산더의 『독일인 헤르만 산더의 여행 1906-1907 한국·만주·사할린』

1) 러일전쟁의 격전지

헤르만 산더는 브레멘 노르드도이체 로이드 선박운항사편으로 출발하였다. 그는 형 파울에게 보내는 엽서에서 출발 시간 지연, 기상 이변,

---

29) 조현범, 2017, 「덕산 사건과 프랑스 선교사 페롱」, 『한국학』통권 148호, 한국학중앙연구원, 87쪽.

사이드항, 수에즈 운항, 아덴, 마운트 리비나, 페낭, 상해, 싱가포르, 홍콩, 나가사키, 고베를 경유하는 과정, 도쿄에서의 근무 체류 등을 전한다. 그는 제노바를 기점으로 동양에 진입하는 과정에서 동서양의 이국적 풍경을 사진 속에 담았다. 그는 형 파울에게 보낸 편지(1906년 2월 20일)에서 중국 내부에서 전쟁 준비가 진행되고 적개심을 불러일으키는 움직임이 나타나지만, 도쿄에서의 근무 체류와 자신의 장례 계획을 연결해 고민한다.

헤르만 산더는 도쿄에 도착하였다. 그는 주 일본 독일 대사인 에 아르코(E. Arco)의 편지를 수령하였다. 편지 내용은 공식서한 전달자의 인적 사항과 도쿄 임페리얼 호텔 숙소, 요코하마 세관에 그의 입항 사실을 전달해두었다는 것이다. 그는 1906년 10월 2일 이노이게(Inoige) 남작 저택에서 가든파티에 참석한 사실을 일기에 남겼다. 1906년 10월 20일 일기에는 루트 씨와 함께 국방부의 장관 만찬이 열린 고라쿠엔으로 이동한 사실을 언급하고, 만찬석에서 장군 남부 후작과 사관학교 교장과 동참을 사실을 기록하였다. 축연 행사 연주 내용은 "칼 프리드리히 왕자의 행진곡, 마르타의 서곡, 로헨그린, 제3장 서곡 및 결혼 축가, 도나우 계집 왈츠, 왕실 호헨프리드베르르거 행진곡, '프라이웆즈' 오페라에서 환상곡, 100주년 행진곡"[30]이었다. 그는 아들 한스에게 보낸 엽서(1906년 4월 30일)에 1906년 일본군 승전, 1904년 러일전쟁에서 승리한 일본 군인 세 병사의 승전 축하 거행식 그림을 동봉하였다. 아울러 일본인 장교 고다마 겐타로(兒玉源太郎)사진도 보내었다. 그는 도쿄에 머무는 동안, 일본 사찰, 개선 서열식 참석, 고다마 겐타로(兒玉源太郎) 장례식에 참석하면서 분주하게 시간을 보냈다. 임페리얼 호텔 전경, 주 일본 독일대

---

30) 헤르만 산더, 국립민속박물관 편, 2006, 위의 책, 40쪽.

사관 에이비게 공원, 공관으로 가는 나가토조 거리, 일본 황실 육군사관학교, 도쿄 일본 황실 참모본부 등을 사진으로 찍었다. 그는 근대 일본의 군국주의 세계와의 만남을 지속하였다.

헤르만 산더는 '1905년 7월에 일본군이 점령한 남사할린' 보고 논문을 공관 우편물편으로 베를린에 보냈다. 그는 8월 7일 한국 여행을 추진하면서 원산, 성진, 길주, 부산, 마산포, 목포, 군산포, 제물포, 서울로 이동할 계획이었다. '사할린 보고서'는 1906년 7월 일본 승전으로 점령한 남 사할린 영토 실태 조사이다. 그는 코르사코프 선착장, 코르사코프 일본인 거주지, 오도마리 거리에서 생선 말리는 풍경, 러시아교회 종이 매달려 있는 관사, 오도마리 일본인 거주 지역의 주택, 오다케산, 하치비나야에서 시중드는 여인 두 명, 오도마리의 하치바나야 여관 등의 모습을 사진으로 찍었다. 그는 일본 병정, 일본 이민자, 일본 해군, '노빅'러시아 함정의 대포, 블라디미로프카에 짓고 잇는 군인병원, 말레야(1905년 7월에 일본군이 사할린을 점령하면서 정박한 곳)와 같이 일본 군국주의 모습을 확인할 수 있는 사진 을 찍었다. 그 역시 군인이었기 때문에 일본 군대와의 친화적 태도를 보였다.

헤르만 산더는 도쿄와 사할린을 거쳐 만주 여행을 추진하였다. 그는 대련, 아더(Port Artbur), 목단과 중국을 경유하였다. 만주 여행은 러일전쟁의 격전지로 조선의 운명을 고스란히 담고 있다. 그는 애초 러일전쟁 이후 조선의 상황을 파악하기 위해 여행을 감행하였다. 대련과 뤼순은 러일전쟁이 촉발된 곳이다. 그는 만주 보고서에서 "만주의 외부적인 실태, 철도 상황, 농촌의 실태, 도시 다수: 도시, 아더 항의 실태, 대련, 목단 히스민팅, (만주내) 일본인의 위치, 공무원, 군대, 사업가 실태, (만주내) 중국인의 위치, (만주내) 유럽인의 위치, 일본의 정책, 그 외 별도의

관심사 도시 실태, 대련 시의 장래 전망, 현재상업 실태, 푸슝 광산의 중
요성, 압록강 목재 벌목(伐木)일 수도 있음, (보편적으로) 자본결핍과 각
일본상인들의 일본경제를 위한 송금에 적극적인 노력, 일본인들에게 개
방(된 시장), 경제력이 있고 없고간에 착취당하는 현지인, 백인종 전체에
대한 적대감, 특히 미국인과 러시아인, 중국인에 대한 적대감, 대련을 보
고 다니면서 쓴 보고문, 빠르게 식민지로 변하고 있음"[31]을 기록하였다.

대련에서는 항구, 항구에 있는 기차, 도요 호텔 앞 거리, 철로변의 거
리, 다리 근처에 있는 거리, 마이어의 집 앞 거리, 러시아인이 지은 청사,
전 러시아 교회 입구 등의 모습을 찍었다.

아더항(Port Artbur)에서는 아더항 풍경뿐만 아니라 과거 러시아 군
대의 전투작전 진지, 203미터 고지의 거대한 대포, 러시안 군의 해안 군
지에 남은 대포, 콘드라첸코 러시아 장군의 전사지 쿠제마테, 203미터
고지를 점령한 일본 육군 부대, 항복에 대한 협상을 위해 만난 일본과 러
시아 협상자, 승전물품의 모습을 찍었다. 203고지는 러시아 군대와 일
본 군대의 총격과 포격이 교차하는 격전지였다. 로만 콘드라첸코는
1903년 제7동시베리아 보병여단장을 역임하면서 압록강 수비를 책임
졌고, 압록강 요새화를 추진하였다. 러일 전쟁 당시 203고지에서 일본
군의 공격을 저지하였으나 결국 일본에 패하고 전사하였다.

헤르만 산더는 203고지 전쟁의 흔적에 주목한다. 러일전쟁 당시 여순
항 포위 전략이 구사되던 시점에 해발 고도 203미터 고지에서 일본과
러시아가 전투를 벌인 곳이다. 노기 마레스케(乃木希典)는 러일전쟁 때
여순 공격과 메이지 천황에 대한 충성심을 보였고, 여순을 공격할 때 정
공법으로 임해 여순을 함락하고, 메이지 천황에 대한 충성심을 표하기

---

31) 헤르만 산더, 국립민속박물관 편, 2006, 위의 책, 75쪽.

위해 할복자살을 선택하였다.[32]

목단과 중국에서는 서문, 북서편에 있는 성곽, 성곽 주위의 풍물, 시의 성곽, 만주시 거리 풍경, 레이 하이지, 탑 건축양식, 물린관 여관 마당, 만주 인근지역 전투가 있었던 들판 지역: 전형적인 평상시 리꽝포의 전경, 리꽝포 북쪽에 위치한 러시아 군인의 참호, 태종 황제의 능, 베이징에서 만리장성 모습을 사진에 담았다. 전반적으로 만주인들의 일상과 풍물 세계를 관찰하였다. 그는 봉천회전(奉天会戰)으로 일컬어지는 전투의 흔적을 사진에 담았다. 알렉세이 쿠로파트킨 지휘하의 러시아 군대와 오야마 이와오가 지휘하는 일본군이 만주 봉천에서 전투를 벌였다. 헤르만 산더는 러일전쟁의 격전지를 두루 살펴보고 사진을 찍었다.

2) 한국 여행

(1) 식민지 일상

헤르만 산더는 부산을 기점으로 성진과 길주를 향하는 여행을 시작하였다. 부산항에 줄지어 늘어선 배들이 모습, 부산의 중심가 거리와 골목길 모습, 원산에서는 동해안 바다를 보았다. 성진에서는 일본인 거주지, 요새가 있는 반도 언덕 전경, 원산에서는 동해안 바다를 보았다. 아울러 남경세라는 한국 남자, 집짓는 모습, 농가, 방아를 돌리는 모습, 추수한 곡식, 공잠과 놈평 사이길, 생동마을, 생동마을의 우마차 등 조선인들의 일상 생활을 포착하기 시작했다. 성진에서 길주로 가는 길에서는 팔마골 강, 파마골과 하지타 중간길, 길주의 항교 , 길주 성문, 하지타 마을과

---

32) 조혜숙, 2013, 「근대기 전쟁영웅연구-일본교과서를 통해서 본 노기장군」, 『일본사상』제24호, 한국일본사상사학회, 205쪽.

길주 사시의 섬 지역의 모습을 찍었다. 성진에서 찍은 사진들은 일본인과 조선이 함께 살아가는 모습이나 조선의 남루한 일상의 모습들이다. 일본인들은 군인이나 여관의 주인을 자처하면서 조선인들과는 거리를 두었다. 식민지 일상의 모습을 드러낸다. 일본인과 조선인의 거주지가 구분되고, 조선인은 식민지 일상의 변화를 자각하지 않은 채 기존에 자신들 삶의 방식을 고수하는 모습들이다.

(2) 병영 도시

헤르만 산더는 기차를 이용해 서울로 이동하였다. 그는 기차 여행을 하면서 조선의 모습을 카메라 렌즈 속에 담았다. 산노신 역, 일본인 거주 지역 태규역, 순고쿠와 사이도, 규우산 경과, 안양역을 거쳐 용산역과 한강 철교를 지나 서울 서대문 역에 도착하였다.

헤르만 산더는 수도 서울 경관을 사진에 담고 있다. 그는 수도 서울 경관을 보여주기 위해 '독일총영사관', '한국병영·러시아 총영사관'사진을 찍었다. 남대문, 서소문, 동소문, 수구문과 같이 서울에 배치된 문을 포착한다. 서울의 궁궐 안팎을 에워싸고 있는 궁문과 궁궐 앞 거리 모습이 보인다. 1895년 10월 8일 조선국 왕후가 살해된 궁의 건물을 사진으로 포착했다. 서울 시내 거리, 나백군 해의 신전, 일본인 거주 지역 거리를 주목하였다. 그는 수도 서울 경관을 사진에 담으면서 한국군의 모습을 여러 장 사진으로 찍었다. 조선이 개항기를 맞이하는 상황에서 한국 군대가 조선의 궁궐을 지키는 모습이다. 그는 군인의 관점에서 한국 군대의 병영, 초소, 병졸, 수위병을 주목하였다.

헤르만 산더는 수도 서울을 중심으로 민속 사진을 여러 장 찍었다. 독립문, 동서문 앞에 있는 신전, 흰색 부처상, 거북이 비석, 왕릉, 자곤군릉 등의 사진이 있다. 그는 고관대작의 사진을 기점으로 조선인의 민속 양상을 기록하였다. 신부가 탄 가마, 불상이 모셔진 전, 스님들과 제물, 가면을 쓴 연극배우 5명(사당패)과 관중들, 악기를 켜는 기생, 귀신을 쫓는 사람, 고방을 두는 남성들, 소내와 절구방아, 널 뛰는 소녀들, 옷을 다리는 여인, 갖가지 생활 필수품 가게, 갖가지 곡물, 짚신 가게, 모자, 놋쇠 그릇을 파는 상인, 모자 파는 상인, 죽물 파는 곳, 과자 파는 상인, 전당포 사진, 염색상, 밥상 팔러다니는 상인, 나무를 자르는 광경, 흙담을 쌓고 있는 광경, 마굿간, 짐 운반용 조랑말, 말굽을 바꾸는 장면, 말이 끌면서 돌리는 방앗간, 비 올 때 쓰는 모자를 쓰고 당나귀를 탄 사람, 짐 운반용 짐승, 땔감 나무 상인 등의 사진을 렌즈에 담았다. 굿은 한국의 종교 전통으로서 제의와 놀이를 두루 포괄한다. 여행자의 시선으로 보면 이해할 수 없는 굿 문화는 조선의 문화적 정체성을 드러내고, 자국과 타국의 경계를 구분 짓는 지점이다.[33]

　타국의 낯선 문화를 발견하는 과정에서 쉽게 타국인을 이해할 수 없다. 그는 근대 조선인의 삶에 작동하고 있는 특이한 삶의 경험을 외면하지 않고 적극적으로 포착하였다. 조선의 삶에서 무당이 차지하는 위치는 독특하다. 미신적 세계를 승인하는 과정에서 무당이 일상에서 사람들의 의식과 무의식에 교감하는 양상을 보였다. 근대적 시선은 이성과 합리의 관점을 취하면서 대상을 인식하는 과정이다. 그런데 헤르만 산더는 서구적 근대 시선과는 거리를 둔 채 사진 인문학의 관점에서 근대

---

33) 이경엽, 2010, 「굿문화의 전통과 문화적 정체성」, 『서지학연구』제20권, 남도민속학회, 202쪽.

조선인의 삶에 작동하고 있는 무당의 모습을 사진에 담으려고 하였다. 이러한 태도는 서구적 합리성이 자칫 주체 중심주의에 매몰될 수 있는 한계를 넘어서는 것이다. 이는 이성과 합리의 시선으로 이해할 수 없는 객체를 바라보고 인지하는 과정을 거치면서 타자를 적극적으로 수용하려는 태도로 생각할 수 있다. 서구적 시각에서 무당은 미신적 존재로 여겨지지만, 근대 조선의 삶에서는 여전히 일상과 교감하는 존재로 생각할 수 있다.

그는 북한산과 연관한 사진들을 다수 남겼다. 마른 강과 모래 사장, 첫 고개, 흰 조약돌이 깔린 고갯길, 홍두 마을, 왕자 묘, 성안에서 보이는 서소문, 서대문, 비석과 정자, 암자, 한 마을과 불탄 절터, 병영, 국왕의 마지막 피신처의 모습을 주목하였다.

헤르만 산더는 조선인이 노동을 하면서 살아가는 모습을 포착하였다. 조선의 민속 문화뿐만 아니라, 삶의 곳곳에서 노동을 통한 삶의 풍경을 직시하였다. 한나 아렌트(Hannah Arendt)는 활동적 삶(vita activa)과 관조적 삶(vita contemplativa)으로 인간의 조건을 구분 지었다. 활동적 삶은 노동, 작업, 행위로 나뉜다. 노동은 의식주를 해결하기 위한 일련의 움직임이고, 작업은 자신의 생물학적 만족 단계에서 벗어나 특정한 인식의 반영을 통해 숙련된 산물을 도출하고, 행위는 자신의 정체성을 기반으로 구체적 의사소통의 과정을 거친다. 관조적 삶은 활동적 삶의 이면에서 작동하는 원리와 이념을 응시하고 성찰하는 과정이다. 이러한 관점을 적용해보자면, 헤르만 산더는 근대 조선인의 노동 과정에 주목하여, 근대 조선인의 작업과 관련된 모습도 사진에 담으려고 하였다. 그러나 그는 근대 조선인의 행위에 대해서 가치중립적 시점을 드러내고 있다.

헤르만 산더는 조선의 자연 이미지와 조선의 역사적 이미지를 동시에 사진 속에 담으려고 하였다. 북한산으로 대변되는 조선의 자연 공간을 관찰하였다. 반면 경복궁의 이미지를 통해 근대 전후의 역사 변화 과정에서도 여전히 자리 잡고 있는 역사적 공간을 포착하였다. 그는 자연과 역사의 흐름에서 근대 조선의 삶이 어떤 모습을 취하고 있는지 확인하였다고.

(3) 조선 지방 민속 사진

헤르만 산더는 농촌의 장례지는 곳, 나그네, 장승과 소원을 비는 돌무더기, 장날 풍습, 소시장, 안주 시장날, 빨래하는 여인네, 어선과 물지게꾼의 모습을 포착하였다.

그는 수원 지역을 방문해서 수원 북문의 시내 전경, 동북쪽 모서리에 있는 정자, 북수문, 남수문, 매홍교, 수원성 밖에 세워진 군수의 공적비, 집이 늘어선 거리, 잡화상, 수원 관가, 일본인이 설립한 신식 학교, 남쪽 시외에 있는 절과 지위 높은 사람의 묘지를 사진에 담았다.

평양에서는 대동강, 대동문, 일본인 사회 거주지, 울밀대, 칠성문, 대동강가 전경, 선착장 대동문과 일본인 신청사, 성 밖에서 보는 남대문, 남대문 성안 거리 풍경, 신발가게, 기자 릉, 일본인 전사자의 기념탑, 일본인 청사, 일본 군인 140명의 전사 유령탑 사진을 남겼다.

목포에서는 목포항, 한국인 거주지와 선교사 건물, 오카베 백작의 장례식, 일본 영사관, 일본인과 한국인의 거주지, 항구에서 일하는 노동자들의 모습을 주목하였다. 제물포에서는 모리요카에서 온 이토 교수, 일본 국무총리 소이온주 후작의 아들 오이온주씨와 함께 사진을 찍었다.

서양인의 눈에 비친 조선인의 모습은 이국적으로 보일 수 있다. 사진은 현상을 있는 그대로 담을 수 있지만, 사진을 찍는 주체의 특정 시점이 반영되어 있다. 그는 남사당패의 가면극과 생동마을 주민의 모습을 카메라에 담는 과정에서 근대 조선의 모습을 풍경으로만 인식하지 않고, 기묘한 연민의 시선을 담으려고 한다. 그는 근대 조선의 곳곳을 여행하는 과정을 거치면서 근대 조선의 전근대와 근대의 경계에서 동시에 작용하고 있는 삶의 변화되는 모습을 발견하고자 하였다. 이러한 과정을 거치면서 그는 서구적 관점에서 근대 조선의 일상과 조선인들이 어떻게 살아왔고, 살아갈 것인지에 대한 내밀한 시전을 사진에 담으려고 하였다. 그가 남긴 사진 속 조선의 이미지는 조선인의 고유한 삶의 방식뿐만 아니라 조선인의 실제 삶에 투영된 민속적 요인을 포착하려는 의지를 반영한다. 이러한 과정을 거치면서 독일인과 조선인의 상호 간에 각자의 타자성을 승인하는 맥락이 구성된다. 그는 조선인의 빈곤한 삶을 발견하기 위해 조선의 곳곳을 여행하면서 조선의 빈곤이 처하게 된 인과론적 지형을 고찰할 수 있었고, 조선인이 가난과 빈곤의 상황에서도 자립적 삶의 태도를 견지하려는 의도를 이해할 수 있었다. 그는 조선 이미지의 일상을 면밀하게 파악하는 과정을 거쳤다. 그는 독일 민속학적 관점으로 조선 민속을 발견하면서 조선을 둘러싼 정치문화적 요인이 조선인의 멘탈리티(mentality)를 어떻게 구축하였는지 확인할 수 있었다.

Ⅳ. 독일인 저널리스트:
죽음의 구경과 고발의 목소리

1. 조선 취재

근대 독일은 조선 정세를 취재하여 자국의 정치적 입장을 유지하기 위한 방안을 모색하였다. 근대 전후로 조선의 상황을 파악하기 위해 서양은 종군기자 혹은 특파원을 조선에 파견하였다. 동양 뿐만 아니라 조선에서 발생하고 있는 역사적 혹은 정치적 상황을 면밀하게 파악하기 위해서는 조선 문제의 현장을 탐사하고 취재할 수밖에 없었다.

종군기자는 "분쟁지역이나 전쟁터에서 국가의 이익을 위해서 전장에 투입되어 목숨을 아끼지 않고 싸우는 전투부대의 행동, 주둔지의 경계 근무로부터 작전 계획, 부대이동, 이동 간의 접전, 작전지역의 치열한 전투, 전투 종료와 전과해보고, 작전지역 피해 복구, 의료 활동, 포로 수용소에 이르기까지, 그리고 분쟁이나 전쟁 기간 동안 일어나는 민간인의 제반 행동에서 볼 수 있는 민간인의 피난과 재해, 민간이 생활을 취재하여 보도"[1]하는 일을 전담한다. 종군기자는 전쟁의 중심과 주변을 넘나

---

1) 신은수, 2008, 「종군기자의 활동과 위험성에 대한 연구」, 『CONTENTS PLUS』제6

들면서 전쟁의 양상을 객관적으로 보도한다. 전쟁이 불러일으킨 비극을 차분하게 응시하면서 전쟁의 가혹한 폭력을 직접 체감하는 순간을 기록한다. 조선은 일본의 제국주의와 식민주의의 폭력에 노출되었다. 아울러 근대 동아시아에서는 서양의 제국주의가 문호 개방이라는 명분으로 온갖 만행을 저질렀다. 이러한 점을 염두에 둔다면, 조선을 포함한 동아시아에서는 전쟁의 비상사태가 지속되고 있었다.

특파원은 외국의 소식을 자국에 전하기 위해 외국에 파견되어 특별한 업무를 수행한다. 특파원은 국제 보도의 중요한 측면을 담당하여 주요 정보를 통해 주재국의 외교관이 자국의 입장을 정확하게 반영하도록 해외 특파원과 접촉한다는 점에서 외교적 특파원(a dillpomatic correspondents)으로 일컬을 수 있다.[2] 외국 특파원은 자기 나라에서 정치, 경제, 사회적으로 엘리트에 포함되기 때문에 정보 파급력은 크고, 외국인 관찰자(foreign observer)로서 자국과 타국의 정세를 객관적으로 파악할 수 있고, 외국인 관찰자를 자처하지만 긴급한 상황에서 자국의 이해관계에 종속될 수 있다는 점을 고려해야 한다.[3]

근대 제국주의와 식민주의는 자신의 정치적 이념을 보편적으로 작동시키기 위해 진실을 조작하거나 왜곡하는 경우가 있다. 이러한 점을 염두에 둔다면, 진실의 실체적 국면을 직접 관찰하고 보도하는 행위는 중요하다. 조선이 서양과 일본의 폭력에 노출되는 상황에서 자칫 조선이 처한 상황이 있는 그대로 공개되지 않은 채 악용될 수 있다. 독일의 종군

권 제1호, 한국영상학회, 134쪽.

2) 홍은희, 2009, 「한·일 특파원의 보도 경향 : 朝蘇日報와 讀賣新聞을 중심으로」, 『사회과학논총』제29권, 명지대학교 사회과학연구소, 91쪽.

3) 서정우, 1974, 「外國特派員의 職業과 態度에 관한 硏究」, 『신문연구』통권 20호, 관훈클럽, 62~63쪽.

기자와 특파원들은 러일전쟁과 천주교 박해 현장을 주목하여 조선을 취재하기 위한 여행을 감행하였다. 조선의 정치와 종교의 리스크가 커지는 상황에서 자국민과 조선인의 삶의 실상을 직접 살펴보는 일이 중요하다. 독일 종군기자와 특파원들은 조선 문제를 자각하면서 조선 현지의 구석구석을 주도면밀하게 취재하였다.

2. 독일인 저널리스트

1) 루돌프 차벨(Rudolf Zabel)

루돌프 차벨은 독일 신문사 특파원으로 중국 현지에서 '의화단사건'을 취재하였다. 광둥, 즈리, 만주, 산둥, 모로코 취재 이후 조선을 원정 여행지로 삼았다. 그는 종군 기자로 전쟁 지역을 방문하고 전쟁의 참사를 보도하였다. 그는『독일인 부부의 한국신혼여행 1904』[4])에서 동아시아의 정치적 격동기에 처한 조선의 모습을 취재한 내용을 여행기로 표현하였다.

> 이제 모든 일은 눈 깜짝할 새에 진행되었다. 종군기자직을 청탁받은 나는 일본군 진영에서 러일전쟁을 취재할 예정이었다. 그렇다고 종군기자라는 직업에 특별한 매력을 느낀 것은 아니었다. 다만 전쟁과 같은 상황 속에서 한 나라의 정치경제적 실상이 훨씬 적나라하게 드러난다는 점, 마찬가지로 평시보다는 전시에 그 국민성을 쉽게 간파할 수 있다는 점을 나는 경험으로 체득하고 있었다. 이는 연구자의 눈을 가로막고 있던, 이른바 쇄국 사회의 해묵은 법과 관습의 장벽이 전쟁으로 인해 절묘하게 제거되기 때문이었다. 그리하여 나는 이번에도 종군기자직을 일종의 수단으로 삼아, 극동 지역을 새롭게 관찰함으로써 그에 대한 견문을 넓혀 볼 작정이었다[5])

---

4) 루돌프 차벨, 이상희 옮김, 2009,『독일인 부부의 한국신혼여행 1904』, 살림.
5) 루돌프 차벨, 이상희 옮김, 2009, 위의 책, 25~26쪽.

루돌프 차벨은 러일전쟁을 취재하기 위해서 종군기자직을 청탁받았다. 그는 전쟁 상황에서 한 나라의 정치·경제적 실상을 확인할 수 있고 전시 체제의 국민을 간파할 수 있다고 생각하였다. 왜냐하면 전쟁은 쇄국 사회의 법과 관습의 한계가 제거되기 때문이다. 이러한 생각을 했기 때문에, 그는 종군 기자직을 수단으로 삼아, 동아시아 지역을 새롭게 관찰하고 정치·경제적 견문을 확장하고자 하였다. 그는 조선을 중심으로 극동아시아에서 발생하고 있는 정치외교적 사안을 보도하기 위해 노력하였다. 그는 근대 조선에서 서구 열강과 일본이 자국의 식민주의적 이익을 위해 벌이는 전쟁의 피해를 파악하면서도 이에 대한 구체적 해결책을 제시하지 않았다. 그렇지만 그가 근대 조선을 종군기자의 관점에서 파악한 죽음의 세계와 근대 조선인들이 살아가는 삶의 방식을 기록하는 것에 유의할 필요가 있다. 아울러 근대 제국주의와 식민주의가 작동하는 형식이 피식민지의 삶에 영역에 끼칠 수 있는 문제점을 지적하고자 하였다.

<표 1> 『독일인 부부의 한국신혼여행 1904』 여행 경로

	여행 경로
출국	빈
	브루크
	트리에스테
	브린디시
	알렉산드리아와 포트사이드
	수에즈 운하
	홍해
	페낭
	싱가포르
	홍콩

일본	요코하마
	도쿄
	고베
	시모노세키
한국	부산
	원산
	철원
	서울
	제물포

독일은 개항 전후 오페르트, 기자인 겐테, 의사 분쉬, 특파원 루돌프 차벨이 한국을 방문하였다. 그들의 한국 입국 경로는 루돌프 차벨을 제외하고 중국을 통해 입국하였다. 이는 독일이 주로 중국과 관계에 우호적이었다는 점을 고려할 수 있고, 오페르트와 묄렌도르프 역시 중국에 체류하다가 한국에 들어왔기 때문에 주로 중국을 통한 여행 경로를 선택한 것으로 판단할 수 있다. 루돌프 차벨은 수에즈 운하, 홍콩을 거쳐 일본 나가사키를 통해 입국했는데, 대부분의 서양인들이 중간에 일본을 거쳐 입국했다는 점이 특이하다.[6]

2) 지그프리트 겐테(Siegfried Genthe)

지크프리트 겐테는 1870년 10월 26일 베를린에서 태어났다. 그는 마르부르크 대학에서 지리학 박사를 취득한 후 쾰른 신문사에 입사한다. 1898년 워싱턴, 사모암, 모로코, 중국 등 분쟁지역을 취재하였다. 그는

---

6) 이수기, 2019, 「개항기 한국에 관한 기록을 남긴 서양인의 서지학적 특징 분석-방문시기별 국적을 중심으로 한 서지학적 특징」, 『기록과 정보·문화 연구』제8호, 한국외국어대학교 정보·기록학연구소, 234~235쪽.

정치 소요가 위험한 모로코에 특파되었으나, 신변의 위험에 처하자 독일 영사의 출국 명령을 받는다. 그는 출국을 준비하는 도중 산책을 나갔다 실종되었다. 1904년 3월 8일 실종 장소에서 멀지 않은 페스(Fes) 강변에서 시체로 발견되었다. 그는 근대 조선을 횡단하면서 타국으로서의 조선을 집요하게 관찰하면서도 조선의 보편성과 특수성을 인정하는 태도를 보인다. 저널리즘의 시각에서 바라본 조선의 모습은 빈곤과 가난이 넘치는 곳이지만 동아시아의 정치적 격변기에도 자주성을 지키려했다.『독일인 겐테가 본 신선한 나라 조선, 1901』[7]은 한반도를 입출국하는 과정에서 발견한 조선의 모습을 기록한 여행기이다. 그는 지리학과 저널리즘의 관점에서 조선의 객관적 모습을 표현하고자 한다. 조선을 횡단하고 제주도에 도착 후 한라산을 일주하기도 하였다. 그는 주관적 편견과 선입견에서 벗어나 조선의 근대적 상황에서 인접국들과의 정치적 맥락을 해석하였다. 그는 중국을 거쳐 제물포에 입국하여 조선을 방문한다. 그는 중국의 문화 동화와 일본의 문화 모방과 달리 조선은 근대의 폭력에도 자국의 문화를 유지하려는 태도를 긍정적으로 평가하였다.

<표 2> 『독일인 겐테가 본 신선한 나라 조선, 1901』여행 경로

	여행 경로
황해안을 따라	다구의 부두
	만주의 관문, 잉커우
	즈푸에서
	조선으로
	조선의 첫인상, 제물포

---

7) 지그프리트 겐테, 권영경 옮김, 2007, 『독일인 겐테가 본 신선한 나라 조선, 1901』, 책과함께.

한반도를 횡단하다	서울에서 독일 금광으로
	당고개에서 만난 동포들
	금강산의 불교를 보러가다
	영원한 안식의 절, 장안사
	금강산 횡단
수도 서울	도시와 도시인들의 생활
	조선의 궁궐과 다른 여러 모습
모험과 방랑의 섬, 제주도	제주도를 향해
	한라산 정상에 서다
	원치않는 체류
	위험한 귀향

지그프리트 겐테는"처음 조선 해안으로 다가가는 여행자라면, 미지의 세계를 맞이하는 소중한 감정으로 가슴이 벅차오를 수밖에 없다. 여행자들의 눈을 열어주고 감각을 예민하게 하는 귀한 감정(63쪽)을 유지하기 위해 조선의 모습을 있는 그대로 관찰하고자 한다. 물론 그는 극동지방의 정치·경제적 근대의 모습을 취재하기 위해 조선을 방문한 것이지만, 조선의 상황을 과잉 해석하려고 하지 않았다. 그는 조선의 순수한 모습을 보려고 했고, 이를 토대로 근대 조선에서 발생하고 있는 근대화에 내재한 폭력적 요인을 인식하였다. 그는 조선의 문화와 관습이 근대적 상황과 어떻게 매개되고 있는지를 살펴보았다. 조선에 대한 이방인의 시선 못지않게 조선인의 삶을 원주민의 관점에서 이해하고자 했다.

조선의 가난과 희망이 없는 암담한 현실 ……피상적인 여행객들이 내린 이런 부정적 판단들은 모두 서울 남쪽에 우뚝 솟은 남산에서 비롯된 듯하다. 남산 꼭대기에서 내려다보면, 서울과 그 주변은 헐벗은 산림으로 암담하고 황폐한 모습이다. 오래된 화성암에서 예리하게 갈라져 나온 나무 하나 없는 산봉우리들은, 비바람에 마모되어 그 아래 평지에 평화롭게 뻗어 있는 서울을 위협하듯 사납게 내려다보고 있다.

조선의 주요 매력 중 하나로 손꼽는 사시사철 청명한 하늘과 그 속에 뾰족하고 가파르게 솟아 나온 화강암 산들은 더욱 높고 험준해 보인다. 바다나 푸른 평지 등 온화한 풍경이 보이지 않는, 거대하고 황폐한 모습을 보면 어딘지 모르게 절망적이고 우울해진다.[8]

지그프리트 겐테는 "조선의 가난과 희망이 없는 암담한 현실"을 외면하지 않는다. 그는 조선에 대한 선입견이 발생한 이유를 남산에서 발견하고 있다. 조선은 쇄국 정책을 유지하면서 "강대국의 도발적이며 잔인한 이권 다툼의 소용돌이(60쪽)"에 휘말리지 않을 수 있었다. 그는 조선의 서울이 헐벗은 곳으로 오인을 받을 수 있다고 염려한다. 아울러 땔감으로 인한 살림 훼손, 난방 기술, 도로와 성벽, 이동 수단으로서의 가마 등을 언급하면서 조선의 서울에 대한 외관상의 선입견이 타당하지 않다고 말한다. 그는 조선을 둘러싼 정치와 일상을 두루 살피면서 조선이 동서양의 근대화 과정에서 자립과 자생의 길을 선택하면서 보존된 상황을 승인하려고 한다. 그는 "피상적인 여행객"의 단계에서 벗어나 조선의 자연과 문명을 구체적으로 살펴보았다.

3. 빈곤과 전투의 기록: 루돌프 차벨의 『독일인 부부의 한국 신혼여행 1904』

1) 식민지 조선인의 빈곤

루돌프 차벨은 서양중심적 편견의 관점에서 조선인과 대면한다. 그는 조선인이 근대 문명의 주체성을 내면화하지 못한 것으로 간주한다. 그가 조선을 여행하면서 맞닥뜨린 사람들은 한결같이 비인격적이고 비윤

---

8) 지그프리트 겐테, 권영경 옮김, 2007, 위의 책, 202쪽.

리적 속성을 드러내었다. 그가 조선이 식민주의에 처해 있는 곳들을 구경하는 동안 맞닥뜨린 세계는 자신이 기존에 알고 있는 곳과는 달리 계몽과 진보가 성립하지 않았다고 여겼다. 그가 조선을 여행하는 동안 조선인에 대해서는 계몽주의적 관점에서 접근했다면, 조선의 자연경관은 낭만적 경치를 보여주는 것으로 생각하였다. 그는 서울로 가는 길 도중에 곤드레만드레 술에 취해 누워 있는 조선인을 보면서 도락에 빠지고 절제력이 없는 민족이라고 규정짓는다. 그러면서 조선 여인들은 농촌 지역에서 온갖 노동을 전담하고 조선이 남성 중심적 사회 계급 구조를 형성하였다고 생각한다.

빈곤(poverty)은 절대 빈곤과 상대 빈곤으로 구분된다. 절대 빈곤은 전반적인 식량 부족으로 초래된 굶주림과 연관된 생활 조건이다. 반면 상대 빈곤은 선진국에서 발생한 빈부격차를 뜻한다. 절대 빈곤과 상대 빈곤은 공통으로 인간의 기본권이 훼손된 상태이다. 이러한 점을 염두에 두면서, 빈곤은 경제 후생의 관점, 능력의 관점, 사회적 배제의 관점에서 접근할 수 있다. 경제 후생의 빈곤 관점은 빈곤의 절대적, 상대적, 주관적 개념을 사용해 빈곤의 경제학적 수량화를 측정한다. 능력의 빈곤 관점은 교육 수준, 육체 및 정신 건강, 기술, 주거 조건 관련 능력을 고려한다. 사회적 배제의 빈곤은 경제적, 정치적, 시민적, 문화적 활동에서 배제되는 상황이다.[9] 빈곤은 인간이 자신의 자립성과 존엄성을 구현할 수 있는 지향점이지만 사회적으로 규정받지 못할 때 발생한다. 빈곤은 특정 지역의 슬럼화를 초래하고, 개별 사회 내 구성원들의 격차와 불화를 일으킨다.

루돌프 차벨이 조선을 여행하면서 마주한 태도는 푸어 투어리즘(poor

---

9) 박상수, 2004, 「빈곤의 경제철학」, 『산업논총』제20권, 제주대학교 관광과경영경제연구소, 58~62쪽.

tourism)의 속성을 나타낸다. 푸어 투어리즘은 빈곤층의 빈곤 문제를 개선하기 위한 선의의 목적에서 시행되었지만, 현실에서는 빈곤의 고착과 격차가 커지기도 한다. 푸어 투어리즘은 관광 주체와 관광 객체의 균등한 관광적 시선의 교류가 발생하지 못한 채 선진국의 관광 주체가 후진국의 관광객체를 관광소비상품으로 전락시킬 위험이 있다. 현대 사회에서 발생하는 푸어 투어리즘의 문제는 근대 사회에서 발생하기도 했다. 근대 조선의 독일인들이 작성한 타국의 빈곤에 대한 푸어 투어리즘적기록을 살펴보면, 현대 사회의 푸어 투어리즘의 한계를 극복할 수 있다. 현대 사회에서는 빈곤을 관광 대상으로 간주하면서 빈곤 주체와 객체간의 연민의 시선을 교류하지 못하는 상황이 발생한다. 빈곤 객체에 대한 관광 윤리적 태도를 투영하지 못한 상황에서, 푸어 투어리즘은 인간을 포함한 풍경 일체를 소비 대상으로 파악한다. 이러한 현대 사회의 푸어 투어리즘의 한계를 극복하기 위해서는 빈곤을 둘러싼 중심과 주변의 시선에 포함된 심층적 요인을 간파해야 한다.

푸어 투어리즘은 저개발 국가에서 슬럼 투어를 진행하는 여행 상품으로서 타국의 빈민가에서 사는 현지인들의 삶을 공감하는 과정을 거쳐 빈민국의 경제적 조건 개선을 도모한다. 푸어 투어리즘이 타국의 빈곤을 관광 산업을 통해 개선하려는 산업 전략의 소산이다. 빈곤 경감(alleviation of poverty)을 위한 관광 형식을 개발하는 과정에서 대안 관광(alternative tourism)과의 연계가 진행 중이다. 지속가능한 관광(sustainable tourism), 생태 관광(ecotourism), 책임 관광(responsible tourism), 지역공동체중심관광(community-based toursim), 공정무역 여행(fair trade in tourism) 등 개발도상국의 안정적 경제 지원과 연계하는 모습을 보인다. 그런데 빈곤의 관광화는 관광지의 슬럼화를 초래하기 때문에 이에 대한 관광윤리학적 접근이 필요하다. 빈곤 관광은 경제적 혹은 사회문화적 어려움에 부닥친 지역 주민의 삶에 투영된 역사 문화를 긍정적으로 구현하는 지역공동체를 중시하는 관광이지만, 슬럼 지역 사람들의 생활 모습을 보여주는 과정에서 사회 서비스에 기반을 둔 물리적 인프라가 취약하고, 안정되고 쾌적한 공간에 대한 접근성도 제약되어 있다는 점을 염두에 두어야 한다.[10] 객체가 처한 빈곤의 풍경은 자생적 요인을 내포할 수 없지만, 기록과 기억의 과정을 거치면서 연민의 목소리를 잉태할 수 있는 지형을 확보할 수 있다. 그는 푸어 투어리즘적 관점에서 근대 조선의 정치적 혹은 경제적 난국을 실감하면서, 조선의 보편성과 특수성을 동시에 살펴보았다.

> 일본 경찰의 규정에 물들지 않은 한국인의 삶을 처음 관찰하게 된 것도 바로 이런 마을에서였다. 무엇보다도 아낙네들의 옷차림새가 우리의 시선을 끌었다. 그 옷은 품이 넓은 아마포 바지를 치마가 싸고 있는 모양이었다. 옷은 아시아식으로 잘 알려진 방법으로 입고 있었는데, 위가 넓게 트인 치마를 허리에 꼭 맞게 두른 뒤 남는 부분은 둘둘 말아 허리춤에 집어넣는 식이었다. 여성의 상체를 덮고 있는 것은 짧은 아마포 저고리로서 긴 소매가 짤막한 몸통 부분과 강한 대조를 이루고 있었다. 저고리는 목과 가슴 위쪽만 감싸고 있을 뿐, 허리띠 윗부분과 젖가슴은 훤히 드러나 있었다.[11]

루돌프 차벨은 일본 식민지 시스템이 작동하지 않는 한국인의 삶을 처음으로 대면한 상황을 보여준다. 그는 조선에서 발견되는 서양식 예절 감각이 없는 모습에 당혹스러워 한다. 아낙네들이 노출이 심한 옷을 입고 있다. 그는 조선 아낙네의 옷차림만으로 성도덕이 문란하다고 생

---

10) 김옥희,2020,「빈곤관광을 위한 관광지의 슬럼화의 관광윤리학적 쟁점 분석 및 도시재생모델의 대구성」,『문화와 융합』제42권 제11호, 한국문화융합학회, 379쪽.
11) 루돌프 차벨, 이상희 옮김, 2009, 위의 책, 201~202쪽.

각한다. 그는 예절 감각이 풍습과 유행의 산물이라는 점을 고려해 유럽의 예절 감각을 조선에 강요할 수는 없다고 말한다.

루돌프 차벨은 원산에서 아이들, 아낙네, 짐꾼 등 조선의 서민들이 살아가는 것을 살피며, 조선인들의 비루한 삶의 모습을 나타낸다. 그런데 그는 이들과는 다른 계급과 신분에 속하는 지체 높은 사내들의 옷차림을 언급한다. 서민과 지체 높은 사람들의 신분과는 다른 계급은 한국 병사들이었다. 한국 병사들 사이로 신분 높은 사내가 나타나 거래를 일삼는 모습을 본다. 한국의 건어물 상점에서 나오는 악취를 견디기 힘들어하고, 식민지 시대에 접어들어 수입된 저급한 신상품이 우수한 옛 물건들의 자리를 차지하는 퇴락의 순간을 감지한다. 그는 한국 군대의 병사들이 누추할 뿐만 아니라 게으른 부류에 속한다고 생각한다. 그가 조선인의 일상을 보면서 빈곤과 태만의 형식이 드러나는 것은 조선인들이 오랫동안 타국의 지배를 받아 노예 상태에 빠져 있고 압제에서 벗어나지 못했기 때문이라고 생각한다. 타국에서 여행하는 동안 초래되는 불편함을 조선 민족의 타율성에서 발생했다고 간주하는 태도는 올바르지 못하다. 그는 조선인의 평균적 모습을 부정적으로 간주한다. 그가 조선인과 직접 대면하면서 체득한 조선인에 대한 관념을 논리적으로 비약한 측면이 있다. 그렇지만 조선 문명이 서양처럼 발전하지 않은 상황에서 목격한 모습에서 조선인에 대한 편견이 강화되었다고 볼 수 있다.

한국인들은 대체로 쉬이 도락에 빠지고 절제라고는 모르는 민족인 듯했다. 내륙 사람이라고는 예외는 아니었다. 길 위에 허연 무언가가 누워 있는 장면을 허다하게 볼 수 있었으니, 장터에 다녀오다 곤드레만드레 취해 집에도 못가로 길바닥에서 곯아떨어진 사람들이었다. 이를 목격한 우리 짐꾼들이 입맛을 다시는 건 당연한 일이었다. 이들이 울적한 표정으로 단잠에 빠진 취객을 내려다 볼 때는 나조차 마음이 짠

해지곤 했다. 그러면 나는 자루에서 돈 몇 푼을 꺼내어 이들이 주막에서 술판을 벌이게끔 선심을 베풀었다. 한국의 남정네들이란 본디 유유자적한 삶을 즐기는 작자들 같았는데, 일도 집안 여자들 손에 맡겨 버리기가 일쑤였다.[12]

루돌프 차벨이 타국의 경치와 인간을 살피는 과정이다. 낯선 방문객이 타국에 등장하는 순간 원주민들은 방문객을 호기심으로 대상으로 여긴다. 루돌프 차벨 일행이 용지원 주막에 도착해 짐을 풀고 비누 거품을 내어 먼지를 씻으려고 할 때, 동네 사람들이 자신들의 주위를 둘러싸고 있다는 것을 알았다. 여행 주체가 여행 객체가 되는 상황이 발생한다. 조선인 구경꾼들은 비누 거품을 신기하게 여겼다. 그때 미남 청년 엄 서방이 조선의 구경꾼들을 물리쳤다. 그렇지만 조선의 구경꾼들은 발길을 돌리지 않고 루돌프 차벨의 주변을 맴돌았다. 이러한 모습을 그는 사진으로 남겼다. 그는 조선의 구경꾼을 통해 기이한 민족이라고 여기고, 조선의 자연경관은 아름답다고 생각하였다. 이러한 그의 시각은 푸어투어리즘적 요인을 포함하고 있고, 조선의 민속과 삶의 긴밀한 관계를 고찰하려는 인식의 한 면모를 파악할 수 있다.

2) 일본 허상과 야망 발견

루돌프 차벨은 외적으로는 조선에 신혼여행을 떠났지만, 실질적으로 러일전쟁 전후의 조선 상황을 취재하려고 하였다. 그는 빈, 브루크, 트레에스테, 브린디시, 알렉산드리아, 포트사이드, 수에즈 운하, 홍해, 페낭, 싱가포르, 일본의 고베, 시모노세키를 거쳐 부산항을 통해 조선 여행을 시작하였다. 그는 서양에서 동양으로 진입하는 과정에서 서양의 세속 모

---

12) 루돌프 차벨, 이상희 옮김, 2009, 위의 책, 397~398쪽.

습과 일본 식민주의의 문제점을 날카롭게 파악하였다. 그는 종군기자로서 서양과 동양에서 발생하고 있는 전시 국면의 현상과 양상을 보도하는 형식을 표현하였다. 그는 포트사이드에 머무는 동안 전쟁 소식을 전해 들었다. 비레니우스 제독 휘하의 러시아 함대가 홍해에서 머물며 영국 선박을 정지하거나 전시 금수품 탑재 여부를 검문하자, 프랑스령 지부티에서 회항하였다. 이러한 상황에서 러시아 함대가 다시 출현하자 포트사이드에서 혼란이 발생하였다. 그는 조선에 입국하는 과정에서 로이터 전보를 포함한 언론 매체의 기사를 접하였다. 그는 페낭에서 영국과 일본이 동맹을 맺은 사실을 기록하고, 일본의 뤼순 점령에 대한 정치적 의미를 분석하였다.

순진한 독일은 보유한 지식과 기술을 전수했고, 이것들이 언젠가 자신을 겨누는 부메랑이 되리라고는 전연 의심치 않았다. 과연 일본은 그 기술들을 모두 제 것으로 만들어 냈다. 이들은 말하자면 악마를 물리치기 위해 악귀를 끌어들인 셈이었다. 뒤늦게야 얼마나 훌륭한 제자를 두었는지 깨닫게 된 우리는 놀라움을 감추지 못했다. 그 제자는 무장에 성공함으로써 우리가 그를 얼마나 강인한 젊은이로 키워냈는지 보여주었을 뿐만 아니라, 신흥 산업을 육성함으로써 동아시아 전역에서 우리의 산업을 위협할 만한 수준에 이르렀다. 우리가 겉으로는 일본인에게 서양식 교육을 시켰을지 모르지만, 우리의 문명 수단을 이용하는 데 필요한 성품과 도덕까지 서양식 규범에 맞게 교육하는 일은 미처 생각하지 못했던 것이다. 그리하여 그들은 배워간 권력 수단을 맘대로 사용하며, 특히 무역 시장에서 우리를 한껏 조롱하기에 이르렀다.13)

루돌프 차벨은 서양의 관점으로 일본이 서양의 근대화를 모방하는 과정에서 철저하게 서양을 자국화하는 태도의 문제점을 파악하였다. 일본이 메이지 유신을 통해 서양 모방 뿐만 아니라 자국의 실질적 이익을 자

---

13) 루돌프 차벨, 이상희 옮김, 2009, 위의 책, 80~81쪽.

생적으로 도모하는 행위에 담긴 정치적 맥락이 중요하다고 생각하였다. 그는 독일과 유사한 사고와 감성을 지닌 일본의 리얼리티를 명확하게 파악해야 한다고 생각하였다. 메이지 유신에서 서양 문화 내재화의 실체는 존재하지 않는다고 지적하였다. 이토 후작을 포함한 서양화 기반 근대화 프로젝트는 일본이 서양 모방 단계에서 벗어나 서양까지 침범할 수 있는 힘을 발견해야 한다고 지적한다.

루돌프 차벨은 일본 언론이 자국 이미지를 조작하는 방식을 통해 독일 내에서 일본에 대한 이미지를 긍정적으로 만들기 때문에 일본의 실체를 파악하지 못한다고 말한다. 그는 조선을 여행하기에 앞서 동아시아에 작동하는 일본의 근대화에 내재한 폭력을 예감하였다. 일본이 서양 제국주의 형식을 차용하는 과정에서 동아시아에 서양식 근대화를 작동하는 힘의 맥락을 분석하였다. 독일이 일본 국내 정세를 면밀하게 살피지 못한채 서양중심주의적 관점에만 머물고 있다는 자각은 일본 언론의 선동술에 정치적으로 종속되는 형국이다.

> 이 같은 협상 과정에 당연히 방해 공작이 없을 리 없었다. 하지만 성공의 결정적 요인은 첫째로, 종군기자 자격으로 가는 대신 학술 여행을 떠난다는 점을 강조한 것이다. 둘째는 한국이 전장의 일부라고는 하지만 국제법상 엄연한 독립국이므로 일본 측이 여행에 필요한 허가서를 발급해 주지 않는다면, 서울로 가서 그곳 독일 변리공사의 보호를 받을 것이라고 말한 점이다.14)

루돌프 차벨은 종국 기자 지침서에 따라, 한국 주둔 부대를 찾아 압록강으로 갈지, 뤼순 공략에 나선 노기 부대로 갈지, 랴오둥에 상륙하려는

---

14) 루돌프 차벨, 이상희 옮김, 2009, 위의 책, 130쪽.

구로키 부대로 갈지 고민하였다. 그가 일본을 떠나 조선으로 여행지를 선택한 후, 한국 원정을 떠날 수 있었다.

3) 압록강 전투와 제물포 해전

루돌프 차벨은 러일전쟁 전후에 조선의 상황을 주목한다. 그는 마산포 쟁탈전, 압록강 전투, 제물포 해전과 같이 근대 조선에서 발생한 전쟁의 위험을 직시한다. 그는 조선이 주체적이고 자립적 국가 위상을 정립하지 못한 채 서구 열강과 일본 사이에서 국권을 상실해나가는 과정을 취재하였다.

> 최초의 대규모 지상 작전이 펼쳐졌다. 러시아군을 한반도 북부에서 밀어낸 일본군은 압록강 전투를 계기로 러시아군을 만주로 퇴각시키는 데 성공했다. 우리가 압록강 전투에 관한 제1신을 들은 것은 이번에도 유럽을 통해서였다.15)

일본군은 러시아군을 한반도 북부로 밀어내고 만주로 퇴각시켰다. 루돌프 차벨은 압록강 전투에 관한 1신을 유럽을 통해서 들었다. 일본 진영에 있던 종군기자 들은 일본 내의 취재 방해로 말미암아 취재를 중단한 채 귀국하였다. 종군기자는 무관과 더불어 사령부에 머물고 전투 중에는 작전 지휘자가 근접해 있는 것이 관례이다. 일본 참모부 장교는 안전 보장의 명분으로 무관과 종군기자를 분지로 이동시켜 자신이 목적한 전쟁 상황 중 알리고 싶은 부분만 설명해 주었다. 도쿄 주재 독일 특파원들은 전장에 나가지 않더라도 기사 송부가 가능하였다.

---

15) 루돌프 차벨, 이상희 옮김, 2009, 위의 책, 122쪽.

원산행 기선들이 출항 직전 번번이 취소되는 사태를 본 우리는 동해가 여전히 위험 지역이라는 것을 추측할 수 있었다. 블라디보스토크 함대가 얼마 전 원산항으로 와서 일본 상선 두 척을 어뢰정으로 격침했다는 소식도 들려왔다. 뿐만 아니라 정력적인 스크리들로프 제독이 지휘하는 그 블라디보스토크 함대는 병력 수송 중이던 또 다른 일본 상선을 동한만에서 침몰시키기도 했다.[16]

루돌프 차벨은 부산에 도착한 후 전쟁 소식을 듣지 못했다. 부산항에 주둔하고 있는 일본군이 병력을 북으로 파병한 사실을 염두에 둔다면, 러시아에 대한 군사력의 우위를 점했다고 생각할 수 있었다. 그는 원산행 기선의 출항 취소가 빈번하게 일어나자 동해가 위험 지역이라고 생각한다. 스크리들로프 제독의 블라디보스토크 함대가 일본 상선 두 척을 격침하고, 병력 수송 중이던 일본 상선을 동한만에 침몰시켰다. 일본 병사들은 투항을 거부한 채 러시아 선단에 총격으로 응수하였다. 이에 러시아 해군 역시 일본 선원들을 향해 무차별 함포 공격을 감행했다. 러시아 포탄 공격에도 불구하고 살아남은 일본 군인들은 할복자살을 시작했다. 차벨의 글에서 보여지는 러일전쟁의 모습은 일본 군인의 '할복자살'로 이미지화되어, 광기에 찬 전쟁 상황이라는 점을 알 수 있다.[17]

제물포는 러일전쟁이 시작된 곳이기도 했다. 당시 러시아 전함 카레에츠호와 바략호는 일본의 공격을 받은 뒤 자폭하였다. 현재 바략호의 인양 작업이 한창이나 아직까지는 별다른 성과가 없는 실정이다. (중략) 만일 러시아 함장이 이 명령에 불복했다면 과연 어떤 상황이 벌어졌을까? 항구에는 여러 척의 유럽 선박들이 장기 정박중이었거니와, 중립항에 정박한 배를 공격하는 행위는 해당국의 중립성에 대한

---

16) 루돌프 차벨, 이상희 옮김, 2009, 위의 책, 179쪽.
17) 이승은, 2020, 「서구인의 기행문에 재현된 '동양적 자연'의 표상-동해 기행문을 중심으로」, 『리터러시연구』제11권 제6호, 한국리터러시학회, 640쪽.

공격일 뿐만 아니라 국제법 정신을 해치는 일이기도 했던 것이다. 아무튼 일본의 요구에 굴복한 러시아인들은 항구 밖에서 일본 함대의 공격을 받은 뒤 전투력을 상실했고, 일단 귀항한 다음에 결국은 자폭의 길을 선택하고 말았다. 18)

루돌프 차벨은 제물포행 열차를 탔다. 그는 한강을 지나면서 철로를 발판으로 한반도의 일본화가 진행 중이라는 점을 알아차린다. 철로변에는 건설 현장이 목격되고, 일본인 거류지가 늘어나면서 일본인 이주민을 자주 발견할 수 있었다. 일본은 자국 영토만으로 일본 국민을 부양하는 데 한계가 있어 한국에 대한 팽창 정책의 불가피성을 설파하였다. 그러나 그는 일본의 주장이 타당하지 않다고 말한다. 서울과 제물포 구간에는 병참 기지가 들어서고, 유럽인 거류지가 생겨났다.

루돌프 차벨은 제물포 해전의 문제를 거론하면서 러일전쟁이 조선에 끼친 악영향을 고찰하였다. 러일전쟁의 최초 해상 전투인 인천 해전은 일본이 승리했고 여순항 기습과 봉쇄 작업과 더불어 일본이 서해 제해권을 장악하여 안정적 군병력과 군수물자를 수송할 수 있는 여건을 마련했을 뿐만 아니라 한반도로 군대를 파견할 수 있는 거점을 확보하였다.19) 그는 종군기자로서 조선을 중심으로 발생한 러일전쟁의 전후 사정을 언급하였다. 러일전쟁은 제물포에서 러시아와 일본의 정치적 투쟁이 시작된 카레예츠호와 바략호 사건을 집중적으로 조명하였다.

순양함 바략은 러일 대립의 고조기인 1904년 1월 12일에 제물포에 정박 중이던 2급 순양함 보야린의 거대함으로 제물포항에 입항한 후, 카레예츠가 여순에서 제물포와 합류하였다. 일본은 조선 주재 러시아 공

---

18) 루돌프 차벨, 이상희 옮김, 2009, 위의 책, 442~446쪽.
19) 심헌용, 「러일전쟁 시기 러·일 양국군의 한반도 내 군사활동」, 『아시아문화』제 21호, 한림대학교 아시아문화연구소, 17쪽.

사관과 제물포항의 러시아 군함이 여순항의 러시아 함대와 연락을 차단하기 위해 조선 전신국의 전보를 강제 억류하고 전신선을 단절시켰다. 여순항의 카레예츠호가 러시아 공사의 서신을 전달하기 위해 출항하였지만, 제물포 정박지 출구에 있던 일본 함대의 공격을 받아 회항해야만 하였다. 이에 일본 함대는 카레예츠에 어뢰 3발을 발포하고 여순으로 돌아가는 것을 저지하였다. 결국 바략과 카레예츠호는 일본의 집중적 공격을 받아 침몰하였다.[20]

그는 제물포에 머물면서 전쟁 소식을 직접 들었다. 그중에 히로세 다케오(廣瀬武夫)의 전쟁 일화를 소개하였다. 히로세는 뤼순항 어귀에서 화공선을 지휘하고 있었는데, 자신의 함선에 구멍을 내고 배를 수로까지 예인해 간 부하들과 보트를 타고 내려가 러시아의 집중포화 속에서 보트에서 하사관이 사라진 사실을 발견한다. 실종된 하사관을 찾으려는 순간, 그는 러시아 포탄을 맞고 죽음을 맞이하였다. 그때 그의 귓불만이 유품이 되어 도쿄로 보내져 일본의 애국자 공적을 칭하는 그림에 등장했다. 일본에서 군신(軍神) 전선의 지휘관으로 전사한 영관급 장교, 전쟁의 귀추를 좌우하는 큰 작전을 지휘, 쇼와 이후 집단에서 자신의 목숨을 걸고 작전을 수행한 젊은이로 분류할 수 있다. 히로세 다케오는 부하에게 추앙받은 고결한 지휘관으로 칭송받는다.[21]

그는 압록강 전투와 제물포 해전을 거론하면서 조선에 발생하고 있는 일본의 식민주의가 견고하게 진행되고 있다는 점을 예감하고 있다. 아울러 조선이 외적으로는 일본식 근대화를 수용하는 것처럼 보이지만,

---

20) 카타예프, 신세라, 정재호 옮김, 2013, 『제물포해전과 ≪바략≫』, 글로벌콘텐츠, 12~16쪽.
21) 山室建德, 2012, 「일본 근대 군신상(軍神像)의 변천」, 『일본학연구』 제37집, 단국대학교 일본연구소, 11~14쪽.

실질적으로 조선이 일본에 정치·경제적으로 종속될 수 있다고 생각한다. 일본은 청일전쟁과 러일전쟁을 거치면서 군사력을 강화하는 동시에 조선의 자립을 훼손하고 고립을 유도하는 전략을 구사하였다. 그는 전투와 전쟁의 실상을 보도를 통해 감지하는 방식으로 조선이 일본의 식민지배를 외면할 수 없다고 생각한다.

4) 식민지 조선의 정세

루돌프 차벨은 전쟁과 식민이 교차하는 조선의 모습을 목격한다. 그는 조선이 이미 서양뿐만 아니라 일본의 식민주의 정책에 따라 국가로서의 자주성을 상실하고 있다고 생각하였다.

> 철로를 발판으로 한반도의 일본화가 차근차근 진행 중임을 우리는 이곳 구간에서도 똑똑히 볼 수 있었다. 철로 변 곳곳에서 일본인들의 건설 현장이 목격되었고, 일본인 거류지가 우후죽순처럼 생겨나고 있었다. 또 여행 중 일본인 이주민이 있는 곳에서라면 어김없이 눈에 띄었던 점을 여기서도 재확인할 수 있었는데, 그것은 이들이 하나 같이 상인 아니면 노동자였으며 농업 이주민은 하나도 없다는 사실이었다. 일본은 자국 영토로는 국민들을 부양하는 데 충분하지 않다는 이유를 내세우며 한국에 대한 대한 팽창 정책의 불가피성을 역설해 왔으나, 내가 목격한 사실은 일본 측 주장이 얼마나 공허한 것인지를 여실히 증명하고 있었다.[22]

루돌프 차벨은 일본을 떠나 부산항에 도착하였다. 부산에 도착하고도 일본의 모습이 여전히 보일 뿐이었다. 우여곡절 끝에 통관 검사를 마치고 숙박할 호텔을 찾고, 양식당에서 식사를 하는 등 조선에서의 일상을 보내기 시작했다. 그는 부산에서의 시계들이 제각각 시간을 알려준다는

---

22) 루돌프 차벨, 이상희 옮김, 2009, 위의 책, 437~438쪽.

점을 발견하고는 일본의 식민정책의 문제점을 지적하였다. 일본이 지역 자침의 편차를 고려하지 않았다는 점을 언급한다. 일본이 과거 한국의 남해안에 정착했다는 점을 토대로 타국에 대한 역사적 권리를 주장하였다. 만주 내 러시아의 움직임에 대응하기 위해 동아시아에서 일본이 식민화를 추진하였다. 일본은 러시아를 포함한 서구식 식민정책을 모방하는 과정을 거쳐 경제적 혹은 정치적으로 동아시아 지역의 식민화를 적극적으로 개진하였다. 러시아와 마찬가지로, 일본 역시 철도 개발 사업을 추진하면서 주식 매입 방식을 활용해 한국의 일본화를 강행하였다. 러시아와 일본은 자국의 이익과 식민 전초 기지를 둘러싸고 무력 충돌을 벌였다. 부산 뿐만 아니라 마산포 역시 일본이 러시아를 상대로 정치적 혹은 경제적 이권을 독점하였다. 부산은 조선의 도시가 아니라 서양을 이식한 일본의 모조품의 모습을 드러내고 있었다. 그는 일본 지배가 견고하게 진행되는 부산의 모습이 아니라 한국인 본연의 모습을 보기 위해 한국인 마을로 나들이를 떠났다. 부산의 한국인 거주지는 근대적으로 변용되지 못한 채 툇마루와 네모난 마당을 중심으로 퇴락하고 누추한 곳으로 문명의 발전과는 무관한 곳처럼 보였다. 그는 서울로 가기 전에 밀양역을 목적지로 삼아 정찰 여행을 떠났다. 동래역을 지나 낙동강을 끼고 도달한 곳에서 "일본 경찰의 규정에 물들지 않은 한국인의 삶(199쪽)"을 관찰할 수 있었다. 그는 아낙네들의 옷차림을 보면서 풍습과 유행의 상대적 요인을 인식하였다.

부산에서 원산으로 이동하기 위해 우라토마루 일본 기선을 이용하였다. 우라토마루 호에서 일본인들과 갈등을 겪기도 했지만, 무리 없이 원산에 도착하였다. 원산 지역 역시 부산과 마찬가지로 조선이 일본식으로 개조되는 모습을 보여준다. 아울러 조선인 거주지와 일본인 거주지가 분리되어 있었다. 이러한 양상은 식민주의의 동화와 배제 원리가 일상에서 작용하고 있다는 점을 보여준다.

> 한국인들은 거래에서 매우 좀스럽기로 유명했다. 말은 많은 데다 몇 푼을 두고 맹수처럼 싸웠고, 엽전 세 닢을 받아 내기 위해 기꺼이 사흘을 허비했다. 하지만 사흘 뒤 세 닢을 얻지 못해도 개의치 않는 이들이 또 한국인이었다. 이들은 지극히 신뢰하기가 어려웠다. 그 생활 신조가 다름 아닌'되도록 돈은 많이, 일은 적게, 말은 많게, 담배도 많이, 잠은 오래 오래'였다. 때로는 거기에 주벽과 바람기가 추가되었다. 술 취한 한국인이 길거리에 누워 있는 모습은 흔한 구경거리였고, 여자 문제로 살인이 나는 것도 드문 일이 아니라고 했다. 보다시피 평균적인 한국인의 모습은 그다지 유쾌한 게 아니었다. 이런 모습은 결국 수천 년간 이어져 온 노예 상태와 압제에서 비롯된 것이리라. 여기에서 좋은 것을 기대한다는 게 오히려 이상한 일이 아닐까?[23]

루돌프 차벨이 원산에서 조선인을 바라보는 시선에는 서양중심주의적 관점이 반영되고 있다. 그는 조선의 상점, 군대 등 조선 전반이 서양과 견주어볼 때 문명의 단계에 진입하지 못한 것으로 생각하였다. 그는 조선뿐만 아니라 일본까지 포함한 동양의 문화 단계는 야만에 머물러 있다고 여긴다. 아울러 조선은 근대화에 진입하지 못한 채 제국주의와 식민주의에 무비판적으로 노출된 상황에서 문명과 문화의 발전을 도모할 능력이 없다고 생각하였다. 일본 식민주의는 자국의 경제적 이익을 극대화하기 위한 수단으로서 조선의 물적 토대를 착취하였다. 조선인의 노예적 상태는 조선에서 흔히 볼 수 있는 구경거리였다는 언급은 조선의 근대적 전환이 제대로 이루어지지 않았다는 점을 고려하더라도, 조선인들이 식민지 상황에서 속수무책으로 일상에 처한 모습을 보여준다.

---

23) 루돌프 차벨, 이상희 옮김, 2009, 위의 책, 242쪽.

장기간의 금 채굴권이 독일, 미국, 영국, 프랑스를 비롯해 최근에는 일본의 손으로 넘어갔지만 특이하게도 미국과 일본의 사업만이 번창하고 있었다. 당고개에 있는 독일의 대규모 금광은 한 때 많은 기대를 모았으나 현재는 운영이 전면 중단된 상태라고 들었다. 독일 금광이 실패한 데는 아마도 매장량이 부족하다는 것보다는 다른 더 중요한 이유가 있었을 것이다.

한국인들의 금 채굴 방식이 원시적이라고 말했는데, 이들은 추려 온 충적층 자갈을 길쭉한 함지나 어슬프게 설치한 경사면에 놓고는 길어 온 물을 끼얹어 가며 자갈들을 씻어 냈다. 또는 산허리에 드러난 석영 광맥을 직접 공략하기도 했다. 다시 말해 풍화 작용으로 노출된 현장에서 광석을 분리해, 망치로 큰 덩어리를 잘게 부숴 차곡차곡 철판에 담은 뒤 불 속에 집어넣는 방법이었다.[24]

루돌프 차벨은 서울 가는 길의 자연 경치를 만끽하면서 상봉암리 제련소를 경유하였다. 당고개 금광 채굴은 채굴 과정이 합리적으로 이루어지지 않았다. 상봉암리 제련에서는 갈색 철광석과 쇠붙이들이 널려 있었다. 길가의 작업장은 막돌과 점토를 섞어 만든 제련소와 옹기들이 들어간 창고로 이루어져 있었다. 용광로의 핵심인 점토와 돌로 만든 큰 통이었는데, 용해된 금속을 받아 모은 듯한 질그릇이 구비되어 있고, 광석과 목탄의 혼합물에 숯불을 피워 점토로 덮어 두었다. 원시적 용광로에서 이루어지는 작업은 원하는 결과를 기대할 수 없었다. 제철로의 입지는 대로변에 위치해, 노 주변의 암반 노두에서 채광할 수 있는 광산이고, 노의 본체는 석재와 점토를 이용하여 축조하여 노 양쪽으로 점토와 석재를 이용하여 경사면을 이루어 조성하였고, 직육면체 상자 모양의 풀무를 이용하는 송풍은 손풀무로 사용되었고, 솥 용범을 활용하였다는 점을 고려한다면, 제련 공정을 통해 선철을 생산하여 도가니로 옮겨 솥

---

24) 루돌프 차벨, 이상희 옮김, 2009, 위의 책, 404~405쪽.

을 만드는 작업이었다는 점을 알 수 있다.[25]

5) 조선 독립 역사의 논리적 비논리

　루돌프 차벨은 조선을 여행한 후, 조선 독립의 역사를 통시적으로 접근한다. 한국을 방문하고 한국의 변화무쌍한 역사적 변화 과정을 염두에 두면서 일본이 조선의 정치적 상황을 악화시킨다는 점을 언급한다. 「한국 '독립'의 역사」에서 "한국의 과거사는 숱한 내전과 이웃 국가들이 감행한 일련의 침략 전쟁(454쪽)"으로 규정짓는다. 그는 종군기자를 자처하면서 조선을 취재 여행하면서 조선에서 진행되고 있는 제국주의와 식민주의의 영향을 살펴보고자 하였다. 개항과 청일전쟁, 시모노세키 조약과 러일 대립, 러일 양국의 개전(開戰) 외교, 러일전쟁과 한일 관계를 고찰하고, 그에 대한 조선의 역할을 논한다.

　조선은 중국과 일본 사이에서 정치적 긴장 관계를 유지하면서 동아시아에서 지형학적 힘을 유지하였다. 윤요호 사건, 강화도 조약, 한영수호통상조약, 임오군란, 한청상민수륙무역장정, 텐진조약, 청일전쟁으로 이어지는 일련의 정치적 격변 과정에서 조선은 국내외적으로 궁지에 몰렸다. 을미사변과 아관파천 등의 격변이 이어지면서, 러일전쟁의 국면까지 다각도로 제시한다. 그는 독일의 정치·경제적 이익을 고수하기 위해 필요한 요건을 제시하는 것으로 글을 맺는다. 이러한 시각은 서양 제국주의적 입장이 반영된 것으로 생각할 수 있지만, 조선이 처한 불합리한 모습을 제시하는 것으로 볼 수 있다.

---

25) 조록주, 2021, 「루돌프 차벨 기행문으로 살펴본 1904년 제철로 양상 검토」, 『중원 문화제연구원』 제6권, 중원문화재연구원, 81~82쪽.

러시아는 압록강 유역에서도 활발한 활동을 펼쳤는데, 지난 60년간 그들이 추구해 온 극동 진출의 원칙을 잘 들여다보면 그 의도는 분명해진다. 다시 말해 늘 그렇듯이 몰래 뒷문으로 들어가 여타 이해 관계국들을 우롱하며 슬그머니 한국에 둥지를 틀려는 게 러시아의 속셈이었던 것이다.[26]

청일전쟁 이후 일본은 러시아와의 정치적 긴장이 발생하였다. 조선의 요청에 따라, 러시아는 조선에서의 영향력을 강화하였다. 일본 역시 조선에 대한 정치적 영향력을 포기하지 않았다. 루돌프 차벨은 "러일 양국은 갈수록 '한국의 독립'이라는 말을 강조하는데, 이는 이권 쟁탈에 나선 자국의 집중 공세를 감추려는 속셈(475쪽)"이 은폐되어 있다고 지적한다. 서양 열강들이 자국의 이익을 고수하기에 급급했던 것과는 달리, 일본은 만주와 조선에 대한 자국의 이익을 극대화하기 위해 다른 서양 열강의 영향력을 근절하기 위한 외교적 조치를 감행하였다.

중국에 관해서라면, 조약 열강들은 통상의 자유를 위해 중국의 독립과 영토 보전을 지지하고 있었다. 그리고 이를 '문호개방정책'이라고 불렀다. 한국에 진출한 일본 역시 '문호개방' 원칙에 전적으로 부응한 가운데 한국의 독립과 영토 보전을 지지하고 있었다. 하지만 그 열린 문으로 들어갈 자격은 오직 일본에게만 있었고, 일단 들어간 다음에는 거만함에 부풀대로 부풀어 버렸으니, 그런 곳에 다른 나라들이 끼어들 자리라고는 도무지 찾아볼 수 없었다. 이것이 바로 흔히 말하는 정치적 귀결이라는 것이었다.[27]

루돌프 차벨은 러일전쟁 전 러시아와 일본간의 외교적 상황을 구체적으로 언급하고 난 후, 러일전쟁과 한일 관계 문제를 한일의정서를 중심

---

26) 루돌프 차벨, 이상희 옮김, 2009, 위의 책, 482쪽.
27) 루돌프 차벨, 이상희 옮김, 2009, 위의 책, 525쪽.

으로 논의한다. 형식적으로는 조선과 일본이 상대국을 인정하는 것처럼 보이지만, 일본이 조선을 위한다는 명분으로 전략적으로 조선 땅을 점령할 특권까지 확보하였다. 그는 근대 조선에서 발생한 문호 개방이 외적으로 드러나는 바와는 달리, 각국의 정치적 야욕이 숨어 있다는 점을 폭로한다. 문호 개방의 협정문은 정치적 수사에 불과하고 조선이 처하게 될 불이익과 불평등을 노골적으로 드러내는 것이다. 일본은 조선 독립을 위한다는 명분 하에 러일전쟁을 감행하였다. 조선은 정치적 책임만 질 뿐, 일본 주도하에 조선의 운명이 결정 지어지는 악순환이 발생하였다. 일본은 정치적으로 논리적 타당성과 정당성을 확보한 것처럼 보이지만 실질적으로는 일본의 조약상 권리만을 조선에 강요하는 비논리적 요소로 간주할 수 있다. 이상과 같이 조선 독립의 과정은 일본의 제국주의적 혹은 식민주의적 '속셈'을 숨긴 채 "맥없고 비호전적인 이 나라 백성(537쪽)"들에게 자국의 주권을 박탈하는 행위였다. 물론 그가 일본의 조선 침탈 과정에 나타난 비논리적 측면을 고발했지만, 그 역시 독일의 정치 경제학적 이익을 도모할 필요가 있다는 점을 주장한다. 그런데도 일본의 제국주의와 식민주의가 작동하는 방식 이면에 "조약 열강의 이익을 무시한 채 한국에서 차지한 권력을 무기로 경제 및 통상 분야에서 자국만의 특수 이식을 장려(566쪽)"할 것으로 전망하고, "일본이 한국에서 거둔 성공과 그 일방적 행동으로 말미암아 수수하게 경제적 차원에서 극동 정세에 관심을 갖고 있던 조야국들의 공동 이익이 심각한 위협을 받게(569~570쪽)"된 것이라고 논의한다. 이러한 상황에서 조선 독립의 역사는 자율성과 주체성을 견지하지 못한 채 일본과 서양의 종속적 지점에 놓여 있을 뿐이었다.

4. 학살과 자연: 지크프리트 겐테의 『독일인 겐테가 본 신선한 나라 조선 1901』

1) 해안 경관과 조약 항구 전망

지그프리트 켄테는 중국전쟁이 끝난 후 1901년 6월까지 『쾰른 신문』 특파원으로 전쟁터에 머물다 텐진에서 다구를 거쳐 조선의 제물포로 입국하기 위해 일본 해운회사 니폰 유센 카이사의 '타메가미 마루 호'에 승선하였다. 그는 조선에 가기에 앞서 극동아시아 전역에 일본 제국주의의 영향이 심대하게 끼치고 있다는 점을 자각하였다. 배 운항은 나가사키 항에서 화물 선적 운항 관계로 정기 운항 노선이 지연되고, 뤼순항에서는 보일러 공사로 일정 지체되기도 하였다. 그는 일정이 지체되는 동안 피네스 함재용 중형보트에 승선하기만을 학수고대하였다. 그는 피네스 함재용 중형보트가 출항하지 않자 갑판에서 해안 경관을 살펴보았다. 해안 위를 유영하는 중국 정크와 외국 전함을 보면서 무의미한 해안 풍경을 관찰하였다. 퇴역 군인들은 배의 물품을 옮기면서 무료한 일상을 보내고 있었다. 대형 하적장에서는 물품을 불법적으로 반출하는 일이 속출하였다. 이러한 모습은 국제 정치적 격변이 발생하고 있다는 점을 보여준다. 국가 간의 군사적 긴장이 흐르는 가운데 개별 국가들은 자신들의 국권을 유지하기 위해 무력 도발을 일삼거나 일시적 평화로움을 유지하려고 하였다. 그는 우여곡절 끝에 중국에서 벗어나 조선으로의 출항을 맞이하였다. 그는 중국 해안에서 독일과 프랑스의 전함들을 보면서 동양의 근대 사회에 발생한 제국주의의 풍경을 확인하였다. 그는 14일하고 반나절이 지나서야 타테가미 호에 승선할 수 있었다.

①1867년부터 새 연호가 시작된 일본의 위대하고 찬란한 시대는 지상의 어떤 문화민족도 이룰 수 없을 만큼 놀라운 기적을 이루었다. 국가의 뿌리를 뒤흔들 정도로 급진적이고 완벽한 변화였다. 때로는 고유한 문화유산을 부정하면서까지 열정적이고도 성급하게, 그러나 외관상으로는 아주 성공적으로 외래문화를 받아들였다. 혼자 여행하는 일본 사람조차 강한 자부심과 승리에 찬 자신감을 완전히 감추지 못했다. 선망의 대상이었던 서양처럼 성장할 수 있다는 자신감 말이다. 그들은 끊임없이 허리를 굽히고 공손한 태도로 부드럽게 웃으며 누구에게나 지나칠 정도로 최대한의 예의를 갖춘다. 우연히 넘길 수 있는 사소한 부분이든 중요하게 강조되는 부분이든 관계없이 그들의 한결같은 배려는 모든 면에 전혀 부족함이 없어 보인다. 서양에 대한 일본인들의 자부심이 얼마나 큰 지 새삼 느끼게 된다.28)

지그프리트 켄테는 일본이 메이지 유신 이후 서양과의 문화 접촉을 통해 자신들의 고유한 문화유산을 서구화시키는 과정을 직시한다. 일본은 서양과의 대등한 관계를 추구하기 위해 선망의 대상인 서양에 대한 배려를 드러내려고 한다. 서양인에 대한 자부심을 강조하기 위해 일본인들은 문화민족으로서의 자긍심과 자부심을 유지하려고 하였다. 일본의 서양에 대한 모방이 서양 문물을 수용하는 차원이 아니라 자신들만의 문화적 변용을 거치고 있다고 생각한다. 일본인들은 자신들이 서양의 근대화를 적극적으로 수용했고, 이를 토대로 서구화의 전범으로 파악하였다. 그들이 일본의 고유문화 유산과 외래 문화를 융합하는 과정에서 서양에 대한 문화적 자부심을 획득한 것으로 보았다. 일본제국주의는 서양 모방과 일본 자립의 이중적 조건을 충족하는 과정을 근대화로 간주하였고, 일본이 주축이 되어 동아시아를 구제하려는 전략을 구사하였다. '니폰 유센 카이사의 타테가미 마루 호는 일본 제국주의의 정

---

28) 지그프리트 겐테, 권영경 옮김, 2007, 위의 책, 201~202쪽.

치적 위상을 단적으로 상징한다.

　지그프리트 겐테는 만주의 관문인 잉커우에서 다양한 근대적 모습을 관찰한다. 만주 해안은 주산물인 콩이 둘러싸여 있고, 만주인들은 콩을 재배하여 생활하기 때문에 항구도시 잉커우 역시 콩 집산지였다. 중국 이주자들은 군사주둔지로서의 잉체에 기반해 잉커우로 이름지었다. 애초 영국인들은 잉커우를 누좡으로 불렀고, 랴오둥 반도의 뤼순항과 다롄 만은 내륙으로 이어지는 관문 역할을 수행할 수 없었다. 이와 달리 잉커우는 영국과 맺은 동맹 탓에 외국인에게 무역 개방을 추진할 수 있어 자유무역항으로 자리매김하였다. 러시아는 잉커우의 지정학적 가치를 애초 발견해 잉커우를 러시아풍으로 개조하였다. 그는 잉커우에서 독일과 독일인에 대한 내용을 찾을 수 없다는 점을 알았다. 그는 세관 관리 사무실에서 전권 대리 자격에 해당하는 슈미트씨를 방문한다. 슈미트씨는 루돌프슈타인 출신이고 그에게 잉커우 체류 허가증을 발급해 주었다. 그는 중국에서 공무원으로 근무했고, 러시아와 새로운 관계를 맺는 데에도 정통했다. 압록강 부근 조선 국경 지방에는 도적단이 여전히 활개치고 다녔고, 일본 천황과 백인 지배 통치를 무시하면서 자체적으로 펑톈 동부 산악 지대에서불법 행위를 일삼았다.

　전체 교역량의 상당부분은 일본이 차지하고 있다. 일본은 나가사키항처럼 훌륭한 항구와 황해를 누비고 있는 막강한 무역선박을 갖고 오래 전부터 다른 나라들을 앞서고 있다. 일본은 총교역의 86퍼센트를 차지하고 있으며 그 물량은 작년 한 해 동안 여섯 배나 증가했다. 중국과 만주의 원주민들이 담배연기에 점점 길들여지면서 일본 무역의 훌륭한 고객이 되고 있지만, 아직은 면방직물이 압도적이며 현지 외국인들이 주로 이용하는 맥주, 생수, 성냥과 담배가 특히 많다. 여기서 넓은 안목을 지닌 일본인들의 불타는 성취욕이 조용히 만주를 교역대상으로 개척해나가고 있

는 모습을 볼 수 있으며, 실제로 일본인들은 만주를 경제적으로 지배하고 있다.[29]

지그프리트 겐테는 일본이 경제적으로 독점하는 상황을 목격하고, 일본인들이 만주를 지배하는 방식에 의문을 품는다. 러시아는 잉커우에서 무역에 관여하지 않았다. 이와 달리 일본은 중국과 만주의 경제 교역량을 독점하고, 실질적으로 만주를 지배할 수 있는 토대를 확보하였다. 반면 러시아는 과격함과 성급함으로 교역 활동에서 실패하고 있었다. 잉커우에서는 해운 세관 통계의 특성상 수입 상품의 국적을 분별할 수 없다. 고작 러시아에서 들여오는 것은 등유와 블라디보스토크의 질 낮은 성냥에 불과했다.

> 리히트호펜의 여행기에 따르면, 그가 본 중국의 도시 중에서 가장 깨끗하고 아름다우며, 그 아름다운 매력을 능가할 곳으로는 산악지대인 쓰촨의 수도 청두뿐이라고 한다. 펑톈에 가본 적이 있는 잉커우 사람들이라면 이런 찬사에 별 흥미를 못 느낄 것이다. 하지만 현지 주민들은 그런 아름다움에 둔감하다는 사실을 염두에 두어야 한다. 오랫동안 살면서 아름답고 매력적인 곳에 익숙해져 무감각해진 사람들에게는 새로 지은 여관이나 전기 선로, 아니면 그와 유사한 변화가 훨씬 더 생동감 있어 보이는 법이다. 예를 들자면, 관광객들은 오래된 기념물에 시간을 할애하기보다는 새로운 변화에 더 관심이 있다.[30]

지그프리트 겐테는 타테가미호가 출항하지 못하는 상황에서 랴오허 강에 머물렀다. 그는 출항이 지연되는 상황에서 러시아 열차를 타고 테링에 도착해 만주와의 연계성을 조사할 수도 있었을 텐데 하고 생각한다. 펑톈은 아름다운 곳으로 정평이 자자하지만, 잉커우 사람들은 무감

---

29) 지그프리트 겐테, 권영경 옮김, 2007, 위의 책, 37쪽.
30) 지그프리트 겐테, 권영경 옮김, 2007, 위의 책, 38쪽.

각한 채 근대적 여관, 전기 선로 등에 더 매력을 느낀다. 관광객과 원주민들은 공간에 대한 입장이 다르다. 관광객들은 타국의 오래된 기념물을 보려고 하지만, 원주민들은 전통으로서의 기념물보다는 자신들이 일상을 변화시켜줄 요인에 주목한다. 그는 펑텐에서 가까운 곳에 있는 만주 제후의 묘지 위치를 원주민들에게 문의했지만, 원주민들은 그의 질문에 시큰둥한 반응을 보인다. 만주 원주민들은 "역사적 삶의 흔적을 추적하는 일의 가치(39쪽)"를 인식하지 못하고, 무관심으로만 일관한다.

> 여행 안내서 《베데커》 (독일의 여행가이자 여행문학의 대부인 카를 베데커 Karl Baedecker 와 같은 이름의 휴명 여행 안내책자)에서 만주에 대해 찾아보았지만, 궁전이나 기념비, 절 등 볼 만한 것은 눈을 씻고 찾아보아도 없다. 문명과는 거리가 먼 오래된 잉커우는 중국에서 비교적 괜찮은 지방도시와 흡사하다. 집들은 한결같이 끝이 위로 올라간 기와지붕으로 덮여 있고, 관리가 제대로 되지 않은 길은 엉망이고 먼지만 휘날린다. 냄새가 나는 하수구나 집 안에서 배출된 사람들과 동물의 분료를 거름으로 쓰기 위해 모아놓아 거리는 여기저기 물이 흥건하다. 마치 사람들이 밀집한 중세 거리의 모습 같다. 차도 한 가운데 자리 잡고 판을 벌인 이발사와 노점상, 가게 문을 열어놓고 물건의 반을 거리에 내놓은 정육점, 구두수선공, 재단사들, 노천에 간단한 탁자와 허름한 의지를 놓고 차를 팔거나 음식을 파는 사람들. 길모퉁이나 빈 터 어디에나 볼 수 있는 이런 풍경에는 늘 빽빽하게 모여 있는 손님들로 온종일 북적거린다. 거리의 중국인처럼 만주 사람도 언제 어디서나 식사를 해결하며 항상 묽은 차를 마신다.[31]

지그프리트 겐테는 만주 전역에서 주요한 외국인 도시인 잉커우에서 만주사람과 중국인을 구별하는 일이 힘들다고 말한다. 만주 정복자들은 중국 남성들에게 변발을 강요하였지만 중국 여성들의 전족을 폐지하는

---

31) 지그프리트 겐테, 권영경 옮김, 2007, 위의 책, 41쪽.

데에는 실패했다. 만주에서 방문할 곳을 찾아보았지만, 궁정, 기념비, 절 등 관광지로 간주할 만한 곳이 없었다. 오래된 마을 잉커우는 위생 시설이 제대로 정비되어 있지 않아 지저분한 곳에 불과하였다. 하물며 사람들 역시 무질서하게 일상을 살아가고 있기 때문에 관광객을 맞이할 형편이 없었다. 이러한 경관 속에서도 프러시아의 제후에 해당하는 신분이 높은 타오타이 공관이 눈에 띄었다. 타오타이는 잉커우 출신으로 러시아의 공격을 받아 쫓겨난 후 러시아 민족을 불신하였다. 그의 다른 관사에서는 알렉세예프 장군과 펑텐의 총독이 관계 교섭과 계약이 체결되었는데, 이는 만주 지방을 군사 혹은 정치적으로 러시아에 양도하는 일방적 협정으로 러시아가 동아시아에서 승승장구할 수 있는 조건을 마련한 것이다. 그는 닝보, 푸젠, 선터우 광둥 상인들이 세운 건물도 주목한다. 중국인들은 거래소와 상인회관은 주거용 시설로 사용되었고, 친한 동족끼리 경제적 유대감을 강화하였다. 아울러 주민들의 상거래 정보를 공유하는 과정을 거쳐 경제적 공동체를 운영하였다. 외국인 거주지는 원주민 마을에 견주어 청결했지만 실질적으로 방문할 곳이 없었다. 그는 잉커우를 콩 하치장, 콩 과자를 만드는 공장 등만 있는 삭막하고 매력 없는 도시라고 생각한다.

지그프리트 겐테는 잉커우에서 떠나 뤼순항과 먀오다오 군도를 바라보았다. 중일전쟁 때 일본이 파괴한 장소는 러시아군이 주둔하고 있지만 격전을 벌일 방루와 대포는 보이지 않고 사방이 황량하고 공허할 뿐이다. 러시아, 독일, 일본은 자국의 이익을 도모하기 위해 철로를 건설하고 건설장비와 전시 군수품을 안전하게 대양에 조달하기 위한 주요 기지로 활용한 것이다.

즈푸에서도 해수욕 문제는 그렇게 간단한 일이 아니다. 영국, 독일, 러시아, 프랑스, 미국 그리고 스칸디나비아 사람들로 구성된 사교 클럽에서 전망이 좋은 숙소 바로 아래에 멋진 해수욕장을 만들었다. 그런데 바로 이웃에는 신부, 자매들과 함께 이교도 지역을 전도하고 있는 프랑스 출신의 프란체스코회 수사들이 살고 있었다. 자연과 인생의 즐거움을 주는 것이라면 무조건 적대적인 세계관을 지니고, 철저히 윤리적 관념에 사로잡힌 이 경건한 영혼들의 항의가 빗발쳤다.[32]

즈푸는 1863년에 외부 세계와 무역 교류를 시작했고 도로, 가로수, 가로등, 게스트하우스, 여관, 국제적 사교모임과 경마시설을 갖추고 있었다. 즈푸는 지리적 입지 조건이 좋지만, 중국 북부지방의 외국인을 위한 해변 휴양지를 만들지 못했다. 칭다오, 베이타오 역시 피서지가 되려고 했기 때문에, 즈푸는 지리적 거리가 멀어 피서지로 정착하지 못했다. 즈푸에도 해수욕장을 만들었는데, 프랑스 출신의 프란체스코 수사들이 살고 있었다. 그들은 인간이 세속적 욕망을 충족하기 위한 비윤리적 태도에 적대적 세계관을 품고 있기 때문에, 소두원장인 샹 주교는 해수욕장의 무분별한 모습을 수용하지 않았다.

중국 대륙은 어린 소년을 조국 사람과 조국의 도시, 조국의 관습과 모국어에서 그렇게 철저히 억압하는 가운데 놀라운 현상이 벌어진다. 해외 생활에서 볼 수 있는 가장 신기한 현상 하나는, 아무리 개성이 강한 사람이라도 중국의 이런 잠재적 매력에 점차 빠지고, 나중에 온 사람들로서는 도무지 이해하지 못할 정도로 '중국식으로 동화'되어간다는 사실이다.[33]

지그프리트 겐테는 독일 영사관에 가기 전에 개인 소유의 정원을 방

---

32) 지그프리트 겐테, 권영경 옮김, 2007, 위의 책, 50쪽.
33) 지그프리트 겐테, 권영경 옮김, 2007, 위의 책, 52~53쪽.

문한다. 그곳에서 중국 해상을 왕래한 북독일 선원 출신의 아들인 소년에게 독일 영사관으로 가는 길을 묻는다. 그는 소년에게 독일어로 질문했으나 소년은 독일어를 이해하지 못했고, 유럽 북부 및 북서부 독일어로 추가로 질문했으나 결과는 똑같았다. 그러다가 중국어로 질문을 하니, 소년은 자신의 질문을 이해하였다. 이를 통해 그는 일본과 달리 중국은 자문화중심주의를 표방한다고 생각한다. "중국식으로 동화"되어 가는 현상은 동양의 서양 문화 이식의 다양성을 보여준다. 그는 중국화 되어가는 유럽인을 보면서 조국 독일에 대해서 피상적으로 알아가는 아이들이 존재한다는 사실을 자각한다. 국적 없는 유럽 젊은이들이 되어가는 상황을 인식하면서 독일인이 선천적으로 주체성이 부족해 새로운 환경에 쉽게 적응한다고 푸념한다. 중국의 거대 해안이 외국에 문호를 개방하는 속도에 걸맞게 독일은 자국의 경제적 이익을 취하지 못하고 있다고 생각한다. 즈푸에서 동아시아 무역거래자로서 포도 재배와 포도 압착기 기업을 하는 독일인 이름을 확인할 수 있었지만, 실질적으로 독일계 기업들은 이름만 겨우 유지하고 있었다. 반면 중국은 독일 기업을 인수해서 자국화하는 데 성공하여 경제적으로 이익을 획득하였다. 그는 일본과 중국의 근대를 비교한다. 일본은 서양을 모방하는 과정을 거쳐 근대화를 추구하였다. 반면 중국은 서양을 중국으로 동화시키는 과정을 거쳐 서양의 중국화를 추진하였다.

2) 한반도 횡단 여행

(1) 당고개 금광 탐사

지크프리트 겐테는 제물포항에서 함부르크 마이어 주식회사가 운영한 무역상 다음으로, 독일이 관리하는 당고개 금광 탐사를 위한 여행을 떠났다. 조선은 광물 자원이 풍부한 나라로 알려져 있었지만, 쇄국 정책 때문에 광물 자원에 대한 탐사가 이루어지지 않은 채 지질학적 특성만 거우 알려져 있었을 뿐이다. 조선 정부는 외국인들에게 정해진 조건으로 금광을 채굴할 수 있다는 특혜를 허용하였다. 청일전쟁 이후 조선에서는 광맥을 조사하기 위해 외국인이 전국을 돌아다닐 수 있었을 뿐만 아니라 광맥을 독점할 수 있었다. 조선의 왕은 25퍼센트 이익 배당의 보장을 이유로 외국인들에게 전국 탐사 자격과 체결 지역 선택권을 허용하였다. 미국이 조선 정부와 최초로 협정을 체결하였다. 독일 마이어 주식 회사가 미국 다음으로 조선의 광산 특허권을 획득하였다. 독일인은 당고개의 채금 가능성을 인식하였기에 조선의 왕은 금광의 경제적 이익을 고려해 제물포의 함부르크 회사와 계약을 체결한 점을 후회하였다. 그는 극동 지방 주재 독일 기업의 진취적 활동 현황을 확인하는 일을 주요한 임무라고 생각하였다. 그는 제물포에서 서울로 출발해 당고개에 도착하였다. 그는 서울에서 한강의 아름다운 경관을 보고 한강 철교가 조선 민족에게 백인들의 기술적 우월성을 보여준다고 인식하였다.

외관상 극동 지방 주재 독일 기업의 진취적 활동 현황을 확인하는 일이, 조선에서 내가 해야 할 가장 중요한 임무임이 자명해졌다. 그래서 가능한 빨리 제물포에서 서울로 출발하기로 했다. 내륙 여행에 필요한 모든 준비를 하기 위해서다. 미국기업에서 착수했던 철로를 일본인들이 인수한 이후부터, 해안에서 서울로 들어가는 일은 훨씬 수월해졌다. 배를 타고 한강을 따라 빙 둘러가야 했던 예전에는 순간순간 예상치 못한 아름다운 경관을 누릴 수 있었지만, 스무 시간 정도 가야 하는 긴 여행이었다. 그렇지 않으면, 말이나 조선의 풍속대로 가마를 타고 여섯 시간의 힘든 여정을 감수해야 서울의 놀라운 모습을 관찰할 수 있었다. 그러나 요즘은 관광객들이 세 개의 기차 중에서 마음에 드는 기차를 원하는 대로 선택할 수 있었다. 1시간 45분 정도 걸리는 40킬로미터의 편안한 여행으로, 한눈에 보이는 조선의 농촌 모습과 정성껏 가꾸어놓은 아름다운 자연경관을 마음껏 감상할 수 있었다.[34]

지그프리트 겐테는 극동 지방의 주재 독일 기업의 활동을 취재하는 일을 중심으로 제물포에서 서울로 진입하였다. 그는 서울의 문명보다 아름다운 자연경관을 감상하는 일을 즐겨 하였다. 말과 가마로 이동하는 길은 긴 여행이면서도 고단한 여정이었다. 그는 여행단을 구성하고 통역관을 수소문해서 고용했다. 독일 광산은 강원도 동해안 중심부에 위치한 깊은 산에 있어 당고개 광산에 도착하는 일은 쉽지 않았다. 그는 독일 영상 바이페르트 박사, 서울 주재 함부르크 상사 대표 파울 바우만의 주선으로 서울에 도착한 후 당고개로 출발하였다. 독일 광산 개발 현장을 목격하고, 그에 대한 현황을 파악하기 위해서 서울에서 독일 금광으로 출발하였다. 조선은 풍부한 금광을 보유한 곳으로 알려졌지만 조선에서는 금을 왕이 직접 관리했다. 청일전쟁 이후 문호가 개방되면서 외국인들에게 전국 탐사 자격과 채굴 지역 선택권이 부여되었다. 미국에 이어 독일 마이어 주식 회사가 조선의 광산 특허권을 획득했다.

어쨌든 조선 지리에 대한 무지는 전혀 문제가 되지 않았다. 오히려 지리에 신경을 쓰지 않으니 자연 애호가나 여행자로서 느낄 수 있는 매력은 더욱 높아졌다. 하루를 어떻게 보내야 하는지, 언제 어떻게 목적지에 도달할지, 부지런히 행군한 뒤 저녁에 어디서 지친 몸을 누일지 고민할 필요없이 외부 문명세계와 완전히 차단된 낯선 땅에서 정처 없이 이동하는 자유로운 여행이 될 수 있었다.[35]

---

34) 지그프리트 겐테, 권영경 옮김, 2007, 위의 책, 92~93쪽.
35) 지그프리트 겐테, 권영경 옮김, 2007, 위의 책, 99쪽.

젠테 일행의 소규모 원정단은 서울의 동대문을 구경하고, 조랑말과 통역관을 구하고, 독일 광산까지 가는 구간이 알려지지 않아 지도에 의존하였다. 그러나 일본인이 만든 지도는 지도로서의 가치가 없었다. 대신 자연 애호가와 여행가를 자처하면서 외부 세계와 차단된 낯선 땅을 이동하는 자유로운 여행이 되기를 갈망하였다. 서울을 떠나 당고개로 가는 도중에, 담배를 피우는 조선인, 장례식 상여 모습 등을 보았다. 좁고 복잡한 서울 변두리와는 달리 조선의 진정한 모습을 보여주는 자연은 멋진 전경을 선사하였다. 근대적 문명이 인위적으로 자리 잡지 않은 원시적 신성함을 확인할 수 있었다. 반면 그는 조선 관련 책을 읽으면서 여행 중에 발생할 불편함에 대비하고자 하였다. 그는 야영 숙소에 머물면서 "각종 기록에 나온 주민들의 불결함과 조선 숙소에 대한 온갖 공포(108쪽)"가 사실적으로 타당하지 않다고 생각하였다. 서울에서 출발한 지 사흘째 되는 날 한적한 김성에 도착하였다. 당고개 금광에 가는 도중에 맞닥뜨린 조선의 자연경관은 근대 문명 세계와는 다른 모습을 보여주었다. 그는 장승과 사당의 우상 숭배의 양상을 살펴보았다. 조선 민족은 유럽의 개방에 영향을 받지 않은 채 조선 민족의 삶을 자연스럽게 유지하고 있었다. 조선인들은 자연 친화적 삶을 살아갔고, 목가적 마을에 고요함이 머물러 "산업화에서 비롯되는 소음의 흔적(114쪽)"을 발견할 수 없었다. 그러나 조선인들이 소규모 자급자족 단계에 머물러 있기 때문에, 조선 농부들의 생활 수준이 열악하다는 점을 발견한다.

사방이 고요하고 정적이 감돌았다. 험준한 계곡의 오르막길은 갈수록 좁아지고, 굽이굽이 흘러가는 계류의 굴곡도 점점 심해졌다. 마치 사방이 막힌 분지에 영원히 갇혀 있는 듯했다. 마부에게 의지해온 정보도 이미 오래전 포기한 상태였다. 우연히 만난 사람들도 독일광산이 어디 있는지 전혀 몰랐다. 결국 나흘째 되는 날 오후, 좁은 골짜기 사이로 난 길을 지나 석회암과 편마암의 가파른 산비탈을 여섯 시간쯤 오르고 나서야, 멀리 두 개의 독일 깃발이 눈에 들어왔다. 우거진 삼림 깊숙이, 사방이 높은 산으로 둘러싸인 언덕 위에 몇 채의 유럽식 가옥이 보였다. 열대 지방의 해외 지점에서 흔히 볼 수 있는, 골함석 지붕의 2층짜리 건물들이었다. 바로 독일광산의 중심이자 본부인 당고개였다.[36]

지크프리트 겐테는 독일광산의 본거지인 당고개에 도착하였다. 그는 도중에 중국인 약제상을 만난 적이 있다. 당고개는 사금이 사는 내라는 사금천이라 불리는 곳에 근접하고 있었다. 당고개에서는 강물과 자갈 침전물에서 발견되는 작은 금 조각이 나온 지질층을 찾아내어 채굴 작업을 시작할 수 있었다. 조선 정부는 제물포의 마이어 회사에 부여한 채굴권이 독일 합자 회사로 소유권이 넘어간 상황에서 베를린 단자회사에 채굴권을 행사하는 데 한계가 있었다. 조선인들은 당고개에서 금을 추출하는 방식이 원시적이어서 독일 금광에서는 조선인들의 작업 방식을 재탐사하는 방식을 거쳐 채굴 업무의 효율성을 강화하였다. 독일금광회사는 조선인들을 작업 인부로 고용해 광부들이 일을 하는 과정이 순조롭게 진행되었다. 조선인 광부들이 담배를 피우는 행동을 금지했더니 작은 파업이 발생했다. 그는 "오랜 관습이나 국가적인 악습이라도 필요에 따라 적절히 관리(121쪽)"를 하기 위해 조선인 광부들이 휴식을 취할 시간을 허용해야 한다고 말한다. 독일인과 조선인 광부들은 상호간에 적절한 타협책을 수용하여 파업을 종료하였다. 안전한 유럽 광산을 운영한 사람들이 미지의 나라에서 광산을 개척하는 일은 쉽지 않았다. 바우어씨와 조선 광부 한 사람은 금을 발굴할 장소를 물색하였다. 그는 금

36) 지그프리트 겐테, 권영경 옮김, 2007, 위의 책, 117쪽.

광 발굴 작업이 진척되면서 "그렇게 이곳 산골은 시간이 흐를수록 사람의 손에 모든 것이 파헤쳐지고, 아름다운 자연이 황량한 허허벌판이 될 때까지 지구의 내부는 지표면으로 드러나게 될 것이다. 광물이 풍부한 탄광촌은 그렇게 암담하고 절망적인 모습의 삭막한 황무지(126쪽)"로 변한다고 생각한다. 조선과 독일 협약으로 당고개에 독일금광을 설립한 광산 대표 크노헨아우어는 조선인들의 비협조와 방해에 얽힌 불쾌한 기억을 언급하였다. 독일인, 새광부, 조선인 고용주들의 이해관계가 첨예해지면서 금광 사업이 순탄하지 않았다. 독일 식민주의는 동양의 물적 자원을 자국화하기 위해 동양과의 경제적 교섭을 감행하였다. 겐테의 시선에는 제국주의와 과학적 경험주의가 결합하고 있다는 점을 알 수 있다. [37]

　　이런 사람들은 원주민들과 제대로 의사소통한 적도 없으면서 주제넘게 판단해서 글을 쓰고 책을 만들어 세상에 내놓는다. 주민들의 삶에 대한 편파적이고 시대에 뒤떨어진 일방적인 글을 주위 모든 자료들을 가지고 말이다. 이런 성급한 학문의 아류들은 결코 전형적인 모범으로 제시되면 안 된다. 가톨릭 선교단의 성실한 작업, 특히 예수회의 공로에 얼마나 감사해야 하는지 잘 알고 있다. 그러나 식물 수집을 하고 있던 깨끗하지 못한 내 친구를 그냥 보기 드문 예외로 간주해서도 안 된다. 그의 보고가 출판되기 전, 파리에서 철저히 검증되기를 바라는 수밖에 없다. 작별할 때 준 그의 명함에는 '아카데미 회원, 박물관 회원'이라고 적혀 있었기 때문이다. 야만적인 미개민족의 청결문제나 낯선 지역에 대해 여과 없이 그대로 보고한 그의 말을 모두 믿을까 두렵다. [38]

---

37) 겐테의 조선 기행문은 지리적 사고가 반영된 객관적이고 윤리적이고, 관찰 대상과 관찰자 사이의 상호 응시를 인식하여 객관적 관찰자로 제시하는 과학주의 태도를 견지하였고, 독일의 제국주의적 시선이 투영되어 있다. 정희선, 2020, 「지그프리트 겐테의 조선 기행문에 투영된 근대 지리학자의 시선-제국주의와 과학적 경험주의의 결합」, 『문화역사지리』통권72호, 한국문화역사지리학회, 37~38쪽.

지크프리트 겐테는 타국을 여행하거나 선교하는 과정에서 타국의 상황을 자국의 관점에서만 파악하는 태도를 비판한다. 그는 자국과 타국의 경계를 명확하게 구분 짓고 판단하기에 앞서 타국에 대한 편견과 선입견이 작동해 타국의 실상을 왜곡하는 일은 올바르지 않다고 말한다. 예컨대, 타국 원주민들과 원활하게 소통하지 않은 상황에서 타국에 대한 책을 남기는 행위는 원주민의 삶에 대한 편파적이고 시대에 뒤처진 일방적 해석만을 담을 수 있다. 성급한 학문의 아류들이 타국에 대한 진정한 이해를 방해하는 과정을 중지해야 한다고 지적한다. "야만적인 미개 민족의 청결문제나 낯선 지역"에 대한 특정 보고는 특정 지역의 실상을 굴절시켜 서양에 전파될 수 있다. 그의 타문화와 이문화에 대한 태도는 타국의 문화 자체를 있는 그대로 파악하고 이를 토대로 자국과 타국이 상호 간에 매개될 수 있는 지점을 확보하는 것으로 이해할 수 있다.

(2) 쇄국과 개화

지그프리트 겐테는 금강산을 횡단한 후 수도 서울에 도착한다. 그는 서울이 그간 쇄국정책과 문호 개방의 과정을 거치면서 전통과 문명이 동시에 공존하는 도시라고 생각한다. 그는 서울을 어떻게 발음해야 할지를 논의한다. 서울의 지리적 요건을 테헤란과 잘츠부르크와 비교하면서 산에 에워싸인 아름다운 거주지로 간주한다. 아울러 조선의 수도인 서울에 절이 없다는 점을 언급하고, 종교와 신앙이 다원적으로 작용한다고 말한다. 그는 서울의 전신주를 보면서 서양 대도시의 발명품이 이식되고 있다는 점을 본다. 남산 꼭대기에서 서울을 바라보면서 서울의

---

38) 지그프리트 겐테, 권영경 옮김, 2007, 위의 책, 297쪽.

조화로운 풍경이 훼손되고 있다고 여긴다. 석조 건물, 외교 관저, 교회 건물이 들어서기 시작한 서울은 전통과 자연 공간이 설 자리를 잃어가고 있었다. 일장기가 휘날리는 영사관과 3층짜리 우체국 건물이 조선 정부의 분노의 대상이 되었다. 조선 정부는 일본의 문화적 뻔뻔스러움과 자신들의 무력감과 종속성을 체감하였다. 반면 유럽 열강은 체면을 고려한 의도성이 강한 영사관을 전면에 내세웠다. 러시아와 프랑스는 경제적 실용성을 추구하지 않고 정치적 영향력을 강화하려고 하였다. 그는 외국인들이 조선을 가난하고 희망이 없는 암담한 곳으로 인식한 것은 남산에서 본 서울의 모습 때문이라고 말한다. 서울은 석탄 생산이 여의찮은 상황에서 땔감으로 사용하기 위해 벌목이 진행되어 도시 모습이 황량하게만 보였다. 그는 조선의 난방 기술, 서울 시내의 지리적 특징, 조선인들의 의복을 관찰하였다. 조선인들은 흰 옷을 차려입는다. 그들이 강박적으로 단색을 선호한다고 생각한다. 전선과 전신주 같은 근대 문명과는 대비적으로 조선인들은 자신의 전통으로서의 의복을 선호한다. 전신주가 아직 제대로 건설되지 않은 조선에서는 흰옷의 순수함과 기묘함이 유지되고 있다.

역사적 관점에서 볼 때 태고와 옛것이 그렇게 끈질기게 이어지고 있지만, 유감스럽게도 조선에 더 이상 보존될 것이 많지 않은 시기가 다가오고 있음을 알 수 있다. 비록 월등하게 앞서가는 이웃 일본인들처럼 양복을 입고 이발한 머리에 실린더 모자를 쓰고 나타날 때는 요원할 것이다. 현명하게도 조선 사람들은 유럽식 복장을 좋아하지 않기 때문이다. 중일전쟁 후 온 나라와 왕조차 적지 않은 일본의 영향을 받는 동안, 외국 주재 조선 외교관들은 짧은 머리에 유럽식 양복을 입어야 한다는 법령이 공포되었다. 그러자 강력한 반발이 일어났다. 먼저 유럽으로 떠난 한 조선 외교관은 홍콩에서 꼼짝도 하지 않았다. 신분이 높은 양반들은 상투 없이는 고위

관직자의 외교적 역할을 수행할 수 없다고 믿었기 때문이다. 국왕이 몸소 좋은 본보기가 되어 서구화하는 불가피한 발전의 제단에 고귀한 두발을 희생했지만, 신하들의 눈에는 오히려 '일본인처럼' 짧은 머리로 보였던 것이다. 비록 국왕이 법령을 공포하면서 전통적인 두발의 비합리적이고 비실용적인 면, 번거로움과 불편함을 납득이 가도록 설명했지만, 개혁에 반대하는 백성들 중 그를 따르는 사람은 한 명도 없었다. 옛것에 대한 애착이라기보다는 일본인과 일본을 상기시키는 모든 것에 대한 증오에서 비롯되었다. 39)

지크프리트 겐테는 조선에서 시작한 서구화와 근대화가 기층 민중들 사이에서는 제대로 작동하지 않는 점을 분석한다. 단발령이 시행되었지만 실질적으로는 조선인들이 심적으로 수용하지 못하고 있었다. 담뱃대 길이 축소를 포함해 조선인의 일상적 전통을 일시에 급격하게 변화시키는 일에 대한 반발은 전통을 고수하려는 태도에서 기인하지 않고, 일본과 일본인을 통해 진행되는 식민주의적 시스템에 대한 반발로 이해할 수 있다. 징병제도 역시 조선인들의 기존 관습을 고려하지 않은 채 무조건 근대적 변용을 추진한 결과 현실적으로 자리매김할 수 없었다.

지크프리트 겐테는 대안문과 덕수궁 근처를 돌아다니다가 조선의 왕을 알현하는 기회를 얻었다. 궁중 연회의 복장, 조선 기생 등의 일상사를 거론한다. 조선은 청일전쟁 이후 불어온 자유의 물결을 거부하지 못한 채 1882년부터 타국과의 조약을 체결할 수밖에 없었다. 일본은 조선에 개입하기 위한 토대를 마련하기 시작했다. 그는 서울에 독일어 학교를 설립하고 독일어 교육 내용을 설명한다. 일본을 포함한 서양의 열강들은 외형적으로는 조선을 근대화시킨다는 명목을 내세웠지만 실질적으로는 자국의 이익을 강화하기 위한 수단으로만 생각하였다.

---

39) 지그프리트 겐테, 권영경 옮김, 2007, 위의 책, 209~210쪽.

조선의 기생들은 마음에 들었다. 처음 들어왔을 때는 특별히 좋은 인상을 주지 않았다. 복잡한 옷에 둘러싸여 제대로 알아볼 수가 없었다. 상의는 신체의 황금비율을 잔인하게 무시하는 얇은 비단 저고리로 감싸 가슴 바로 아래 커다란 옷고름으로 묶여 있었다. 튼튼한 명주로 정성스럽게 공을 들여 만든 치마를 여러 번 겹쳐 입은 탓에 엉덩이 주변의 불룩한 모습은 마치 북구 헤센지방 농가의 처녀들을 연상시켰다.[40)

지크프리트 겐테는 신체적으로 제약을 받는 조선 기생의 옷차림을 주목한다. 그는 기생들이 추는 춤을 보면서 예술적이고 숭고한 동작을 보인다고 지적한다. 기생들은 왕의 유희와 독재에 기반한 음모, 선동, 향락, 위험과 접목되고, 세속적 여성의 삶을 표방한다. 그러면서 그는 유럽 여성들이 조선 여성들의 삶에 실망한 것으로 언급하면서 조선 여성들의 권리와 자유가 없는 삶이 존속하는 방식을 비판한다. "잠자는 동화의 나라에도 새로운 시대가 온다. 넓은 아량과 명석한 두뇌를 지닌 한민족은, 아마 이웃 나라보다 더 신속히 서양의 사고방식과 제도의 물결에 휩싸일(229쪽)"것으로 예감한다.

(3) 제주형무소 방문

지크프리트 겐테는 제주도행을 결심한다. 그의 주변 사람들은 제주도에는 배를 댈 항구가 없을 뿐만 아니라 날씨도 좋지 않기 때문에 제주도에 가지 않는 것이 좋겠다고 조언했다. 아울러 제주도민들의 난폭한 성징을 고려해 볼 때 굳이 제주도에 가서는 안 된다고 말한다. 제주 원주민들이 제주도의 기독교도를 살해하는 전대미문의 대량 학살이 발생했다.

---

40) 지그프리트 겐테, 권영경 옮김, 2007, 위의 책, 226쪽.

조선의 왕은 대량학살의 책임심문에서 독자적으로 판단하기 위해 개인 고문관인 미국인 샌즈를 제주도로 파견해 심문조서 보고를 올리라고 명했다. 그는 샌즈를 만나 제주도에 대한 정보를 획득한 결과, 기독교 학살, 외국인 적대감, 부족한 편의시설에도 불구하고 제주도에 여행을 가기로 결심한다. 그는 현익호를 타고 제주도로 출발하였다. 출발한 지 삼일째 되는 아침에 그는 한라산을 보고 제주도의 풍경을 관찰하였다. 그는 제주도인의 교통수단과 옷차림을 낯설게 여겼다.

> 여기서 처음으로 흰옷을 안 입은 조선 사람을 보았다. 한결같이 검은 색이나 붉은 갈색의 삼베옷을 입고 있어, 인상이 유난히 섬뜩하고 무뚝뚝해 보였다. [중략] 주민들도 섬도 나를 반기는 분위기는 아닌 것 같았다. 고집스러운 표정에 딱딱하게 굳은 검은 얼굴들, 시커먼 옷, 커다란 검은 모자와 그 아래로 보이는 어두운 시선에서 바로 몇 주 전에 이들이 저질렀던 기독교도 살해사건을 떠올리기는 그리 어렵지 않았다. 이들은 어떤 처벌도 받지 않고 자유로이 활보하고 있었고, 단지 관청의 관원과 고위관리 몇 명만 상황보고를 하기 위해 서울로 소환되었을 뿐이다.[41]

제주도 사람들에 대한 기록이다. 제주도 사람들은 내륙 사람들과는 다른 인상과 옷차림이었다. 그는 제주도 사람이 착용한 의복이 조선의 보통 사람들과 달리 지역의 고유성과 특이성을 보여준다고 생각한다. 그가 내륙에 도착하자 한 무리의 여성들이 몰려 들었다. 그들의 "고집스러운 표정에 딱딱하게 굳은 검은 얼굴들, 시커먼 옷, 커다란 검은 모자와 그 아래로 보이는 어두운 시선에서 바로 몇 주전에 이들이 저질렀던 기독교도 살해사건(249쪽)"을 확인할 수 있었다. 그는 현무암으로 지어진 제주도의 시설들을 바라보았다. 통역관이 목사의 관원들과 하인들을 데

---

41) 지그프리트 겐테, 권영경 옮김, 2007, 위의 책, 247~249쪽.

리고 와서 숙소로 이동하였다. 제주 목사 이재호가 그를 맞이했다. 제주 목사는 그에게 화산 분화구에 어떤 이유를 막론하고 올라가서는 안 된다고 경고한다. 제주 목사의 경고성 발언이 끝나자마자 기상 이변이 발생하였다. 그는 뗏목을 타고 제주 내륙으로 이동했기 때문에 다시 증기선을 되돌아올 날이 많지 않았다고 생각한다.

유감스럽게도 노인장의 걱정이 너무 솔직하고 간절해서 내 뜻을 포기하지 않고 버티는 데 상당히 애를 먹었다. 지난달의 끔찍한 유혈사태를 직접 경험했던 목사는 정신적으로 상당히 충격을 받은 것 같았다. 소요사태가 끝날 무렵 선임 목사로부터 섬을 인수받고 임지에 도착했을 때의 상황을 상세하게 설명해주었다. 관아 입구에도 피투성이가 된 채 쓰러진, 소름이 오싹 끼칠 정도로 잘려나간 팔십 구의 시체가 학살된 당시의 모습 그대로 널브러져 있었다고 한다. 관아 입구에서 살해된 가톨릭 신도들 중, 그날 하루 동안 직접 수습해준 시체만도 317구에 이른다는 것이다. 지금도 원주민들은 앞으로 생길지 모르는 어떤 처벌이나 추방 혹은 비참한 상황이 이방인과 기독교인 때문이라고 무의식적으로 생각할 수 있다고 했다. [42]

신임 제주목사는 기독교인 대량 학살의 공포를 잊지 않았다. 기독교인들을 향한 원주민들의 분노는 정서적으로는 이해할 수 있지만, 그들의 삶에 투영된 원천적 불안감을 해소할 수는 없었다. 지그프리트 겐테는 제주 목사에게 중국과 일본의 발전, 서구인들의 침입과 곤경에 빠진 원주민들에 대해 연설한다. 중국 의화단사건, 앵글로·색슨족과 게르만족의 식민지 쟁탈 상황 등을 언급한다. 그는 제주 목사에게 제주도의 안보를 위해 파견된 중대 병력 일부를 자신의 호위병으로 보내도 무방하다고 제안한다. 그러면서도 제주도 한라산 등반을 위한 계획을 추진하였다.

---

42) 지그프리트 겐테, 권영경 옮김, 2007, 위의 책, 254쪽.

아름다운 섬의 풍경과 원주민들의 신기하고 토속적인 삶 등 그가 들려준 정보에 완전히 매료되어 기독교도 학살과 외국인 적대감, 부족한 교통시설과 해일이 몰아치는 위험한 바다 등 어떤 위험이 따르더라도 여행을 단행하기로 결심했다.[43]

지그프리트 겐트는 한라산을 등정한다. 그는 조선의 육지와는 다른 풍광을 드러내는 제주도를 여행하고자 한다. 제주도에서는 이재수의 난에 따른 서양인들에 대한 숙청과 학살이 진행되었다. 제주도로 가는 길은 순탄하지 않았다. 육지에서 해안을 거쳐 제주도에 입항하는 일은 제주도의 지리적 여건과 기후적 상황을 고려하건대 쉽지 않았다. 그는 우여곡절 끝에 제주도에 들어갈 수 있었다. 제주도는 조선의 육지와는 다른 생활 방식을 보여주었다. 그는 낯선 공간에서 한라산 원정을 목표로 삼았다. 제주도를 여행하기에 앞서 제주도의 아름다움 이면에는 기독교도 학살, 외국인 적대감, 부족한 교통시설 등 다양한 위험이 있음에도 불구하고 제주도행을 감행한 이유를 제시하고 있다.

62킬로미터를 등반한 후 드디어 정상 바로 아래에 이르렀다. 화산 정상은 용암 덩어리가 쌓인 원추형 봉우리인데 사방은 매끈하게 마무리되어 일정하게 급경사를 이루며 내려온다. 마지막 300미터 구간을 오르기 위해 두 시간 반 동안 사투를 벌였다. 숨이 막히고 땀이 흘러내렸다. 숨을 헐떡거리며 분화구 가장자리에 쓰러져 잠시 모든 것을 잊었다. 드디어 정상이다. 사방으로 웅장하고 환상적인 장관이 한눈에 들어온다. 섬을 지나 저 멀리 바다 너머로 끊임없이 펼쳐지는 파노라마였다.[44]

한라산 정상에서 본 웅장하고 환상적인 장관의 모습을 감격적으로 제시한다. 겐테는 안내자의 말을 무시한 채 한라산 등정을 지속하였다. 가

---

43) 지그프리트 겐테, 권영경 옮김, 2007, 위의 책, 242쪽.
44) 지그프리트 겐테, 권영경 옮김, 2007, 위의 책, 271쪽.

파른 암벽을 돌아 산정상에 도달할 수 있는 지름길을 생각하면서 붉은 빛 작은 열매와 단단한 관목 사이를 헤집고 나아갔다. 추운 날씨에 한라산 정상을 오르는 일은 힘겨웠지만, 현무암 위에 발을 지탱하다 보니 심한 찰과상을 입기도 하였다 그의 일행은 각고의 노력을 후에 한라산 정상에 도착하였다. 그는 한라산에서 제주도의 인간사와 역사와는 무관한 자연 자체의 경관을 구경한다.

> 시간과 충분한 전문 장비의 부족으로, 섬과 화산의 지형 측정은 늘 소극적으로 제약을 받을 수밖에 없었다. 지금까지 나의 노력은 일인자라는 우월감에서 비롯된 것은 아니다. 오히려 순간적인 힘에서 우러나온 자연스러운 감정이다. 자신에게 내재한 인간적인 면, 긴 여행 편력 동안 전혀 맛보지 못했던 무언가 독자적이며 위대한 면을 경험한다는 감정 말이다.[45]

지그프리트 겐테는 조선의 제주도를 여행하고 만끽한 인간적인 면을 경험했다는 점이 독자적이고 위대했다고 말한다. 그는 한라산 정상에서 망망대해와 푸른 하늘, 현무암의 검은 비탈, 화산 폭발로 인한 용암과 응회암의 흔적, 환상적인 둥근 아치형의 푸른 바다를 응시한다. 그는 한라산을 삼각법을 이용해 자신의 시야와 수직선의 높이를 비교하면서 제주도 한라산이 웅장하고 감동적인 광경을 제공하는 것은 지상에 흔치 않다는 점을 말하고 한라의 정상이 사방에서 둘러볼 수 있는 구조를 형성하고 있다는 점을 기록한다. 그는 한라산의 분화구를 조사하고, 숙소로 사용한 동굴로 돌아간다.

> 그러나 제주도의 폭풍우는 이 함대를 모두 난파시켰다. 이처럼 배반적인 섬의

---

45) 지그프리트 겐테, 권영경 옮김, 2007, 위의 책, 273쪽.

해안에서 일어난 대형 난파사건을 언급하기 위해서는 13세기의 암울한 시대로 되돌아갈 필요도 없다. 제주와 조선의 존재를 유럽에 최초로 알려준, 네덜란드의 스페르베르 호가 1653년에 그곳에서 난파한 이후에도 '제주도와 그 부근'에서 일어난 난파사고 기록은 끊임없었다. 7년 전의 선교사 학살사건을 응징하기 위해 조선으로 들어온 프랑스인들은 1846년, 전 함대를 잃는 아픔을 경험했다. 그 이후에 제주도의 정크들은 말할 것도 없이 영국과 이탈리아, 노르웨이와 일본배들로 모두 이 곳에서 좌초되었다. 용맹스러운 제주 사람들이 자랑스럽게 여기는 해적의 명성은 대개 수동적인 행위에서 비롯되었다. 즉 제주 해안의 난파선들이 가능한 많이 나오면, 이때 누리는 풍요로운 행운을 토속신들에게 돌리는 것이다. 내가 묵고 있는 집 근처 도로변의 커다란 무기고에서 희귀한 전리품들을 직접 목격했다. 거대한 닻, 스크루 날개, 윈치 등 조선 배에는 아무 소용없는 외국 난파선에서 나온 부품들이었다. 신에게 바치기 위해 이런 전리품들을 일종의 사당 같은 곳에 보관해 놓은 것이다.[46)

지그프리트 겐테는 제주도의 폭풍우가 일으킨 대형 난파 사건을 언급한다. 1653년 네덜란드 스페르베르호 난파 사건, 1846년 프랑스 선교 학살 사건을 응징하기 위해 파견된 프랑스선 난파, 영국, 이탈리아, 노르웨이, 일본 선적의 난파는 제주도를 지배하는 미신적 세계의 영향력으로 생각한다. 그러던 중 그는 신임 목사 이재호가 처벌하는 광경을 목격한다. 제주 목사는 이웃과 싸운 사람에게 태형을 가하도록 명령하였다. 고문에 가까운 태형이 처벌의 형식으로 진행된다는 점을 확인하고, 공개 태형의 고문 집행인이 서양과 달리 인간적일 수 있다고 생각한다. 그는 기행 작가의 글을 토대로 조선인들이 가장 잔혹한 고문의 대가라고 알고 있었다.

물론 조선에서도 처형이 되기 전에 정부의 명령에 따라 머리카락이 곤두설 정도

---

46) 지그프리트 겐테, 권영경 옮김, 2007, 위의 책, 283쪽.

로 소름끼치는 잔인한 고문이 죄인에게 가해지기도 한다. 이런 식으로 프랑스 선교사들은 그들의 앞선 선구자들이 기독교 박해 시대와 오늘날까지 참고 견뎌야 했던 끔찍한 고문 기구에 대해 이야기하고 있다.[47]

지그프리트 겐테는 제주형무소를 방문하여 형무소의 고문 기구와 감옥을 둘러본다. 제주형무소에서 그는 프랑스 선교사에 대한 기독교 박해의 현장을 기억한다. 그는 달레(Peter Dallet)가 쓴 프랑스 선교 이야기를 읽었다. 해당 책에는 프랑스 선교사의 영웅적 수난의 사례를 담고 있다. 주교, 선교사, 육지의 기독교인들이 참수당하는 상황이 묘사되고 1866년, 1868년, 1870년에 기독교를 위해 순교에 도달한 비극적 상황을 제시한다. 조선인들은 다른 종교를 수용하더라도 자발적으로 선택한 죽음을 통해 환생의 구원을 기대한다. 그가 제주도를 여행한 시점이 신축교안이 발생한 전후였다. 신축교안은 천주교인과 제주도민간에 상이한 기억을 품고 있다. 공식 기억에는 양측에 막대한 신체적 피해가 발생했고, 종교와 정치가 결합하는 과정에서 예상치 못한 폭력이 증폭되었다는 점이다. 신축교안의 역사적 과정에서 불가피하게 신념과 이념의 충돌이 발생할 수밖에 없었다. 1898년 5월에 뮈텔 주교는 페네 신부와 김원영 신부를 제주도에 파견하였다. 페네 신부는 제주도에 정착하는 데 힘들어하여 그의 후임으로 라크르 신부가 제주도에 파견되었다. 1901년 5월에 신축교안이 발생하였는데, 대정군민은 민회를 개최하여 제주목사의 제주성으로 가서 세폐의 시정을 국가에 요구하였다. 제주성의 천주교 신자들은 군민들이 자신을 해칠 것으로 생각해 군민들에게 선제공격을 가했다. 이러한 행위는 천주교에 불만을 품고 있는 세력에

---

47) 지그프리트 겐테, 권영경 옮김, 2007, 위의 책, 294쪽.

게 부정적으로 작용하였다. 제주성은 5월 28일에 민군에 함락되고 신자들은 집단 살해되었다. 프랑스 군함 두 척이 제주도에 들어와 신자들을 태워 떠났지만, 민군은 진압되었다. 천주교회는 사회 세력으로 등장하기 시작했고, 문명화의 사명으로 토착문화와의 충돌이 발생하고, 개선주의와 박해 트라우마에 대한 교회 보호를 시도하였다.[48]

---

48) 김선필, 2021, 「천주교회를 중심으로 바라본 신축교안의 발생 원인과 현재의 평가」, 『종교연구』 제81집 제3호, 한국종교학회, 53~65쪽.

Ⅴ. 독일인 지리학자:
암흔의 구경과 폭로의 목소리

1. 조선 답사

지리 답사는 심리적 감성 역량을 함양하는 데 도움이 된다. 지리적 시공간을 살피는 과정은 인간에 대한 감성을 동반하고 인간과 지리가 상호 간에 매개될 수 있는 순간을 확보하는 데 기여한다. 지도를 통해 심미적 감성 역량을 적용하며 공간과 공감적 재현을 이해하면서 심미적 혜안을 확보할 수 있다.[1] 지리를 통한 심리적 역량을 마련하는 일은 자국과 타국의 경계에서 벗어나 삶의 빈곤함을 있는 그대로 수용하고, 지리적 공간에서 살아가는 인간에 대한 미적 감성 역량을 윤리적 인식까지 동반할 수 있다. 지리적 공간에 대한 답사 과정은 인간을 성찰하는 데 긍정적으로 기여한다.

유럽인들이 조선의 근대화를 고찰하는 과정에는 제국주의와 식민주의의 시선이 투영되었다. 19세기 후반에서 20세기 초 근대 조선을 바라

---

1) 김민성, 김현미, 2021, 「지리답사를 통한 심미적 감성 역량 함양」, 『교사교육연구소』제60권 제2호, 부산대학교 과학교육연구소, 224쪽.

보는 한국 사회의 발전을 기대하면서도 그 잠재력을 억제한 요인으로 국가 정책의 오류, 정치 혹은 사회적 부정부패, 양반 지배계층의 사회문화적 풍토 등을 지적한다. 근대 조선은 주체적으로 근대성을 확보하지 못한다는 전제하에 조선을 오리엔탈리즘의 시각으로 고찰하였다.[2] 근대 조선은 정신적 혹은 물질적으로 빈곤 상태에 위치한다는 시선이다. 이러한 시각은 근대 조선을 포함해 서양이 동양을 인식하는 보편적 관점이 반영된 것이다. 구한말 독일인 선교사, 통신원, 정치인, 의사들이 작성한 여행기에 반영된 한국은 위생 문제 등과 관련된 비문화의 민족으로 규정되었다.[3] 독일의 동아시아학의 동양 인식을 표명한 학자들은 제국주의적 정책에 참여하거나 직접적으로 동조하지 않은 채, 중국과 일본에 대한 왜곡과 폄하에 맞서 동아시아에 대한 부정적 담론이 확산하는 것을 차단하고자 하였고, 서구중심주의적 시각에서 탈피하려는 노력을 점진적으로 기울였다.[4]

구한 말 독일인들의 여행기에는 "이질적인 문화의 전달자들이 서로 접촉할 때 생성되는 문화의 충돌, 오해, 혹은 소통과 이해 등이 역동적으로 기록된 문헌이다. 여행기 서술은 여행자의 타자에 대한 평가뿐 아니라 자기평가 역시 어떻게 이루어지는지를 보여주는 과정이며, 여기서 개인적 기준은 물론 민족적 및 문화적 기준"[5]을 포함한다.

---

2) 이혜자, 2004, 「유럽인의 시각에서 본 조선의 근대화 풍경」, 『독어교육』제30권, 한국독어독문학교육학회, 528쪽.

3) 최석희,2004, 「독일인의 한국여행기에 나타난 한국상」, 『독일어문학』제26권, 한국독일어문학회, 187쪽.

4) 정현백, 2012, 「서구 동양학의 계보와 동양인식-제국주의 시대 독일의 동아시학과 그 학자들을 중심으로」, 『아시아문화연구』제26권, 가천대학교 아시아문화연구소, 147쪽.

5) 김연신, 2016, 「구한말 독일인 여행기에 서술된 동북아상-"황색의 위험"의 기능변

2. 독일 지리학회

독일 제국주의는 타국의 영토를 통제하고 관리하기 위해 지리학을 활용하였다. 지리학적 영토는 물리적 구획만을 뜻하지 않고 타율적으로 공간을 지배하기 위한 상징 장치이다. 독일 지리학은 식민정책의 목적으로 지역과 지역화 연구에 매진하였고, 이를 통해 세계의 대륙과 해양을 지역으로 구획 짓고, 각 지역의 자연환경과 인간 사회현상을 유기적으로 결합하고자 하였다. 독일 지리학은 제국주의 정책과 식민지 지리 지식의 제도화를 추구하였다. 칼 리터는 다양한 지표 현상을 총체적 상호연결성으로 파악하였다. 프리드리히 랏첼은 인류지리학의 관점을 선취하여 인간의 이주 역사 속에 내포된 환경적 조건들, 인간의 토지에의 의존성과 이주 과정, 자연환경이 인간에게 주는 영향 등을 연구하였다. 리히트호펜은 계통지리학의 체계를 구성하면서 지표의 상이한 부분들에 인과적으로 연결되는 현상의 상이성을 연구하면서 지역에 존재하는 현상의 인과적 관계를 이해하고, 계통지리학의 결과를 개별 지역의 해석에 활용하였다. 알프레드 헤트너에 의하면 지리학의 목표는 지표가 상이한 곳의 자연과 문화의 모습을 분포학적 관점에서 고찰하는 것이다. 헤르만 라우텐자흐는 지역 현상을 인간과 자연 환경의 관점에서 접근하였고, 인간의 기질, 문화, 종교, 경제적 관행, 사회생활이 자연환경의 영향을 받는다고 언급하였다. 독일 지리학은 제국주의, 식민주의 이념을 구현하기 위한 학문으로서 서양과 동양의 경계를 구분 짓는 요인을 살피는 과정을 성립하였다. 아울러 서구 신지리학의 제국주의적 성격은 19세기와 20세기를 거쳐 진화론, 인간과 환경의 관계, 자본주의 발

화」, 『카프카연구』 제36권, 한국카프카학회, 182쪽.

전과 맞물리면서 식민지 경쟁에서 우위를 점하기 위한 국가주의적 민족주의와 결합하였다. 6)

독일에서는 1880년대 말 이후 유럽의 주변부와 해외를 대상으로 한 탐험 및 관찰 여행이 이루어졌고, 구체적 여행 일정과 특정 탐사에 대한 정보를 알려주는 보고문이 신문과 잡지에 발표되었다. 제1차와 제2차 세계대전 사이에 독일 지리학은 급격하게 발전하였다. 이미 독일제국 시대에 존재했던 유럽과 세계에 대한 독일 민족의 관심사와 이해가 학술적 조언과 민족 계몽을 위한 목적에 따라 이루어진 지역 기술로 강화되었다. 자연과학 방법론에 대한 찬반이 진행되었고, 경관 개념에 대한 전폭적 지지가 강화되었다. 쉬리터의 문화경관에 대해 주목할 필요가 있다. 그는 자연경관과 문화경관을 구분 짓는데, 자연경관은 자연적 충전물이 자연력과 자연현상에 의해 통일된 하나의 지표 공간이고 지방의 본원적 공간으로 간주하였고, 문화경관은 원경관이 점차 인간의 문화에 의해 창조되고 변형되는 과정으로 규정지었다. 7)

근대 지리는 근대적 체계를 작동하기 위한 물질을 확보하기 위한 토대로 작용한다. 제국주의와 식민주의는 자국의 경제적 혹은 정치적 욕망을 유지하고 증폭시키기 위해 타국의 지리를 활용하였다. 이러한 과정에서 타국으로의 여행과 기행은 타국의 풍경을 감상하는 과정이 아니라 제국주의를 실현하기 위한 식민주의의 욕망을 투영하기 위한 것이다. 근대적 지리의 주체는 지리적 객체의 공간을 응시하면서 정치 경제

---

6) 홍유진, 2010, 「서구 제국주의 지리학의 영향을 받은 19세기 말 20세기 초 한국과 일본의 근대 지리학적 사고에 대한 비교학적 고찰」, 『지리교육논집』제54권, 서울대학교 지리교육과, 29쪽.

7) 안영진, 김상빈, 2004, 「근대 독일 지역지리학의 성립과 발달과정」, 『한국지역지리학회지』제10권 제3호, 한국지역지리학회, 557~563쪽.

학적 욕망을 실현하고자 하였다. "세계사는 대륙국가에 대한 해양국가의 투쟁이며 동시에 해양국가에 대한 대륙국가의 투쟁의 역사이기도 하다. 또한 그것은 '땅을 밟고 사는 사람'(Landtreter)과 '바다를 가르며 항해하는 사람' 사이의 투쟁이었다는"[8]점을 염두에 둔다면, 지리적 공간은 단순히 삶의 터전으로만 인식할 수 없고, 인간의 정치적 욕망을 둘러싼 투쟁의 흔적이 반영되어 있다고 볼 수 있다.

곳체와 라우텐자흐는 근대 조선의 지리를 탐색하는 과정에서 조선의 빈곤한 삶의 흔적을 발견했다. 그들은 자연의 아름다움 못지않게 문명화의 속도에서 비켜 나간 근대 조선의 문명적 낙후성을 확인했다. 이러한 과정에 제국주의와 식민주의적 욕망이 무의식적으로 작용했다고 볼 수 있지만, 근대 조선의 지리적 보편성과 특수성을 간파하고자 하였다. 그들의 인문지리적 관점은 근대 조선의 지리를 서구적 시각에서 접근하면서도, 근대 조선의 지리적 경관 이면에 잔존하고 있는 빈곤 상황을 반영하고 있다. 그들의 지리 연구는 근대 조선의 곳곳을 여행하면서 직시한 풍경을 분석하면서도 조선의 문화적 주체성을 인정하려는 태도를 보인다.[9]

3. 독일인 지리학자

1) 카를 크리스티안 곳체(Carl Christian Gottsche)

카를 크리스티안 곳체는 1884년 파울 게오르크 폰 묄렌도르프(Paul

---

8) 이진일, 2018, 「해양과 '공간혁명'-칼 슈미트(Carl Schmitt)의 <땅과 바다>를 중심으로」, 『사림』제63호, 수선사학회, 73쪽.
9) 이용균, 2006, 「인문지리학 패러다임의 변화에 대한 맥락적 접근의 필요성」, 『문화 역사 지리』제18권 제3호., 한국문화역사지리학회, 91~106쪽.

Georg von Möllendorff)의 초청으로 근대 조선을 답사하였다. 그는 138일에 걸쳐 조선의 지리와 지질을 살펴 보았고, 조선의 정세에 대한 관점도 제시하였다. 그는 「한국의 땅과 사람 Über Land und Leute in Korea」(1886)[10], 「한국의 지질개관 Geologische Skizze von Korea」(1886)[11], 「한국의 광물 Über den Mineralrechtum von Korea」을 작성하였다. 그는 근대 조선의 지리적 요인을 고찰하면서도 근대에서 조선인에 대한 인문학적 접근을 시도하였다. 그는 1883년에 조선에서 수집한 한국 고지도 자료를 함부르크 민족학박물관에 소장하였다.[12] 곳체가 쓴 조선의 지질 및 지하자원에 대한 논의와 한반도 산맥론은 근대적 지지 체계를 갖추었다. 고, 그는 이를 토대로 한반도 전역에 대한 지구과학적 논문을 작성했다.

곳체는 지리학자와 자연연구자로서 조선이 개항을 시작한 시점에 조선을 관찰하였다. 조선은 일본과 중국에 견주어 세계적으로 덜 알려진 나라였다. 그는 남부여행 1884년 6월 11일~8월 15일의 남부 여행과 1884년 9월 18일 ~ 11월 28일의 북부 여행을 통해 조선의 지리적 상태와 유용한 광물의 산출 여부를 확인하고자 하였다. 그는 조선 8도를 횡단하는 과정을 거쳐 풍부한 통계학적 자료를 도출하기 위해 노력하였다.

---

10) https://archive.org/details/landundleuteink00gottgoog/page/n3/mode/2up
11) Dr.C. Gottsche, 김항묵 역,1987, 「韓國의 地質槪觀」, 『Journal of the Korean Earth Science Society』제8권 제1호, 한국지구과학회.
12) 장상훈, 2013, 「독일 함부르크 민족학박물관 소장 목판본 《大東輿地圖》 시론」, 『동원학술논문집』 14권, 국립중앙박물관, 502쪽.

<표1 > 「Über Land und Leute in Korea」 여행 경로

날짜	여행 경로
남부 여행 1884년 6월 11일~8월 15일	제물포-서울 -광주
	광주-음죽-귀산-문경
	문경-함창-낙동- 위홍
	위홍-영천-경주-울산
	울산-통도사-양산-부산
	부산-동래-김해-마산포
	마산포-고성-하동-구례
	구례-옥과-광주-나주
	나주-무안-목포-수용
	수용-해남-용암-나주
	나주-장성-태인-전주
	전주-금산-연산-공주
	공주-천안-수원-서울
북부 여행 1884년 9월 18일 ~ 11월 28일	서울-파주-개성
	개성-토산-이천-신계
	신계-수안-삼등-평양
	평양-자산-개천-영변
	영변-우곡진-고장-위원
	위원-강계-장진
	장진-황화령-풍남리-함흥
	함흥-영흥-덕원-원산
	원산-안변-석왕사-회양
	회양-금성-번등-김화

곳체는 조선의 남부와 북부 지역을 횡단하면서 조선의 지리적 특징들을 개괄적으로 고찰하였다.

「나라의 山系는 在來의 지도에서 보는 것보다 더 複雜하다. 主山脈은 북위 37°선까지 東海岸에 平行하게 나가다가 南西方向으로 둔각을 이루며 方向을 바꾼다. 平安道의 北東端에는 또 하나의 두드러진 山脈의 地脈이 그와 같은 方向으로 달리는데, 이 地脈의 南北方向은 鴨綠江을 넓은 迂路로 흐르게끔 하였다. 小山脈은 그 지역에서 黃海道를 남북으로 멀리에까지 경계 지운다. 즉 이것은 그 國土의 支軸에 거의 直角으로 놓여 있다. 그 起源은 적어도 두 褶曲體系를 가지는 이 山脈에 있는 것인데, 더욱이 主山脈을 隆起部라고 하는 것은 決코 全體를 表現하는 것이 못되며, 그곳 北緯 37°와 40° 사이에 놓여 있는 중추 方向은 NNW-SSE이고, 그러나 北 및 南部에 있어서는 NE-SW로 달린다. 對替로 산릉의 方向은 구성巖石의 主向方向과 一致하는데 例外로서 黃海道南部의 이구장(Ikujang)과 免山(Thosan) 사이에서 그 반대 경우가 觀察됐다.[13]

곳체는 근대 조선의 지리적 요건을 살피는 과정을 거쳐 근대 조선의 지리적 기원을 면밀하게 고찰하면서 광물 침탈과 관련된 정치 사회적 요건까지 분석하고자 하였다. 이러한 점을 염두에 둔다면, 근대 조선의 외형적 조건의 변화 과정에서 발생한 근대성의 조건을 지리적 분석을 통해 제시하였다는 점을 알 수 있다. 「韓國의 地質槪觀」에는 "한반도 지질구조는 시원생대 층, 고생대 층, 신생대 제3기층, 제4기 충적층으로 구분했고, 화성암의 경우 고기 화성암과 신기 화성암으로 구별했다. 그 중에서 화강암이 가장 넓게 분포하며 여기에도 신구의 구별이 있다고 지적하였다. 그는 조선에서 유일하게 풍부한 것은 철이며, 양질의 철광석은 값도 싸고 품질도 우수하기 때문에 수입산 철과 충분히 경쟁 할 수 있다고 보았다. 곳체는 기본적으로 조선의 광산 자원에 대해, 외국인, 일본인들이 과대평가하는 것에 대해 부정적이었지만, 그렇다고 비관적"[14] 으로 고찰하지 않았다.

---

13) Dr.C. Gottsche, 김항묵 역, 위의 글, 75쪽
14) 손일, 2016, 「1884년 곳체(C. Gottsche)의 조선 기행과 그 지리적 의미」, 『대한지리

「韓國의 地質槪觀」[15] 은 조선의 곳곳을 직접 여행하면서 발견한 지리적 상황을 보여준다. 곳체는 1884년 8개월에 걸쳐 과학적 지질답사를 시도하였고, 이후 독일에 귀국한 후 독일 지질학회지 36호에 한국에서의 캠브리아 지층의 발견, 1886년에 조선의 지질 개관을 베를린의 프러시아 왕립학술원 회보 제36호에 발표하였다. 해당 논문의 초반부에는 우리나라의 지형의 특성과 지질구조, 암종 등에 대한 개략적 내용을 기술하고 있고, 후반에는 우리나라 지질계통을 7개로 구분하였는데 퇴적암과 변성암에 대해서는 하부에서 결정판암계, 캠브리아게, 석탄계, 제3계, 현생퇴적물로 구분하고, 화성암은 고기 화성암류와 신기화성암류로 구분하였다. 결정편암계는 선캠브리안 편마암 복합체, 캄브리아기는 조선누층군, 석탄계는 평안계 일부와 경상계 일부, 제3계는 평안계 일부로 속하는 것으로 규정하였다.[16]

2) 헤르만 라우텐자흐 (Hermann Lautensach)

헤르만 라우텐자흐는 근대 조선의 지리적 공간이 의미하는 바를 장기간의 답사와 여행을 통해 제시하였다. 그는 영토와 국경의 문제를 넘어 근대적 관점에서의 지리 조건을 탐색하고 있다. 라우텐자흐는 한국 지역을 1차 구분선과 2차 구분선으로 구획지었다. 1차 구분선은 남북방향으로 나타나는 점이적 특성을 드러내기 위해 동서로 획정지은 것이고, 2차 구분선은 북부, 중부, 남부로 나눈 것이다. 이를 통해 한국의 16개 지

학회지』제51권 제6호, 대한지리학회, 756쪽.

15) 손일, 위의 글, 745쪽.

16) 김성용, 이재욱, 2015, 「해방 이전 외국인에 의한 서구식 한반도 지질광상조사 성과고찰연구」, 『자원환경지질』제48권 제1호, 대한자원환경지질학회, 80쪽.

역을 지리적으로 규정지었다.[17] 라우텐자흐는 형태변이론을 중심으로 위도적 위치, 고도적 위치, 주변-중심 형태변이, 동서 방향 형태 변이인 데, 이를 토대로 조선의 행정 지역을 구분하였다.[18]

<표2 > 『코레아』여행 경로

날짜	여행 경로
1933년 4월 22일~ 6월 15일	동서 방향 네 차례 횡단- 일부 서해안과 동해안 종단- 울릉도 5인 체류
1933년 6월 28일~ 8월 8일	북서부 지역-개성-황해반도- 대동강 하구 지역-평양-철옹산과 묘향산- 회천과 강계-중강진의 대압록강호-벽동- 박천-삭주-용암포-임진강-서울
1933년 8월 21일~ 10월 18일	신갈파진-백두산-혜산진-함흥-장진-맹부산-금강 산-서울
~1933년 11월	서울-목포-제주-한라산

『KOREA』[19]는 제1부 지리·역사적 배경, 제2부 자연과 고문화, 제3부 한국의 여러 지역, 제4부 일본의 해외 속령으로의 한국을 고찰하고 있 다. 그는 "지리학자는 미지의 나라를 알고자 하는 충동을 못 이겨 엄청 난 희생을 감내하면서도 비유럽 지역의 지지문제(地誌問題)를 밝히려고 기나긴 연구여행(研究旅行, Forschungsreise)(11쪽)"을 떠났다. 그는 근 대 조선의 지역 구분을 명확하게 구획지었다. 북부 동해안 지역, 개마고

---

17) 손명철, 2009, 「라우텐자흐의 한국 지역 구분 원리와 그것이 지리교육에 주는 시사 점-그의 저서 『KOREA』(1945)를 중심으로」, 『국토지리학회지』 제43권 제 4호, 국 토지리학회, 739~740쪽.

18) 김재완, 2000, 「라우텐자흐(Lautensach)의 思想과 方法論에 대한 고찰-『韓國』 (Korea)과 『形態變移論』(Formenwandel)을 중심으로-」, 『문화 역사 지리』 제12권 제2호, 한국문화역사지리학회, 28쪽.

19) 헤르만 라우텐자흐, 김종규, 강경원, 손명철 옮김, 2014, 『코레아, 일제 강점기의 한국지리』, 푸른길.

원, 백두산 지역, 압록강과 평북 지역, 대동분지, 황해반도, 경기 지역과 수도 서울, 한강상류 지역, 영흥(원산)만 지역, 금강산을 포함하는 태백산맥, 울릉도, 경산분지, 지리산을 포함한 소백산맥, 충청-전라지역, 남해안 지역, 제주도 등 근대 조선의 지리적 특성을 세밀하게 정리하였다. 이러한 공간적 지리의 구분을 위해 인문지리적 관점과 지정학적 시각을 병행하여 근대 조선의 지리적 맥락을 재구성하였다. 그는 "한국의 지리적 문제의 복합체(Problemkomplex)를 체계적인 작업분할방법(92쪽)"을 토대로 근대 조선의 여행 체험만을 자국에 소개하기를 지양하였다. 라우텐자흐는 전근대 한국의 인문지리적 특성을 다음과 같이 규명하고 있다. 인종, 인구성장, 전염병, 의식구조, 의복, 민속절기, 주택 건축, 누각, 취락구조, 정착취락, 화전취락, 도시, 피난성새, 종교와 경관, 농업, 재배 수목과 관목, 농업지리 유형, 축산, 수공업, 광업, 상업 교통 등 전근대 조선의 지리적 공간에서 통용되는 삶의 방식을 두루 살피고 있다. 이러한 과정을 중심으로 그는 "결론적으로 현재 한국에 관한 연구의 학문적 상황은 아래와 같다. 한편으로 유럽에서 출판되는 대중적인 여행기는 크게 개략적 느낌을 근거로 하거나, 일부 산 체험을 바탕으로 기술한 것이며, 다른 한편으로는 엄밀히 학문적이긴 하나 지역계획의 성향을 지닌 일본인들의 본질상 당연히 불명료한 분석적 연구작업으로 대별할 수 있다. 한국 각지에 대한 지리학 연구논문집은 극히 드물다. 따라서 지리학의 지식을 담은 옛 자료와 최근의 자료를 종합하고, 동시에 경험적 관찰에 근거하여 한국 전역과 주요 지역에 대하여 학문적으로 깊이 있게 지리학 연구를 시도(97쪽)"하였다. 그는 지리학적 관점에서 조선의 학적 상황을 언급하면서, 일본인들이 조선의 지리를 불명료하게 분석하는 연구의 한계를 지적한다. 그러면서 조선의 지리적 국면을 총체적으로 파악하기 위해서는 사료와 최신 자료를 토대로 조선의 지리를 고찰하면서도 경험적 관찰에 따라 조선 지리를 면밀하게 고찰해야 한다고 말한다. 그는 조선 지리를 물리적 자연 경관으로만 파악하지 않고 일본 제국 식민주의시각에 투영된 지리적 전환의 과정을 연구하였다. 조선 지리는 인문 지리를 기반으로 전통에 존속하는 양상과 식민 지리에 따라 변경된 조선 지리의 변화 양상을 주목하였다.

4. 지리의 시선과 암흑 역사: 카를 곳체의 「조선 기행」

1) 조선 지리

조선의 지형학적 구성은 황해와 일본해, 압록강과 두만강으로 둘러싸여 있다. 압록강과 낙동강은 조선에서 가장 주요한 두 강이다. 예전에 압록강은 완전히 중국의 수중에 놓여 있었다. 낙동강은 거의 발전하지 못하였다. 곳체는 19일 낙동강에서 소금을 실은 배를 볼 수 있었었다. 200킬로미터에 달하는 낙동강은 비옥하고, 인구가 많은 지방을 가로질렀다. 한국의 기후는 일본과 중국 북부 사이의 중간 정도에 달한다. 조선의 지질학적 구조는 화강암, 편마암, 크리스탈 편암을 기반으로 한다. 이것들은 여러 번 분출암석이 되고, 휘록암과 석영반암에 의해 뚫린다.

곳체는 조선의 산림 남벌, 기호 식품, 언문, 종교, 공예품에 대해 다양한 관점을 제시하였다. 한반도 산맥체계에 대한 설명도 포함되어 있는데, 대략 태백산맥과 낭림산맥 그리고 함경산맥에 대한 지적으로 판단된다. 이어 약 1.4m의 평저선을 기준으로 주요 하천(압록강, 청천강, 대동강, 한강, 금강, 영산강, 섬진강, 낙동 강, 두만강)에 대한 가항거리를 정리해 놓았는데, 예를 들면 압록강의 상류 약 280km지점으로 밝히고 있다. 주요 항구와 섬들도 소개하면서 마산포, 목포, 영일만, 황주 등 향후 개발 가능한 항구 등도 적시해 놓았다. 그리고 7개 주요 지점에 대한 조수간만의 차도 소개하고 있는데, 원산의 경우 0.4m인 반면 한강 합류 지점의 경우 무려 11.3m에 달한다고 지적하였다.[20]

2) 조선 문화

곳체는 조선 지리의 특성을 언급하는 것과 더불어 조선의 인문지리적 속성을 지적한다. 그는 인종, 문자, 복장, 건축, 행정, 종교, 인구, 예술, 공예, 도로, 무역 등 조선의 전반적 삶의 토대를 이루는 것들을 간략하게 제시한다. 조선 지리적 특성 못지 않게 조선 지리속에서 살아가는 조선 인들의 다양한 요소는 조선의 보편성과 특수성을 아우르는 것으로 이해 할 수 있다. 그가 언급한 사항은 다음과 같다.

일반적으로 조선인은 얼굴 크기와 표정을 고려하면 북부 중국인과 유사하지만, 실제적으로는 오키나와 사람들을 연상시킨다. 조선의 국어인 언문은 중국어와 구조가 전혀 다르다. 조선의 자음과 모음은 조선 왕조 시대에 발명되었다는 점을 주목해야 한다. 산스크리트어가 불교 승려를 통해 알려지기 시작하였지만 이에 대한 관계를 쉽게 결론지을 수 없다. 왜냐하면 언문의 자음과 모음은 산스트리트어와는 아무런 관계가 없는 표기일 수 있기 때문이다. 애석하게도 언어 연구는 오랫동안 조선 민족 요람이 어디인지에 대해 완전하게 신뢰할 수 있는 해명을 제시하지 못하고 있다. 언문은 한자에 의해 오랫동안 후면에 위치했고, 구어로서 언문을 사용했지만 문어로는 한자를 이용하였다. 조선인들은 어릴 때부터

---

20) 손일, 위의 글, 747쪽.

서당에서 천자문을 배운다, 백성들과 여자들이 주로 언문을 배운다, 이상과 같이 중국의 조선에 대한 영향력은 문자, 의복, 집 구조, 공공건물 등 관습에도 끼친다. 조선은 고대 중국의 전통을 모방하였다. 모든 계층의 조선인들은 중국인과 마찬가지로 신체적 불결함과 물에 대한 근본적 혐오감을 공유하였다.

조선인의 집들은 기후에 적합하게 지어졌고 부엌의 아궁이가 두 방의 마루 아래로 연결되어 항상 난방이 가능했다. 조선인들은 온돌과 베개를 활용하고, 촛대, 담뱃갑, 재떨이, 담뱃대, 모자, 필기구, 책, 옷 등을 보관할 수 있는 서랍장이 있다.

서울의 대문, 열주홀, 서울의 왕궁 접견실와 같은 조선의 공공 건물은 철저하게 중국식 양식을 전범으로 삼았다. 13층 원각사지석탑과 통도사는 임진왜란에도 불구하고 존속해 자명한 예술 스타일의 건축 양식과 프레스코화의 흔적이 발견될 수 있다. 게다가 조선은 중국식 거대한 관료 기구들이 설치되었다. 이러한 점을 염두에 두면서, 곳체는 중국과 같은 강력한 국가들이 이웃 나라들에 자신의 문화를 강요한다고 말한다.

조선 종교 문제를 다루는 일은 쉽지 않다. 372년에 조선에 도입되고 고려에서 중요한 역할을 맡았던 불교는 조선 왕조에서는 종교적 토대를 상실하였다. 일본에서는 거의 풍경의 일부를 산출했던 사찰이 조선의 도시들에서는 완전히 쇠퇴하였다. 아울러 사찰과 승려의 수도 강력하게 없어졌다. 조선인들은 승려를 쓸데없이 사치스럽게 사는 사람으로 간주하였고, 그들 중 다수는 실제로 다른 가치를 평가 받을 수 없다고 여겼다. 조선에서 가장 오래되고 커다란 사찰인 통도사에는 귀중한 유물인 부처님의 사리가 보관되어 있고, 400명 승려중 산스크트어 연도(連禱)를 읽을 수 있는 8명 승려를 발견했다. 자신이 방문한 사찰과 마찬가지로 자신이 방문한 도서관 역시 열악한 상태였다고 말한다. 그러나 대부분의 사찰은 기후적으로 휴양지로서 적합한 경치가 아름다운 곳에 있기 때문에, 승려들의 건강한 외모를 통해 입증될 수 있다. 사실 불교는 그 어떤 영향을 현실에 끼치지 못하고 있고, 무종교적 태도(Irreligiosität)의 나라로 나아가고 있다. 좋은 사회는 아마도 조상숭배와 중국의 도덕철학의 학설에 발판을 두는 곳이라고 간주할 수 있다. 그러나 조선인들은 단순하게 미신적이고 산과 숲의 신들에게 제물을 바쳤다.

조선의 인구수는 다양하였다. 인구밀도는 포르투칼과 덴마크의 인구밀도와 동일하지만 서울과 지방 수도를 제외하고는 별달리 큰 도시는 없었다.

조선에서는 교통의 필요성에 준하는 개발이 이루어지지 않았다. 도로 상태, 여관 부족, 재정 상황, 상점 부족 상태에서는 원활하게 경제적 활동을 이루지 못했다. 조선의 경제적 내부 거래는 일반 시장에서 이루어졌지만, 중국산 실크, 일본산 도자기, 한국산 담배, 영국산 셔츠, 독일산 염료, 오스트리아산 성냥은 극소량으로 거래되었다.

3) 암흑 역사

곳체는 조선의 역사는 믿을 수 없을 정도로 암흑적이었다고 지적한다. 그는 조선 기원, 삼국시대, 삼한정벌, 삼국통일, 고려 건국, 고려의 불교 숭상, 조선 건국, 임진왜란과 병자호란, 1876년 조일수호교규 등을 다루었다. 조선의 당대 국경 934년에 국가 건설이 진행되었다. 기자 조선을 언급하면서 기자는 신화적 인물이지만, 한국 전통에 있어서 중요한 역할을 맡고 있고, 평양의 기자묘는 높은 존경을 받는 곳으로 언급한다. 조선의 고대사를 시점으로, 신라, 백제, 고구려의 권력 투쟁 양상을 제시하고, 고려와 조선으로 이어지는 한국의 전근대사를 나열한다. 조선이 중국을 중심으로 정치적 입장을 견지하는 것에 견주어, 일본에 대해서는 정치적 갈등을 표출한다고 지적한다. 기자는 신화속의 인물로서 평양에 있는 그의 무덤은 여전히 영예로운 대상으로 간주하고 있지만, 숭가리강에서 진출한 고구려 제국은 함경도 북부에서 창건되었다는 사실만 알려져 있다. 백제와 신라는 조선의 서쪽과 동쪽을 차지했고, 신라는 북쪽의 이민자들이고 백제의 첫 번째 통치자는 고구려의 통치자라고 언급한다. 백제와 신라는 일본에 한자, 비단, 불교, 미술 등을 전달하였고, 자발적 혹은 강제적으로 정착한 조선인들이 일본 도자기의 실제 창작자들이었다. 고구려, 백제, 신라는 정치적으로 상호 간에 불화와 갈등을 겪었다. 고려는 송도를 중심으로 무역, 상업, 예술, 과학, 불교를 번창하였다. 이성계는 고려에 이어 조선을 세웠다. 임진왜란과 병자호란이 연속적으로 발생하였다. 조선은 일본과의 전쟁에서 정치적 독립을 추구했지만 만주족의 침략을 받았다. 조선은 일본과 중국의 경계에서 독자적 위치를 정립하지 못한 채 엄격한 고립 정책을 채택하였다. 1876년에는 일본이, 1882년에는 미국, 영국, 독일, 이탈리아, 러시아가 무역 및 우호 조약을 체결하여, 증기선, 케이블, 전신이 조선에 들어오게 되면서 조선은 문명 세계와 매개되었다. 그는 조선인의 기원을 획일적으로 생각하는 일은 불가능하지만, 조선인과 일본인의 차이를 발견하지는 못했다.

곳체는 전쟁의 영향 때문에 국가 번영이 심각한 변화를 맞이했는데, 이것이 교회의 쇠퇴가 발생하면서 오래된 예술성은 역시 낮은 수준으로 몰락하였다. 도자기, 그림 조각, 직물 등이 사회적 가치를 상실하였다. 조선의 장식 예술의 흔적은, 캐비넷, 은상감 상자, 대나무 커텐에 남아 있었다. 이러한 소규모 산업은 몇몇 곳을 제외하고는 국가의 관심거리가 되지 못했다. 아울러 전쟁이 산업을 파괴하면서 국가의 비옥한 평야는 훼손되면서 한국의 보물들이 소멸하였다. 대외무역의 성장 양상은 단지 미래에만 포착할 수 있을 뿐이다. 조선의 개항 이후 정치적 혼란과 정부내 제도와 인사 변화는 대외무역에 불리한 영향을 끼쳤다. 반면 그는 이성적인 경제 개혁이 추진될 수 있는 평온한 기간을 거친다면 조선은 세계 교역에서 온건하면서도 확실한 위치를 점할 수 있다고 판단하였다.

중국과 러시아의 국경 무역 범위는 신뢰할 수 없었다. 1874년부터 제물포, 부산, 원산에서 대외무역이 진행되었지만, 대외무역은 전적으로 일본인이 독점하였다. 대외 무역에 참여한 유럽 상인은 독일 회사가 있었다.

「한국의 땅과 사람 Über Land und Leute in Korea」의 말미에서, 독일로 귀환한 이후 한국 여행이 가치 있었는지를 자문한다. 여행 본연의 목적에 견주면 금전적으로 풍요롭고, 매우 편안하게 이곳저곳을 돌아다니고 고향 가정의 낯선 단조로움을 잊어버리려고 하는 세계일주여행자와 같은 사람들에게 한국 여행은 가치가 없고, 어떤 나라에 대해 깊은 관심을 표명하며 무조건 학문적 영역에서 우리의 피상적 통찰력의 범위를 식별할 성과를 낼 조짐을 보이는 자연과학자에게는 조선 여행이 가치 있다고 말한다. 그는 조선을 여행하면서 외국을 관광 대상으로만 파악하지 않고 인문 지리의 관점에서 접근한다. 아울러 조선 영토를 지리학적으로 관찰하면서도 조선의 역사와 문화 등을 두루 살피는 태도를 견지한다.

「한국의 땅과 사람 Über Land und Leute in Korea」은 조선의 땅과 조선인들이 공존하는 방식을 살피면서도 인간이 지리적 공간성의 지배를 받는다는 점을 역설하고 있다. 조선 땅에 대한 통시적 접근은 조선의 공시적 맥락을 파악할 수 있는 계기를 마련해준다. 곳체는 친일본적 담론의 오류를 지적하고 거리를 두면서, 조독수호통상조약 발효가 시작한 시점에 미국과 일본의 한국관에서 탈피한 새로운 한국사 인식을 보여주었다.[21]

5. 인문지리와 연구여행: 헤르만 라우텐자흐의『코레아』

1) 인문 지리

헤르만 라우텐자흐는 식민지 조선을 지리와 역사적 관점에서 접근한다. 그는 근대 조선의 영토를 오랜 기간 답사와 여행을 통해 탐구하며 조선인의 삶에 대한 인문지리적 요건을 논의한다. 인문지리(human Geography)는 인간이 거주하는 곳만을 인식 대상으로 간주하지 않고, 인간을 포함한 삶의 영역에 대해 다각도의 관점을 적용해 인간과 공간의 관계를 살핀다. 근대 조선의 지리적 공간을 인식한 독일인은 자국인 독일과는 다른 타국으로서의 조선 지리를 발견할 수밖에 없다. 인문지리학의 학적 패러다임에서는 인간주의지리학을 표방하면서 인간의 주관성이 무시되거나 인간 활동이 지도상의 점과 숫자로 추상화되는 것을 거부하고, 인지적 장소로서의 지리적 공간에 대한 해석을 위한 방법을 추구한다. 이러한 점을 염두에 둔다면, 라우텐자흐는 조선 지리를 객관적 대상으로만 인식하지 않고, 조선 지리에 대한 주관적 욕망이 투영되어 있다. 그들의 주관적 의식에 물론 제국주의적 혹은 서양중심주의가 반영되어 있다고 간주할 수 있지만, 심층적으로는 타국에 대한 인문지리적 호기심도 작용하고 있다. 근대 조선의 로컬 정체성뿐만 아니라 문화적 정체성을 지리적 요건을 중심으로 고찰하는 과정은 조선인의 실제적 삶에 대한 패러다임을 변화시키기 위한 것으로 이해할 수 있다. 이러한 점을 염두에 둔다면, 근대 조선의 지리를 하나의 풍경으로만 파악하지 않고 풍경 너머에 잔존하고 있는 인간의 삶에 대한 인문적 접근의 시도이다.

---

21) 박보영, 2019, 「19세기 말~20세기 초 독일인들의 압축적 통사서술에 나타난 한국사 인식-곳체, 크노하우어, 옴, 로트를 중심으로」,『대구사학』제134권, 대구사학회, 16쪽.

그는 조선이 동아시아의 해양 주변의 외부지에 속한다는 점을 전제로, 대륙의 영토와는 달리 지형이 협소하다고 말한다. 그는 지역을 총체적 특성(totalisierende Gestaltungsgrundzüge)과 중심적 특성(zentralisierende Gestaltungsgrundzüge)의 관점에서 고찰한다. 전자는 해당 지역의 도일한 지역적 특성을 부여하지만 인접 지역이라도 지역이 다르면 상이한 총체적 특성을 지닌다. 반면 후자는 하나의 도시와 같은 한 지점, 하곡, 철도처럼 하나의 선에서 시작하여 점과 선에서 사방으로 발산하여 총체적 관점에서 인식된 여러 지역으로 방사되는 과정을 뜻한다.[22]

「지명과 그 표기」에서는 조선과 관련된 여행기에 나타난 지명 문제를 거론하면서, 통일된 한자 표기 방법이 없어 혼란스럽다고 지적한다. 한국 지평 표기의 혼란을 극복하기 위해서는 한자 표기 지명을 일본식으로 발음해 읽는 과정을 거쳐야 한다. 그러면서 그는 한국 지명 표기는 로마자회의 표기에 따라 한자 지명의 일본식 발음을 이용하고자 한다.

「행정구역 구분」에서는 한국의 행정구역 구분은 중국식 선례에 따르고, 행정구역에 관한 지리적 평가는 한국 지리 연구의 전제조건이라고 규정짓는다. 함경북도, 함경남도, 황해도, 강원도, 경기도, 충청남도, 충청북도, 경상북도, 경상남도, 전라도와 같이 행정구역 구분은 지형과 기후에 민감하게 반응한다는 점이 언급된다.

일본제국으로의 합병과 더불어 신선한 아침의 나라에는 지리적 현재(die geographische Gegenwart)가 시작되었다. 조선이 소국이면서 불행한 지리적 위치에 있고, 또한 사회조직의 약점으로 인하여 늘 당해 온 기구한 국가적 운명을 생각하면

---

22) 손명철, 2009, 「라우텐자흐의 한국 지역 구분 원리와 그것이 지리교육에 주는 시사점 -그의 저서 『KOREA』(1945)를 중심으로」, 『국토지리학회지』제43권 제4호, 국토지리학회, 738쪽.

동정을 살 만한다. 그러나 정치적 상황을 현실적인 관점에서 본다면 1876~1910년의 기간 동안에 조선이 자유독립국가로서 독자적 의지대로 발전해야 한다는 문제는 더 이상 있을 수 없었음을 인식해야 한다. 문제는 단지 조선이 러시아제국에 예속되느냐 혹은 일본제국의 일부분이 되느냐는 것이다. 당시에 일어난 결정은 두 가지 가능성 중에서 조선에게는 보다 유리한 것이었다. 왜냐하면 조선과 인종적, 언어적, 공간적으로 연관되고, 러시아가 할 수 있는 것보다는 근접한 조선에서 해결해야 할 과제에 대해서 좀 더 강하게 그들의 힘을 집중하여 쏟아 부을 수 있는 일본에 의해 조선이 발전되었기 때문이다.[23]

「민족, 국가 및 문화사」에서는 한국의 역사가 처한 경관상(京觀像, Landschaftsbild) 요인을 분석하고 있다. 근대 조선의 지리적 현재가 발생하게 된 것은 일본 제국과의 합병에서 시작되었다는 점을 전제로 조선이 제국주의와 식민주의에 능동적으로 대처하지 못한 상황을 동정하고 있다. 조선이 일본 제국과 러시아 제국 사이에서 정치적 선택의 갈림길에 위치하였다. 조선의 지리적 위치가 정치적 곤경에 처할 수밖에 없었다는 점을 말하고 있다. 한국이 지리적으로 소국에 처해 있는 상황에서도 언어, 문자, 생활양식, 민족의식에서 조선 고유의 문화지리적 단일 국가를 형성하였다는 점을 고평하고 있다

「지리상의 발견과 탐험의 역사」에서는 한국인 스스로 작성한 한국 지리의 발전사를 꼼꼼하게 다룬다. 『동국여지승람』, 『삼국사기』, 『조선지리편람』 등에 나타난 조선 지리의 특수성을 언급한다. 그는 서양의 한국 지리 탐사의 양상도 언급할 뿐만 아니라 일본의 조선 지리 연구를 다룬다. 독일은 전문화된 연구를 바탕으로 한 지역개발계획이었던 반면에 일본은 조선 고대 문헌 연구, 고고학적 연구 등 조선총독부의 국토계획

---

23) 헤르만 라우텐자흐, 김종규, 강경원, 손명철 옮김, 2014, 위의 책, 71쪽.

에 따라 진행되었다고 말한다. 일본인은 조선 지리의 정확성을 높이기 위해 측지 작업을 추진했고, 지질학 연구를 진행하였다. 아울러 을사보호조약 이후 기상관측망을 구축하고, 해양학 연구를 진행하였다. 이러한 일본의 조선 지리 조사는 "일본 식민정책의 성과(97쪽)"에 중점을 둔 것이라고 말한다. 그는 지리상의 발견과 탐험의 역사를 조선 여행기를 중심으로 일별하면서, 일제 강점기의 조선에 대한 여행기에는 조선의 지리적 조건과 정치적 상황을 두루 면밀하게 고찰하지 못하고 있다고 말하면서 조선을 타자화하는 양상을 비판하고 있다. 그는 한국이 지리학과 지도학 업적을 간과했다고 지적한다.

혜르만 라우텐자흐는 한국은 식민 지배를 받고 있는 다른 나라들처럼 이질적 문화의 영향을 덜 받았다고 말한다. 그러면서 조선의 지리적 측징이 한국의 고유성을 유지하는데 긍정적으로 작용했다고 지적한다. 그는 근대 조선의 지리적 조건에 여행자의 객관적 시점을 적용해 근대 조선인의 삶까지 포괄하려는 인문지리의 토대를 마련하고자 하였다. 그는 국토와 영토를 지리적 관점으로만 접근하지 않고 일제 강점기의 한국지리를 통해 조선인의 궁핍한 삶의 지점을 표현하고자 하였다. 그는 형태변이론의 관점에서 위도적 형태변이 고도적 형태변이, 주변-중심 형태변이, 서동-동 방향 형태 변이를 주축으로 한국인들이 형성한 문화 특성, 일본과 서양 문화의 유입에 의한 전통 문화의 변형을 시계상으로 분석하였다.[24)]

혜르만 라우텐자흐는 「옛 한국의 인문지리 특성」에서 한국의 고유한

---

24) 김재완, 2000, 「라우텐자흐(Lautensach)의 思想과 方法論에 대한 고찰-『韓國』(Korea)과 『形態變移論』(Formenwandel)을 중심으로-」, 『문화 역사 지리』12권 2호, 한국문화역사지리학회, 32쪽.

인문지리의 양상을 세밀하게 언급한다. 그는 일본의 영향을 받지 않는 옛 한국의 왕조시대를 중심으로 한국의 인문지리를 고찰한다. 그는 한국인들의 의복과 인종, 주택, 종교, 미신, 농업, 기후, 토지 소유, 축산, 제지업, 광업을 다룬다. 한국인은 만주한국형과 몽골말레이형 인종에 속한다고 기술한다. 그는 한국인들이 선량하고, 협조적이고, 환대적이고, 부모자식간 자상하고, 지적이며, 언어 자질이 탁월하고 지적한다. 그러나 250년간 지속된 정치적 실정이 한국인을 게으르고 무감각하게 만들었다고 말한다. 유교와 쇄국은 한국인의 기본적 심성 체계를 파괴하였고, 일상에서는 게으름과 순진함이 나타나 서양문물을 접한 한국인조차 자신들의 단점을 자각하고 타파하는 행위를 방해했다고 간주한다. 그는 "자연지리 분야에서 한국은 대륙으로부터 해양으로 변화하는 점이적 성격을 탁월하게 나타낸다. 인문지리 분야에 미친 자연 지리 특성의 영향은 단지 양적이고 계절적인 차이에서만 빈번히 나타난다. 한국의 인문지리 특성은 놀랍게도 국토 전역에 걸쳐 근본적으로 동일하다. 그리하여 한국은 동아시아의 대 지역 속에서 작지만 매우 강한 지리적 개성을 지니고(266쪽)" 있다고 말한다.

2) 연구 여행

(1) 병영 도시와 근대 도시

헤르만 라우텐자흐는 한국의 북동부 변경 지역이 대일본경제권에 만주가 포함되는 영향 덕분에 경제적 성장을 일구었으나 만주사변 이후 현저하게 되었다는 점을 지적한다. 아울러 북동부 변경 지역은 일본의 전략적 요충지로서 자리매김하고 있다고 말한다. 나남에는 세 개의 일본군 사단 중 한 개 사단의 본부가 있고, 나진에는 무역항과 군항으로 개발되었다. 웅기, 회령, 성진, 함흥, 나진, 청진, 흥남, 나남은 총인구의 일본인 비율이 높다. 일본인들은 해당 도시들에 일본식 가옥을 지어 한국인들과 분리된 거주 형태를 만들었다. 주간선도로에는 석조와 목조의 행정 관청, 학교, 은행, 상점, 병원, 병영, 호텔, 기생집 등의 근대적 공공 건물이 자리잡았다.

　동해안 지역 함경도 북부의 좁은 중간 구역은 삼각형의 충적 평야로 시작하여 청진, 수성, 나남이 위치한다. 나남은 일본의 행정 및 군사도시로 변경되었고 일본인 상점 거리가 즐비하고, 일본식 혹은 유럽식 저택, 호텔, 보병, 기병, 포병의 병영과 병원의 막사가 지어졌다. 아울러 북부 동해안 지역의 남서부 해안에는 작은 항구들이 있어 연안 항해, 철광석, 어유, 생선 퇴비를 일본으로 수용하는 역할을 담당하였다.

　헤르만 라우텐자흐는 개마고원의 지리적 특성을 언급한 후 화전경작의 양상을 제시한다. 화전경작이 개마고원의 인구밀도를 높이는 데 기여하였고, 원시림의 풍부함, 지역의 광활함, 낮은 사면의 평균 경사 등이 산악지대의 냉혹함과 투쟁하여 새로운 생활터전을 일구는 데 한국인들을 유인하였다. 화전민들은 자신들만의 생활 방식을 통해 개간을 하다, 개마고원의 원시림을 파괴하고 국가 재산을 훼손하는 일이 빈번하였다. 이에 일본 정부는 한일병합 이후 화전민과의 싸움을 시작하였다. 1934년에 원시림에서의 화전 개간이 중단되는 실효를 거두었지만, 화전 경작이 개마고원에 끼친 경관적 자취는 존속하였다.

　일본 삼림청은 한국의 삼림 관리를 전담하였다. 일본식 뗏목을 이용해 서상리 목재 집하소에서 절단하는 작업이 이루어졌다. 일본 목재 회사들은 목재를 반출하기 위해 협궤열차를 부설하였다. 장진, 삼수, 갑산,

풍산 등은 일본식 색채를 띠고, 무산, 신갈파진, 혜산진은 국경도시이자 수비대가 있는 곳으로, 순진히 일본식으로 건설된 헌병대, 경찰서, 우체국, 일본 상점의 목조 건물이 있고, 갑산 방변 도로에 인접한 곳에는 병원, 산림청의 높은 현대식 벽돌건물을 만들었고, 도시 외곽에는 한국식 가옥이 이루어져 있었다.

압록강은 평북 지역, 개마고원 지역, 백두산 지역이 상호 연관된다. 압록강 상류 구간에는 산림이 풍부해 삼림의 벌채권에 대한 각축이 벌어져 러일전쟁이 발발하였다. 일장기를 단 뗏목, 중국의 뗏목이 자주 등장하였다. 압록강의 국경 특성은 뗏목 운영과 관계가 있다. 이곳에 일본인들은 병영과 병원을 취락 내에 짓고, 북미 선교사들은 교회와 예배당을 건립했다. 국경 소도시들은 방어 목적상 인접 산에 입지하였다. 일본인들은 압록강에 프로펠러보트를 운항하였다. 교통이 불리한 자연조건과 국경 특성에도 불구하고 프로펠러보트, 범선, 뗏목들로 압록강은 활기가 넘쳤다. 압록강은 국경 특성이 희미해졌지만, 수풍수력발전소가 건립되었다.

평북 지역에는 육상교통축을 이루는데, 강계는 평북 지역 상부 지역의 관문으로서 도성의 잔해와 북문이 보존하고, 일본화된 시가지에는 행정관사와 군용건물이 있기 때문에 일본 세력의 주요한 군사기지로 변경되었다.

대동분지에서도 화전 경작이 경관에 끼친 영향은 컸다. 일본의 산림청은 법령, 감시, 한국 미신을 통해 화전 경작을 금지하였다. 대동분지에서는 광업활동이 나타났다. 대동강 하류 주변의 송림에는 미쓰비시 제철 주물 공장이 있었다. 대동강변의 평양은 전통 도시이고, 취락 역사를 가지고, 한반도 북부에 위치한 국가들의 수도였다. 기자, 낙랑, 고구려

시대의 북서부 관문과 군사적 중요성을 보여준다. 평양은 "매우 아름다운 도시, 강과 그 반대편에 있는 곡창 평야 지대의 아름다운 전망을 볼 수 있는 훌륭한 옛 한국의 연회장들이 북쪽의 구릉 위에 있다. 구 시가지는 현재까지 남대문에서 끝난다. 남대문에서 남서쪽으로 병영, 사령부, 평안남도 도청, 호텔과 평양역이 있는 순일본식 신시가지가 전개(380쪽)"되었다.

> 세기의 전환기에 서울은 전보와 전화, 수도, 전차와 전등을 동시에 가진 동아시아의 유일한 도시였다. 1910년 한일합방 후에 완전히 새로운 발달이 시작되었다. 실제로 도시의 발달을 약간 과장하여 말한다면, 일본의 지배하에서 완전히 새로운 도시가 형성되었다고 할 수 있다. 한 세대 동안 구서울은 현대적인 경성으로 변모되었다. [25)]

헤르만 라우텐자흐는 수도 서울의 과거와 현재를 인문지리적 관점에서 접근하면서 일본의 군사전략과 일본의 문화전략이 동시에 구현되는 방식을 언급한다. 쇄국정책이 종말을 맞이할 즈음, 일본과 서구 열강의 통상조약이 강요하여 서울의 북서쪽에 공사관 건물이 들어섰다. 아울러 기독교 국가들의 선교 활동은 서울의 건물을 급격하게 변화시켰다. 일본인 주도의 도시 행정은 도로망 개조를 기점으로 서울의 기능을 복잡하고 다양하게 만들었다. 서울은 교통체계의 중심지로서 서울역이 근대적 공간과 전근대적 공간이 공존하는 경관을 보여주는 곳에 위치하였다. 그는 일본식 근대화가 서울의 리적 경계뿐만 아니라 경관적 요소까지 변화시킨다고 간주한다.

---

25) 헤르만 라우텐자흐, 김종규, 강경원, 손명철 옮김, 2014, 위의 책, 412쪽.

(2) 동화 식민지와 피지배 식민지

헤르만 라우텐자흐는 「일본의 해외 속령으로서의 한국」에서 일본의 식민통치활동이 한국에 끼친 지리적 영향을 다각도로 살핀다. 한국의 애초 지형은 중국과 일본의 정치적 개입을 받기 쉬운 요건을 갖추고 있다. 그는 일본이 유럽 식민 강대국의 식민정책과 유사한 방식을 작동했다고 지적한다. 애초 일본은 식민지 용어를 사용하지 않은 채 1942년에 일본과 한국의 정치적 평등을 선언하였다. 그런데 유럽 식민 강대국의 피식민지 국가와는 달리, 한국은 전통에 대한 얽매임이 강력해 식민주의에 대해 저항을 강하게했다. 한국은 민족의식이 강한 만큼, 근대 문명 발전 추구를 회피할 수 없는 상황에 위치하였다. 한국의 농업 개혁, 철도, 도로, 위생, 화전 농업을 위해서는 전통과 미신을 준수하는 한국인들과의 갈등을 유발할 수밖에 없었다. 아울러 한국인들이 일본의 정책을 옹호할 수 없었던 이유는 다음과 같다. 하급기관을 통한 차별 없이 수행되는 방식과 일본 금융업자들이 한국인의 토지를 매점해 한국인을 일본인 토지의 소작인으로 전락시켰고, 한국인들이 경제적 소극성에 머물러 근대적 경제생활에 한국인은 적은 비율로만 참여하였다. 그는 1905년에서 1931년까지 한국은 일본의 유일한 해외 속령이었다고 지적한다. 일본은 서구 자본주의 경제적 방법과 근대적 행정 체제를 타국인 식민지 조선에 이식하고자 하였지만 일본의 발전에 끼칠 영향을 두루 살필 여력이 없다 보니, 한국 자본주의 발달은 혼란스러울 수밖에 없었다. 일본은 자국의 잉여 국력의 대부분을 한국에 집중하였다.

헤르만 라우텐자흐는 한국은 일본과 지리적으로 근거리에 위치하기 때문에, 일본의 전략적 관점, 경제적 관점, 민족적 관점에 따른 한국의 지리적 활용을 논의한다. 일본은 군사 전략적 목적에 따라 "부산-진해, 원산과 나진 주변의 요새지대를 통해서도 증명되며, 한반도의 최북동단, 한강 하구의 북쪽 지역과 서남해 상의 도서들 일부의 지형도가 등고선이 없이 음영으로만 그려져 발행된 사실로도 증명(533쪽)"되었고, 경부선, 경의선, 육상도로 등도 건설되었고, 압록강-두만강 경계가 일본 지배에 따라 본토 경계선이 된 이후 희박해졌다가 소련 우수리 지역과의 국경 지역으로 중요해졌다. 일본은 한국을 경제적 관점에 따라 일본 제국에 필요한 경제 개발이 이루어져서 "지질구조, 광산, 기상 조건, 하천의 유량, 주변 바다의 해양학적·생물학적 조건, 주민의 관습과 전통, 자연식생과 한국인들의 식생이용, 전통 작물과 신품종 도입 가능성, 축산과 그 진흥법, 도시와 농촌의 위생 상태(534쪽)"를 토대로 한 인문지리적 발전을 일구었다. 일본은 한국인들에게 일본의 국가이념을 주입하고 일본인화를 추구하기 위해 동화교육을 통해 한국인의 민족성을 말살하였다.

「일본인 인구 요소」에서는 식민지 한국의 인구, 경지, 산림, 어장, 광업과 공업, 도로와 수송, 해외무역 양상을 심층적으로 분석한다. 그는 한국의 일본인 비율을 검토하고, 한국 내 일본인의 생활 방식을 소개한다. 일본인들은 공공기관, 상업, 공업 등의 도시 업종에 종사하였고, 한국 전역에 걸쳐 두루 거주하면서 직선 가로망의 폐쇄 구역과 신사 등을 지었다. 반면 한국인들은 광범위하게 국내 인구 이동이 발생하였을 뿐만 아니라 해외 이주 역시 활발하게 진행되었다. 만주, 간도, 우수리 지역, 일본 열도로 이주하였다. 이러한 점을 지적하면서, 그는 "한국이 일본 제도의 영향하에서 대부분 매우 인구 과잉인 국가가 되고 있(552쪽)"다는 점을 지적한다.

「인구의 성장과 분포」에서는 한국이 일본 제도에 따라 인구 과잉 국가가 되었다는 점을 설명한다. 한국인, 외국인의 인구 감소 추이를 언급하고, 국내 인구 이동 경로를 제시한다. 한국 남부 지역은 농업 관련해 과잉인구 지역에 속하고, 분지, 계곡, 해안 지역의 조밀한 인구와 희박한 인구, 산이 많고 높은 곳의 사람이 없는 지역 차이를 설명한다.

「경지」에서는 일본이 한국의 농업을 개발하는 과정을 설명한다. 한국 자체 내의 가난에 대한 불만을 잠재우고, 한국의 농업 생산을 일본 수요로 전환해 범일본경제권으로 편입하려는 양상이 언급되고 있다. 일본이 한국 농민의 인구 분포를 고려해 한국인을 식민지 대상으로 포섭하기 위해서는 필수적이었다. 한국의 토지 소유 관계와 생활 수준 개선이 필요하였고, 일본 자본이 한국에 침투하기 시작하였다.

「산림」에서는 조선총독부 산림국이 한국 토지 전반을 감독한 양상을 살피고 있다. 일본은 산림 파괴와 임야 소유권의 무질서를 개선하기 위해서 임야의 국유림을 선포하였다. 아울러 산림법을 개정 조치하고, 중앙임업시험장 설립, 산림보호구역 설치, 화전민 관리 등을 정립한 사실을 제시한다.

「어장」에서는 일본이 한국의 어획량을 증가시켰다는 점을 언급한다. 1904년 일본은 대한제국의 황제와 조약을 체결해 일본인들이 한국 해안에서의 어로 활동을 하는 것을 허용하였다. 1912년에 어업법을 지정해 한국 주변 수역에 일본인을 위한 배타적 어법 수역을 확정 지었다. 한국 어획고의 변화가 발생했고, 가공 공장, 양식업 등이 일본에 의해 도입되었다.

한국은 아직 공업화의 초기 단계에 있기 때문에 기계 및 도구 생산은 지금까지 미약하다. 그러나 많은 기계 및 자동차 수리점이 대도시들, 특히 서울과 평양에서 번성하고 있다. 또한 철도청이 용산, 영등포와 평양에 개설한 공작창들도 수리만을 하고 있다. 과거에는 국철의 기관차를 독일이나 미국에서 수입하였으나, 지금은 궤도 폭이 다름에도 불구하고 일본에서 생산한다.[26]

「광업과 공업」에서는 한국은 자연과학적- 기술적 사고방식이 결핍되어 광물을 근대적으로 활용하지 못했다는 점을 제시하고, 일본이 광업권을 독점하면서 한국의 광물을 개발하였다. 아울러 한국인은 기업심 (Unternehmungsgeist)이 부족하기 때문에, 일본이 선도적 경제 편제로서의 공업을 강하게 추진하였다. 일본은 화학공업, 음·식료품공업, 면질, 마직과 견직물 생산, 철강 및 금속 공업, 요업을 추진하였다. 그는 한국이 근대적 공업 문명을 추구하기에는 열등한 상황에 있었기 때문에 일본 주도의 근대 프로젝트가 한국에 끼친 결과를 나열하고 있다.

「취락」에서는 한국의 문화 지리적 발전이 촌락에까지 영향을 끼쳤다는 점을 언급하면서, 일본 지배하의 도시 발달의 전형적 특징을 소개한다. 일본 주도의 도시화가 한국의 거주 공간을 급격하게 변화시킨 양상을 제시한다. 도시계획법과 신도시 지구 건설이 시행되었다. 도시의 경제·정치적 기능이 도시 입지, 인구 분포와 밀접한 관계를 맺었다. 간선도시의 직선화와 확장화가 이루어지면서, 도시 곳곳에 근대적 공간과 건물이 세워졌다.

국가의 경제 개발을 위해서는 수송체계의 근대화가 절대적으로 필요한 전제조건이다. 전체로서 오래된 국가와 개별 한국 가정의 제멋대로인 경제적 자급자족이 붕괴된 만큼 매년 증가하는 국내외 교역량과 동일한 정도로 늘어나는 승객 수송을

26) 헤르만 라우텐자흐, 김종규, 강경원, 손명철 옮김, 2014, 위의 책, 616쪽.

처리하기 위해서 효율적인 수송로와 항구가 건설되어야 하고, 이와 더불어 통신수단도 발달되어야 한다. 1910년에 물론 군사적·정치적 필요성이 교통체제를 발전시킬 때 우선되었다. 그러나 매우 빠르게 경제적 중요성이 대두되었고, 오늘날 한국의 교통시설은 한국의 문명 증대뿐만 아니라 일본의 발전과 식민지 지배의 도구로서 이러한 모든 목적들에 동일하게 기여한다. 문화경관상(文化景觀像) 중에 다른 어느 분야도 대규모 수송 분야의 문화경관상만큼 전적으로 일본의 성취에 의해 지배되지 않았다.[27]

「도로와 수송」에서는 한국 근대화 과정에서 주요한 기능을 맡은 철도 개발과 자동차 교통 상황을 제시한다. 철도, 항구, 항공 등 근대적 수송 시설은 다각도로 진행되었다. 그는 국가와 가정의 경제적 구조가 불일치하는 상황에서 경제적 이익을 위한 과정 뿐만 아니라 군사적 혹은 정치적 필요성에 따라 한국의 문명 증대와 일본의 식민 지배의 이해관계가 일치하였다고 지적한다. 수송 체계는 한국 영토의 지리적 환경을 급격하게 변화시킨다. 특히 철도는 러일전쟁 이후 경부선과 경의선이 건설되었고, 이를 토대로 각종 지선철도와 간설철도가 부설되었다. 도로와 수송 체계까지 수립되는 과정을 거쳐 한국은 근대 사회의 물적 토대를 갖추었다고 말한다.

「해외무역」에서는 한국의 경제구조의 변화와 결과를 언급한다. 그는 한국이 쇄국정책 이후에도 농업생산지역과 광업 지역에서 벗어나 안정적 경제 성장을 도모하였고, 농산물이 수출의 주종을 이루었고, 온갖 공산품을 수입하는 양상을 보인다는 점을 설명한다.

「대일본의 일부로서 한국」에서는 한국은 피지배 식민지를 자처하면서 일본의 동화 식민지(Assimilationskolonie)와 구별되는 경제 식민지

---

27) 헤르만 라우텐자흐, 김종규, 강경원, 손명철 옮김, 2014, 위의 책, 625쪽.

(Wirtschftskolonie)로 이행했다는 점을 지적한다. 한국은 일본 제국의 경제에서 중요한 역할을 차지했는데, 해양 공유 식민 혹은 공동 해양 식민지에 속한다고 언급하고, 한국은 식민지에 처한 상황에서도 한국만의 자족적 비동화 태도를 견지했다. 일본은 경제적 호황을 기점으로 황국 신민에 대한 한국인의 저항을 무력화시키고자 하였다. 그는 한국이 순수한 농업적-자급 자족적 경제 형태만으로는 현상 유지가 힘들고, 일본은 지속해서 한국의 경제적 종속을 강화하려고 하였다.

일본의 영향이 전국 어디서나 동일하게 미치거나, 전국을 동일한 정도로 변화시킨 것은 아니다. 지진(地震) 지대에서 매우 상이한 지진 활동을 구분할 수 있는 것과 마찬가지로, **식민지 발달의 집중 지대**(Intensitätszonen der kolonialen Entwicklung)이 구분될 수 있다. 이것은 앞에서 세가지 형태변이(Formenwandel)의 관점에 따라 요약된 옛 한국의 규칙적인 형태(Bild)와 밀접한 관계가 있다. 그 이유는 이미 언급한 바와 같이 일본인들은 옛 한국에 존재했던 조건들 위에 쌓아야만 했기 때문이다. 일본인들은 또한 한국의 자연 조건들을 과학적으로 조사하여 그것들을 적절히 이용했다. 그러나 다른 개발 방향은 채굴할 만한 광물자원의 부존과 같은 우연한 형태(Zufallsform)나 두 개의 자연적인 교통로의 교차점과 같이 지형에 따라 결정되는 개별 특성과 관련이 있다. 28)

「한국의 지리적 특성의 본질과 변화」에서는 한국의 지리적 위치가 동아시아 태평양 주변에 위치한 점이지대의 속성과 지질구조, 지형, 기후, 재배식생 문제를 다룬다. 아울러 옛 한국의 문화경관의 기본 특성인 전국적으로 강한 단일성(동질성)을 언급한다. 자연의 지리적 속성은 일본 식민주의가 진행하면서 제1의 자연에서 제2의 자연으로의 변화가 진

---

28) 헤르만 라우텐자흐, 김종규, 강경원, 손명철 옮김, 2014, 위의 책, 659쪽.

행되었다. 대륙-해양의 경관변이, 황일변이, 주변부-중심부의 형태 변이, 고도에 따른 형태변이뿐만 아니라, 원초적 지리의 자연 상태가 지역적 형태변이로 진행되는 것 못지않게 시간적 구조변이가 추가되는 상황이 발생하였다. 한국의 문화경관은 제2의 자연의 형식으로 변화하면서 철도, 도로, 항구, 광산업 등 근대적 경관이 나타났다. 옛 한국의 도시의 해안 주변부는 식민지 변화 정도에 따라 도달했고, 공업 중심지로 발달하였다. 반면 내륙과 고지대는 식민지 개발 강도가 덜 하였다. 경제, 교통, 취락 및 육상·해상 군사 안보에서 식민화의 개별 특성은 집중도의 증급에 따라 도달하였다. 일본의 식민지 개발은 시간적 구조변이뿐만 아니라 계절적 규칙적 변화에도 기인한다. 그는 한국의 지리적 조건은 식민지 발달의 집중 지대에 위치한다고 규정짓는다.

헤르만 라우텐자흐는 한국은 아시아 기준으로 작은 나라이고 계절풍이 부는 대륙의 태평양 해안의 좁은 반도 돌출부라고 지적하면서, 지리적 연구를 위한 강한 개성을 지닌 국가로 규정짓는다. 그는 아열대에서 온대로 전환하는 위도적 위치, 한국의 산악 특성, 한반도 바다의 다양성은 한국에 풍부한 형태를 부여했을 뿐만 아니라, 역사적 발전을 증폭시켰다고 말한다. 한국은 식민지 상황에서도 전반적으로 균질적 토대를 유지하였고, 한국만의 다양성을 존속할 수 있었다. 한국의 식민 지배는 이질적 문화의 영향을 받지 않았다. 일본이 서구 문화권의 관점을 사전에 습득해 한국을 변형시킨 것을 제외하고는 한국은 자체의 고유성을 상실하지 않았다. 그의 한국의 지속적 고유문화를 승인하는 태도는 자연지리의 변형 뿐만 아니라 문화지리의 갈등과 대립의 상황에서 벗어난 한국 지리의 자립성을 인정한다고 볼 수 있다.

(3) 자연환경

헤르만 라우텐자흐는 1933년 4월 22일~ 6월 15일에 4,300킬로미터의 한반도 절반의 남부 지역을 동서 방향으로 네차례 횡단하고, 일부 서해안과 동해안을 종단하면서 울릉도에도 5일간 체류하였다.

한국인 농가와 어가는 여전히 너와지붕을 갖는다. 개마고원에 있는 통나무집은 없다. 거의 500명의 일본인 주민 대부분은 울릉도의 행정·상업 중심지인 도동에 거주한다. 한여름에 거의 들어갈 수 없는 관목을 통하고, 덩굴과 대나무 밀림을 통하여 칼데라 주변의 최고점까지 등반하면 사방으로 원시림의 한결같은 푸른색이 휜 산형화들로 우아하게 차단된 둥근 나무 위를 볼 수 있다. 갑자기 원시림의 물결이 끝나고, 깊은 심연의 다른 측면에 밝고 푸른 동해가 측량할 수 없는 깊이와 폭으로부터 위로 빛난다. 그러나 겨울에 해안으로부터 위로 천천히 응시하면 잎이 없는 회색의 개개 나눔의 형태는 눈같이 휜 지면을 배경으로 눈에 잘 띄고, 해안 부근의 상록식생 지대들은 메마른 겨울 주변에서 뚜렷하게 나타난다. 이러한 계절적 차이, 화산 특성과 최근의 주민 정착이 울릉도가 지닌 지리적 특성의 기본적인 특징을 결정한다.[29]

헤르만 라우텐자흐는 울릉도를 여행하면서 울릉도의 지역적 특성을 고찰하고 『삼국사기』을 참조해 울릉도의 역사적 변천 과정을 언급한다. 그는 울릉도의 화산과 균등한 기후적 특징을 세세하게 고찰하면서, 울릉도의 취락과 식생을 서술한다. 조선의 변방에 위치한 울릉도를 중심으로 계절적 차이, 화산 특성 등 주민이 정착하는 데 필요한 지리적 특징을 보여준다.

헤르만 라우텐자흐는 1933년 6월 28일~8월 8일에 조선의 북서부 지역을 여행하면서 개성을 경유해 황해반도를 순회하여 대동강 하구 지역

---

29) 헤르만 라우텐자흐, 김종규, 강경원, 손명철 옮김, 2014, 위의 책, 459~460쪽.

을 거쳐 평양으로 갔다. 철옹산과 묘향산의 산악 지역 내 대동강 상류 지역을 조사하고, 희천과 강계를 지나 중강진의 대압록강에 도달한 후 벽동, 박천, 삭주 등을 지나 용암포에 있는 하구를 지나 서해안을 따라 여행한 후, 임진강 지역의 용암대지를 거쳐 서울로 돌아왔다.

황해반도의 최북서단에 중부 지방의 대규모 화강암 관입 중의 하나가 나타난다. 이 지역의 건조한 토양과 불모지는 자연림의 파괴가 덜 비참한 분포를 가져온 조선계 분포 지역의 밝은 녹색과 현저하게 차이가 난다. 고도가 낮은 화강암 산지와 구릉 지역은 침식된 나지의 황색토상에 빈약하게 소나무로 피복되었다. 그렇지만 서쪽으로 화강암 지역까지 이르는 신천평야는 남측에 저수지를 건설한 일본인들의 수리조합에 의하여 논농사 지역이 되었다. 30)

헤르만 라우텐자흐는 황해반도의 중부 지방의 지질적 특징을 화강암에서 발견하고, 이를 통해 건조한 토양과 불모지가 자연림의 파괴에 덜비참한 분포를 가져온다는 점을 지적한다. 조선의 지리적 특징을 고려하지 않은 채 일본인들이 수리조합을 조성해 논농사 지역이 되었다는 점을 언급한다.

헤르만 라우텐자흐는 열차로 압록강 하구까지 가서 비행기편으로 신갈파진에 도착했다. 혜산진에서 출발하여 백두산에 올랐다. 동해안의 북청, 관모봉, 함흥, 장진, 낭림산맥의 맹부산을 등산했다. 영흥만을 돌아 금강산을 구경하기도 했다.

①금강산은 주로 절 리가 많고, 수많은 두꺼운 석영맥이 있는 대체로 조립의 흑운모화강암으로 이루어져 있다. 그리고 금강산은 태백산맥과의 관계에 있어서도

---

30) 헤르만 라우텐자흐, 김종규, 강경원, 손명철 옮김, 2014, 위의 책, 392~393쪽.

또한 해안으로부터 매우 근거리에서 **강한 최근의 융기 있었던 지역**이다. 31)

②지형 이외의 금강산에 있어서 두 번째 경관 요소로서 삼림이 결정적이다. 사찰들의 영향력과 농가가 거의 없기 때문에 금강산에는 대부분 자연 상태 또는 적어도 키가 큰 폐쇄된 임분이 잘 보존되어 있다. 동쪽의 편마암 전면지, 사찰이 없는 화강암 산지의 북단과 북서부는 농부들에 의하여 벌채되어 소나무, 잎이 큰 참나무 속 수종들, 싸리속 수종들과 진달래과 수종들로 이루어진 관목으로 덮여 있다. 32)

③금강산의 세 번째 경관을 형성하는 영역은 현재에도 역시 불교이다. 금강산에는 4개의 대사찰 외에도 21개의 작은 사찰이 있고, 이들 사찰에는 현재 210명의 비구와 30명의 비구니가 거처한다. 이들 사찰은 전답을 소유하는데, 그 임대료로 사찰의 유지가 가능하다. 일본 정부는 이들의 소유권을 인정하였다. 그러나 이것이 승려 수가 감소하는 현상을 막지는 못했다. 4개의 대사찰 중에 2개는 외금강의 주변부에 위치하고, 다른 2개는 내금강에 있다. 이와 대조적으로 작은 사찰들은 금강산 전역에 고루 분포하지 않고, 주로 내금강에 분포하여 내금강에서 불교권이 훨씬 더 강하게 나타난다.33)

①에서는 금강산이 절리가 많고 흑운모화강암으로 이루어져 있다고 말한다. 금강산이 태백산맥과 밀접한 관계를 맺고 있기 때문에 해안에서 매우 가까운 융기가 있는 지역이라고 말한다.

②에서는 금강산의 산림이 주요한 경관 요소를 차지한다는 점을 말한다. 사찰의 영향력이 그리 크지 않기 때문에, 금강산의 자연 상태가 잘 보존되어 있다는 점을 언급한다. 사찰이 없는 화강암 산지 북단과 북서부에서는 농부들의 벌채 행위가 빈번하게 발생하여 다양한 수종과 관목

---

31) 헤르만 라우텐자흐, 김종규, 강경원, 손명철 옮김, 2014, 위의 책, 445쪽.
32) 헤르만 라우텐자흐, 김종규, 강경원, 손명철 옮김, 2014, 위의 책, 452쪽.
33) 헤르만 라우텐자흐, 김종규, 강경원, 손명철 옮김, 2014, 위의 책, 453쪽.

들이 덮여 있다고 말한다.

③에서는 금강산의 경관을 형성하는 요인으로 불교를 언급하고 있다. 금강산 내에 사찰과 비구니를 소개하고, 일본 정부가 비구니들의 사찰 소유권을 인정한다는 점을 말한다. 그런데 금강산 사찰의 승려수가 줄어드는 것을 막지 못하고 있는 실정을 지적한다.

헤르만 라우텐자흐는 1933년 8월 8일~ 1933년 11월에 네 번째 여행지로 제주도를 선택하였다. 열차 편으로 서울, 목포를 거쳐 한라산 정상에 등정하였다. 제주도의 크기와 고도에 대한 지리적 접근을 중심으로 여행 관찰을 통해 제주도와 울릉도의 역사적 관계에 대한 비교지리적 접근을 시도하였다. 제주도는 화산암류로 이루어져 있고, 중앙화산체의 돌출부를 향해 지표면이 오른 순상화산의 구조를 형성한다. 제주도의 기후, 인구밀도, 농업 특성, 의상 등 특징을 서술하였다.

> 인종적으로 제주도 주인은 한국 본토민보다는 오히려 일본 남부와 훨씬 더 많은 관련성을 보여 준다. 또한 주민의 기원에 관해 널리 펴져 있는 설화도 일본을 지목하고 있다. 그러나 미지의 먼 옛날부터 주민들은 한국어를 사용해왔다. 수백 년을 거치면서 조선은 제주도를 범죄자의 유배지로 삼았다. 아마도 하멜의 표류기와 자유롭게 여행한 최초의 유럽인들의 기행에서 나타나듯, 제주도 주민의 정열적이고, 자연적이며, 폐쇄적인 본성은 이 때문인 것 같다. 지금은 엄격한 일본의 통치 때문에 그러한 고유한 특성이 표출될 기회가 별로 없다.[34]

헤르만 라우텐자흐는 제주도의 지리적 조건을 상세하게 서술하면서도 제주도민이 일본 남부와 긴밀한 관계를 맺고 있다고 지적한다. 제주도가 유배지로 사용되었고, 헤멜의 표류기에서도 알 수 있는 것처럼, 제

---

34) 헤르만 라우텐자흐, 김종규, 강경원, 손명철 옮김, 2014, 위의 책, 525쪽.

주도인들의 정열적, 자연적, 폐쇄적 본성이 발원하는 이유를 거론한다. 제주도인들의 제주 내부와 외부 간의 정열적 교류와 제주도의 지리적 폐쇄적 요인까지 두루 포함하고 있다. 일본인들이 제주도를 통치하기 시작하면서 제주도인들의 본성이 훼손되었다고 지적한다.

VI. 독일인 선교사:
속죄의 구경과 고백의 목소리

1. 조선 선교

서양의 근대화는 종교의 세속화 과정을 추구하였다. 종교적 신성은 특정 종교 단체의 이념으로만 간주하면서 종교를 일상에서 배제하였다. 근대적 자본주의는 자본의 종교화를 모색하면서 자본의 신성을 마련하였다. 이러한 과정을 거치면서 종교적 원리와 자본의 생성이 결합하는 양상을 보여주었다. 전통적 종교의 선교 방식은 자본주의와 매개하는 과정에서 종교적 신념은 개별 국가의 경계를 넘어 타국과의 종교적 연결을 모색하였다. 서양에서는 제국주의와 식민주의가 작동하면서 종교의 형이상학을 타국에 전파하려고 하였다. 선교의 방식에 나타나는 종교적 혹은 정치적 요인이 각각 작동하면서 종교 본연의 속성을 상실하기도 하였다. 동양에서는 서양의 선교를 수용하면서 전통적 신념 체계와 충돌하는 경향을 선보였다.

칼 귀츨라프(Karl Friedrich August Gützlaff)는 가난한 자와 함께하는 돌봄 선교사, 문서를 통한 번역 선교의 선구자, 토착화 선교의 선구자이다. 그는 조선 선교에서 가난한 조선인들을 위해 감자 재배법을 가르치는 등 선교학적 관점을 실천하였다. 한글로 성경을 번역하면서 한글의 자모 전체를 채록하기도 하였다. 그는 조선을 미개한 나라로 간주하였으나 조선의 역사와 종교 등을 이해하려고 하였다.[1] 그는 선교대상국의 토착화된 선교 방식을 강구하였다. 이러한 선교 방식은 조선의 시공간을 면밀하게 기록하는 과정을 거치면서도 조선의 고유성과 특수성을 승인하려는 태도로 생각할 수 있다. 선교는 타국의 종교적 상황을 자칫 고려하지 않은 채, 일방적 주입을 강요할 수 있다. 그가 조선과 서양의 문화적 차이를 넘어 공감의 대상으로 여기는 맥락은 종교적 차원을 초월하면서도 매우 현실적 선택으로 생각할 수 있다. 그는 조선을 새롭게 파악하였다. 그는 1832년 내한한 후 새로운 조선 인상을 정립하기 위해, 정치, 사회, 문화 분야를 두루 관찰하면서, 의복 문화, 식생활문화, 주거 문화, 언어 문화, 친교 문화, 종교 문화를 상호 관계의 맥락에서 파악하고 종합하였다.[2] 1832년은 칼 귀츨라프가 조선 선교를 시작한 해로서 애머스트 호를 타고 조선을 방문해, 조선에 머물면서 조선의 국왕에게 진상할 선 목록으로 성경을 포함하고, 조선인들에게도 성경과 전도 자료를 배포하는 문서선교를 단행하였다.[3]

칼 귀츨라프의 조선 선교 방식은 이후 기독교가 조선에 전파되는 과

---

1) 조해룡, 2019, 「한국 최초 방문 선교사 칼 귀츨라프(Karl F. Gutzlaff)의 선교 사상과 조선 선교 연구」, 『복음과 선교』제45권 제1호, 한국복음주의선교신학회, 206~201쪽.
2) 오현기, 2014, 「조선과 서양 사이의 문화중개자들의 저작물에 나타난 조선인의 인상(印相)에 대한 연구-칼 귀츨라프 선교사의 기여를 중심으로」, 『대학과 선교』제27호, 한국대학선교학회, 227쪽.
3) 오현기, 2011, 「한국 개신교의 선교 원년이 1832년인 근거에 관한 연구-칼 귀츨라프의 선교」, 『대학과 선교』제21호, 한국대학선교학회, 162쪽.

정에서 하나의 원형으로 자리잡았다. 기독교 정신의 본연성을 유지하면서 타국의 문화적 조건을 성찰하는 과정을 거치고, 이를 토대로 선교의 가능성을 도모할 수 있는 지형을 실질적으로 확보하였다.

근대 조선에서 기독교가 조선인들의 심성 체계를 장악할 수 있었던 것은 조선인들의 일상적 혹은 정치적 욕구를 충족시켜주었기 때문이다. "일제 강점기 서구 기독교 선교는 한편으로는 제국주의적 문화적 헤게모니의 기구면서 동시에 모순적이게도 조선인들에게 일종의 자유공간을 만들어 준 셈이다. 이 공동체를 통하여 발휘된 정치적 상상력으로 식민지 이후의 사회 건설에 중요한 기초"[4]가 될 수 있었다. 조선인들은 기독교의 보편적 박애가 추구하는 태도에서 기존 신분 차별과 망국 원망을 동시에 구원받을 수 있다고 생각하였다. 정치적 혹은 경제적 불만족을 해결하기 위해서는 심적 표상에 의존할 수밖에 없다. 기독교 선교를 무조건 긍정적 관점에서만 인식할 수는 없다. 독일을 포함한 국가의 선교사들 역시 식민지 조선에 대한 일본 식민주의의 폭력에 연민을 느끼기도 하지만 서구 국가의 식민지 자체에 대해서는 긍정적 태도를 보인 점을 부정할 수 없다.[5] 그들의 조선에 대한 이중적 시선 이면에 최소한의 공감의 목소리가 반영되어 있다.

독일 선교사들은 "선교 활동을 위해서는 선교지의 언어 습득이 최우선 과제였다. 선교지에 정착하기 위한 가장 초기의 실무에 속하는 관청 업무에서부터 선교 활동에 요구되는 한국인과의 의사소통과 성경 번역,

---

4) 최종화, 2019, 「일제 강점기에 기독교는 어떻게 조선인들의 일상적이고 정치적인 욕구를 충족시켰는가? '시민공동체'를 통해 보는 선교와 개종의 만남」, 『한국문화』 제85호, 서울대학교 규장각한국학연구원, 327쪽.
5) 윤용복, 2017, 「일제 강점기 천주교 선교사들의 한국 인식」, 『한국학연구』 제62집, 고려대학교 한국학연구소, 335~336쪽.

선교사 개인 생활의 필요에까지 현지 언어에 대한 이해와 인식은 자연스럽게 한국어 학습교재에 대한 편찬과 저술의 결과물로 이어졌다. 1909년 한국에 진출한 독일 선교사들은 1909년을 출발점으로 하여 니바우어(1912)－에카르트 (1913)－에카르트(1923)－로머(1927)－로트(1936) 등 총 5책에 이르는 독-한 문법책을 발간"[6]하였다. 이러한 일련의 조선어에 대한 관심은 조선에 선교하기 위한 일환이기도 하지만, 조선의 문화와 풍속까지 이해하기 위한 활동들이다. 식민지 조선에서의 독일인 선교사는 독일과 일본의 비정치적 연결고리로서 전쟁으로 인한 교류 단절을 극복하고 동맹기간에도 연대를 증명하는 듯한 착시효과를 주는 대내외적 선전에도 두루 활용되었고, 전쟁으로 인한 프랑스 선교사의 공백을 메우면서, 1931년 만주사변과 국제 연맹 이탈로 국제질서에서 고립된 일본제국주의와 우호 협력을 내세운 국가 간 협정으로 제국의 선전이 필요할 때 중요하였다.[7] 독일인 선교사들은 한국인들의 고유한 가치와 고귀한 품성이 그리스도교적 세계관과 조우하면서 한국인들을 선교의 대상으로만 여긴 것이 아니라, 고도의 문화를 지닌 민족으로 존중하고 수용한 측면도 있었다.[8]

독일 선교사들은 생의 마지막 거처로서의 관, 마지막 동행길로서의 운구, 애통함의 형식과 내용으로서의 곡(哭)이 차지하는 의미를 인식하였다. 조선의 상례 문제에도 접근하였다. 선교사들이 원주민되기의 목

6) 박보영, 2015, 「독일 선교사들의 한국어 연구와 한국어 인식」, 『교회사연구』제47호, (재)한국교회사연구소, 84쪽.
7) 박보영, 2023, 「전간기 독일-일본 관계와 식민지 조선의 독일 선교사」, 『대구사학』제152권, 대구사학회, 25～26쪽.
8) 박일영, 2013, 「독일인 선교사가 본 20세기 초 한국의 민속-한국문화와 민속을 바라 본 그들의 시선을 중심으로」, 『비교민속학』제51권, 비교민속학회, 27쪽.

적으로 진행된 '상여'선교는 상여 의례를 포함한 장례식 과정에서 전교 수단으로 인식하는 것이었다.9)

독일 선교사들이 융복합 문화 선교(composited culture mission) 정신을 중심으로 조선 민족문화를 존중하고 보존할 수 있는 방법을 모색할 뿐만 아니라 일본의 조선 민족문화말살에 대한 경각심을 고취하려는 것이다.10) 단기선교여행은 자기변혁(self-transformation)을 경험하고, 새로운 자아 형성을 마치고 귀향하는 과정으로 이를 통해 영적 격려를 돕는 것이다.11) 독일 선교사들은 조선의 일상과 문화에 걸쳐 다양한 관점을 표현하였다. 그들은 문화 선교의 목적으로 조선의 문화에 동화를 추구하였다.

2. 성 오틸리엔 베네딕도 선교회

독일 선교사들은 종교적 목적을 구현하기 위해 조선에 방문하였다. 그들은 종교적 목적을 조선에 기입하기 위해 선교 여행을 시도했지만 그 이면에는 국제 정치학적 요인이 작용했다고 볼 수 있다. 일종의 제국주의 권력을 작동하기 위한 방편의 목적으로 종교가 개입할 수도 있다. 독일 선교사들 역시 독일 제국주의의 실현을 위해 선교 활동을 강화했다고 볼 수 있다. 독일 선교사들은 근대 조선에서 근대성이 폭력적으로 작동하는 과정을 보았다. 그들은 제국주의의 욕망이 작동하기 위해서

---

9) 박보영, 2015, 「근대 이행기 독일 선교사들의 한국 상례에 대한 인식」, 『역사문화학회』제18권 제2호, 역사문화학회, 223~236쪽.

10) 박일영, 2013, 「독일인 선교사가 본 20세기 초 한국의 민속-한국문화와 민속을 바라 본 그들의 시선을 중심으로」, 『비교민속학』제51권, 비교민속학회, 15쪽.

11) 이윤정, 2017, 「단기 선교여행의 관광학적 의의」, 『관광학연구』제41권 제6호, 한국관광학회, 36쪽.

종교의 세계가 후면에서 동시에 작용한다는 점을 인식하였다. 정치적 시점과 종교적 관점이 혼합되는 지점에 독일 선교사들이 위치한다. 그들은 자신들의 의도와 무관하게 근대 제국주의의 작동 방식이 작용하는 상황을 보았다. 근대 조선에서는 일본의 식민주의와 자본주의가 일본 자국의 근대적 욕망을 실현하기 위해 타국의 전근대적 상황을 무자비하게 억압하고 있었다. 서양의 근대적 폭력이 동양에서 수용되면서 굴절된 일본의 식민주의가 작용하는 곳에 서양의 종교적 세계가 자리를 잡았다. 애초 독일 선교사들은 종교를 통한 계몽주의를 실현하고자 했으나, 계몽의 대상과 동일시되는 모습을 보였다. 독일 선교사들은 조선, 조선인, 조선 문화와 접촉하는 과정에서 조선이라는 타자가 타자화되는 근대적 작동 방식을 새롭게 인식하였다. 그들은 서양인의 관점에서 조선의 모습을 인식하면서 조선의 시공간을 재발견하는 과정을 거칠 수밖에 없었다.

베네딕도회의 한국 진출은 서울 시기(1909-1927)와 서울 시기 종결(1920)로 구분할 수 있다. 성 오틸리엔 베네딕도 선교사들-보니파시오 사우어(Bonifatius Sauer), 도미니코 엔쇼프(Dominikus Enshoff), 카시안 니바우어(Cassian Niebauer), 안드레이 에카르트(Andreas Eckardt), 파스칼 팡가우어(Paschalis Fangauer), 마르틴 후버(Martin Huber), 일데폰스 플뢰칭어(Ildefons Flötzinger), 콜룸반 바우어(Columban Bauer), 플라찌두스 포겔(Plazidus Vogel), 칼리스투스 히머(Callistus Hiermer), 카니시우스 퀴겔겐(Canisius Kügelgen), 마르쿠스 메쯔거(Markus Metager), 페트루스 게르네르트(Petrus Gernert), 요셉 그라함머(Josef Grahamer), 힐라리오 호이스(Hilarius Hoilß), 안셀모 로머(Anselmus Romer), 야누리우스 슈뢰터(Januarius Schrötter), 카예탄 피어하우스(Kajetan Vierhaus),

오이겐 오스터마이어(Eugen Ostermeier), 게르마누스 하르트만(Germanus Hartmann), 크리소스토모 슈미트(Chrysostomus Schmid), 파제바스티안 슈넬(Sebastian Schnell), 갈리스투스 히머(Kallistus Hiemer), 빅토린 차일라이스(Viktorin Zeileis), 마인라드 슈바인베르거(Meinrad Schweinberger), 카누토 다베르나스(Canutus Graf des d'Avernas)-은 선교와 교육 활동에 매진하였다. 1909년 1월 11일 사우어(Bonifatius Sauer)와 엔쇼프(Dominikus Enshoff)가 제물포를 거쳐 서울에 도착하면서 베네딕도회는 조선에 진출하였다. 베네딕도회는 선교활동의 일환으로 교육 사업에 매진하였다. 숭공학교와 숭신학교를 각각 1910년과 1911년에 건립하였다. 숭공학교는 실업교육을 통해 가톨릭교회가 사회적 문제점을 해결할 수 있고, 자립적 가톨릭 수공업자 계층을 탄생시켜 가난에서 탈피하려고 하였고, 가톨릭 신앙 전파에 심혈을 기울이고, 유능한 한국인 수사를 양성하는 것을 목적으로 삼았다. 숭신학교는 2년제 사범학교를 표방하였으나 일제의 교육 정책으로 말미암아 단기간에 폐교하였다.12) 성 베네딕도회 오틸리엔 명칭은 St. Benedikt Missions=genossenschaft(성 베네딕도 선교회), Benediktiner Missionare von St. Ottilien(성 오틸리엔 선교사들), Missionsbenediktiner von St, Ottilien(성 오틸리엔 선교베네딕도회)로 상이하였다. 성 오틸리엔 베네딕도 선교회는 교육, 학교, 본당, 수도원의 행사를 공개하고 지역 주민들과 공유하는 과정을 거쳐 원산교구 이후 직접 선교와 수도회 문화를 통한 간접 선교를 실행하여 선교로 이어질 수 있는 방법을 추구하였다.13) 독일 선교사들은 선교여행을 통해 조선

---

12) 장정란, 2003, 「독일 베네딕도회의 한국 진출과 교육 활동」, 『인간연구』제5권, 가톨릭대학교 인간학연구소, 127~129쪽.
13) 장정란, 2004, 「외국 선교회의 한국 선교:독일 베네딕도회의 원산교구 시대」, 『인간연구』제7호, 가톨릭대학교 인간학연구소, 282쪽.

이면을 구석구석 확인할 수 있었다. 그들의 선교여행 목적은 근대 조선에 서양의 종교적 신념을 이입하는 것이었다. 근대 사회에서 종교는 정치와는 무관한 듯 보이지만, 종교의 정치화와 정치의 종교화는 동시에 실현하였다. 독일 선교사들은 근대 조선에서 자신들의 종교적 이념만을 실현할 수는 없었다. 그들은 근대 조선의 특수한 상황에서 종교적 계몽 주체로서의 위치와 계몽 객체인 조선의 상황을 면밀하게 고찰해야 하는 이중 상황에 위치하였다. 독일 베네딕도회는 수도자와 선교자의 정체성을 고민하면서 조선 토착문화와 종교에 신중하게 접근하였다. 그들은 불교가 서양 수도 전통과 유사하다는 점을 수용하면서도 불교 내 미신적 의례를 비판하였다. 민간신앙이 조선인들의 마음속에서 환상과 두려움으로 동시에 작동한다는 점을 고찰하였다.[14]

3. 독일인 선교사

1) 노르베르트 베버(Norbert Weber)

노르베르트 베버는 1870년 12월 30일 독일 바이에른 주 랑바이드에서 출생하였다. 그는 딜링겐 신학교에서 수학하고, 아우스크부르크 교구 소속 사제로 수품을 받았다. 그는 성 베네딕도회 상트 오틸리엔 수도원에 입회하였다. 그는 동아프리카 선교지를 방문하고 도미니코 엔스호프 신부, 보니파시오 사우어 신부와 서울에 도착하였다. 『고요한 아침의 나라』(1915)와 『수도사와 금강산』(1927)을 집필하였다. 그는 조선이 일본 제국주의와 식민주의 정책에 따라 몰락하고 있다는 점을 자각하였

---

14) 박보영, 2014, 「20세기 초, 독일선교사들의 한국종교 이해- 상트 오틸리엔 선교지」, 『대구사학』제114권, 대구사학회, 29~30쪽.

다. 그는 조선의 파괴 전후를 주의깊게 인식하면서 조선의 고유성과 자립성을 안타깝게 바라보았다.

노르베르트 베버는 상호 선교의 일환으로 하느님의 뜻인 복음을 수용하고 실천하기 위해서 선교기지(Missions-station)의 융복합적 문화선교를 추진하였다. 그는 고유 문화를 인정하고, 환경 변화에 적응하고, 교육선교에 매진하고, 사회복음화를 추구하였다. 그는 비서구 문화 현상을 존중하면서 조선인의 다종교 상황에 흥미를 보였다. 그는 가난에 대한 해결책을 마련하고, 부유한 개신교와 경쟁하면서, 문화 말살에 대한 경각심을 불러일으키고자 하였다. 그는 내세 지향적 혹은 교회 내적인 현안에만 머물지 않고, 사회 선교를 강조하였다.[15]

노르베르트 베버는 독일 민족주의와 제국주의에 영향을 받았기 때문에 식민지 혹은 피식민지를 막론하고 해외에서의 선교 활동은 독일의 문화적, 경제적 이해관계를 염두에 두고 독일의 국위선양을 위한 것이었고, 그의 선교 활동은 신과 조국을 위해 선교 대상국에 대한 애정과 문화 존중을 중시하였다.[16]

새로운 풍조가 몰려왔다. 옛 성곽이 무너졌다. 장중한 성문도 헐렸다. 이로써 도성의 역사적인 면모가 달라졌다. 문화의 증거들은 포악하게 짓눌려 으깨졌다. 현대식 건물 사이로 우뚝 솟은 공장의 굴뚝들이 새 시대의 도래를 알렸다.

한국의 엄격한 옛 관습들은 자기네 섬나라 관습을 들여온 지배 민족의 강력한 영향때문에 느슨해졌다.

---

15) 박일영, 2011, 「노르베르트 베버가 본 한국의 그리스도교-한국 그리스도교의 바탕을 중심으로」, 『종교교육학연구』제37권, 한국종교교육학회, 73~74쪽.
16) 김필영, 2018, 「두 문화적 '타자'를 바라보는 하나의 시선?- 독일 성 베네딕트회 오틸리엔 연합회 총아빠스 노르베르트 베버(Norbert Weber, 1870-1956)의 동아프리카와 한국 인식」, 『독일연구』제38호, 한국독일사학회, 73쪽.

모든 것이 가도 또 오며, 사라지기도 하고 새로 생기기도 한다.

행운이 잇따라 찾아와 준 덕분에, 나는 몰락 위기에 처한 문화사적 가치들을 마지막 순간에 생생하게 포착할 수 있었다. 이것이 얼마나 큰 가치를 지닐지는 장차 친애하는 독자들이 판단할 일이다. 나는 여기 수집된 자료 대부분이 다시는 이 정도 규모로 발견되거나 입수되기 어려우리라 감히 확신한다. 또 일부는 전혀 찾지도 못할 것이다. 이유는 간단하다. 새 시대의 문화가 한국 고유의 중요한 옛 가치들을 너무나 신속하고도 무참하게 파괴시켜 버릴 것이기 때문이다.[17]

『고요한 아침의 나라』는 1915년 2월 17일에서 6월 24일까지 조선을 방문하고 여행하기 전후 과정을 담고 있다. 그는 "황급히 퇴락하는 옛 문화의 흥미롭고 가치 있는 잔해들을 세상에 알릴 수 있겠다고 생각(10쪽)"하면서 "한 민족의 문화 수준을 그 민족의 풍속과 관습에 대한 애정과 관심으로 재단하려는 사람들에게는 비통한 일이지만, 일본이 한국을 확고하고 평화롭게 점령하려 들겠다면 기왕 시작한 동화 정책을 계속 추진해야 할 것이다. 일본인들이 그 일에 쏟아 붓는 에너지로 보아 이 정책은 수년 내 완결될 것으로 보인다. 일본 기업의 과잉 생산, 한반도 종단 철도, 신설 공장들은 이 폐쇄적인 은자 隱者의 나라가 간직해 온 민속의 잔흔들을 조속히 말살시키는 데 일조(10~11쪽)"할 것으로 확신하였다.

노르베르트 베버는 일본의 정치적 야욕이 외적으로는 조선에 근대성을 이식하는 과정이라고 주장하지만 궁극적으로는 조선의 문화와 풍속을 말살하려는 의도를 포함하고 있다고 생각하였다. 그는 조선의 파괴와 몰락을 목격하면서 일본 식민주의의 야만적 폭력을 자각하였다. 그는 몰락과 생성의 경계에 위치한 조선의 이중적 풍경을 글과 사진으로

---

17) 노르베르트 베버, 박일영, 장정란 옮김, 2012, 『고요한 아침의 나라』, 분도출판사, 11쪽.

기록하고자 하였다. 그는 조선의 민속을 포함해 조선인의 빈곤한 모습을 다루었다. 그는 조선의 모습을 사진으로 찍으면서 조선의 실상을 기록하였다. 조선과 조선인을 타자화하지 않고 조선인의 타자성을 면밀하게 구현하고자 하였다. 아울러 그는 조선의 모습을 영상으로 담아 조선의 실상을 구체적으로 기록하였다. 그는 일본 식민주의가 조선 문화와 역사를 파괴하는 과정을 비관하였다. 베버의 여행기는 한국인의 정체성을 탐구하고 한국 근대사를 재인식하기 위한 역사적 자료이고 한독 관계의 증언으로서 한독문화교류사를 위한 문화사적 자료이다.18) 아울러 영화 <고요한 아침의 나라에서>는 휴먼 다큐멘터리의 특성인 관찰자의 기록성과 사회적 목적성에 의한 기록영상으로서, 당시 우리 생활의 인간의 모습과 인간 가치의 중요성을 인식한 결과물이다.19)

<표1> 『고요한 아침의 나라』 여행 경로

날짜	여행 경로
1911년 2월 17일 이전	칭다오 출항
18일	고베 나코 신사 답사, 성당 방문
19일	오사카 대성당, 신텐노지 답사, 마리아 형제회 방문
20일	시모네세키에서 출항
21일	부산으로 입국, 서울 백동수도원 도착
22일	뮈텔 주교와 독일 영상 방문, 동소문 외곽 산책
23일	독립문 답사

---

18) 김미란, 2009, 「20세기초 독일여행문학에 나타난 한국문화 : 노르베르트 베버의 『고요한 아침의 나라에서』를 중심으로」, 『브레히트와 현대연극』제20호, 한국브레히트학회, 147~148쪽.

19) 함 현, 2014, 「초창기 한국 휴먼다큐멘터리의 시대적 분석 연구 = 노르베르트 베버 총아쁘스의 <고요한 아침의 나라에서>를 중심으로」, 『한국산학기술학회논문지』제15권 제1호, 한국산학기술학회, 60쪽.

25일	홍릉 답사
3월 4일	경복궁 답사
7일	용산 새남터 순교 성지, 용산성당 성직자 묘, 예수성심신학교 방문
8일	샬트르 성 바오로 수녀회 고아원, 약현성당, 가명학교, 대한의원 방문
11일	프란츠 폰 에케르트 음악학교 방문
13일	공예 공방 방문
14일	북묘 답사
15일	동묘 답사
24일	하우현 본당 방문
27일	볼리외 신부 은신 동굴 답사
28일	수원 갓등이본당 방문
29일	수원 화성 답사
30일	수원 농림학교 답사
4월 1일	갓등이 마을 방문
2일	융건릉, 용주사 방문
3일	갓등이본당 교우촌, 옹기마을 방문
4일	귀경
17일	안성본당, 안성 항교 방문
18일	미리내본당 방문
19일	페레올 주교 무덤, 김대건 신부 빈 무덤 참배
20일	사찰 방문
21일	천안 직산 광산, 모너미 공소 방문
22일	공주본당 방문
23일	공주 공산성 답사
25일	공주 감옥, 순교자 형장 답사
26일	귀경
5월 2일	뚝섬 원예모범장 답사
6	일제 공업학교 방문
10일	제물포에서 해주행 증기선 승선
11일	해주본당 방문
14일	해주 신광사, 신천 청계동본당 방문
22일	팔송(팔상) 공소 방문
26일	안악 매화동본당 방문

27일	봉삼학교 방문
28일	진남포본당 방문
30일	평양본당 방문
31일	마츠나가 지사 방문, 대성학교 방문
6월 1일	귀경
5일	독일 총영사 크뤼거 박사와 북한 소풍
8일	크뤼거 박사와 조선 총독 데라우치 방문
12일	드망즈 몬시뇰 주교 성성식 참석
24일	대구 주교좌 성당 방문
24일 이후	부산에서 출국

『고요한 아침의 나라』에는 조선의 입국 전후와 출국의 과정이 다양한 자료를 중심으로 치밀하게 표현되어 있다. 노르베르트 베버는 칭다오, 고베, 오사카, 시모노세키, 요코하마, 부산을 경유해 조선에 입국하였다. 그는 동양에 선교의 목적을 구현하려고 하였다. 그가 일본을 단적으로 서술한 것은 일본과 조선의 관계를 명확하게 인식하고 있었기 때문이다. 그는 서양의 제국주의, 식민주의, 자본주의를 수용한 일본이 조선을 포함한 동양의 다른 나라들을 지배한다고 생각하였다. 일본 식민지배의 객체로 전락한 조선의 내막을 파악하기에 앞서 일본 내에서 작동하고 있는 종교와 자본이 결탁하는 과정에서 발생한 이합집산의 양상을 관찰하였다. 일본의 국가주의 이면에는 종교와 자본이 동시에 작동하고 있었다. 그는 일본의 국가주의가 동양의 다른 나라를 침략하고 파괴하였다는 점을 인식하기도 하였다. 그는 일본제국주의와 식민주의의 폭력성을 자각하고 있었다. 일본식 근대화 과정은 타국을 파괴하고 부정하는 과정에서 정치 경제적 야욕을 충족하고자 한다는 점을 인식하였다. 그는 일본에서 불교 사찰과 도심지를 살펴보았다. 그는 일본의 정신적 성스러움과 물질적 세속이 공존하면서 제국주의와 식민주의의 폭력

성이 은폐되고 있다고 생각하였다. 일본식 제국주의와 식민주의를 구제하기 위해서는 역설적으로 가톨릭 기반의 종교적 구제가 필요하다고 인식하였다. 그가 일본을 여행하면서 다닌 경로는 일본의 전통과 문명이 교차하면서 근대적 진보를 형성하지 못한 채 근대적 폭력을 강화하는 방향으로 귀결되고 있을 뿐이라는 것이다. 그는 일본에서 선교 활동을 일삼고 있는 선교사들을 만났다. 고베에서 보사파시오 사우어 신부와 파리 외방전교회 선교총무 파지 신부를 만났다. 오사카에서는 마리아 니콜라우스 발터(Nikolaus Walter) 신부와 동행해 샤르트롱 주교를 방문하였다.

<표2> 『수도사와 금강산』 여행 경로

날짜	여행 경로
1925년 6월 2일	장안사
1925년 6월 3일	망군대
1925년 6월 4일	장안사
1925년 6월 5일	보문암, 백화암, 표훈사, 정양사
1925년 6월 6일	유점사
1925년 6월 7일	유점사
1925년 6월 8일	신계사, 삼일포, 해금강
1925년 6월 9일	구룡폭포
1925년 6월 10일	바리봉
1925년 6월 11일	비로봉
1925년 6월 12일	원산 도착

『수도사와 금강산』은 노르베르트 베버가 1925년 6월 2일에서 6월 12일까지 금강산을 여행하면서 발견한 자연경관을 기록한 여행기이다. 19세기 말에서~20세기 초 서양인 여행자들은 다음과 같은 이유로 금강산을 여행하였다. 첫째, 황홀경과 비경으로 가득한 금강산 자연경관을 직접 보고 싶다는 호기심, 둘째, 금강산 지명이 서양인들에게 신비스

러움과 상상력 자극, 셋째, 동양 문화의 정수인 불교문화를 제대로 알기 위해서는 금강산 사찰 방문이 필수적이었다.[20] 베버의 금강산 장소성은 금강산의 사찰과 불교 수행의 현장이고, 수도자라는 자신의 정체성에 부합한다.[21] 금강산을 포함한 한국 국토가 산지 지형의 특성으로 인해 역사적 한반도의 명산, 명승지의 시각적 아름다움은 일본인 관광 기획자들의 우선적 관광화의 대상으로 고려되었고, 일본의 한반도 관광개발은 식민 통치 지배를 정당화하기 위한 대외적 홍보를 위한 식민주의 전략이 반영되었다.[22] 자연의 인간화와 식민화가 동시에 진행되는 상황에서 근대적 관광의 대상으로 포착된 금강산은 근대적 시선에 무방비적으로 노출되었다. 이러한 점을 염두에 둔다면, 베버 일행이 금강산 일대를 여행하는 일은 일본 식민주의가 미반영되어 있는 금강산의 자연 경관을 기록하기 위한 것으로 이해할 수 있다. 일본 제국은 국가 풍경으로서의 금강산을 생산하기 위해 금강산을 국립공원으로 발견하고, 이를 토대로 보편적 지식의 중앙집중화, 지리적 실체로서의 금강산 통치 지역의 영역화, 관리자 지정과 법규 제정을 통한 '국가풍경'의 틀짓기로 규정했다.[23] 자연 그 자체로서 금강산은 근대 사회에 진입하면서 숙박시설 등을 포함한 관광 시설이 증대하였고, 식민지 조선의 숙박시설 미비를 해결하기 위해 1915년 조선총독부는 조선물산공진회를 통해 금강산 관광

---

20) 이민희, 2021, 「19세기 말~21세기 초 서양인 여행자의 금강산 여행기 연구」, 『한국문화연구』제67호, 동국대학교 한국문화연구소, 308~309쪽.

21) 이승은, 2021, 「19세기 말~21세기 초 서양인의 금강산 여행기 연구」, 『강원문화연구』제44권, 강원대학교 강원문화연구소, 75쪽.

22) 신성희, 2016, 「'자연'의 생산과 근대적 '관광'의 형성」, 『문화역사지리』제28권제2호, 한국지역지리학회, 96쪽.

23) 김지영, 2021, 「일본 제국의 '국가풍경'으로서의 금강산 생산-금강산국립공원 지정 논의를 중심으로」, 『문화역사지리』제33권 제1호, 한국문화역사지리학회, 118~125쪽.

개발을 위한 개발 사업을 추진하였다.[24]『수도사와 금강산』은 수도사로 대변되는 서양 종교와 금강산으로 상징되는 동양 자연이 교감하는 흔적에 대한 기록이다. 그는 종교적 관점에서 금강산을 고찰하면서 근대적 관광과는 거리를 둔 채 식민지 경관으로 변화되지 않은 세계를 살핀다.

2) 안드레 에카르트 (Andre Eckardt)

안드레 에카르트는 1884년 9월 21일에 뮌헨에서 태어났다. 그는 1909년에 독일 가톨릭 베네딕트 교단의 선교사로 한국에 파송되고 덕원 수도원에 부임하였다. 노르베르트 베버 대수도원장 밑에서 활동하면서, 한국의 민속과 문화를 연구하였다. 1924년에서 1928년까지 경성제국대학교 강사 생활을 하면서 언어와 미술사를 강의하였다. 1928년에 한국 체류를 정리하고 독일로 귀국하였다. 1956년에서 1974년에 뮌헨대학에 한국학과를 신설하기도 하였다. 1974년에 뮌헨 근교 슈타른베르거제의 투칭에서 타계하였다.[25] 그는 조선에 체류하는 동안 선교사 활동 뿐만 아니라 조선의 문화를 이해하기 위해 노력하였다. 이러한 활동의 일환으로 독일로 귀국한 후에 한국학을 발전시키는 데 이바지하였다. 그는 조선의 문화가 파괴되는 상황에서 관찰자의 시점을 포기하지 않고 조선 문화의 원형에 담긴 의미를 수용하고자 노력하였다.

---

24) 조성운, 2016, 「1910년대 조선총독부의 금강산 관광개발」,『한일문제문제연구』제30권, 한일민족문제학회. 43쪽.
25) 안드레 에카르트, 권영필 옮김, 2003,『에카르트의 조선미술사』, 열화당, 381쪽.

<표3> 『조선, 지극히 아름다운 나라』여행 경로

	여행 경로
입국 전	제노바 출항
	나폴리
	수에즈운하의 포트사이드 항 정박, 카이로와 피라미드 관광
	봄베이
	실론(스리랑카)
	콜롬보
	싱가포르
	방콕
	홍콩
	상하이
	칭다오
	나가사키
입국	제물포 입항
	서울 입성
	동소문 백동 방문
	공자 사당 문묘 참관
	수원 방문
	유점사 방문
	백두산 산행
출국	평양 ,의주, 신의주 방문
	포트아서, 다구, 테진, 베이핑, 장자커우, 쓰난, 카이펑, 난징 방문
	칭다오, 다롄, 무크텐
	모스크바 방문
	스몰렌스크, 쾨니히스베르크, 단치히, 베를린 경유 뮌헨 도착

『조선, 지극히 아름다운 나라』는 안드레 에카르트가 회고 형식으로 조선 체류 전후 과정을 기록한 것이다. 그는 조선이 근대 국가로 전환하는 과정에서 파괴된 조선의 원형을 기억을 통해 복원하였다. 그는 근대 조선의 문화 유적의 파괴와 유적지의 상실을 염려하면서 조선 체류 과정에서 인식한 조선 문화의 다양한 요소를 기록하였다.

『조선, 지극히 아름다운 나라』에는 조선이 근대화 과정을 거치면서 조선의 전통이 파괴되는 상황에서 그가 직접 관찰한 조선의 모습을 구체적으로 제시하고 있다. 안드레이 에카르트는 동서 문명을 고고학적으로 인식하면서 입국 경로를 서술한다.

나를 조선에서 불러낸 것은 권태로움이 아니라 내가 여행을 다니고 글로 써서 모은 풍부한 자료를 정리하여 많은 사람에게 선보이고 싶은 욕심이었다. 연구를 하면서 나는 이곳의 언어와 역사, 문화와 종교, 사회적·경제적·정치적 문제에 익숙해졌고, 주민들과의 일상적인 접촉은 내게 조선인의 무욕과 근면함은 물론이고 삶에 대한 달관까지 보여주었다. 조선 땅을 이곳저곳 두루 여행했을 때는 산악 지방 사람들의 성격, 농경의 어려움, 쓸 만한 땅을 개간할 때의 끈기도 알게 되었다. 간단히 말해 나는 '지극히 아름다운 나라'와 그 국민들과 어떤 식으로든 하나가 되었음을 느꼈다. 거의 20년에 달하는 나의 조선 체류는 당연히 나에게 영향을 미쳤다.[26]

동서양의 문화 교류는 모빌리티를 통해서 이루어지면서 각 문명의 공통점과 차이점을 발견할 수 있다. 안드레 에카르트는 "내 마음 속에서는 모든 것을 철저히 배워보겠다는 욕심이 싹텄던 것 같다. 물론 나는 만사를 유럽인 또는 독일인의 눈으로(38쪽)" 보려고 하였다. 그는 조선 체류 시간 동안 조선의 특수성을 인식하고 이를 토대로 한국학의 토대를 마련하기 위한 근대 조선을 구성하고 있는 요인들을 다양하게 인식하였다. 그는 조선의 모습을 명확하게 이해하기 위해서는 "글자와 역사와 문화의 내적인 연관성을 희미하게 이해하기 시작했다. 내가 연구자와 선생으로서 이 나라에서 영향력을 발휘하려면 언어 습득만이 아니라 언어

---

26) 안드레 에카르트, 이기숙 옮김, 2010, 『조선, 지극히 아름다운 나라』, 살림출판사, 156~157쪽.

와 문화와 역사의 내적인 연관성을 파악하는 것이 선결 조건(42쪽)"으로 이해하였다.

> 동아시아를 떠나온 지 많은 시간이 흘렀지만, 오랜 세월 내가 조선에 체류하면서 여러 곳을 둘러보았던 일들이 마치 방금 독일에 도착한 듯이 아직도 눈앞에 생생하다. 지금 전쟁터가 되어 있는 고장들을 나는 모두 직접 보고 겪어서 알고 있다. 경치가 뛰어나고 미술사적으로 중요한 고장들도 많이 가보았다. 그곳의 많은 문화유적들이 파괴될지도 모른다는 두려움 때문에 나는 그 유적들에 대해서도 글로 적어야겠다는 결심을 했다.[27]

안드레 에카르트는 조선에서 체류하는 과정을 거치면서 조선의 고유성과 자립성이 파괴되는 상황을 안타깝게 여겼다. 문화적 기억은 각국의 문화적 차이를 토대로 상이하게 복원하는 과정이다. 그는 조선이 일본의 식민주의와 6·25전쟁을 겪으며 역사적으로 혹은 문화적으로 축적된 기억으로서의 문화 유산이 소실되고 있다고 생각하였다.

『조선, 지극히 아름다운 나라』는 조선의 원형이 보존되고 있는 시점을 중심으로 조선 여행에 대한 모습을 기록하고 있다.

4. 조선 선교 발견과 선교 구경 : 노르베르트 베버의 『고요한 아침의 나라』

1) 식민지 관문과 이방인의 시선

노르베르트 베버는 독일령인 칭다오를 떠나면서 극동의 유구한 문화민족과 동양 문화의 우수성을 승인해야 한다는 편지를 독일 친구에게

---

27) 안드레 에카르트, 이기숙 옮김, 2010, 위의 책, 9쪽.

쓴다. 그는 시모노세키 해협을 지나면서 일본의 공업국 풍경을 바라보았다. 일본은 상승 지향적 문명국으로 유럽의 모방을 통해 근대 국가를 추구했지만 유럽의 모형을 추구했다는 사실을 숨겼다. 그는 자연경관에 대비되는 공업 경관을 보면서 일본의 문화에 자리 잡고 있는 문명적 자기 과시를 비판한다. 그는 이방인으로서 일본의 문화적 약진을 인정하면서 일본의 문화 발전이 동서양의 침탈을 통해서 성립한다고 생각하였다. 일본은 서구화를 통한 근대화에 대한 자긍심을 표방하기 위해서 나가사키에서 조립된 거대 전함과 공업학교에서 배운 방사선 촬영 장비를 마련한다. 그들은 원본에 해당한 유럽을 숨긴 일본제 상품을 중시한다. 그는 일본에 나타난 외래 문물의 가치가 초래한 일본의 겉치레 서양 문화의 한계를 지적한다.

> 문화가 건실하게 발전하는 데는 시간이라는 요소가 무엇보다 중요하다. 외래문화의 일본 적응력이 일본인의 외래문화 수용력보다 클지라도, 그것만으로는 유기적 발전을 기약할 수 없었다. 일본의 문화 발전에는 동화 同化의 시간이 부족했다. 일본에는 유럽처럼 하나하나 돌을 쌓고 다듬어 형성시킨 중세가 없다. 유럽은 그런 중세를 거쳐 왔다. 유럽의 근대는 이 돌로써, 그리고 이 돌 위에서 성취되었다. 그래서 그토록 빠르고 높이 성장했던 것이다.[28]

노르베르트 베버는 일본의 대동아 주도권을 비판한다. 일본은 대동아 공영권을 위해 서양 문명을 모방하려고 하였다. 일본은 외래 문화의 적응력과 수용력을 토대로, 문화의 유기적 발전을 도모할 수 없다. 일본은 문화 동화의 과정을 거치지 않았다. 일본의 문화 발전은 문화의 외적 형

---

28) 노르베르트 베버, 박일영, 장정란 옮김, 2012, 『고요한 아침의 나라』, 분도출판사, 21~22쪽.

식에만 치중한 채 문화의 자립적 고유성을 상실할 수밖에 없다. 시모노세키 해협으로 안전하게 진입하는 일이 어려운 상황에서, 그는 자신이 탄 배 옆으로 비껴가는 정크선을 보며 적막하면서도 장엄한 해협 사이를 이동하였다.

노르베르트 베버는 2월 18일에 고베에 도착했다. 그는 일본이 한국과 만주 국경을 폐쇄하고 감시를 강화하는 판국에 일본 검역소에서 페스트 검역을 위한 예방 조치는 합당하다고 생각한다. 일본은 서양 문화의 외적 요소만 수용하는 것에 견주어 유독 의학 분야를 적극적으로 수용하였다. 그는 일본에서 정치와 종교가 합일되는 상황을 지적한다. 신도와 불교가 하나로 합쳐져서 국가적 사고를 기반으로 한 자기 쇄신을 감행하였다. 그는 전차를 타고 일본의 일상을 구경하였다. 상점, 광고판, 거리, 시장, 영화관 등 근대적 성격이 드러나는 공간을 살펴본다. 산업화가 급격하게 진행되면서 일본 사회에 나타나기 시작한 문명의 변화를 직시하였다. 그는 거리와 시장을 둘러보면서 "삶의 다채로움과 상거래의 야단법석(28쪽)"을 확인하였다. 그는 전차를 타고 난코 楠公 신사로 이동하였다. 일본은 민족주의적 속성이 강하기 때문에 민족정신을 신사에 영속화하기 위한 수단으로서 활용하였다. 난코 신사에는 러일전쟁 승전 후 이토 후작의 기념물과 포트 아서에서 노획한 거대 해안포가 전시되어 있었다. 그는 신사의 성스러움을 느낄 수 없고 즐거운 유원지 같다고 생각한다. 그는 난코 신사를 지나 여우 신사로 이동하였다. 여우는 신령한 지혜 상징이고 치유 전령으로서 신사 순례를 위한 성스러운 곳으로 자리 잡았다.

오사카에 도착했다. 오사카는 일본의 상공업 중심지다. 인구는 작년 한 해 60%

증가하여 130만에 달했다. 우아한 급행 전철에서 내리자 비좁은 시내 전차가 우리를 맞았다. 전차는 나지막한 집들 사이로 달린다. 상점들이 스쳐 지나간다. 지진 때문에 목조 단층집 밖에 못 짓는다. 현란한 간판, 치솟은 광고탑, 화려한 포스터, 형형색색의 네온 글씨만 없었던들 도시의 이미지는 음울하고 처량했을 것이다. 이 모든 것이 성장 일로에 있는 일본의 공업도시에 정말로 와 있음을 확인시키는 증거로 다가온다. 이 도시는 절묘하게 유럽을 베끼고 그 위에 참신한 동양의 색깔까지 덧입혔다. 유럽의 온갖 신문물이 이곳에 정착하여 오색영롱한 동양 옷을 입고 민족적 고유성을 적용했지만, 그래도 삶은 속속들이 일본스럽다.[29]

노르베르트 베버는 2월 19일에 오사카에 도착했다. 그는 오사카에서 일본의 상공업이 발전한 모습을 확인하였다. 그는 오사카에서도 서양 문명을 모방하기에 급급한 일본의 태도를 비판적으로 생각한다. 오사카의 도시 전경의 이면에 여전히 자리 잡고 있는 일본 민족 고유성을 마련하고자 한다. 문명의 성과 속을 두루 보기 위해 대성당과 시텐노지를 접하면서, 일본에서의 정신 문화를 확인하였다. 그는 대성당, 시텐노지(四天王寺), 마리아 형제회를 둘러보았다. 그는 일본에 도착한 전후로 "이국적 분망함(45쪽)"을 느낀다. 아울러 긴 항해 끝에 마주한 일본이라는 신세계의 만화경을 구경하는 일은 자신의 시선과 상상력에 과부화를 유발한다고 생각한다. 그는 기차를 타고 요코야마를 지나치면서 일본의 산악과 해안 지대를 살펴본다.

노르베르트 베버는 2월 21일에 부산에 도착했다. 그는 조선에서 본격적으로 선교여행을 하기에 앞서 일본 내해를 경유하는 과정을 거치면서 일본의 문화적 속성을 두루 고찰한 후, 식민지 관문인 부산을 두루 돌아다녔다. 일본은 부산을 한국 종단 전략 철로를 건설하여 러시아의 접경

---

29) 노르베르트 베버, 박일영, 장정란 옮김, 2012, 위의 책, 34쪽.

기지를 육상에 확보하고자 하였다. 그는 부산의 민둥바위산이 한국인의 난방 방식 때문이라고 생각한다. 일본은 마산포를 거점으로 삼아 러시아와의 한국 주도권을 장악하였다. 일본은 부산에 대한 주도권을 장악하여 경제적 혹은 정치적 지형을 변화시키고자 하였다. 일본은 부산을 기점으로 하여 한국 종단 철로를 건설하고, 러시아와의 접경 기지를 확보하려고 하였다. 일본은 인구 과잉, 채무 초과, 권력욕을 중심으로 한국을 지배하고 육상 작전 기지로 삼으려고 하였다.

> 이 모든 판세 때문에 한국의 운명은 일본과 더욱 밀접히 얽히게 될 것이다. 지난 세기 말까지 중국이 한국에 구사한 봉건적 방식과도 다르고 과거 한때 일본이 취한 한반도 정책과도 다르게, 일본은 지금 한국을 병합하고 피정복 민족을 동화시켜 그들의 조력으로 동양의 지도적 강국이 되려는 것이다. 특히 한반도 북반부에서 일본이 펼치는 구애의 달콤함보다는 병합으로 한국인들이 입은 상처가 더 크고 아프지만, 일본은 모든 난관(특히 재정난)을 극복하고 목적을 이룰 것이라는 느낌이 든다.[30)

노르베르트 베버는 일본이 식민정책에 따라 식민지 동화 정책을 강화하는 상황에서 조선을 착취하고 있다고 생각했다. 식민지 관문인 부산에서는 일본 문화가 자리 잡으면서 종단 철도의 종착역과 항만 시설 개조를 위한 부지 확장 공사가 진행되고 있는 것을 확인하였다. 한국의 운명은 일본과 밀접하게 관계를 맺으면서 한국을 병합하고 피정복 민족을 동화시키는 과정을 거친다. 그렇기 때문에 부산이 일본의 종단 철도의 종착역과 항만 시설 개조에 적합한 곳이다. 부산항은 일본풍 일색이었지만 다수의 일본인 사이에 한국인이 보였다. 일본인들이 왜소한 체형

---

30) 노르베르트 베버, 박일영, 장정란 옮김, 2012, 위의 책, 53~54쪽.

으로 주인 행세를 하였지만, 실제로 한국인의 풍모가 일본인들에 견주어 더 제왕의 풍모를 풍기는 것으로 보였다. 한국인들이 짚신을 신고, 흰옷을 입고, 상투를 틀고, 갓을 쓴 모습들을 일본인의 외양과 비교한다.

2) 조선 주유

(1) 선교 여행

노르베르트 베버는 서울의 숭신학교, 숭공학교, 가톨릭 주교좌 성당 등을 바라보았다. 그는 대성당까지 걸어가면서 인력거와 가마가 보이는 풍경을 마주한다. 서울을 포함한 경기 수도권역은 식민주의와 피식민주의의 문화적 혼란이 겹쳐 있다. 일본과 조선의 식민주의의 틈새에 서양의 가톨릭이 종교적 위세를 확장하고자 하였다. 근대 조선에 발을 들여놓은 독일의 선교사들은 조선에서의 교세 확장 못지않게 조선의 풍습과 관습이 훼손되는 것을 막기 위해서 조선 당대의 모습을 전방위적으로 기록하고자 하였다. 조선의 서울은 전통과 반전통이 교차하면서 근대 문명을 수용해야 할 처지에 놓여 있으면서 정치적으로는 식민주의에 종속되는 상황에서 벗어나지 못하고 있다. 이러한 상황에서 외적으로 가톨릭 정신과 이념을 선교하면서 몰락의 상황에 처하고 있는 조선의 구석구석을 살펴보았다. 몰락 직전의 조선의 모습을 기록하는 여정과 한국 그리스도교 역사를 확인하는 여정이었다. 근대 조선의 정치적 격동기에 위정자들의 위선과 오만을 자각하면서 무고한 백성들을 종교적으로 구제하려는 여정을 기록하였다. 그는 정치, 종교, 문화 각 분야에서 작동하기 시작한 근대화의 물결에서 배제되고 소외된 조선인들의 삶을 구원의 대상으로 간주하였다.

여기에 상점들이 몰려 있다. 일본인들은 한국 땅에 발을 딛기 무섭게 상권을 장악했고, 한국인들에게는 진취적 기업 정신이 없었다. 한국인들은 이 구역에서 점차 밀려났고, 일본인들은 그들 구역 밖으로 꾸준히 세력을 확장했다. 한국인들이 하나둘씩 사라졌다. 일본인과 상대하기 싫은 이들은 헐값에 집을 처분하고 떠났다. 이런 식이라면 몇 년 안에 대성당 가까운 지역은 모두 일본인 소유가 될 것이다. 교통과 상권에서 제법 떨어진 백동에는 도성 안인데도 아직 땅이 많이 있다. 한국인들이 자기의 수도에서 완전히 내몰리지 않도록 거기에 한국인 집결지를 조성해주는 것이 우리 수도원에 주어진 과제이지 싶다.[31]

노르베르트 베버는 일본 식민주의가 조선을 경제적으로 착취하는 모습을 발견하였다. 일본인들은 조선을 지배하기 시작하면서 경제적 상권을 중심으로 한국인을 배제하였다. 근대화는 자본주의와 밀접한 관계를 맺고 있다.

①한국인들은 잃어버린 땅을 포기했다. 그들은 일본인들과 함께 살 수도 없고 함께 살고 싶어 하지도 않는다. 우리는 서울의 다른 끝에서 신자들이 수도를 벗어나지 않으려고 우리 수도원 가까이로 이주해 온다는 것을 알아챘다. 그래도 그들은 변화된 환경과 새로운 경제 사정과 낯선 풍습의 영향에서 벗어나지 못할 것이다. 그들을 새로운 상황에 적응시키는 길은 어려운 환경에서 탈피하도록 돕는 것이다.[32]

②지난 세기에 결정적 변화가 일어났다. 백성을 돌보고 전쟁의 선봉에 서야 할 귀족[양반]들은 낙향하여 풍류를 즐기며 재산과 기력을 탕진하고 있었다. 저항을 포기한 지 이미 오래다. 백성은 지도자를 잃었다. 예외 없이 매관매직한 관리들은 관직을 사들인 가격에 높은 이자를 더한 금액을 관청과 억눌린 백성들에게서 짜낼 궁리만 했고, 도무지 희생할 생각 따위는 추호도 없었다. 한국은 동서의 정복자들에게 옛날처럼 맞설 수 없었고, 이들의 죽은 먹잇감이 되는 시대가 도래한 것이다. 한

---

31) 노르베르트 베버, 박일영, 장정란 옮김, 2012, 위의 책, 68쪽.
32) 노르베르트 베버, 박일영, 장정란 옮김, 2012, 위의 책, 176쪽.

국을 집어삼킨 일본은 이제 한국 귀족들이 기울인 노고-조국을 팔아먹은 범죄 행각
-에 대해 섭섭지 않게 보상하거나 새로운 직책을 내리려 하고 있다. 귀족들은 도덕
적으로 몰락했을뿐더러 가난해지기까지 했다. 새 정부하에서는 매관매직이 불가
능해졌기 때문이다. 일본은 재정적으로 궁핍한 귀족들에게 약간의 연금을 지급하
지만, 그것도 일본의 이익에 필요할 때까지만 그리 할 것이다. 그러고는 마침내 그
들이 자초한 운명을 맞게 될 것이다. 아직은 속이 비치는 뾰족 모자[관]를 귀족의 표
시로 자랑스럽게 쓰고 다닐지 몰라도, 결국 오만한 거지와 진배없게 될 것이다.[33)]

③오물과 쓰레기를 아무렇게나 길가에 버리는 것은 오랜 습관이다. 한국인들을
더럽다고 욕하는 여행객도 많다. 그러나 이것은 한국인 나름의 강한 청결 의식을 드
러내는 것이라 보아야 옳다. 적어도 나는 그렇게 생각한다. 한국인은 자기 집안의
불결함을 참지 못한다. 특히 장판이나 돗자리를 깐 방바닥이 더러워지는 것은 못
견딘다. 방바닥은 하얀 무명 버선으로만 딛고 다녀야 한다. 굽 높은 신발[나막신]은
오물을 피하기 위해 밖에서만 신고, 방에 들어올 때는 벗는다. 아낙네들은 온갖 정
성을 들여 장판을 보호한다. 담뱃대에서 불똥이라도 떨어지면 아이들이 잽싸게 달
려와 손으로 끈다. 돗자리는 구멍 하나에도 못 쓰게 되기 때문이다.[34)]

①은 수도원을 소묘하는 대목이다. 숭신학교와 숭공학교가 설립되는
와중에 학교 경당에 인파가 몰려들었다. 조선인들은 성당에 몰려 기도
할 때 미사 도중에 예의 바르게 기도를 올리고 신자로서의 의무에 충실
하다. 조선인의 종교적 갈망은 확고하고 순교자 박해에도 불구하고 그
리스도교는 일상에 자리를 잡았다. 일본인들은 국력 신장, 세속적 부의
축적, 경제 성장을 중시하기 때문에 물질주의적 정신에 기반을 둔 선교
프로그램에 경제적 혹은 학문적 사안을 수용해야 한다고 생각하였다.
서양의 외교인들은 그리스도인의 영웅적 용기와 희생을 존중하였다.

---

33) 노르베르트 베버, 박일영, 장정란 옮김, 2012, 위의 책, 90~92쪽.
34) 노르베르트 베버, 박일영, 장정란 옮김, 2012, 위의 책, 64쪽.

②는 북대문을 산책하면서 오래된 군영의 방호벽 구실을 하는 성벽을 보고 난 후, 조선의 몰락에 대한 자신의 생각을 피력하는 대목이다. 그는 조선의 백성들은 자신들의 삶을 자율적으로 살아가지 못하고 지도자로서의 귀족들은 부패하고 타락하는 상황이 발생하였다고 지적한다. 아울러 일본은 몰락한 조선의 지배층을 회유하기 위한 정치적 전략을 구사한다.

③은 한국인의 청결 의식과 관련한 편견은 잘못되었다고 지적하는 대목이다. 외견상 한국인들의 모습을 살펴보면 청결 의식이 없다고 생각할 수 있지만, 실질적으로 자신의 생활 방식의 효율성을 고려해 합리적인 방식으로 청결을 유지하는 일이다. 도로변에 버려진 오물은 많고 쓰레기를 밟는 일이 빈번했다. 그렇지만 한국인은 자기 집안의 청결에 몰두하는 경향이 있다. 아울러 조선에서 여성 비하의 요소가 있는 것처럼 보이지만, 공공 생활에서 존중받았고 사회적으로 배려를 받았다. 이러한 의식이 일본의 침입으로 소멸했을 뿐만 아니라, 조선 전통의 한옥이 사라지고 일본식 사옥이 즐비하게 되었다.

노르베르트 베버는 4월 17일에 안성, 4월 21일에 천안, 4월 22일에 공주를 여행하였다. 4월 18일에는 미리내본당을 방문하고, 4월 19일에는 페레올 주교 무덤과 김대건 신부 무덤을 참배하였다. 4월 20일에는 사찰을 방문하였다. 4월 21일에 천안에 도착해 직산 광산과 모래네공소를 방문하였다. 4월 22일에는 공주본당에 도착하고, 4월 23일에는 공주 공산성, 4월 24일에는 공주 감옥과 순교자 형장을 답사하였다.

노르베르트 베버는 안성에서 독일에서의 어린 시절을 추억한다. 안성 길가의 작은 숲에서 벌목 현장을 보면서 옹기장이들이 옹기 가마의 땔감을 장만하는 과정을 통해 독일에서 솔방울을 줍는 기억을 떠올렸다.

조선과 독일의 빈곤한 삶의 유사한 모습에서 동질감을 느꼈다. 짐꾼들과 오랜 시간을 같이하면서, 조선 짐꾼들이 보이는 친절과 호의를 상호 간에 경험하였다. 그는 종달새가 하늘로 날아가는 모습을 보면서, "한국인은 생각 깊은 자연주의자다. 자연의 신비를 관조하고 경청(269쪽)"한다고 기록한다. 베버 일행은 교우촌을 지나 숙박을 위해 조선의 일상생활 속으로 들어갔다. 그들은 "이제부터는 한국식으로 간다!(270쪽)"고 다짐하면서, 한국식 담뱃대, 숭늉 등 한국의 풍습을 따르고자 하였다. 조선인들이 담배를 매개로 서로 낯선 사람과도 소통한다는 점을 특이하게 여겼다. 파리 외방정교회 장상 공베르 신부가 베버 일행을 맞이해주었다. 그들은 안성 향교를 둘러보고, 신자 가정에 들러 돗자리를 짜는 기계를 살펴보았다.

미리내 성당에서는 강도영 신부와 만났다. 미리내 성당은 신자 150명과 인근지역 신자 2,400명을 사목하고 있는 곳이다. 베버 일행과 강 신부는 서로 만나 한자 공부에 매진하였다. 그들이 미리내 성당에 도착하기 전에 고관대작의 비석에 드러난 탐관오리의 나쁜 관행을 비판하거나 비구와 비구니의 석불, 통방앗간, 담뱃대 공방을 둘러보았다.

①나는 밝은 색을 좋아하는 한국인의 심성에 대해 생각해 보았다. 음울한 천에 무늬를 넣은 띠[오비]로 매무새를 다잡은 일본 옷과 비교하면 알 것도 같았다. 일본인이나 한국인이나 자연을 좋아하기는 매한가지다. 봄이면 일본 사람은 온 가족이 자연 속에서 휴일을 즐긴다. 귀갓길에 아버지는 새잎 돋는 관목 다발을, 어머니와 아이들은 꽃과 버들개지를 한 아름 안고 온다. 여름이면 숲에서 가지를 수없이 꺾어 집으로 가지고 온다. 그들은 이 모든 것을 병에 꽂아 두고 소유를 즐긴다. 가을이면 마른 꽃잎까지 방에다 보관하려 든다. 일본 사람은 자연의 아름다움보다는 그것을 소유하는 데에 더 큰 매력을 느낀다. 그들은 물질주의자다. 아름다운 것은 소유하

고 싶어 한다. 이런 성향 때문에 일본 사람은 알프스의 절반을, 호수와 다리까지, 자기 정원에 갖다 놓는 재주를 부린다. 이 알프스는 그들의 작은 거실보다 작다. 그들은 베껴서라도 소유하고 싶어 한다. 좁은 집에서 자연 상태로 키울 수 없다면, 나무도 가차없이 기형으로 만들어 버린다. 이 무차별적 소유욕은 국력의 팽창에서도 여지없이 표출된다.[35]

②한국인은 꿈꾸는 사람이다. 그들은 자연을 꿈꾸듯 응시하며 몇 시간이고 홀로 앉아 있을 수 있다. 산마루에 진달래꽃 불타는 봄이면, 그들은 지칠 줄 모르고 진달래꽃을 응시할 줄 안다. 잘 자란 어린 모가, 연둣빛 고운 비단천을 펼친 듯 물 위로 고개를 살랑인다. 색이 나날이 짙어졌다. 한국인은 먼산 엷은 푸른빛에 눈길을 멈추고 차마 딴데로 돌리지 못한다. 그들이 길가에 핀 꽃을 주시하면 꽃과 하나가 된다. 한국인은 이 모든 것 앞에서 다만 고요할 뿐이다. 그들은 꽃을 꺾지 않는다. 차라리 내일 다시 자연에 들러 그 모든 것을 보고 또 볼지언정, 나뭇가지 꺾어 어두운 방 안에 꽂아 두는 법이 없다. 그들이 마음 깊이 담아 집으로 가져오는 것은 자연에서 추상해 낸 순수하고 청명한 색깔이다. 그들은 자연을 관찰하여 얻은 색상을 그대로 활용한다. 무늬를 그려 넣지 않고, 자연의 색감을 그대로 살린 옷을 아이들에게 입힌다. 하여, 이 소박한 색조의 민무늬 옷들은 더할 나위 없이 편안하고 원숙하고 예술적이다.[36]

③공산품이 이 백성의 예술 혼을 질식시키고 있으니 통탄할 일이다. 기어이 그리되고 말 것이다. 아름다운 한국의 색은 수년 내 사라질 것이다. 광물성 염료로 물들인 옷들이 벌써 많이 눈에 띈다. 내 눈은 이 백성의 예술감을 읽어 내는 데 어느 정도 익숙해졌으므로, 딱 보면 참된 옛것과 새것을 능히 분별한다.[37]

①, ②, ③은 '꽃과 색깔'의 제목이 붙은 4월 19일 기록이다. 노르베르트 베버는 지속해서 조선과 일본에 대한 문화론적 관점을 제시한다. 그

---

35) 노르베르트 베버, 박일영, 장정란 옮김, 2012, 위의 책, 284~285쪽.
36) 노르베르트 베버, 박일영, 장정란 옮김, 2012, 위의 책, 285쪽.
37) 노르베르트 베버, 박일영, 장정란 옮김, 2012, 위의 책, 286쪽.

는 일본이 조선 문화의 우수성을 파괴한다는 점을 비판한다. 베버 일행은 페레올 주교와 김대건 안드레아 신부의 무덤을 방문한 후, 산행을 하면서 조선의 자연을 관찰하였다. 그는 조선인들이 무명과 비단을 식물성 염료만을 사용한다는 점을 주목하면서, 조선인들의 자연 친화적 태도가 일상에 접목되는 양상을 살펴보았다.

①에서는 밝은 색을 좋아하는 한국인의 심성을 성찰하면서 일본인의 자연관을 비판적으로 고찰한다. 일본인들과 한국인들이 공통으로 자연을 좋아하지만, 일본인들은 인위적 혹은 소유적 태도로 자연을 수용한다고 지적한다. 일본인들은 물질주의에 입각해 인간의 소유욕을 충족하기 위해 자연을 지배하는 성향을 지니고 있다는 점을 언급하면서, 자연의 아름다움을 인공적으로 훼손한다고 말한다.

②에서는 일본인의 자연관과는 대비되는 한국인의 자연에 대한 소박한 태도를 지적하고 있다. 한국인들은 자연을 홀로 응시하고 주시하면서 인간과 자연이 하나로 융합하려고 한다. 자연을 지배의 대상으로 간주하지 않고 자연과 인간이 각자의 위치에서 상호 간에 공존할 수 있는 영역을 마련한다. 자연의 인간화를 지양하면서 "자연에서 추상해 낸 순수하고 청명한 색깔"을 유지할 수 있다. 이를 토대로 자연을 관찰하여 수용한 색상을 유지할 수 있다. 자연을 수용해 낸 옷들은 "편안하고 원숙하고 예술적" 모습을 나타낼 수 있다.

③에서는 조선에서 진행 중인 근대화의 산물인 공산품이 조선에 끼칠 악영향을 비판하고 있다. 공산품은 인간과 자연이 유기적으로 관계를 맺는 것이 아니라 광물성 염료로 변질한 조선의 옷들이 사라지는 상황을 안타까워하고 있다. 조선 백성의 예술혼이 질식될 수 있다고 예측하면서 이를 제어할 방법이 없다는 점을 자각하였다. 이러한 인식 때문에

베버는 "참된 옛것과 새것"을 분별하여 참된 옛것의 가치를 보존하고 기록하였다.

노르베르트 베버 일행은 5월 10일에 해주로 이동하였다. 그는 플라치도 원장신부, 카시아노 신부, 빌렘 신부와 더불어 그리스도교를 선교하기 위해 해주행을 결심하였다.

해주 성곽이 존경스런 한국의 민족적 유산을 지켜 주었건만, 이곳에도 언젠가는 일본의 훈령에 따라 넓은 외곽 순환도로가 뚫리게 될 것이다. 이리하여 한국 고유의 특성이 또 하나 사라지게 된다. 일본인들은 이 나라를 병합하고 점령할 때부터 경탄할 만한 인내심과 불굴의 일관성으로 그런 일을 추진해 왔고 또 앞으로도 변함이 없을 것이다. 옛 건축물들이 하나씩 헐려 나갔다. 이런 파괴 공정은 오래전부터 때로는 은밀히, 때로는 공공연히 자행되어 왔다. 먼저, 전국 각지에 경찰서를 세우는 데서 출발했다. 구실이야 물론 '사회의 안녕·질서를 유지하기 위한' 순수 대민 봉사였다. 신속한 정보 교환을 위해 전국에 전화망이 가설되었다. [중략] 천지신명께 이 나라의 풍요를 빌건만, 어언간에 이 나라는 이미 그의 나라가 아닐진대 그 광경이 어찌 구슬프지 않았겠는가.[38]

해주는 북방 방어의 요충지이었지만, 일본은 해주의 성벽을 조선인들을 동원해 철거하였다. 조선의 일본화가 점진적으로 진행되면서 조선의 정치적 혼란 때문에 조선의 고유성이 파괴되었다. 조선의 경관은 근대화의 과정을 거치면서 자립과 자존이 말살되는 상황에서도 조선의 고유성은 일상생활에서 존속하고 있었다. 베버는 지속해서 조선의 일상생활에 집요하게 집중하였다. 해주의 명망 있고 유복한 신자의 집에 머물면서 사랑, 부엌, 규방의 특징을 기록하였다.

---

38) 노르베르트 베버, 박일영, 장정란 옮김, 2012, 위의 책, 362~363쪽.

천혜의 운치를 머금은 계속을 지나자 드디어 마지막 언덕이었다. 협곡을 지나 시구문 屍口門까지 왔다. 시구문 밖에는 무덤들이 늘어서 있었다. 시신들은 이 문을 통해서만 도성 밖으로 나갔다. 무연고 시신이나 사형수 시신은 거두어 주는 이가 없어 그냥 가까운 아무 데나 묻혔다. 그래서 저 아래에는 순교자의 무덤도 많다. 도성에서 내쳐진 영웅들의 시신은 초라한 흙더미에 덮여 있지만, 그들의 외침이 들릴 만큼 가까워 그 표양을 성벽 너머까지 전한다. 사람들은 그 외침에 귀 기울일 것인가, 아니면 십자가로 인도하는 영웅의 메시지가 순교자의 비명 소리와 외교인의 웃음 소리에 파묻혀 버리고 말 것인가?[39]

베버 일행은 조선의 북부 지방을 여행하면서 일본 경찰의 감시를 받았다. 그들은 자신의 신원과 여행 목적을 경찰에게 보고하였다. 일본은 자국의 근대 국가 체제를 정비하고 발전시키는 데 급급하다보니, 조선의 식민지 수요까지 충족할 고급 관리를 확보하지 못했다. 이러한 상황에서 함량 미달의 인물들이 공직과 관직을 독차지해서 조선의 일상을 지배하는 일이 발생하였다.

베버 일행은 5월 14일에는 청계동으로 떠났다. 그들은 주막에 들러 요기를 하고, 장례 행렬을 살펴보고, 호랑이 함정 등을 알아보았다. 그들은 신광사에 들러 "훌륭한 경관과 쇠락하고 텅 빈 법당만 남아 있을 뿐, 이 절에서 옛 영화의 자취는 사라졌다. 이것이 몰락한 한국 불교의 현주소다. 일본인들이 한국 불교를 어거지로 부흥시킬 수 있을까?(380쪽)" 라고 자문한다.

품앗이의 이런 단점들이 한국인에게는 재앙으로 다가올 것이다. 농촌으로 떼 지어 이주한 일본인들이 저마다의 이익을 앞세워 세련된 영농 기법으로 농토를 경작하는 마당에, 이대로하면 한국인들은 계속 퇴보할 수밖에 없다. 그러나 경제적으로

---

39) 노르베르트 베버, 박일영, 장정란 옮김, 2012, 위의 책, 344~345쪽.

도, 정치 영역에서와 같은 신세로 전락하기 전까지 한국인들은 이 점을 인지하지도 변화시키지도 못할 것이다. 정치적 입지로 보자면, 이미 일본인이 주인이고 한국인은 종이다.[40)

그는 "일단 한두 가정을 방문하기 시작하면 다른 집들도 그냥 지나칠 수가 없다. 어딜 가나 보는 건 다 똑같다. 다만 여기서는 주마간산 走馬看山이요, 저기서는 좀 더 들여다보되 흡족히 살피지는 못한다. 이렇게 직접 방문해 봐야만 잠깐 동안에도 민초들의 삶이 환하게 드러나, 극히 세밀하게 그려진 그림처럼 구석구석 마음에 새겨지는 것(423쪽)"이라는 확신하에 조선인의 일상을 살펴보았다. 잡초 뽑기, 물레질, 베틀, 날실에 풀먹이기, 짚신 삼기, 밭일, 절구질, 맷돌질, 기름틀, 도리깨질, 벼농사 등 조선인들의 일상과 노동 현장을 관심있게 관찰하고 기록하였다. 그는 조선의 전근대적 삶의 작동 방식이 망각되어 갈 수 있다고 생각하였다. 일본이 주도하는 근대문명이 피식민국의 동의와 이해를 구하지 않은 채 일방적으로 진행되는 점을 우려하였다.

노르베르트 베버는 6월 1일을 기점으로 출국을 준비한다. 그는 독일로 출국하기에 앞서 독일 총영사관인 크뤼거 박사와 북학산에 올랐다. 그는 인력거를 타고 이동하면서 북한산을 오르고 하산하는 길에 카시아노 신부와 함께 암자에 들러 하루를 마감하였다. 북한산의 산세와 지형을 살펴보고, 북한산 정상이 거대한 화강암으로 이루어진 요새라는 점을 알 수 있었다.

베버는 크뤼거 박사와 함께 조선 총독 데라우치 백작을 방문하였다. 그는 데라우치 총독의 피식민지 조선에 대한 문화 정책에 동조하였다.

---

40) 노르베르트 베버, 박일영, 장정란 옮김, 2012, 위의 책, 427~429쪽.

데라우치 총독은 조선을 문명국으로 간주하고, 조선의 옛 문명과 문화를 복원하기 위해 일본의 적극적 노력이 필요하다고 주장하였다. 그는 "일본인이 모두 데라우치만 같다면, 혹은 그의 고귀한 신념이라도 본받는다면, 한국은 수년 내 놀랍도록 번영할 것이다. 그의 뜻에 따라 일하는 사람들이 분명 많을 터, 그것만으로도 이 나라에는 희망(501쪽)"이 있다고 확신하였다.

오늘까지도 온 도시가 축제 장식물로 화려하게 꾸며져 있다. 길 위에는 늘어선 집들을 따라 꽃 장식과 초롱이 매달려 살랑살랑 흔들리고 있다. 저마다 기발한 방법으로 꾸민 개선문들이 번갈아 서 있었다. 가득 찬 쌀가마니로 탑을 쌓은 것이 있는가 하면, 영근 이삭들을 엮어 올린 것도 있다. 여기서도 일본인들은 준비의 명인다운 면모를 유감없이 발휘했다. 하나같이 마음에 들고 놀라운 모양새였다. 쇼윈도마다 축제 기념 상품 일색이었다. 한 화장품 가게는 자기네 상품을 이용해서 항구를 그대로 재현시켰는데, 섬 하나하나까지 식별할 수 있었다. 푸른 천으로는 바다를 만들었다. 그 사이로 면포로 만든 섬들이 솟았다. 섬들에 가로막혀 제물포 언덕에서는 먼 바다가 보이지 않았다. 트리코 천으로는 등대를 세웠다. 천으로 만든 배 한 척이 푸른 바다를 갈랐다. 붓과 솔이 노를 대신했다. 어디나 비슷한 소재를 써도 형태는 늘 새로웠다. 구경 좋아하는 사람들을 쇼윈도에 붙들어 두려고, 상점마다 물건들을 짜 맞추어 재미있는 작품을 만들었다. 창문 위와 가로변을 따라 금빛 장식이 반짝이고 붉은 종이등이 대롱거렸다. 모든 것이 다채롭고 유쾌하게 빛났다.[41]

그는 6월 12일에 제물포 축제에 참가하였다. 제물포는 지리적 특성상 다국적 민족들이 거주하면서 각국의 문화적 교류가 활발한 장소였다. 제물포는 독일 함부르크의 볼터 Wolter사의 노력에 따라 항구도시로 발전할 수 있었다. 제물포 축제는 근대 조선의 모습을 단적으로 보여준다. 일

---

41) 노르베르트 베버, 박일영, 장정란 옮김, 2012, 위의 책, 503~504쪽.

본풍 축제가 하나의 일상의 형식으로 자리잡으면서 도시가 축제 장식물로 도배되고 있다. 근대 문물이 상점마다 진열되어 있고, 이를 쇼윈도를 통해 살펴보는 시선은 근대화된 삶의 모습이 반영되어 있다. 이에 대해 베버는 "일본식 사고를 한국인들에게 더욱 효과적으로 주입시키려는 의도가 도처에 쓰며있다. 일본적 사고와 감성, 일본의 노력과 성취, 일본식 축제의 감흥이 한국에 도입(505쪽)"되어야 한다는 통념을 파악하였다. 그는 제물포라는 조선의 특정 공간과 일본식 근대 축제가 혼종하는 과정을 낯선 모습으로 파악하였다. 6월 24일에 대구 주교좌성당에 방문한 후 부산으로 이동해 출국하였다. 그는 "한 국가로서 이 민족은 몰락했다. 다시는 소생하지 못할 것이다.(508쪽)"라고 조선의 운명을 비극적으로 예감하였다.

(2) 순교 여행

노르베르트 베버는 3월 4일에 용남 새남터 순교 성지, 용산성당 성직자 묘, 예수성심신학교, 샬트르 성 바오로 수녀회 고아원, 약현 성당, 가명학교, 대한의원 등을 방문하기도 하였다. 아울러 3월 24일 의왕 하우현본당, 3월 28일 수원 갓등이본당, 4월 17일 안성 본당, 4월 22일 공주 본당, 5월 11일 해주본당, 5월 14일 신천 청계동본당, 5월 26일 안악 매화동 본당, 5월 28일 진난포 본당, 5월 30일 평양 본당, 6월 24일 대구 주교과성당을 방문하였다. 그가 선교 여행의 일환으로 조선을 방문하였기 때문에, 조선 내 본당과 성당을 방문하는 일이 자신의 여행 목적에 부합하였다.

이 음산한 살육극을 집행하던 작은 누각은 차마 형언하기 힘든 공포와 전율을 침묵으로 증언하며 그 자리에 묵묵히 서 있었다. 이 나라의 통치자는 제 백성에 대한 분노를 공포와 전율로 표출했다. 그러나 신비로운 사랑과 넘볼 수 없는 신앙의 수호자인 순교 영웅들은, 그 모든 공포와 전율을 아무도 돌보지 않는 무덤 속으로 가지고 들어갔다.[42]

노르베르트 베버는 용산과 선교의 비극적 관계를 생각하였다. 용산은 "한국 그리스도교의 역사 때문이었다. 그 역사의 대부분이 용산을 중심으로 이루어졌고, 그 역사의 가장 위대한 시기가 용산과 한강 사이의 백사장에서 전개되었다. 거기에 형장이 있었다. 형장이야말로 고문과 처형을 증언하는 장소다. 그리스도교는 바로 여기서 피바다에 휩쓸렸던 (114쪽)"곳이다. 그는 섭정 홍선 대원군의 능으로 이동한다. 신유박해, 기해박해, 병인박해의 그리스도교 박해 역사를 간략하게 제시한다. 그는 용산 발아래에 위치한 새남터 주위 작은 집의 누각에 멈추었다. 그곳은 신비로운 사랑과 신앙의 수호자인 순교 영웅들의 살육극이 벌어진 곳이다. 그는 그들에게 가해진 고문의 모습을 서술하고, 고통에서 벗어나기 위해 죽음을 맞이한 비극적 상황을 제시한다. 그는 순교자의 피로 물든 장소를 물색하였다. 순교 영웅들은 신체적 혹은 정신적으로 가해지는 고문을 견디면서 자신들의 신념을 지키려고 하였다. 그들은 감옥, 폭력, 착취의 고립, 죽음과 고문에서 벗어나기 위해 그리스도교 정신을 추구하였다.

산에서 내려오니 바로 프랑스 [파리 외방전교회] 선교사 묘지[용산성당 성직자 묘]다. 고요한 숲 속의 이 묘지는 젊고 생기발랄한 용산 신학교[용산 예수성심신학

---

42) 노르베르트 베버, 박일영, 장정란 옮김, 2012, 위의 책, 123쪽.

교]학생들에게 '죽음을 생각하라'(memento mori)고 온화하게 속삭인다. 대부분 한창 아이로 생의 한복판에서 일손을 놓아 버린 젊은이들이 소박한 돌 십자가 아래 한형 제로 잠들어 있다. 가까이서 일본인들이 쏟아 내는 쾌락과 탐욕의 소음들을, 소나무 들이 말없이 서서 차단시킨다. 조선의 거룩한 땅을 밟기도 전에 악성 티푸스로 선종 한 우리 형제 마르티노 후버 수사도, 우리 연합회의 첫 희생자로 파리 외방전교회 신학교의 영웅들과 이곳에 나란히 누워 있다.[43)

노르베르트 베버는 파리 외방전교회 선교사 묘지인 용산성당 성직자 묘를 방문한다. 파리 외방전교회 수사와 신학교 영웅들의 무덤은 일본의 세속적 쾌락과 소음에 견주어 신성한 분위기를 드러내고 있었다. 신학교 성당에는 김대건 안드레아 신부 유해가 묻혀 있었다. 용산 신학교는 좁은 한국식 석조 가옥 한 동을 개교 후 증축한 건물이었다. 그는 "순교자의 피로 축성된 한국 땅(126쪽)"에 그리스도교의 사랑이 교수충원 사정상 신학교가 폐교되는 상황을 막아줄 것으로 희망한다. 그는 수녀들이 운영하는 고아원과 서울 교외에 있는 성 요셉 성당을 방문한다. 그는 고아원과 성 요셉 성당에서 한국 사람들이 이교인과 함께 살아가는 모습을 살핀다.

감옥 자체는 애쓴 게 아까울 만큼 대단한 볼거리가 아니었다. 직경 30미터의 둥근 마당 한복판에 초라한 옥사가 있고, 그 앞에 지금은 일본인 간수들의 숙소로 쓰는 양철지붕 집이 보였다. 그게 전부다. 그러나 독실한 순교자들의 인고 忍苦와, 군건한 신앙을 비는 뜨거운 기도와, 하느님에 대한 무한한 신뢰와 영웅적 기상에 대해, 풍우에 씻긴 감옥의 돌들은 입을 열어 증언하고 있었다. 그들은 단말마의 고통을 겪은 후 마침내 더러운 차꼬를 차고 형장으로 끌려왔다. 신앙을 위해 차마 형언하지 못할 고초를 겪고서, 기어이 죽음으로 신앙을 지킨 사람들의 이야기이다.[44)

---

43) 노르베르트 베버, 박일영, 장정란 옮김, 2012, 위의 책, 124쪽.

노르베르트 베버는 4월 25일에 공주 감옥을 방문한다. 그는 공주 감옥 담장에 주목하였다. 감옥 자체는 볼거리가 없었지만, 독실한 순교자의 인고와 기도, 하느님에 대한 신뢰와 무한 기상을 담고 있는 곳으로 간주하였다. 순교자들은 자신들의 신앙을 위해 신체적 고초뿐만 아니라 죽음을 신앙으로 지켰다. 그는 옥문 구조와 형장을 구경하였다. 그곳에서는 순교자들의 피와 도적들의 피가 섞여들어 모래를 적시고 목 잘린 시신들이 뒹굴고 장마철에 시신이 백마강까지 흘러들었다. 결국 숱한 시신이 언덕을 가득 메웠다.

파리외방전교회와 베네딕도 수도회의 한국을 인식하는 태도는 상이하였다. 파리외방전교회는 서구중심주의적 관점에서 한국을 인식하였고, 베네딕도 수도회는 한국에 대한 가치중립적 태도를 보였다. 그들은 한국 종교의 순기능과 역기능을 살피면서 일제의 식민 지배에 대해 이중적 시각을 드러내었다. 그들은 각각 프랑스와 독일 등 서구 열강의 식민주의적 가치관에서 완전히 벗어날 수 없었기 때문에 한국의 식민지 상황이 불가피하다는 점도 언급하였다.[45] 노르베르트 베버는 "당시 일본 제국주의 당국이 획책하던 문화 말살 정책으로 점차 사라져가던 조선의 순수한 전통문화와 예술 및 풍습, 종교와 민간신앙의 실상"[46]을 알리고자 하였다. 노르베르트 베버는 근대 조선을 여행하는 과정에서 직시한 모습에서 빈곤한 조선의 삶을 외면하지 않고, 연민의 시선을 통해 공감의 옵스큐라를 알 수 있다.

---

44) 노르베르트 베버, 박일영, 장정란 옮김, 2012, 위의 책, 334쪽.

45) 윤용복, 2017, 「일제 강점기 천주교 선교사들의 한국 인식」, 『한국학연구』제62집, 고려대학교 한국학연구소, 334~335쪽.

46) 박일영, 2009, 「노르베르트 베버가 본 조선의 종교」, 『종교연구』제55권, 한국종교학회, 55쪽.

5. 장엄한 사찰의 퇴락과 금강산 구경: 노르베르트 베버의 『수도사와 금강산』

1) 절경과 산행

노르베르트 베버는 금강산의 절경을 산행하면서 바라보았다. 금강산이라는 자연경관이 하나의 자연사로서 점하고 있는 공간은 조선인의 정신적 표상을 단적으로 보여준다. "이제 금강산의 산행 목적은 예전과 다르다. 찬란한 문화를 꽃피우던 시절의 참배를 위한 산행이 아니라-대부분의 한국인은 불교를 경시하고 머리를 깎은 탁발승을 싫어한다-이제는 숱한 시인묵객의 노래 속에 나타난 금강산의 절경을 실제 (22-23쪽)"를 확인하는 과정은 근대 조선의 역사적 혹은 정치적 혼란기를 맞아 조선의 예술과 문화 원형을 발견하는 것이다. 금강산은 조선인들의 심상 체계를 간직하고 있기 때문에 역사와 정치의 흐름 속에서 도도히 흐르고 있는 조선의 삶을 확인할 수 있다. 이러한 점을 염두에 둔다면, 그는 조선의 변혁기를 직접 체험하면서 이를 토대로 금강산으로 대변되는 자연경관과 조선 문명이 어떻게 관계를 맺고 있는지 확인하기 위해 금강산을 산행하고 기행하였다. 19세기 말에 이사벨라 비숍이 『한국과 그 이웃나라들』에서 금강산 계곡 일부 코스를 등정한 기록을 이후 금강산을 방문하려는 사람들이 참조하였다.

세포역 앞에는 이른 새벽부터 단촐한 여행객이 모였다. 크누트 다베르나스 신부와 하인과 나 그리고 서울 베네딕트 수도원과 가까이 지내온 헹켈 씨 부부였다. 우리는 헹켈 씨 부부가 제물포에서 타고온 기차에 올랐다. 기차는 북쪽을 향해 금세 떠났다. 헹켈 씨 부인과 함께 여러 차례 금강산에서 짧은 휴가를 보낸 적이 있어 우리에게는 더할 나위 없이 좋은 안내자였다. 등정하기에는 좀 일렀지만, 헹켈 씨가 다른 때 시간을 내기 어려워, 어쩔 수 없었다. 그러나 관광객의 소란을 피해 금강산의 적요를 즐길 수 있는 게 우리에게는 더 나았다.

금강산 관광은 7월 1부터 본격적으로 시작된다. 우리는 마치 이른 봄날 날아든 제비가 곤충떼를 찾아다니듯 그곳의 계곡들과 여러 사찰을 찾아가는, 올 관광객의 선발 주자인 셈이었다.[47]

노르베르트 베버는 크누트 다베르나스 부부와 헹켈 씨 부부 일행과 함께 금강산으로 여행을 떠났다. 그들은 기차와 자동차를 이용해 금강산으로 이동하면서 관광객의 소란을 체험하기도 하였다. 그들은 태트-켄에서 전차를 갈아타면서, 전차 속에 올라탄 동양인 승객들과 동승한다.

노르베르트 베버는 중국인 노동자와 개화파로 보이는 사내를 바라보았고, 전차에서 하차한 후 발가벗은 아이를 등에 업은 여인네들과 함께 자동차를 탔다. 그들은 자동차를 타고 금강산으로 이동하면서 근대 조선의 문명과는 다른 자연의 경관을 바라보았다. 그는 조그만 마을을 지날 때 개화 문화의 여파로 사라진 까만 댕기머리 소년, 짧은 저고리와 앞치마처럼 보이는 치마를 입은 여자들을 포착하였다. 그는 조선 문명과 거리가 멀어질수록 조선의 원형이 간직된 풍경을 인식하였다.

2) 사찰 구경

노르베르트 베버는 금강산의 자연경관을 통해 조선의 아름다움을 직시하였다. 그는 자연의 아름다움 못지않게 금강산 내에 자리 잡고 있는 불교 사찰을 방문하면서 조선 불교의 유구한 역사적 의미를 탐색하였다. 장안사, 표훈사, 정양사, 유점사를 여행하면서 조선 사찰의 "정신적

---

47) 노르베르트 베버, 김영자 옮김, 1999, 『수도사와 금강산』, 푸른숲, 26~27쪽.

이며 문화적인 영화(24쪽)"를 감상하였다. 1925년 6월 2일에 장안사에
도착하고, 6월 4일에는 장안사 주변을 산책하였다. 그는 조선 불교 사찰
을 관광객의 시선이 아니라 수도자의 관점에서 두루 살펴보았다.

> 그러나 이제 장안사는 한때 부귀영화를 누리던 추기경의 빛바랜 주홍색 옷과도
> 같았으며, 찬란했던 과거는 잿빛 먼지로 변해 있었다. 장안사는 한국 역사와 그 운
> 명을 함께했다. 삼국인 고구려·백제·신라의 흥망을 지켜보면서, 또한 삼국 왕의 은
> 총과 보호를 받으면서 전쟁이 나면 적들을 물리치기도 했다. 그러면 외적들은 복수
> 로 불을 질러 절을 태워버리곤 했다. 한국사와 한국의 불교사는 마치 수은과 금이
> 합성해서 일체가 되듯 역사의 공동체였다. (중략) 장안사는 조선 왕조의 이러한 박
> 해를 받으면서 살아남았으며, 중국으로부터도 온갖 수난과 고통을 받아왔지만 견
> 뎌내었다. 그러나 찬란한 불교문화의 전성기에 떨치던 그 명성은 세인의 기억에서
> 점점 사라지고 말았던 것이다. 그러다 장안사가 세인의 관심을 끌며 조금씩 등장하
> 게 된 것은 일본 천황의 '대한국 외교정책'의 영향 때문이었다.[48]

장안사를 중심으로 조선 역사의 흥망성쇠가 지적되고 있다. 조선과
불교는 역사의 공동체를 지향하면서 국내외의 수난과 고통을 감내하였
다. 노르베르트 베버는 삼국시대, 고려, 조선을 거치는 역사적 과정에서
장안사를 중심으로 서술한다. 그는 장안사의 화려했던 과거를 복원하지
않고 파괴와 파멸의 상황에 부닥친 현재의 모습을 직시한다. 그는 장안
사의 대웅전을 거닐면서 불당 안의 후불탱화의 아름다움과 범종각의 소
박함을 기록하였다. 그는 장안사에 머물면서 비구니 암자인 보문암을
방문한다. 그는 헹켈 여사와 동반해 보문암의 소소한 생활을 살펴보았
다. 보문암의 비구니들은 세속을 떠나 수행 정진한다. 그들은 도를 닦는

---

48) 노르베르트 베버, 김영자 옮김, 1999, 위의 책, 61~62쪽.

생활을 통해 자신들의 종교적 엄격함을 유지하였다. 노르베르트 베버는 보문암의 비구니들이 보여주는 종교 수행을 보면서 베네딕트가 몬테 카시노라에서 외로운 은둔 생활을 하고 베네딕트의 친자매인 스콜라스티가 성녀 역시 수도 생활을 했던 점을 기억한다. 그는 동서양 근대 사회의 물질적 진보를 추구하는 태도와는 다른 종교적 수행의 가치를 중시하였다. 그는 백화암을 방문하면서 노승들과 달리 젊은 스님들 사이로 퍼진 "현대가 원하는 무관심, 적당히 넘기는 태도, 세속적인 것을 지향하는 모든 생각(75쪽)"을 우려하였다.

> 그러나 이곳에서 펼쳐지는 절묘한 경관은 도저히 그쯤에서 만족할 수는 없었다. 그런데도 이곳을 찾는 숱한 관광객들은 그것으로 만족할 모양이다. 그들은 이해하기 어렵게 그려진 안내 지도판에 붙어서서 산봉우리의 이름을 맞추느라 애쓰고 있었다. 금강산 안내 지도판은 참으로 어설펐다. 더구나 크고 작은 산봉우리들이 실제 모습과는 딴판이었다. 내가 아무리 이해하려 해도 손가락 크기의 얇고 둥글게 깎은 나무가 산을 나타낸다고는 생각할 수 없었다. 예술성이라고는 조금도 없는 이 목제 금강산 '사진'을 사는 사람들을 도무지 이해할 수가 없었다. (중략) 이러한 기념품보다는 불교 문화와 관련된 것들이 내 마음을 더 많이 끌었다. 불상뿐 아니라 이곳에서 생활하는 승려들, 그리고 그들이 이루어놓은 사찰들, 숱한 유적과 이곳에 불가를 이루게 도와준 수많은 시주들.[49]

표훈사를 거쳐 정양사에 도착한 후 세속화되어가는 조선 불교의 몰락을 염려하고 있다. 노르베르트 베버는 종교적 공간인 정양사가 관광 명소로 변질하는 상황을 비판적으로 살핀다. 관광객들은 금강산의 자연 풍경을 구경하는 데 멈추지 않고, 관광상품으로서의 자연과 사찰을 사

---

49) 노르베르트 베버, 김영자 옮김, 1999, 위의 책, 78~79쪽.

적으로 소유하려고 든다. 아울러 관광객의 세속적 욕망을 충족하기 위한 기념품이 판매되기도 하였다. 그는 금강산 안내 지도판의 상업적 조야함을 이해할 수 없다고 말한다. 그는 정양사와 금강산을 불교문화의 관점에서 인식하지 않고, 소비 대상으로만 여기는 세태를 비판한다.

> 사찰 건물에는 옛것이 많이 남아 있었다. 경내는 꽤나 넓었다. 크고 작은 것을 합쳐 건물은 22동이었다. 불당은 9채였고, 요사채와 종각도 있었다. 유점사는 한국의 불교사를 통해 금강산 사찰 중에서도 매우 중요한 자리를 차지하고 있다. 창건 역사가 전설로 덮여버렸지만, 5세기에 이미 절이 세워졌다는 점에서 유점사는 한국 사찰 중에서도 가장 오랜 역사를 지니고 있음이 틀림없었다.50)

유점사의 불교 문화물에 대한 기록을 담고 있다. 노르베르트 베버는 유점사의 대웅전, 범종, 53불을 세세하게 기록하였다. 유점사 내 박물관에 보관된 아미타경 필사본의 가치를 높이 평가하였다. 그는 유점사가 조선 불교의 문화적 기억을 많이 보존하고 있기 때문에 조선 불교의 위엄과 영광을 확인할 수 있다고 생각하였다. 그는 서양인의 시점에서 조선 불교 사찰을 살피면서 조선의 정신적 수도 생활의 경건함이 종교적으로 유사하다고 간주하였다. 그는 서양의 물질문명을 구제하기 위해 기독교의 선교를 중시했던 것처럼, 조선의 불교에서도 세속화를 제어할 수 있는 동력을 발견하려고 하였다. 그는 한국의 종교와 역사를 소멸의 이미지로 낭만화하였고, 조선 역사와 불교문화를 동일시하면서 문명 이전의 하위 주체의 공간으로 금강산을 재현하는 과정을 거쳐, 서구중심의 우월함을 상징한다고도 볼 수 있다.51)

---

50) 노르베르트 베버, 김영자 옮김, 1999, 위의 책, 94쪽.
51) 이미정, 2019, 「근대적 지리로서의 금강산 표상 연구-노르베르트 베버의『수도사

머나먼 타국의 깊은 산 속 수행자들의 높은 뜻을 우리도 본받게 되기를!

한국 사람들은 자연을 가까이 한다. 번뇌를 벗으려 깊은 산속을 찾아 수행하는 일이 그들에게는 그리 특별한 게 아니다.

우리 기독교 수도자들도 속세를 떠나 채소밭을 일구면서 청빈한 생활을 하던 시절이 있었다. 그 가운데 그들은 기도와 명상의 생활을 지속해나갔다. 세월이 흘러 이러한 은둔생활이 서구인들에게는 이제 '폐쇄'로 인식되었고, 한국의 수행자들에게는 '관습'이 된 것 같았다.[52]

노르베르트 베버는 불교에 대해 경외감을 품고 있었다. 그는 근대 조선의 사찰이 폐허로 변한 모습을 한탄한다. 그는 불교가 세속과 거리를 두고, 세상의 물욕을 자제하고 제어하는 불심이 "나약함과 변화무쌍함(42쪽)"의 세계에 존속해야 한다고 생각한다. 그는 기독교 수도자와 불교의 스님 사이의 종교적 유사성을 발견하고, 조선의 불교문화가 폐허 상태로 전락하고 있다고 예감했다. 근대 조선의 불교문화가 제대로 전승되지 못하고 관광지로 전락하는 상황에서 종교적 심성 체계를 유지할 수 있는 방안을 고민하였다. 노르베르트 베버는 조선의 불교문화가 일본의 침략과 부 축적을 위해 자리를 사고 팔던 조선 조정의 부패한 정치 때문에 쇠퇴하였다고 지적한다. 금강산의 불교적 성지 순례, 수양, 풍류의 공존에서 시작하여 흥을 위한 금강산 유람이 이어졌고, 조선 후기에 접어들어 과시와 모방으로서의 금강산 구경이 시도되고, 일본 강점기에 접어들어서는 금강산 관광상품과 전근대적 금강산 유람이 혼재하였다.[53]

와 금강산」을 중심으로」, 『비평문학』제74호, 한국비평문학회, 156쪽.

52) 노르베르트 베버, 김영자 옮김, 1999, 위의 책, 43쪽.

53) 민윤숙, 2010, 「금강산 유람의 통시적 고찰을 위한 시론-불교적 성지 순례, '수양'에서 '구경' 혹은 '관광'에 이르기까지-」, 『민속학연구』제27호, 국립민속박물관, 140~141쪽.

3) 금강산 구경

노르베르트 베버는 금강산 일대를 본격적으로 여행하기에 앞서 금강산을 그린 일본인 화가의 초청을 받았다. 그는 재현 대상으로서의 금강산이 화폭에 담겨지는 과정에서 금강산 본연의 모습이 중요하다고 말한다. 그는 근대 관광의 대상으로 금강산이 소비되는 형식에서 거리를 둔채, 금강산의 고유성을 기록하려고 한다. 조선이 근대 문명으로 진입하는 과정에서도 자연공간인 금강산은 자족적 형식을 구현한 공간으로 간주할 수 있다. 금강산은 역사적 시간과는 무관하게 자연적 시간이 존속하는 곳이다. 그가 외국인의 시선으로 금강산을 응시하는 방식은 역사적 시간의 폭력과는 무관하게 자연의 순환이 인간에게 전하는 매혹의 방식을 포착하려는 태도이다.

일본식으로 저녁을 먹고 난 뒤에 한 일본인 화가의 초대로 그의 집을 방문하게 되었다. 물론 이 초대에는 자신의 그림을 감상하고 샀으면 하는 저의도 있었다. 이 일본인 화가는 자기가 그린 그림을 복도의 나무 칠판에 걸어놓고, 잘 그린 그림이라며 스스로 만족해하는 표정을 지었다. 모두 금강산을 주제로 그린 것들이었다. 그의 의도에 따라 금강산을 화폭에 담은 것으로, 우리는 그저 참으로 봐야 했다. 묘사나 기법이 우리 정서에는 꽤나 낯설었다. 이 화가는 경관을 사실적으로 묘사하지 않았고 양식화했다. 그는 대상을 보면서 강하게 들어오는 장면을 화폭에 담아 화가 스스로가 얼마나 깊은 인상을 받았는지를 감상자에게 알려주는 데 주력했다. 실제로 금강산을 바라보며 연필이나 붓으로 이리저리 연습을 한 뒤 그렸을까, 아니면 그저 지나치다가 손쉽게 얼른 스케치를 했을까?[54]

노르베르트 베버는 일본인 화가의 집을 방문한다. 일본인 화가는 금

---

54) 노르베르트 베버, 김영자 옮김, 1999, 위의 책, 109~110쪽.

강산을 사실적 경관으로 묘사하지 않고 화가 스스로 대상을 인식한 장면을 화폭에 담았다. 그는 일본인 화가가 금강산을 단순한 자기의 인상에 기반해 수채화 비슷하게 그렸다고 지적한다. 반면 한국인 화가는 금강산에 대한 예술가의 주관적 심성 체계를 감상자에게 전달한다. 그는 일본인 화가와 한국인 화가의 화풍을 구별한다. 일본인 화가는 금강산 전경을 자기 기억에 의존해 화폭에 표현한다면, 한국인 화가는 금강산의 전체 모습뿐만 아니라 금강산 내의 절을 포착해 그림으로 재현한다. 아울러 한국인 화가는 생기있는 내금강을 표현한다면, 일본인 화가는 외금강과 비로봉을 포착하였다. 두 나라의 화가들은 자신의 주관적 관점에 따라 금강산이라는 객관 대상을 자신들만의 화법에 따라 표현하였다. 그는 "유럽 현대회화에서 좋은 결과로 나타나지 않았던 것처럼, 일본의 미술계에서도 전통성을 버린 채 잘 소화되지 않은 인상파 현대회화의 조류만 쫓는다면 좋은 성과를 얻기는 어렵"[55]고 생각한다. 일본 화가는 유럽 현대 회화 기법을 수용해 금강산의 전체 이미지를 주관적으로 변용해 표현한다면, 한국인 화가는 금강산의 세세한 부분을 묘사하고 표현하는 데 주력한다. 헹켈씨가 베버에게 선물한 금강산과 구룡폭포 그림은 성 베네딕토회 오틸리엔 수도원 선교박물관에 소장되어 있는데, 이는 《겸재정선화첩》으로서 20세기 초 한국그림의 유통과정을 명중하게 보여주는 사례이다.[56]

노르베르트 베버는 신계사, 삼일포, 해금강의 절경을 구경하였다. 신계사는 바다에서 멀지 않은 곳에 위치하지만 세속인들이 쉽게 올라오지

---

55) 노르베르트 베버, 김영자 옮김, 1999, 위의 책, 120쪽.
56) 홍미숙, 「20세기 초 성 오틸리엔 베네딕도회 선교사들의 한국 진출과 노르베르트 베버의 『수도사와 금강산』연구」, 『미술사와 문화유산』제6집, 명지대학교 문화유산연구소, 55~56쪽.

못하게 가파른 곳에 위치하였다. 그는 신계사의 소나무 한 그루를 보면서 방문객의 동정조차 받지 못하는 곳으로 퇴색한 신계사를 안타깝게 여긴다. 그는 신계사의 석탑과 석등을 스케치하였다. 그는 신계사에서 삼일포로 이동하였다. 삼일포에도 예전에 사찰이 있었지만, "이곳에 있던 절도 없어졌다. 사방에서 바람이 들이치는 좁은 이 쉼터가 절터인지도 모른다. 주변이 온통 거칠기는 하나 절경이었다. 그러나 옛날의 아름다움을 잃은(126쪽)" 곳으로 변해버렸다. 그는 신계사와 삼일포에서 조선의 역사에서 소멸하거나 상실한 흔적을 안타깝게 여긴다. 그는 배를 타고 해금강으로 이동하였다. 해금강의 초자연적 아름다움에 매료당한 채 배에서 내려 바위들 사이로 걸어 다니면서 해금강 절경을 역시 스케치하였다.

구룡폭포는 대부분의 금강산의 최절경인 비로봉을 찾아온 관광객으로 활기를 찾는다.뿐만 아니라 관대하게도 1,88미터(실제 높이는 1,638미터 : 역주) 높이로 장엄하게 솟아오른 이 비로봉 꼭대기에서 물을 내려보낸다.

이 폭포수는 실은 더 높은 곳에서 한 군데로 모였다가 장마철이 되면 거친 물살로 이 절벽을 타고 곧장 떨어져내리는 것이다. 길고 그 폭이 넓은 물줄기가 떨어져내리는 폭포의 양쪽 절벽은 이미 반들반들하게 닦여 있었다. 절벽은 황금색 거울처럼 반들거리고 이 장엄한 폭포수의 '길' 양쪽에는 신비스러울 정도로 아름다운 자연경관이 발가벗은 암벽에 보라색, 갈색에서 검푸른 하늘색으로 뒤섞여, 마치 이 아름다운 절경을 골동품 액자에 넣어 그림을 더욱 돋보이게 하려는 듯했다. 그림 여기저기에는 눈부시게 밝은 푸른 색깔의 점(하늘과 무색을 표현 : 역주)이나 파란 덤풀이 한쪽 구석에 곁들여 있어 더욱 아름답게 장식하고 있었다.[57]

노르베르트 베버는 보광암을 지나 신계사 쪽의 구룡폭포를 산책하였

---

57) 노르베르트 베버, 김영자 옮김, 1999, 위의 책, 134~135쪽.

다. 그는 신계사, 보광암을 지나 구룡폭포에 도착하여 스케치를 한다. 그는 조선이 역사적 격변 시기에 도달한다고 예감하였다. 조선의 역사적 과정이 순탄하지 않은 상황에서 인간과 자연은 무리 없이 상호 간에 교감할 수 있는 유일한 대상들이다. 일본의 식민주의와 제국주의가 조선의 고유성을 박탈하고, 일본화의 동화 정책을 견고하게 추진하는 상황에서 조선의 자연인 금강산을 여행하고 일기를 쓰거나 스케치를 하는 행위는 역사적 흐름에서 벗어나 고요하게 자립적 존재 영역을 확보한 세계를 내밀하게 공유하려는 태도다. 절벽으로 된 산길 사이로 드러난 산등성이는 중세 도시의 폐허 이미지를 보여주었다. 구룡폭포로 가는 길 도중에 금강문이라는 비밀통로가 나타났다. 금강문 앞에는 일본인들이 음료수, 엽서, 그림을 파는 가게가 있었다. 그곳을 안전하게 이동하면서 주변 계곡물의 소리를 들을 수 있었다. 구룡폭포는 금강산 비로봉을 찾아온 관광객의 주목을 받았다. 장엄한 폭포수의 형상을 보이는 구룡폭포는 신비롭고 아름다운 자연경관을 드러낸다. 수직적 폭포와 암벽에 부딪히는 빛의 모습이 장엄하게 펼쳐진다. 그는 스케치를 하기 위해 적당한 곳을 물색해 겨우 구룡폭포의 전체 절경을 관찰할 수 있는 지점을 찾았다. 그는 신비스러운 색깔을 토대로 구룡폭포의 아름다움을 한 폭의 그림에 담았다. 그는 다크 사이트를 구경할 때와 달리, 자연경관을 볼 때에 자연의 변화와 순환이 인간에게 선사하는 순간을 스케치라는 행위로 포착한다. 그는 한국인이 그린 구룡폭포와 일본인이 그린 구룡폭포를 비교한다.

그는 비로봉에서 "자연의 특이한 조화(140쪽)"를 관찰하였다. 화산이 남긴 용암으로 이루어진 천지에서 벗어나 물이 고인 암반에 앉아 바다 반대편을 보았다. 먹빛 수정봉은 소나무, 상수리나무가 어울리는 특이한 조화를 이루었고, 황량한 비로봉 암벽과 나무에 걸린 보라색 그림자가 겹치는 모습을 보았다. 비로봉을 지나 재령쪽으로 이동하면서 돌멩이탑을 발견한다. 돌멩이탑의 모습은 다양한 형태의 자연 조각품을 모방하고 있다. 인간은 세속의 상실과 허망에서 벗어나기 위해 자연을 인간화하는 과정을 거친다. 인간은 자신의 기원과 기도를 실현할 방법을 자연에서 발견한다.

> 이곳에서 보는 경치는 정말이지 장관이었다. 우리에게는 아주 낯선 괴암절벽의 모습과 인상적인 색깔의 조화가 가냘픈 소나무와 상수리나무 사이에서 예쁘게 어우러져 있었다. 이런 정경은 물에서 바라보는 이에게는 폐허가 된 고딕형 성당과도 같은 총석정을 배경으로 하는, 한 폭의 그림이 되기에 충분했다.
>
> 이 경치에 매혹되어 한 시간쯤을 쉰 뒤 우리는 자동차를 타고 떠났다. 오후 4시경 우리는 요즘 한창 활기를 띠기 시작하는 원산에 무사히 도착했다. 나는 뒤를 돌아보았다. 한바탕 꿈이었던가, 그 아름답던 산은 사라진 지 오래였다.[58]

금강산 여정은 비로봉을 관광하는 것으로 마무리되었다. 비로봉에 이르는 길은 평이하지 않고 자연의 장난처럼 예측불가능한 경로였다. 구비로봉과 신비로봉을 거쳐 거대한 석주에 도달한다. 헹켈씨와 크누트 신부는 석주림에 오르고 베버는 신구 비로봉에 머물렀다. 그는 신구비로봉의 절경과 부드러운 곡선을 그림으로 표현하였다. 베버 일행은 원산으로 가는 중간 지점에 머물러 총석정의 현무암 절벽을 구경하였다. 1912년 도쿠타 도미지로가 발행한 『조선금강산사진첩』은 금강산을 식민지 조선과 일본 제국을 포함해 세계적 명산으로 위치짓는 시선을 드러내었고, 금강산 파노라마 사진을 중심으로 식민지 조선이 일본 영역

---

58) 노르베르트 베버, 김영자 옮김, 1999, 위의 책, 153쪽.

의 일부라는 점을 의도적으로 조작하였다.[59] 그들은 총석종을 마지막으로 금강산 여행을 마무리지었다. 그는 금강산을 중심으로 펼쳐지는 경치가 매혹적이었다고 생각하고, 자연의 시간이 일본의 식민주의 기대에 굳건히 변치 않는 형상을 유지하고 있는 모습에 감탄한다. 일제 강점기 근대적 관광으로서의 금강산 관광은 관광 주체가 보편화되었고, 관광 행위가 일상화되었고, 관광이 산업화하는 과정을 거치면서 관광 경로와 관광 일정의 표준화 및 규격화가 진행되고 세속적 활동이 증대하여 금강산의 신성성이 소멸하고, 근대 문물인 관광객의 유입이 금강산에까지 확대되었다.[60] 이러한 점을 염두에 둔다면, 베버는 금강산 여행 코스를 따라가면서 관광객의 시선으로만 금강산 풍경을 소비하는 것이 아니라 금강산의 세속화를 부정하고 숭고한 가치를 발견하고자 하였다.

6. 조선 전통 문화 유적 구경과 회고:
안드레 에카르트의 『조선, 지극히 아름다운 나라』

1) 동서 교류와 국외 여행자의 시선

(1) 자연 장관

『조선, 지극히 아름다운 나라』의 1장과 2장은 "제노바에서 서울의 관문 제물포 항으로 가는 42일간의 항해(13쪽)" 과정을 기록하고 있다. 그는 대형 증기선에서 여행객들의 모습을 보거나 이국의 볼거리를 만끽하였다. 남국의 바다를 항해하면서 조선의 모습을 생각하기도 하였다. 제

---

59) 김지영, 2019, 「일제시기 '금강산사진첩'의 금강산 경관 구조화」, 『문화역사지리』 제31권 제2호, 한국문화역사지리학회, 38쪽.
60) 원두희, 2017, 「일제 강점기 근대 관광지로서의 금강산」, 『기전문화연구』 제38권 제2호, 경인교육대학교 기전문화연구소, 139쪽.

노바, 나폴리, 이집트, 봄베이, 싱가포르, 방콕, 홍콩, 마닐라, 상하이, 규슈, 시모노세키를 경유하는 여행 경로는 서양과 동양의 만남을 위한 여정이다.

안드레 에카르트는 노르베르트 베버와 달리 조선 입국 전 여행 경로를 서술하였다. 그는 조선에 입국하기 직전에 관광한 곳을 기록하면서 서양과 동양의 유사성을 고고학적으로 접근하였다. 그 역시 선교사로서 조선에 방문하였지만, 학자의 관점에서 조선 입국 전의 세계를 관찰하였다. 그는 제노바에서 인도양을 거쳐 서울의 관문인 제물포 항에 도달하는 길을 멋진 항해의 여정으로 생각하였다. 그는 나폴리, 크레타섬, 수에즈 운하의 포트사이드 항, 봄베이, 싱가포르, 방콕, 홍콩, 칭다오를 거치는 동안 동서 문명이 교류하면서 형성된 문화적 유사성을 인식하였다. 서양 문명의 장소를 관광하면서 각 지역의 화려한 볼거리를 유념하였다. 그는 선교사로서 동양과 조선을 방문하며 인문학적인 관점으로 세계를 파악하였다.

안드레 에카르트는 남국의 바다를 항해하면서 서양의 관광지를 둘러볼 때 이국적 풍경에 주목하였다. 그는 나폴리 방문을 하나의 사건으로 간주하면서 나폴리의 일상을 관광하였다. 베수비오 산의 광경, 보메로 언덕, 포실리포 언덕, 폼페이 등을 둘러보았다.

홍해를 지날 때는 바닷물이 여러 날 동안 말 그대로 거울처럼 잔잔했고 해돋이와 해넘이가 되면 말할 수 없이 아름다운 색조로 빛났다. 화가와 미학가들은(예술가들?) 물론이고 자연을 사랑하는 사람이라면 누구나 황홀하게 여길 광경이었다. 이 자연의 장관을 아무리 보아도 싫증내는 법 없이 열심히 감상하는 여행객들의 모습은 자연이 인간이나 민족의 운명보다 강하다는 사실을 증명했다. 그 오묘하고 분위기 있는 색조를 만들어낼 수 있는 것은 끝없이 이어지는 아라비아 사막과 모래벌

판뿐이었다.[61]

안드레 에카르트는 홍해를 지나면서 자연경관에 경탄하였다. 자연은
인간과 민족의 운명보다 강하기 때문에 역사와 문명의 경계를 넘어서는
것이다. 자연은 인간의 의지가 반영되지 않은 곳이다. 인간은 자연의 시
간과는 달리 역사와 문화를 지향하였다. 그는 자연의 무상을 자각하면
서 종교와 문화를 넘어서는 보편적 이념을 고찰하고자 하였다.

> 콜롬보의 붉은 땅에 첫 발을 내딛자마자 우리는 인도와는 전혀 다른 고대 문명
> 국가의 한복판으로 들어갔다. 봄베이에서는 여전히 식민국의 백인들이 많았지만
> 이곳 콜롬보에는 성갈리족, 힌두족, 타밀족, 말레이족, 흑인, 혼혈족이 두루두루 섞
> 여 있었다. 웅장한 카톨릭 교회와 이슬람교 사원, 불교 사찰, 브라만교 신전을 방문
> 하면서 나는 인간의 신앙과 희망이 만든 미로를 새롭게 바라보는 동시에 인간의 이
> 상적 세계관을 둘러싸고 계속된 정신적 투쟁의 모습도 인식했다.[62]

안드레 에카르트는 콜롬보에 도착한 후 고대문명의 혼종성을 확인하
였다. 콜롬보에는 인종적 다양성이 자리잡고 있었다. 근대는 탈종교의
세계를 지향하지만, 실질적으로 근대 사회에서는 종교적 심성 체계가
여전히 작동하였다. 근대적 문명과 문화가 정착하면서 전근대에 통용된
가치가 소멸한 것으로 이해할 수 있지만, 물질적 번영에 종속되지 않는
원시적 종교 체계는 근대인의 내면세계에 응축되어 있었다. 그는 근대
적 이행 속에 포함된 "인간의 이상적 세계관을 둘러싸고 계속된 정신적
투쟁의 모습"을 이해하고자 하였다. 콜롬보에는 인간의 정신이 다양한

---

61) 안드레 에카르트, 이기숙 옮김, 2010, 위의 책, 18쪽.
62) 안드레 에카르트, 이기숙 옮김, 2010, 위의 책, 20쪽.

종교의 형식을 통해 구현되고 있었다. 그가 동양과 서양의 자연과 인간의 교류 흔적을 발견하려고 했다는 점을 알 수 있다.

(2) 문명 경관

안드레 에카르트는 조선에 입국하기 전에 동서양의 공간을 여행하면서 문명의 발전에 내재한 유사성에 주목한다. 서양에서 시작한 근대 문명이 동양에서 어떻게 자리매김하고 있는지를 살펴보는 일은 동서양 문명 교류의 의미를 파악하는 데 일조한다. 그는 "동서 교류(16쪽)"의 흔적을 조선에서의 고고학과 미술사 연구를 통해 발견한다. 그는 "문명 간의 유사성(17쪽)"을 통해 동양과 서양의 유사성은 인류의 보편적 삶의 원칙과 이념과 함께 자리 잡고 있다고 생각한다.

> 특히 예정에 없이 잠깐 들린 카이로와 피라미드 관광은 무척 인상적이었다. 카이로에서 나를 사로잡은 것은 풍부한 소장품을 자랑하는 박물관이었다. 나중에 조선에서 지낼 때 특히 북쪽의 평양과 해주에서 고분발굴과 복원 작업이 진행되는 동안 어두운 지하 묘실에서 고대 이집트에서 유래한 듯한 기둥 모티브와 선의 장식을 발견했을 때 나는 자주 카이로를 회상하고는 했다. 잘 알려져 있듯이 이집트에서는 연꽃이 동아시아와 마찬가지로 장식 문양과 상징적인 모티브로 자주 이용되었다.[63]

안드레 에카르트는 카이로와 피라미드 관광에서 풍부한 소장품을 전시한 박물관을 주목하였다. 그는 이집트 박물관의 소장품을 살펴보면서 평양과 해주의 고분 발굴과 복원 작업했을 때를 기억하였다.

---

63) 안드레 에카르트, 이기숙 옮김, 2010, 위의 책, 17~18쪽.

민족학적 소장품이 전시된 박물관이 내게는 특히 흥미로웠다. 여기에서도 나는 여러 민족이 아주 오랜 원시시대부터 활발하게 교류하고 먼 거리를 이동했으리라는 내 기존의 추측이 맞았음을 확인했다. 그렇지 않았다면 석기시대에 만들어진 동일한 모양의 화살촉이 어떻게 이곳 실론에서부터 수마트라, 보르네오, 필리핀, 포르모사 그리고 조선에 이르기까지 곳곳에서 발견되겠는가?[64]

안드레 에카르트는 실론(스리랑카)의 박물관의 세계를 주목하였다. 박물관은 일종의 문명 경관을 보관하고 있다. 박물관은 왕실과 귀족층의 보물을 정치적 혹은 종교적 동기에서 특정 공간에 보관하고 활용하기 위해 시작된 후, 점진적으로 일반 대중에게 공개되고 체계적 전시와 연구하는 과정을 거쳐 박물관 활동이 강화되었다. 대중에게 박물관의 보물을 공개하느냐에 대한 논의는 1683년 영국 옥스퍼드 대학에 설립된 아슈몰리언(Ashmolean)이 효시였는데, 이후 박물관은 점점 대중적인 교육기관으로 전환하였다. 영국에서는 1845년 영국 의회가 박물관령을 제정하고 공표하여 대중의 교육기관으로 규정하였다. 박물관 입장의 무료화가 제도화되면서 박물관이 관광의 대상으로 전환하였다.[65]

2) 조선 답사 여행

(1) 여행자의 관찰과 조선 풍속 경험

안드레 에카르트는 제물포를 거쳐 서울에 도착한 후 조선 곳곳을 관찰하였다. 그는 조선이라는 타자를 이해하고 조선의 일상을 집중적으로 이해하기 위해 노력하였다. 그는 "유럽인 또는 독일인의 눈(38쪽)"으로

---

64) 안드레 에카르트, 이기숙 옮김, 2010, 위의 책, 20쪽.
65) 배영동, 2000, 「박물관 관광의 의미와 역사·문화의 탐색적 이해」, 『민속연구』제10집, 안동대학교 민속학연구소, 40~41쪽.

세계를 살펴보았다.

①예상과 달리 김 선생은 친절하게도 나를 독일인 H씨 가족에게 데려다 주었다. H씨는 유서 깊고 성실한 상인 집안 사람이었다. 그 집으로 가는 동안 많은 것을 관찰했다.[66]

②서울에 가까워질수록 기차역은 많은 사람들로 붐볐다. 에이토호에서 여자 여러 명이 탑승했다. 그 중 커다란 광주리를 갖고 탄 여성은, 내가 차창으로 관찰한 바에 의하면, 나무나 풀의 질긴 껍질로 만든 똬리를 머리에 얹고 그 위에 광주리를 이고 있었다. (중략) 나는 다양한 유형의 옷을 여유 있게 천천히 관찰했다. 저고리와 두루마기는 평균적으로 남녀가 상당히 비슷했다. 그러나 나는 조선인의 옷 어디에서도 단추를 보지 못했고, 중국에서 흔히 보는 끈으로 여미는 단추도 없었다. 옷의 모든 부분을 넓은 띠로 여미었고 세심하게 옷고름으로 묶었다. 옷자락은 길게 늘어뜨렸다. 나는 조선인의 저고리와 두루마기의 고름이 우리 서양인들의 넥타이와 비슷한 역할을 한다는 것을 곧 깨달았다.[67]

③서울 성곽 바깥에 있는 공동묘지가 나에게 강한 인상을 준 적이 있다. 눈을 돌리는 곳마다 풀이 약간 돋아난 무덤이 줄지어 있었다. 나는 조상 숭배가 이렇게 큰 의미를 가지고 있다는 것을 이후에 관찰을 통해 깨달았지 당시에는 전혀 짐작도 하지 못했다.[68]

①은 김씨와 함께 독일인 H씨 집에 가는 도중에 제물포를 관찰한 바를 언급한 대목이다. 그는 제물포의 거리, 상점, 거주 지역을 살펴보았다. 일본식 목조 주택과 중국 상점을 살펴보면서 한중일 언어의 차이점을 발견한다. 일본인들이 독일어 변모음과 강한 기식음을 발음하지 못

---

66) 안드레 에카르트, 이기숙 옮김, 2010, 위의 책, 39쪽.
67) 안드레 에카르트, 이기숙 옮김, 2010, 위의 책, 57~59쪽.
68) 안드레 에카르트, 이기숙 옮김, 2010, 위의 책, 105쪽.

한다는 점을 알게 되었다. 그는 제물포의 도시 이름인 인천이 일본식으로 진센, 중국식으로는 엔촨으로 읽히는 이유가 궁금했다. 그는 동일한 기표를 상이하게 발음하는 구조를 이해할 수 없었다. 이에 대해 김 선생은 중국, 한국, 일본의 한자의 수용과 변용의 맥락을 설명해주었다. 그러면서 그는 "글자와 역사와 문화의 내적인 연관성(42쪽)"을 파악하는 일이 중요하다고 생각했다.

②는 서울에 가는 길에 영등포 역에서 사람들의 옷차림을 관찰한 바를 기록한 것이다. 안드레 에카르트는 조선인의 저고리와 두루마기의 고름이 서양의 넥타이와 유사하다고 생각하였다. 열차 바깥에서 탑승한 여자들은 추위 때문에 옷에 솜을 넣어둔 것을 보았다. 대신에 객실에서는 난방이 더워 사람들이 두루마기를 벗는 것도 보았다. 조선인들이 각자의 신분에 맞게 옷을 차려입고 그에 준하는 예의를 갖추고 있다고 생각하였다. 그는 영등포와 용산을 거쳐 서울역에 도착하였다. 서울역 앞은 근대화가 진행되어 서양식 삶의 방식들이 약동하고 있었다. 전근대적 혹은 근대적 옷차림이 혼합되면서 서울은 이국적 풍경을 드러내고 있다.

③은 조선의 조상 숭배의 특수성을 관찰을 통해 인식한 과정을 다룬 대목이다. 그간 그가 방문했던 조선인의 집들에는 종교적 숭배를 나타내는 상징물이 배치되어 있다는 것을 확인했다. "국외자의 눈(105쪽)"으로는 위패와 귀신 문화의 전근대적 요인을 이해할 수 없었지만, 조선에서는 미신적 요인을 일상에서 수용하고 있었다. 조선의 장례식과 왕릉은 조선인 특유의 현세와 내세에 대한 관념을 반영하고 있다.

이상과 같이, 안드레 에카르트는 조선의 일상사를 미시적으로 살펴보면서 조선의 고유성을 인정하려고 했다는 점을 알 수 있다.

(2) 고고학적 시선과 고분 탐사 여행

안드레 아카르트는 조선 정부의 특별 초청으로 고구려 시대 명승 유적지를 방문하였고, 우현리 고분 발굴과 복원 작업에도 참여해『조선미술사』에도 기록하였다. 그는 근대 조선의 유물이 파괴되는 상황을 직시하였다. 그는 조선 문화의 보편성과 특수성을 동시에 고려하면서, 일본 식민주의 정책에 따른 조선 문화의 파괴를 고고학적 시선으로 바라보았다. 아울러 6·25 전쟁으로 파괴될 가능성도 있기 때문에, 이를 기록하려고 하였다.

고분은 계속적으로 훼손, 도굴되었고 도굴꾼들이 위쪽에 뚫어 놓은 구멍과 그곳으로 스며든 물과 습기로 인해 손상을 입었다. 따라서 우리는 조심스럽게 작업에 착수해야 했다 제단석 밑에서 시작되는 계단은 콘크리트처럼 단단한 자갈을 쏟아 부어 일부러 막아놓았는데 우리는 이것부터 치우고 들어갔다. 놀랍게도 우리가 들어간 여러 시의 고분에서는 -범상치 않은 장식으로 보아 그 고분들은 왕과 제후의 능이 분명했다-옛날 토기, 항아리, 단지, 접시, 사발 조각들이 대부분 처참하게 깨진 상태로 1-3개의 앞방에 여기저기 흩어져 있었다. 다른 유물을 통해 짐작하건대 상당히 수준 높은 예술적 솜씨로 만들어졌을 금은 세공품과 의복, 검, 장식도 모두 도난당했다. 그러나 남아 있는 건축 구조와 벽장식, 상징적인 대규모 벽화들은 수백 년 세월의 풍상에도 불구하고 놀라울 정도로 양호한 상태로 보존되어 있어서 애쓴 보람이 있었다.[69]

고분의 전체적 구조는 이집트 피라미드와 유사하였다. 조선의 묘실은 높이가 2.5미터이고, 고분의 천장에는 선 장식과 꽃문양에 자유분방한 필치와 부드러운 색감이 드러난다. 일제 강점기 시대 조선총독부에서는

---

69) 안드레 에카르트, 이기숙 옮김, 2010, 위의 책, 115~116쪽.

한국의 고적 조사 사업을 시행하였다. 1915-1930년간 진행된 결과물이 『조선고적도보 朝鮮古蹟圖譜』이다. 일본의 조선총독부 주도로 진행된 조선 반도의 고적 조사 사업은 일본 내지의 고고학적 내면과 조선 반도의 외부 조사가 매개하는 과정을 거쳐 일본인이라는 주관적 의식의 산물로서 조선 고고학 발굴을 진행하였는데, 이는 "일본인 내부의 학지를 분열시키는 '외부'가 아니라, 내부와 외부의 일체성을 공고히 하며 '일본인 신화'를 재구성하는 공동체 내역(內域)"[70])에 존재하는 것이다.

우현리 고분에서는 중국의 사상이 독특하게 수정되었을 뿐 아니라 참된 예술적 방식으로 새롭게 형성되었다. 묘실 북쪽 벽에는 놀랍도록 생생하게 거북이 묘사되어 있다. 그런데 거북 혼자가 아니라 뱀과 싸우는 모습이다. 거북은 벌써 휘감겨 있다. 거북은 적이 내리누르는 중압감을 느낀다. 위태로운 운명에서 다급하게 벗어나려고 한다. 뱀은 이미 승리자가 된 듯하다. 그때 죽음의 공포에 사로잡힌 거북이 고개를 돌리고 목을 뻗쳐들며 저항한다. 두 동물은 최후의 결투를 위해 적개심 가득히 머리를 맞세우고 혀를 날름거리고 헐떡이면서 서로 분노의 불길을 내뿜는다.

생명력과 따스함과 운동감으로 충만하면서도 심오한 상호 관계를 멋지게 표현한 대단한 걸작이었다. 모든 사신도(四神圖)가 그렇듯이 이 그림에서도 그림은 날개를 달고 있어서 상상 속의 동물이라는 것을 나타낸다.[71])

안드레이 에카르트는 옛 조선인들의 조상 숭배에 따른 주술적 조건을 갖춘 무덤의 사신도는 스키타이, 사르마티아, 중앙아시아, 북아시아 지방에서 영향을 받은 것으로 간주한다. "나는 문화의 연관성을 규명하려는 사람의 입장에서, 전승된 모든 것을 당연하게 받아들이고 왜 그런지

---

70) 전성곤, 2011, 「'식민지 고고학'과 하마다 고사쿠(濱田耕作)의 시선」, 『일본문화연구』제40집, 동아시아일본학회, 621쪽.
71) 안드레 에카르트, 이기숙 옮김, 2010, 위의 책, 119쪽.

2부 근대 독일인의 조선 암흑 구경과 타자 인식의 목소리 341

묻지 않는 토착민과는 다른 눈(121쪽)"으로 우현리 고분을 바라본다. 세키노 타다시(関野貞)와 오바 츠네키치(小場恒吉)는 식민지 조선의 문화재라는 차별적 시각을 전재로 고구려 고분벽화 조사 연구를 진행하였지만, 조선의 역사와 문화 전통을 독자적이고 주체적으로 파악하지 않은 채 중국 주심의 시각에서 고찰되었고, 이를 토대로 식민통치의 정당화를 논리로 차용되었다.[72]

(3) 수집가의 시선과 이왕가 박물관

동서양 근대 사회에서는 자본주의, 제국주의, 식민주의로 인해 타자의 세계를 억압하는 방식이 작동하였다. 근대 조선 역시 보편적인 근대의 작동 방식에서 외면될 수 없었다. 근대 조선에는 일본의 식민주의가 작동하면서 자본주의가 수용되었는데, 이러한 과정에서 피식민주의 대상이었던 조선은 전통문화가 파괴되거나 수탈되는 과정을 거칠 수밖에 없었다. 조선의 전통문화가 식민주의에 포섭되는 상황이 되면서 군건하게 전승되었던 문화는 고유성을 확보할 수 없었다. 식민주의는 식민지 주민들을 타자화하면서 식민주의의 정치적 혹은 문화적 시선을 은폐시켰다. 이러한 작동 방식은 박람회, 백화점, 박물관에서 확인할 수 있다. 근대적 공간은 세계를 특정 공간에 응집하고, 비현실적 공간을 창출하는 과정을 거치면서 식민지 주민들의 정치적 감각을 소외시키는 방식을 드러내었다. 제2의 자연으로서 근대 공간이 재편되면서 제1의 자연에 속하는 세계는 착취 대상으로 전락하였다. 제1의 자연은 근대적 욕망에서 벗어난 곳으로 간주할 수 있다. 박람회, 백화점, 박물관은 근대인의

---

72) 김용철, 2007, 「근대 일본인의 고구려 고분벽화 조사 및 모사, 그리고 활용」, 『미술사학연구』제254호, 한국미술사학회, 128쪽.

자본에 대한 욕망을 집적한 곳이다. 식민주의는 피식민주의의 문화를 근대적 공간에 배치하고 재편하는 과정을 형성하면서 식민지 주민들이 자국의 문화에 대한 의식을 마비시켰다.

안드레 에카르트는 근대 사회에 진입한 조선의 원형이 파괴되는 것을 직시하였다. 그는 식민주의가 작동되는 조선의 모습을 암울한 시선으로 바라보았다. 그는 조선의 전통문화를 수집가의 관점에서 바라보면서, 전근대의 조선 문화의 우수성 등을 조선 각지를 돌아다니면서 자각하였다. 그는 조선 문화를 수집하는 과정에서 인식한 조선 문화가 파괴되는 양상을 연민하였다.

> 제1차 세계대전이 일어난 직후 정부에서는 서울의 대규모 박물관 두 곳의 건설과 구성에 관해 나에게 자문과 협조를 요청했다. 하나는 총독부 직속 관할의 박물관이었고, 다른 하나는 옛 대한 제국 궁궐 안에 있는 이왕가 박물관이었다.[73]

박물관은 근대적 공간이다. 제국주의와 식민주의는 타국의 문물과 유물을 수집하고 보관하기 위해 박물관을 적극적으로 활용하였다. 이왕가 박물관은 창경궁의 전각을 이용했고, 조선총독부박물관은 경북궁의 전각을 사용하였다.[74] 피식민주의의 관람 주체는 자국의 유물을 관람하면서 자국 문화의 자긍심을 체득할 수 있다고 생각할 수 있다. 그러나 박물관의 유물 배치는 제국주의와 식민주의의 시선을 은폐하고 있다.

일제하 이왕가 박물관은 "조선을 '근대화'한 일본의 업적을 과시하려는 일종의 관광 코스의 하나로 개발된 것으로 여겨진다. 또한 조선왕조의 중

---

73) 안드레 에카르트, 이기숙 옮김, 2010, 위의 책, 63쪽.
74) 국성하, 2008, 「교육공간으로서의 박물관 : 1909년부터 1945년을 중심으로」, 『박물관교육연구』제2호, 한국박물관교육학회, 37~40쪽.

심이었던 궁궐을 유원지화함으로써 궁궐이 지니는 정치적 문화적 공간으로서의 의미를 약화시키는 것"[75]이다. 박물관에서 작동하고 있는 정치적 시선과 맥락을 재구성할 필요가 있다. 이왕가박물관, 총독박물관, 이왕가미술관 체계는 식민지 주체의 내면으로 파고 들었고, 식민지 신민을 일본에 동화시키려는 식민지 문화 지배정책과 맥을 같이하였다[76]

이왕가 박물관의 지휘부는 조선의 민족학적, 지질학적, 농업적인 지세, 귀중한 회화와 공예품, 칠기장, 궤, 세공품을 수집하였다. 박물관의 개별 전시실은 석기 시대의 각종 도구, 환상 열석, 구멍 뚫는 연장, 돌바늘, 원통형 도끼, 어깨 도끼, 사각형 도끼 등 유물이 전시되어 있다. 유물의 형태미와 실용성은 원시 시대의 민족 이동 양상을 보여준다. 아울러 이왕가 박물관의 독립 전시실에는 신라시대 이후의 진기한 도자기를 진열하였다. 박물관 입구에는 23구 석굴암 등신대 부조상이 장식되어 있고, 나무, 돌, 청동으로 만든 불상이 전시되고, 회화 전시실, 금세공품 진열실이 배치되어 있다. 안드레 에카르트는 "조선과 극동 지방의 모든 고고학 자료와 예술 발전(66쪽)"을 접하였다.

---

75) 목수현, 2000, 「일제하 이왕가 박물관(李王家博物館)의 식민지적 성격」, 『미술사학연구』제227호, 한국미술사학회, 98쪽.
76) 안현정, 2010, 「시선의 근대적 재편, 일제치하의 전시공간-박람회와 박물관을 중심으로」, 『한국문화연구』제19호, 이화여자대학교 한국문화연구원, 219쪽.

테라 인코그니타(Terra Incognita)를
넘어선 공명(共鳴)의 풍경

근대 조선인과 독일인들은 근대의 제국주의와 식민주의가 교차하는 상황에서 각자에게 미지의 영역에 속하는 '테라 인코그니타(Terra Incognita)'로서 조선과 독일을 여행하였다. 근대 조선 유학생들은 조선의 문명을 개화하기 위한 일환으로 독일 유학을 실천했지만, 독일 유학 내에서 조선 독립의 가능성을 추구하였다. 그들은 독일에서 조선에 결여된 요인을 발견하면서도 조선의 모습을 연상하는 과정에서 고투와 피로의 투쟁을 도모하였다. 반면 근대 독일은 타자로서 나타난 조선의 모습에서 연민과 공감의 세계를 발견하면서, 그들은 물론 서양중심주의에서 온전하게 벗어나지 못했지만 조선의 몰락을 인식하였다. 근대 조선인과 독일인들은 미지의 영역으로서의 타국을 경유하는 과정에서 공존의 가치를 정립할 수 있는 목소리를 발견하였다.

근대 조선인과 독일인이 독일과 조선을 여행하면서 파악한 타국에 대한 관점이 교차하는 지점을 파악해보았다. 그들은 독일과 조선을 방문하고 여행하면서 다크 사이트를 관광하는 기록을 남겼다. 근대 사회에서 계몽적 지식인을 자처하면서 동서양에서 발생한 근대적 폭력이 남긴 상흔을 목격한 후 이를 극복할 수 있는 방법을 각자가 처한 상황에서 모색하였다. 그들이 다크 사이트로서의 근대를 경유하면서 계몽을 통한 이성적이고 합리적 절차에 맞게 근대 폭력을 극복하려는 무기력하지만 현실을 개조하기 위한 노력을 기울었다. 독일 유학생들은 독일의 학적 지식을 토대로 근대 조선을 계몽하려고 하였다. 그들은 유학을 마치고 조선에 귀국하면서 조선의 다양한 분야에서 자신들이 습득한 근대 지식을 이식하고자 하였다. 그들은 독일 유학을 통한 근대 지식이 조선에서 정치적으로 변용되는 과정을 거쳤지만, 일본의 식민주의에 항의하기 위한 지적 노력을 포기하지 않았다. 반면 독일 망명가인 이미륵은 다수의 독일 유학생들과는 달리 조선으로 귀국하지 않은 채 독일에서 상상의 공동체를 확보하고자 하였다. 그는 독일과 일본의 제국주의에 대항하기 위해 독립 운동을 감행하기도 하였지만, 식민주의의 폭력에 노출된 조선의 상황을 타개하기에는 한계가 존재한다는 점을 자각하였다. 독일 유학생과 독일 망명가는 고투와 피로의 상황에 처하였다. 그들은 계몽 주체로써 근대 조선을 개량하기 위해 유럽의 지식을 습득하였지만, 이를 조선에 구현하기에는 정치적 한계가 있음을 체감하였다.

독일 유학생들은 애초 독일 선진 문명을 동경하였지만 독일 유학 기간 동안 조선의 식민지 상황을 극복하기 위한 노력을 견지하였다. 그들은 독일 문화를 배워 조선에 이식하는 행위를 실천하고자 했지만 식민지 조선의 독립을 위한 정치적 활동과 행동에도 몰두하였다. 그들이 독일에서 상상한 식민지 조선의 다크 사이트는 타국에서 자국의 정치적 위기를 넘어서기 위한 실천으로 간주할 수 있다. 반면 독일 망명가인 이미륵은 대부분의 독일 유학생들과 달리 조선으로 귀국하지 않고 독일에서 망명 시간을 보내면서 독일의 정치적 격변기를 목격하였을 뿐만 아니라 조선 독립을 위한 실체적 행위를 추구하였다. 그는 허구적 글쓰기를 병행하면서 원형으로서의 조선을 기억하였다. 아울러 독일의 정치적 요인을 파악하고 조선에 가해진 식민지 폭력의 양상을 국경 경관을 통해 보여주었다. 이처럼 독일 유학자들과 독일 망명가들은 타국에서 식민지 조선의 암흑적 실상을 자각하였고, 이를 극복하기 위한 정치적 경로를 확보하고자 하였다. 독일 유학생들은 독일 유학을 가는 여정과 독일을 여행하는 과정을 통해 조선의 후진성과 독일의 선진성을 확인할 수 있었다. 반면 독일 망명가는 고향상실성으로서의 조선을 재발견하면서도 조선 독립의 현실적 가능성을 추구하였다.

독일인은 근대 조선의 암흑 구경을 하면서 타자로서의 조선이 처한 정치적 상황을 인식하였다. 독일인 탐험가들은 조선을 경제적 혹은 정치적 관점에서 탐색하였다. 독일인 저널리스트들은 청일전쟁과 러일전쟁 후의 일본에 의한 식민주의가 반영되기 시작한 조선의 정황을 고발하였다. 독일인 지리학자들은 조선 지리의 물리적 상황이 일본의 식민정책에 따라 재편되어 군사적 요충지로 전락하는 모습을 목격하였고, 조선이 자립과 자존의 상황에 도달하지 못한 채 식민지로 전락하는 모습을 확인하였다. 독일인 선교사들은 선교와 순교의 현장을 방문하거나 자연경관이 존속한 곳을 구경하면서 조선이 근대 사회에서 자국의 문화적 자긍심과 자부심을 상실한 채 일본의 부속 국가로 전락하는 모습을 연민의 시선으로 바라보았다. 그들은 조선의 근대적 운명을 명확하게 폭로하였다. 독일인 선교사들은 선교 여행의 목적으로 조선을 방문하였지만, 조선의 고유성과 독립성을 보존하기 위해 각고의 노력을 기울였다. 이상과 같이, 독일인들은 학문적, 정치적, 종교적 목적에 따라 조선을 방문한 후 여행기를 기록하였다. 독일인 전문전문가들은 조선이 처한 정치적 혹은 역사적 위기 상황을 인식하면서 조선의 빈곤을 외면하지 않았다. 그들은 조선 곳곳을 여행하거나 관광지를 방문하는 과정을 거치면서 조선의 지리, 풍습, 문화 등을 보존하기 위해 노력하였다.

근대 조선인과 독일인은 독일과 조선이 근대 제국주의와 식민주의에 종속된 채 인류의 보편적 삶의 원리와 이념이 파괴되는 풍경을 여행기에 담으려고 하였다. 그들은 각각 독일과 조선을 횡단하는 과정을 거치면서 폭력적 근대성의 모순을 폭로하고 진실을 억압하는 상황에서 자기 배려로서의 목소리를 내는 것을 포기하지 않았다. 그들은 현 단계 다크 투어리즘의 전범을 선취하고 있다. 그들은 근대성의 구조가 인간과 사회를 파괴하는 순간을 직시하기 위해 여행기를 작성하였고, 이를 토대로 인류의 폭력이 기억의 형식으로 자리 잡을 토대를 마련하였다. 다크 투어리즘에서 작동하는 파레시아는 관광 주체와 관광 객체가 상호간에 주어진 빈곤의 실상을 거부하지 않고 직시하는 과정에서 형성될 수 있다. 객체가 처한 빈곤의 풍경은 자생적 요인을 내포할 수 없지만, 기록과 기억의 과정을 거치면서 공감의 목소리를 잉태할 수 있는 지형을 확보할 수 있다. 근대 조선인과 근대 독일인이 각각 자국과 타국의 경계에서 조선에 대한 상이한 입장을 다크투어리즘적 관점에서 고찰하였다면, 노르베르트 베버와 이미륵은 다크투어리즘적 시각에서 조선의 고통을 발견하고 기억의 세계를 복원하려고 하였다.

근대 조선인과 독일인은 근대의 어두운 측면과 밝은 측면의 간극에 자리잡고 있는 모순을 자각하였다. 근대 조선인인 유학자와 망명객은 독일 유학을 통해 근대의 밝은 측면을 추구했지만 근대 조선과 독일의 어두운 세계를 구경하는 과정을 거쳐 각각 항의와 비판의 목소리를 드러내었다. 일군의 독일 유학생들은 근대 조선과 독일에서 투어리즘적 요소를 발견하였지만 근대 조선의 독립을 위한 다크 사이트를 자각하면서 일본 식민주의의 폭력에 항의하는 목소리를 내었다. 반면 이미륵은 조선에서 독일로 유학하고 망명하는 과정에서 망명 상황과 조선의 사정에 비탄의 정서를 드러내면서 조선 독립의 필요성을 호소하였다. 그들은 독일에서 고투와 피로의 공동체를 구현하고 조선 독립의 당위성을 항의하고 호소하는 형식을 취하였다.

반면 근대 독일인-탐험가, 저널리스트, 지리학자, 선교사-들은 근대 조선 식민지의 어두운 세계를 구경하거나 밝은 세계를 표상하는 자연을 관광하는 과정에서 증언, 폭로, 고발의 목소리를 대담하게 표명하였다. 독일 탐험가들은 근대 조선의 위험 상황을 파악하고, 이를 증언하는 형식을 취하였다. 독일 저널리스트들은 근대 조선에 만연한 죽음을 구경하면서 죽음의 내재적 요인을 고발하였다. 독일 지리학자들은 근대 조선의 어두운 지리적 흔적을 구경하고, 일본 식민주의의 폭력을 폭로한다. 독일인 선교사들은 근대 조선을 속죄의 시각으로 접근하면서 종교적 양심으로 근대 조선의 문제점을 고백하였다.

근대 조선인과 독일인의 횡단적 암흑 구경은 호모 비아토르의 다크투어리즘적 시선으로 근대 사회의 모순을 해결하기 위한 시공간을 확보할 수 있다. 근대 조선인과 독일인은 독일과 조선의 암흑 세계를 구경하면서 암흑 세계의 모순에 대한 진실을 말하려는 용기를 가지고 있고, 위험을 감수하면서 비판적 태도를 견지하였다.

횡단적 암흑 구경의 목소리가 실질적 음성 세계를 구현하기 위해서는 이질적 스펙터클을 매개하는 상황에 주목해야 한다. 근대 조선인과 독일인은 독일과 조선을 횡단적으로 여행하면서 공유 기억을 위한 만남이 교차하였다. 이미륵과 노르베르트 베버는 각각 안중근 일가를 방문하거나 만나는 과정을 거쳤다. 이미륵은 독일 유학 전후로 안봉근을 만나 독일 유학 도중 도움을 받았다. 반면 노르베르트 베버는 청계동을 여행하면서 안중근 집안을 들러 안씨 집안의 비극적 상황을 마주하였다.

이미륵은 상해에 도착한 후, 한국 해외 유학생 상담원을 찾아 유럽으로 가고 싶다고 말했다. 그는 여권을 받기 위해 도착한 네명의 한국 유학생을 만난다. 그는 한국 유학생들 중에서 안중근 의사의 사촌인 안봉근과 긴밀한 관계를 맺는다. 안봉근은 1910년대 독일에 내왕하였고, 빌헬름 신부와 안면이 있었다. 그는 일본인의 시선을 피하기 위해서 Foken Han으로 개명해 독일에 오랫동안 살았다.[1] 그들은 우여곡절 끝에 유럽행 여권을 받은 후 유럽행 여객선에 몸을 실었다. 그는 여객선에서 송 왕조의 비극적인 종말을 상기하였다. 그는 전근대의 표상들이 몰락하는 장면을 수시로 생각하였다

청계동도 이제 좀 조용해지는가 싶더니, 이토 후작의 암살 소식이 다롄 大連(Port Arthur)에서 들려왔다. 이 무슨 마른하늘의 날벼락인가! 암살자는 바로 안 도마였다. 어릴 때부터 담대하고 용감했던 그는, 이 살상 행위를 통해 조국을 위해 목숨 바칠 한국인이 이 땅에 아직 있다는 사실을 보여 주려 했다. 자부심 강한 안씨 가문의 강한 후예였다. 그의 계획을 눈치 챈 사람은 아무도 없었다. 가족들도 몰랐다. 그는 이미 2년 전에 청계동을 떠났다. 그의 가슴속에는 조국에 대한 사랑과 침략에 대한 증오가 공존했다. 수수방관하는 백성들, 부패하고 무기력한 양반(Jangpan)들을 보면서, 자긍심 강하고 명예를 중시하는 그가 이런 거사를 결행할 수밖에 없었겠으나, 그의 양심에 비추어 정당화할 수는 없는 행동이었다. 후회도 했지만, 그는 "대한 만세"를 외치며 형장의 이슬로 사라졌다.[2]

---

1) 최종고, 1985, 「독립운동과 한독관계」, 『한국정치외교사논총』제2집, 한국정치외교사학회, 290쪽.
2) 노르베르트 베버, 박일영, 장정란 옮김, 2012, 『고요한 아침의 나라』, 분도출판사, 411쪽.

베버는 빌렘 신부의 사목 여행의 과정을 밝히고 있다. 그는 5월 15일 청계동에 그리스도교가 소생하는 데 기여한 안씨 일가의 내력을 소상히 기록한다. 그는 병인박해의 와중에도 청계동에서 안중근의 아버지인 안 베드로 안태훈이 그리스도교화를 위해 노력했다는 점을 언급한다. 안씨 일가는 경제적 혹은 정치적으로 자신의 세력을 강화하기 위해 노력하였다. 조선의 정치적 격동기에 안씨 일가는 동학군과 거리를 두고 관청과 손을 잡았으나 곧 정치적 소용돌이가 안정기에 접어들면서 기층 민중의 원한의 대상이 되었다. 이러한 상황에서 안태훈은 자신의 안위를 지키기 위해 천주교인이 되기로 결심하였다. 안씨 일가와 빌렘 신부는 상호간에 의례에 대한 논의를 진행하기도 하였다. 그들은 선교 과정에서 온갖 음해와 모략을 받기도 했지만 "불교의 근거 없는 형식주의로도, 세상 지혜만 가르치는 공자의 자연 윤리(399쪽)"의 공허함을 그리스도교를 통해 구현하고자 하였다.

안태훈은 자신의 욕망을 충족하기 위해 빌렘 신부의 충고를 받아들이지 않고 성급하게 교리를 전파하려다 해주 관아에 체포되었다. 이에 빌렘 신부는 안태훈의 석방을 위해 동분서주하였다. 빌렘 신부는 1897년 1월에 청계동을 방문하고 마렴 본당에서 선교 활동을 시작하였고, 안태훈과 안중근 외 33명에게 세례를 주었다. 특히 빌렘 신부는 종교적 치외법권 지위를 이용해 안중근 집안을 보호하는 데 헌신하였다.[3] 이외에도 사목 여행 와중에 조선의 탐관오리가 백성을 수탈하는 모습을 목격하기도 하였다. 러일전쟁을 지나 일본이 조선을 강제적으로 병합하려는 움직임이 강화되었다. 이러한 와중에 청계동 안씨 일가의 아들인 안중근

---

3) 장석흥, 2017, 「안중근과 빌렘」, 『한국학논총』통권 47호, 국민대학교 한국학연구소, 275~277쪽.

이 이토 후작을 암살했다는 소식을 전해듣는다. 베버는 안중근의 정치적 행위에 대해 간략하게 논평하면서 안씨 가문의 강직한 기개를 높이 평가하였다. 조선인들은 기독교를 비판 없이 수용하지 않고 주체성을 가지고 교회의 공동체를 활용해 자유의 공간과 근대적 공간을 변용하였다.4)

근대 사회에서는 진보와 문명의 발전을 추구하는 과정에서 자국과 타국의 경계에서 발생하는 차이를 발견하면서 각국의 정체성을 수립하였다. 이러한 과정에서 근대적 합리성을 추구하면서 타국의 빈곤한 상황을 계몽하려는 욕망이 작동한다. 타국의 빈곤한 풍경 너머에 작동하고 있는 역사적 기억이 문자와 언어에 잔존하고 있다. 그런데 근대적 수학과 과학의 이성이 식민주의, 제국주의와 결합하면서 역사적 흔적을 발견하지 못할 수 있다. 이러한 점을 염두에 둔다면, 자국과 타국의 차이를 명백하게 드러내는 언어를 발견하는 과정은 문화적 정체성을 재인식할 수 있다.

翌朝에는 뮨헨서 汽車로 約 두時間이나 되는 싼트·오틔리엔(St, otilien)이라는 修道院에 S君을 차젓나이다. S君은 우리가 本來부터 모르나 伯林을 떠날 적에 그이와 切親한 L君이 부대 차저보라는 付託과 그 修道院은 本國 京城 東小門내 白洞에 잇는 修道院과 大邱, 元山에 잇는 것들의 本部이라는 故로 어쨋든 한번 가서 求景하려 하엿나이다5)

박승철이 독일 지방을 이 주간 여행한 내용을 기록한 대목이다. 그는 뮌헨에서 기차로 두 시간 정도 소요되는 "싼트·오틔리엔(St, otilien)이라

---

4) 최정화, 2019, 「일제 강점기에 기독교는 어떻게 조선인들의 일상적이고 정치적인 욕구를 충족시켰는가? '시민공동체'를 통해 보는 선교와 개종의 만남」, 『한국문화』 제85호, 서울대학교 규장각한국학연구원, 317~318쪽.
5) 박승철, 「獨逸地方의 二週間」, 『개벽』 제26호, 1922, 49쪽.

는 修道院"을 방문한다. 그는 조선의 경성 동소문내 백동, 대구, 원산에 수도원이 있었다는 점을 기억하면서 수도원을 구경하려고 하였다. 성 베네딕토 수도원 선교사들은 근대 조선을 방문해 조선 선교를 염원하였다. 노르베르트 베버와 안드레아 에카르트가 근대 조선의 주체성과 자립성이 파괴되는 상황을 기록했던 것처럼, 박승철은 근대 독일의 뮌헨에서 성 베네딕토 수도원을 방문한 것이다. 근대 조선인과 독일인은 자국과 타국의 시공간을 구경하면서 상호간에 교차 지점을 마련하였다. 박승철은 수도원에서 S군을 만난다. 그와 S는 타국에서 자국의 동포를 만났다는 점에서 기뻐하였다. 그는 S의 안내에 따라 수도원을 구경하였다. 수도원 구성원은 모두 400명 정도이고, 그들은 자기의 생활양식을 고수하였다. 수도원에는 박물관, 식물원, 목장이 있었다. 수도원의 박물관에는 조선과 아프리카 물품이 수집되어 있었다. 박승철은 수도원 근처에 있는 뮌헨 오대륙박물관을 구경하였다. 뮌헨 오대륙박물관에는 노르베르트 베버가 기증한 조선 물품이 진열되어 있었다. 베버가 조선 방문을 통해 수집한 조선의 유물은 민속품과 미술품의 경계에 위치한다. 박승철이 뮌헨에서 베버가 기증한 조선 물품을 보는 과정은 타국에서 본국의 유물을 보는 것에 그치지 않고 조선인으로서의 정체성을 확인할 수 있는 기회를 제공한다.

조선과 독일의 근대적 다크 사이트를 극복하기 위한 여정에는 상대국의 언어를 통한 의사소통이 필수적이다. 언어는 인간의 의사소통을 위한 수단이 아니다. 언어는 역사적, 정치적, 문화적 정체성을 구현하는 이념이다. 언어를 중심으로 자국과 타국의 정체성을 어떻게 실현할 지 면밀하게 고찰하는 과정은 언어를 기호로만 작동하지 않다는 점을 뜻한다. 언어의 시니피에와 시니피앙을 동일하게 고려하면서 소통의 맥락을 재구성할 수 있다. 근대 사회에서 언어는 자국과 타국의 간극을 인식하면서 동일하게 문화적 격차를 재확인할 수 있는 계기를 제시한다. 이른바 인문언어학(Humanisyic Linguistics)은 언어학의 하위 분류로서 시간적 종횡 구조, 연구 방법론, 타학문과의 교류 등을 표방하고, 교육학, 사회학, 문학, 철학, 역사학이 상호간에 영향을 끼치면서 언어학과 인문학이 공존할 수 있는 방안을 모색한다. 이러한 점을 염두에 둔다면, 근대 조선을 여행한 독일인이 조선의 사회와 역사를, 언어 문제에 대해 두루 고찰한 맥락을 주목할 필요가 있다. 타국의 언어를 면밀하게 살피는 과정은 언어학적 대상으로만 언어를 파악하는 것이 아니라 언어를 중심으로 형성된 타국의 상황을 이해하려는 태도라고 간주할 수 있다. 타국의 언어가 언어적 순수성을 상실한 채 근대성을 수용하는 과정에서 발생한 정치적 혹은 역사적 맥락을 재인식하려는 태도는 타국민이 사용하는 언어의 변천 과정을 인문학적으로 수용하려는 열린 태도의 일환으로 생각할 수 있다. 근대 조선을 다양한 목적으로 방문한 독일인들이 독일어와 조선어의 차이를 고찰하면서 조선어의 역사적 정체성을 인문학적 시선으로 파악하는 과정은 중요하다. 다크투어리즘의 개별 역사적 상처를 품을 뿐만 아니라 보편적 인류애로 승화하기 위해서는 인내심을 갖고 상대의 언어에 접근해야 한다.

근대 조선인과 독일인들은 각각 독일과 조선을 방문하고 여행하면서 자국과 타국의 경계를 허물고 근대의 폭력이 발생한 지점을 구경하는 과정을 거쳐 근대의 억압이 작동하는 방식 이면에 작동하고 있는 진실과 진리의 목소리를 기록하였다. 그들은 근대 제국주의와 식민주의의 흔적을 외면하지 않고 근대인들이 살아가는 시공간의 정치적 무의식을 다층적으로 나타내었다. 근대 조선인과 독일인이 자국과 타국의 상황을

이해하기 위해 자국어와 외국어를 매개로 한 공통 기억을 이해하려고
하였다.

　　나는 통역한테는 당나귀 짐을 실으라 하고, 여주인과 사환, 심복인 엄 서방을 한
쪽으로 불러냈다. 엄 서방이 한자를 좀 쓸 줄 알았기에 함께 땅바닥에 앉게 했다. 이
제 통역을 뺀 채로 다음과 같은 대화가 진행되었다. 내가 사환에게 피진잉글리시로
질문하면, 녀석은 나무젓가락을 집어 내 말을 모래땅에 한자로 적고, 이를 엄 서방
이 여주인에게 한국어로 통역하면, 잠시 후 엄 서방이 여주인의 대답을 다시 한자로
모래에 적고, 그럼 중국인 사환은 내게 피진잉글리시로 통역해 주는 식이었다.6)

　　루돌프 차벨은 한반도를 횡단하는 과정에서 통역사를 확보하는 데 고
역이었다. 외국인과 자국인이 여행을 하는 과정에는 현지 상황에 따른
예상하지 못한 문제들이 자주 발생한다. 그는 조선어를 원활하게 구사
하지 못하는 상황에 부닥쳐있기 때문에 자신의 취재 여행을 위해서 통
역사와 동행하는 일이 필수적이었다. 그는 '가'라는 짧은 단어에 해당하
는 독일어인 gehen을 통역사가 알지 못해 곤혹스러운 상황이 발생할 때
마다, 짐꾼들이 사용하는 속어를 사용해 의사소통을 진행하였다. 조주
포에서 대열을 상대로 한 마지막 수술을 벌이던 도중에 통역사인 감오
이스텐 kam oi sten을 해고하는 일이 발생하였다. 통역사가 숙박지를 정
산할 때 돈을 가로채었기 때문이다. 피진어는 "서로 다른 언어를 사용하
는 사람들이 서로의 접촉 과정에서 의사소통을 위하여 임시로 만들어
사용하는 접촉어(contact language)일 뿐 아니라 누구의 모국어"7)도 아

---

6) 루돌프 차벨, 이상희 옮김, 2009, 『독일인 부부의 한국 신혼여행 1904』, 살림, 364쪽.
7) 조주연, 1994, 「피진어와 크리올어의 기원설」, 『사회언어학』제2권 제1호, 한국사
　　회언어학회, 131쪽.

니다. 그, 여주인, 사환, 엄 서방, 통역사 간에 자신들이 생각하는 바를 상대방에게 전달하기 위해 문자를 활용하였다. 한국어와 피진잉글리시로 이어지는 통역 과정은 자국인과 외국인이 각자의 입장을 확인할 수 있는 과정이다. 이러한 상황에서 통역사는 금전적 차익을 노려 차벨의 여행을 힘들게 만들었다.

①독일어 학교에서 지리, 산수, 역사 독일 문법과 독일 문학 등 여러 수업에 참관했다. 독일 사람도 습관적으로만 알고 있는 문법 과목을 조선의 젊은이들이 어떻게 이해하는지 정말 신기했다. 시험을 볼 때 교사는 독일어를 사용하고, 어려운 문제를 처음 설명할 때만 조선인 보조교사를 고려해 영어와 조선어를 병행했다. [중략] 옆 교실에는 시험 답안지들이 전시되었다. 독어 작문과 받아쓰기, 산수 등 모든 과목이 독일어로 기록되어 있었다. 조선 학생들이 외국인의 도움 없이 잉크로 쓴 고딕체 시험 답안지였다. 나이가 아무리 많은 학생들이라도 이제 겨우 3학년밖에 되지 않았다. 평생 만나본 독일이라고는 여섯 명도 채 안 되는 이 낯선 사람들, 즉 전통 의상을 입은 이들이 주어진 주제에 따라 우리의 언어 우리의 문자로 그들의 생각을 직접 적어 내려갔다니 정말 놀라운 일이다. 8)

②처음 수업을 시작했을 때 우리는 서로 얼굴을 쳐다보면 웃었다. 아무도 상대방의 말을 알아듣지 못했으니 말이다. 나는 연필과 공책을 앞에 두고 이제부터 조선인 선생님이 가르칠 내용을 기다렸다. 선생님은 자신을 가리키며 'na'라고 말했다. 나는 그것이 '나'를 뜻한다고 생각하고 그 말을 꼼꼼하게 적은 뒤 다시 확인하기 위해 나를 가리키며 'na'를 반복했다. 선생님은 고개를 끄덕이고는 이번에는 나를 가리키며 'no'라고 말했다. '너'를 뜻하는 것이 분명했다. 그 다음에 이어진 문장 "na saramio"부터는 이해하기가 조금 어려웠다. "나는 사람이다."일까? "나는 똑똑하다. "일까 아니면 "나는 바보다."일까. 계속되는 가르침과 문장을 통해 겨우 그 뜻을 알아낼 수 있었다. 9)

---

8) 지그프리트 겐테, 권영경 옮김, 2007, 『독일인 겐테가 본 신선한 나라 조선 1901』, 책과함께, 232~233쪽.

①은 지크프리트 겐테가 독일어학교를 방문한 후 조선에서 독일어가 보급되는 과정에 대한 소감을 나타내는 대목이다. 청일전쟁이후 일본을 포함해 서구 열강은 강제적으로 조선에 공공시설 시스템을 요구하였다. 1898년 9월에 고베에 있던 영사 크리엔은 독일을 대표해 독일어학교 설립을 추진하였다. 요하네스 볼얀은 서울과 도쿄 주재 독일 외교관의 협조를 받아 독일어 학교를 중심으로 유럽의 문화뿐만 아니라 독일 개념의 질서와 정확성을 가르치기 위해 각고의 노력을 기울였다. 겐테는 볼얀 씨의 협조하에 수업과 기말시험에 참관하였다. 조선의 젊은 사람들에게 지리, 산수, 역사, 독일 문법, 독일 문학을 가르쳤다. 해답의 지침이 될 만한 한독 사전도 없는 상황에서 일상적 소재를 중심으로 필기시험, 구두시험이 병행되었다. 그는 조선의 젊은이들이 필기시험과 구두시험의 치른 결과를 보면서 그들의 학습열을 높이 평가한다. 관립 덕어학교(Kaiserliche Deutsche Sprachschule)는 구한말의 관립 외국어학교 중 가장 늦게 설립되었고 입학지원자의 수도 적고 인기가 없으며, 수업 연한과 교과목이 체계화되지 못해, 독일인 볼얀 등 포함해 소수의 한국인을 참여시켰다.10) 독일 통역자인 볼얀은 1862년 2월 20일에 우제돔의 파스케 지역에서 태어났다. 1889년 6월에 일본으로 건너가 동경 사관후보학교, 고등중학교에서 독일어와 일반 교과목을 가르쳤다. 한국에서 덕어학교가 설립되자 크리엔 독일 공사의 설득으로 1898년 8월에 서울에 온 후 1910년에 덕어학교가 폐교할 때가지 독어교사로 활동하였다.11)

---

9) 안드레 에카르트, 이기숙 옮김, 2010, 『조선, 지극히 아름다운 나라』, 살림출판사, 71쪽.
10) 김효전, 2000, 「구한말의 관립 덕어학교」, 『독일학연구』제16권, 동아대학교 독일학연구소, 10쪽.

②는 안드레 에카르트가 조선어를 학습하는 모습을 나타낸다. 그는 조선의 옛날 서당의 훈장인 김봉제 선생에게 한국어를 배웠다. 김 선생은 독일어, 영어, 프랑스어를 사용할 줄 몰랐다. 그들은 서로 의미를 추측하여 낱말을 학습했다. 그는 초학자로서 한국말을 배웠다. 낱말간의 연결을 토대로 문맥을 구성하고, 조선말 특유의 경어법을 학습하고, 동사의 불규칙 변화를 터득하였다. 그는 학습 내용을 활용하기 위해 노동자, 전차 운전사, 인력거꾼들과 이야기를 나누었다. 아울러 조선말 공부를 계속하면서 조선의 역사와 문화를 학습했다. 그는 자신이 습득한 조선어 규칙이 올바른지를 확인하기 위해 서울 근교 등을 산책하면서 조선말 공부에 심혈을 기울였다. 그는 구어뿐만 아니라 고전과 학술어를 읽기 위해 한자도 공부하였다. 그는 서민들과 함께 생활하면서 조선의 구어와 문어를 학습하였다.

저녁식사 후에 그가 다시 내 방문을 두드렸다. 내가 들어오라고 하자, 그는 미소를 지어 보였다. 고향사람인 내게로 오지 않고 그 누구에게로 가겠는가, 나는 기꺼운 마음으로 그를 맞이했다. 나는 그에게 담배 한 개비를 건넸다. 그는 아주 만족스럽게 담배를 피웠다. 그는 하루 종일 밖에서 일을 했다는 몸짓을 해보였다. 나는 고개를 끄덕이며, 나 또한 하루 종일 책을 읽고 글을 썼다고 그를 이해시켰다. 우리는 웃으며, 서로를 잘 이해할 수 있게 된 것에 기뻐했다.

그 때 젊은 수사가 물동이를 가져가려고 다시 방으로 들어왔다. 그는 우리 옆에 서서는 우리가 '모국어'로 무슨 말이든 해보라고 간청했다. 나는 '내 고향친구'가 나와는 다른 사투리로 말하고 있다고 그에게 설명해주었다. 그는 곧 알아차렸다는 듯, 자신도 운터프랑켄에서 사용하는 말과는 다른 사투리를 쓰는 저 먼 어떤 마을에서 왔다고 말했다. 그래서 자기는 다른 사투리를 이해한다는 것이 얼마나 어려운지

---

11) 이광숙, 2013, 「한국 최초의 독일어학교와 독일인 교사 요한 볼얀(1862-1928)」, 『독어교육』제56권 56호, 한국독어독문학교육학회, 41~43쪽.

를 잘 안다고 했다. 그는 내가 운터프랑켄 사람들보다 자기를 더 잘 이해할 것이라고 확신하는 듯, 내게 자기 고향 이야기를 해주었고, 나는 알아들을 수 없는 그의 낯선 발음에도 불구하고, 그를 잘 이해할 수 있었다.

아프리카인, 유럽인, 그리고 아시아인, 그렇게 세 남자는 말없이 앉아 창문을 통해 잿빛 수도원 지붕 너머, 그리고 푸른 마인 강 계곡너머로 지고 있는 저녁 해거름을 바라보고 있었다.[12]

이미륵의 「이상한 사투리」는 유럽인, 아프리카인, 동양인이 서로 각자의 언어로 소통하는 과정에서 빚어지는 낯선 모습을 담고 있는 글이다. 「이상한 사투리」는 횡단적 암흑 구경의 목소리가 실현될 경우 드러날 수 있는 이상적 모습을 나타낸다. 그는 독일 수도원에서 타국인에 대한 독일인의 무관심을 느끼면서 적적한 시간을 보내기 위해 산책을 겸해 빈번하게 외출하였다. 그가 수도원으로 돌아오자 수도원의 젊은 수사가 미륵에게 고향 사람의 방문이 있었다고 전한다. 그 고향 사람은 원장실에서 이야기를 나누고 있다고 말한다. 젊은 수사는 이미륵의 방을 청소하는 일을 도맡았는데 인종학과 민족학에 무지하였다. 이미륵은 고향 사람이 자신을 방문했다는 소식을 전해 듣고 금시초문이라는 반응을 보인다. 젊은 수사가 이미륵의 고향사람이라고 전한 사람은 프랑스 부대에서 도망친 모로코 사람이었다. 이미륵은 모로코 사람과 자신을 동향인으로 인식한 젊은 수사의 태도를 못마땅하게 여겼다. 그러던 중 그는 모로코 사람과 대면한다. 그와 모로코 사람의 소통은 눈짓과 몸짓을 통해 서로의 의중을 파악하는 것으로 상호 간에 미소와 경탄의 순간을 맞이한다. 그들은 자국의 언어를 통해서는 소통할 수 없었다. 수사는 그들이 모국어로 대화하기를 권유하였다. 그러자 이미륵은 모로코 사람과

---

12) 정규화, 박균, 2010, 『이미륵 평전』, 범우, 110~111쪽.

서로 다른 사투리를 사용한다고 말한다. 수사로 대표되는 유럽인은 자기들이 세계의 중심이라고 생각한 나머지, 유럽 이외의 영역을 타자화한다. 반면 아프리카인과 동양인은 유럽의 변방에서 자신들만의 방언을 사용하지만, 상호 간에 소통하기 위해 비언어적 수단을 활용한다. 각자가 처한 상황을 이해하기 위해서는 서로 간에 동질감을 느낄 수 있어야 한다. 이상과 같이 서로가 알 수 없는 외국어를 통해 소통을 진행하지만 각자의 생각을 파악하기 위해서는 비언어적 수단을 통해서라도 각자의 목소리를 이해하려는 과정이 필요하다. 각자가 자신들의 목소리를 상대에게 전달하는 과정에서 발신자의 진실 말하기가 수신자의 경청과 상호 매개할 수 있는 순간을 맞이해야 한다. 발신자의 진실을 제대로 경청하는 순간 진실을 억압하는 힘에서 벗어나 새로운 목소리를 형성할 수 있다.[13]

요컨대, 『횡단적 암흑 구경의 목소리』는 자국과 타국의 경계를 넘나들면서 상호 간의 차이를 자기화하는 과정을 발견하는 것이다. 근대 조선인과 독일인은 조선과 독일의 암흑 공간을 여행하면서 근대 사회의 폭력에 적극적으로 혹은 소극적으로 저항하는 목소리를 내려고 하였다. 인간은 타인들이 여행 과정에서 남겨 놓은 흔적을 인지하면서 자신들의 생각을 상호 간에 교환한다. 근대 폭력에 대항하는 단수의 목소리를 표출하는 것이 아니라 서로의 흔적을 탐지하고 무의식적 공명(共鳴)[14]을

---

13) 한혜경, 2023, 「신자유주의 시대 대안적 대인소통법으로서의 파레시아(Parrhsia)-우정과 호기, 비판이 순환되는 소통게임」, 『인문사회과학연구』제24권 제1호., 부경대학교 인문사회과학연구소, 548~549쪽.

14) 하르트무트 로자(Hartmut Rosa)는 공명(Resonanz)을 다음과 같이 정의하고 있다. 공명은 세계관계, 능동적 응답관계, 개방적 관계, 관계를 맺는 방식이다. 세계관계는 특정 자극에 대한 본질적 상태 변화와 마음의 움직임과 이에 상응하는 내적 관심과 자기효능감에 대한 믿음이다. 능동적 응답 관계는 쌍방이 자기의 고유한 목소

분출하였다. 근대 조선인과 독일인이 서로의 목소리를 복합적으로 일으키는 풍경은 자기 배려와 타자인식을 통한 상호승인과 상호인정의 지도를 드러내는 것이다. 아울러 횡단적 암흑 구경을 통해 자국과 타국의 암흑 세계를 관통하는 정치적 혹은 역사적 상흔을 발견하면서 근대의 폭력에 진실의 목소리를 내는 용기를 포기하지 않는 태도가 중요하다. 그렇기 때문에 근대 조선인과 독일인이 타국에서 자국의 세계를 구경하거나 타국의 실상을 외면하지 않는 태도는 횡단적 파레시아의 공명을 확보하는 일이다.

리를 내기 때문에 주체의 자기말함은 중요 가치가 마음을 움직이는 곳에서 발생한다. 개방적인 관계는 모든 공명관계가 주체와 세계가 각자의 고유 목소리를 낼 수 없도록 하는 관계를 제한한다. 관계를 맺는 방식 자체는 특정 감정 내용에 대해 중립적이면서도 창조적 특성을 포함한다. 이태영, 2020, 「하르트무트 로자의 공명이론과 교육학적 시사점」, 『교육의 이론과 실천』제25권 제1호, 한독교육학회, 52~53쪽.

참고문헌

참고문헌

1. 국내논저

강남국, 1997, 「수학여행의 행태와 문제의 시사」, 『사회과학연구』제5권 제2호, 안양대학교 사회과학연구소.

고순희, 2013, 「일제 강점기 망명 관련 가사에 나타난 만주의 장소성」, 『한국시가연구』제34권, 한국시가학회.

고영근, 1989, 「지볼트(Fr. von Siebold)의 韓國記錄 硏究」, 『동양학』제19권, 단국대학교 동양학연구원.

고유경, 2003, 「문화비판으로서의 반더포겔 운동 1896~1913」, 『독일연구』제6권, 한국독일사학회.

_____, 2005, 「한독관계 초기 독일인의 한국 인식에 나타난 근대의 시선」, 『역사와 담론』제40권, 호서사학회.

_____, 2006, 「근대계몽기 한국의 독일인식-문명담론과 영웅담론을 중심으로」, 『사림』제25호, 수선사학회.

_____, 2013, 「'유럽 기억의 장소'로서의 라인 강-19세기 라인 여행의 대중화를 통한 유럽 의식의 형성」, 『역사학보』제218호, 역사학회.

곽승미, 2006, 「세계의 위계화와 식민지주민의 자기응시:1920년대 박승철의 해외기행문」, 『한국문화연구』제11권, 이화여자대학교 한국문화연구원.

국성하, 2008, 「교육공간으로서의 박물관 : 1909년부터 1945년을 중심으로」, 『박물관교육연구』제2호, 한국박물관교육학회.

국중광, 1994, 「독일 망명 문학 -개념 규정과 반파시즘 활동을 중심으로」, 『한신논문집』제11권, 한신대학교 출판부.

권경선, 2018, 「근대 동북아해역 해항도시 기반 연구: 랴오둥 반도 잉커우(營口)의 산업을 중심으로」, 『인문사회과학연구』제19권 제2호, 부경대학교 인문사회과학연구소.

권경선, 이수열, 2019, 「근대 '만주' 무역과 동북아시아」, 『인문사회21』통권 36호, 한국해양대학교 국제해양문제연구소.

김강산, 「관동대학살에 대해 해외 조선인이 생산한 문건과 그 성격」, 『동국사학』제74호, 동국대학교 동국역사문화연구소.

김경남, 2013, 「근대적 기행 담론 형성과 기행문 연구」, 『한국민족문화』제47권, 부산대학교 한국민족문화연구소.

김륜옥, 2016, 「어린 시절의 재구성과 유토피아 구상-이미륵의 『압록강은 흐른다』다시 읽기」, 『헤세연구』제35권, 한국헤세학회.

김미란, 2009, 「20세기초 독일여행문학에 나타난 한국문화 : 노르베르트 베버의 『고요한 아침의 나라에서』를 중심으로」, 『브레히트와 현대연극』제20호, 한국브레히트학회.

김미지, 2019, 『우리 안의 유럽, 기원과 시작-근대의 문턱에서 조우한 유럽』, 생각의 힘.

김민성, 김현미, 2021, 「지리답사를 통한 심미적 감성 역량 함양」, 『교사교육연구소』제60권 제2호, 부산대학교 과학교육연구소.

김백영, 2014, 「철도제국주의와 관광식민주의-제국 일본의 식민지 철도관광에 대한 이론적 검토」, 『사회와 역사』제102호, 한국사회사학회.

김상현, 2012, 「낭산 김준연의 민족운동과 해방 후 정치 활동」, 『민족운동사연구』제70호, 한국민족운동사학회.

김선필, 2021, 「천주교회를 중심으로 바라본 신축교안의 발생 원인과 현재의 평가」, 『종교연구』제81집 제3호, 한국종교학회.

김성용, 이재욱, 2015, 「해방 이전 외국인에 의한 서구식 한반도 지질광상조사 성과고찰연구」, 『자원환경지질』제48권 제1호, 대한자원환경지질학회.

김세희, 2018, 「자기 배려로서의 자기 인식과 파레시아 : 미셸 푸코의 해석을 중심으로」, 『교육철학연구』제79호, 한국교육철학학회.

김슬아, 배은석, 이종오, 2018, 「영국 소재 박물관의 한국실 현황으로 본 과제에 대한 연구-대영박물관과 빅토리아알버트박물관의 사례-」, 『박물관학보』제34호, 한국박물관학회.

김연신, 2014, 「알렉산더 폰 훔볼트 여행기의 서술적 특징 I -침보라소 등반기록을 중심으로」, 『독일어문학』통권 64호, 한국독일어문학회.

김연신, 2016, 「구한말 독일인 여행기에 서술된 동북아상-"황색의 위험"의 기능변화」, 『카프카연구』제36호, 한국카프카학회.

김영민, 2007, 「근대적 유학제도의 확립과 해외 유학생의 문학·문화 활동 연구」, 『현대문학의 연구』제32권, 한국문학연구학회.

김옥희, 2020, 「빈곤관광에 위한 관광지의 슬럼화의 관광윤리학적 쟁점 분석 및 도시

재생모델의 대구성」, 『문화와 융합』제42권 제11호, 한국문화융합학회.

김용철, 2007, 「근대 일본인의 고구려 고분벽화 조사 및 모사, 그리고 활용」, 『미술사학연구』제254호, 한국미술사학회.

김용환, 2003, 「공감과 연민의 감정의 도덕적 함의」, 『철학』제76권, 한국철학회.

김은성, 2010, 「지리상 탐험의 평가 :제임스 쿡의 태평양 탐험을 사례로」, 『지리윤리논총』제54권, 서울대학교 지리교육과.

김은영, 2016, 「청년 계정식의 근대적 욕망과 조선음악 연구:계정식의「한국음악(DIE KOREANISCHE MUSIK)」을 중심으로」, 『음악과 민족』제52호, 민족음악학회.

김재완,2000,「라우텐자흐(Lautensach)의 思想과 方法論에 대한 고찰-『韓國』(Korea)과 『形態變移論』(Formenwandel)을 중심으로-」, 『문화 역사 지리』제12권 제2호, 한국문화역사지리학회.

김종엽, 2022, 『타오르는 시간-여행자의 인문학』, 창비.

김종욱, 2006, 「씌어지지 않는 자서전-이미륵의 <압록강은 흐른다>」, 『현대소설연구』제32권, 한국현대소설학회.

김지영, 2005, 「'연애'의 형성과 초기 근대소설」, 『현대소설연구』제27호, 한국현대소설학회.

_____, 2019, 「일제시기'금강산사진첩'의 금강산 경관 구조화」, 『문화역사지리』제31권 제2호, 한국문화역사지리학회.

_____, 2021, 「일본 제국의 '국가풍경'으로서의 금강산 생산-금강산국립공원 지정 논의를 중심으로」, 『문화역사지리』제33권 제1호, 한국문화역사지리학회.

김필영, 2018, 「두 문화적 '타자'를 바라보는 하나의 시선?- 독일 성 베네딕토회 오틸리엔 연합회 총아빠스 노르베르트 베버(Norbert Weber, 1870-1956)의 동아프리카와 한국 인식」, 『독일연구』제38호, 한국독일사학회.

김혜민, 2018, 「19세기 전반 서양 異樣船의 출몰과 조선 조정의 대응」, 『진단학보』제131호, 진단학회.

김효전, 2000, 「구한말의 관립 덕어학교」, 『독일학연구』제16권, 동아대학교 독일학연구소.

노르베르트 베버, 박일영, 장정란 옮김, 2012, 『고요한 아침의 나라』, 분도출판사.

노혜경, 2014, 「오페르트(E. Oppert)의 조선 인식」, 『역사와 실학』제55권, 역사실학회.

닉 콜드리, 이정엽 옮김, 2015, 『왜 목소리는 중요한가』, 글항아리.

도재학, 2018, 「'관광(觀光)'의 어휘사와 문화 변동」, 『한국학연구』제64권, 고려대학교 세종캠퍼스 한국학연구소.

루돌프 차벨, 이상희 옮김, 2009, 『독일인 부부의 한국신혼여행 1904』, 살림.

류진상, 2015, 「이미륵 문학의 실존적 비극성」, 『혜세연구』제34권, 한국혜세학회.

목수현, 2000, 「일제하 이왕가 박물관(李王家博物館)의 식민지적 성격」, 『미술사학연구』제227호, 한국미술사학회.

민윤숙, 2010, 「금강산 유람의 통시적 고찰을 위한 시론—불교적 성지 순례, '수양'에서 '구경' 혹은 '관광'에 이르기까지—」, 『민속학연구』제27호, 국립민속박물관.

박기환, 1998, 「근대 초기 한국인의 일본유학-1881년부터 1884년까지를 중심으로」, 『일본학보』제40권, 한국일본학회.

박보영, 2014, 「20세기 초, 독일선교사들의 한국종교 이해-상트 오틸리엔 선교지」, 『대구사학』제114권, 대구사학회.

_____, 2015, 「근대 이행기 독일 선교사들의 한국 상례에 대한 인식」, 『역사문화학회』제18권 제2호, 역사문화학회.

_____, 2015, 「독일 선교사들의 한국어 연구와 한국어 인식」, 『교회사연구』제47호, (재)한국교회사연구소.

_____, 2019, 「19세기 말~20세기 초 독일인들의 압축적 통사서술에 나타난 한국사 인식-곳체, 크노하우어, 옴, 로트를 중심으로」, 『대구사학』제134권, 대구사학회.

_____, 2023, 「전간기 독일-일본 관계와 식민지 조선의 독일 선교사」, 『대구사학』제152권, 대구사학회.

박상수, 2004, 「빈곤의 경제철학」, 『산업논총』제20권, 제주대학교 관광과경영경제연구소.

박영균, 2021, 「현대성의 성찰로서 다크 투어리즘과 기획의 방향」, 『로컬리티 인문학』제25권, 부산대학교 한국민족문화연구소.

박용희, 2009, 「19세기 유럽인들의 동아시아 인식-다섯 여행기 분석을 중심으로」, 『동양사학연구』제107권, 동양사학회.

박일영, 2009, 「노르베르트 베버가 본 조선의 종교」, 『종교연구』제55권, 한국종교학회.

_____, 2011, 「노르베르트 베버가 본 한국의 그리스도교-한국 그리스도교의 바탕을 중심으로」, 『종교교육학연구』제37권, 한국종교교육학회.

박일영, 2012, 「노르베르트 베버의 한국 선교정책 연구」, 『종교연구』제66권, 한국종교학회.

_____, 2013, 「독일인 선교사가 본 20세기 초 한국의 민속-한국문화와 민속을 바라 본 그들의 시선을 중심으로」, 『비교민속학』제51권, 비교민속학회.

_____, 「구한말 독일인 헤르만 산더(Hermann Sander)의 조선 이미지」, 『동학연구』제24권, 한국동학학회.

박한용, 2022, 「1920년대 후반 국제반제동맹의 출범과 조선인 민족주의자들의 대응」, 『공존의 인간학』제8집, 전주대학교 한국고전학연구소.

배영동, 2000, 「박물관 관광의 의미와 역사·문화의 탐색적 이해」, 『민속연구』제10집, 안동대학교 민속학연구소.

서유석, 2008, 「동서양 문명의 만남을 바라보는 관점들-오리엔탈리즘과 전통지상주의에 대한 비판」, 『시대와 철학』통권 44호, 한국철학사상연구회.

서장원, 2015, 『망명과 귀환이주』, 집문당.

서정우, 1974, 「外國特派員의 職業과 態度에 관한 硏究」, 『신문연구』통권 20호, 관훈클럽.

석희진, 2023, 「이주(移住)와 탈출(脫出) 사이:이미륵의 망명문학」, 『Journal of Korean Culture』제62권, 고려대학교 한국언어문화학술확산연구소.

선지훈, 2007, 「'선교 베네딕도회'의 한국 진출과 선교 활동-일제시대 한국과 만주에서의 활동을 중심으로」, 『교회사연구』제29집, 한국교회사연구소.

설혜심, 2013, 『그랜드 투어 - 엘리트 교육의 최종 단계』, 웅진 지식하우스.

손명철, 2009, 「라우텐자흐의 한국 지역 구분 원리와 그것이 지리교육에 주는 시사점 - 그의 저서 『KOREA』(1945)를 중심으로」, 『국토지리학회지』제43권 제4호, 국토지리학회.

손 일, 2016, 「1884년 곳체(C. Gottsche)의 조선 기행과 그 지리적 의미」, 『대한지리학회지』제51권 제6호, 대한지리학회.

손희하, 2016, 「지볼트 간행『類合 LUIH』연구」, 『서지학연구』제68집, 한국서지학회.

시볼트, 류상회 옮김, 1987, 『시볼트의 조선견문기』, 박영사.

신동주, 2022, 『여행과 관광의 이해』, 대왕사.

신선미, 2012, 「사진의 본질에 대한 인식론적 접근-'바라보기(seeing)'와'지각하기(perceiving)'의 분석을 중심으로」, 『영상예술연구』제21권, 영상예술학회.

신성희, 2016, 「'자연'의 생산과 근대적 '관광'의 형성」, 『문화역사지리』제28권 제2호, 한국지역지리학회.

신영전, 정일영, 2019, 「미수(麋壽) 이갑수(李甲秀)의 생애와 사상: 우생 관련 사상과 활동을 중심으로」, 『의사학』제61호, 대한의사학회.

신용철, 2012, 「독일 유학생 이극로의 조선어 강좌 개설과 이광수의 허생전」, 『춘원연구학보』제5호, 춘원연구학회.

신원섭, 2009, 「독일 리버투어리즘의 중심, 라인강 관광상품 개발 사례」, 『한국관광정책』제38호, 한국문화관광연구원.

신은수, 2008, 「종군기자의 활동과 위험성에 대한 연구」, 『CONTENTS PLUS』제6권1호, 한국영상학회.

신자토 루리코, 2017, 「관립 덕어학교의 한국인 교관들-근대 조선의 독일어 교육사 재고」, 『사회와 역사』제116권, 한국사회사학회.

신지영, 2012, 「새로운 이성에 대한 현대적 탐구의 여정들-냉소적 이성비판과 횡당이성 그리고 과정으로서의 이성을 중심으로」, 『시대와 철학』제23권 제3호, 한국철학사상연구회.

신혜양, 2016, 「여행문학의 텍스트 전략-괴테의 이탈리아 여행의 이중 문학화」, 『인문과학연구』제34권, 성신여자대학교 인문과학연구소.

심헌용, 2004, 「러일전쟁 시기 러 · 일 양국군의 한반도 내 군사활동」, 『아시아문화』제21호, 한림대학교 아시아문화연구소.

안드레 에카르트, 권영필 옮김, 2003, 『에카르트의 조선미술사』, 열화당.

안드레 에카르트, 이기숙 옮김, 2010, 『조선, 지극히 아름다운 나라』, 살림출판사.

안현수, 2018, 「미셸 푸코의 주체화에 대한 연구」, 부산대학교 대학원 박사논문.

안영진, 김성빈, 2004, 「근대 독일 지역지리학의 성립과 발달과정」, 『한국지역지리학회지』, 제10권 제3호, 한국지역지리학회.

안현정, 2010, 「시선의 근대적 재편, 일제치하의 전시공간-박람회와 박물관을 중심으로」, 『한국문화연구』제19호, 이화여자대학교 한국문화연구원.

엄선애, 2012, 「"뉘른베르크의 소중한 작스 만세"바그너의 가극『뉘른베르크의 마이스터징거』에 나타난 예술(가) 예찬」, 『인문학논총』제29집, 경성대학교 인문과학연구소.

에드워드 W. 사이드, 최유준 옮김, 2012, 『지식인의 표상』, 마티.

오수열, 2009, 「낭산(郎山) 김준연의 생애와 정치이념」, 『서석사회과학논총』제2권 제2호, 조선대학교 사회과학연구원.

오유진, 2013, 「계정식의 생애와 음악활동」, 『음악과 민족』제45호, 민족음악학회.

오현기, 2011, 「한국 개신교의 선교 원년이 1832년인 근거에 관한 연구-칼 귀츨라프의 선교」, 『대학과 선교』제21호, 한국대학선교학회.

오현기, 2014, 「조선과 서양 사이의 문화중개자들의 저작물에 나타난 조선인의 인상(印相)에 대한 연구-칼 귀츨라프 선교사의 기여를 중심으로」, 『대학과 선교 제27호, 한국대학선교학회.

우미영, 2013, 「근대 지식 청년과 渡歐 40여 일의 문화지정학 − 1920~30년 독일 유학생의 渡歐記를 중심으로」, 『어문연구』제42권 제4호, 한국어문교육연구회.

원두회, 2017, 「일제 강점기 근대 관광지로서의 금강산」, 『기전문화연구』제38권 제2호, 경인교육대학교 기전문화연구소.

윤민재, 2018, 「현대사회의 파레시아(Parrhesia)의 특징과 그 실현 가능성 탐색」, 『담론201』제21권 2호, 한국사회역사학회.

윤용복, 2017, 「일제 강점기 천주교 선교사들의 한국 인식」, 『한국학연구』제62집, 고려대학교 한국학연구소.

이건민, 2010, 「第1次 世界大戰 後 獨逸 超인플레이션」, 『경제논집』제49권 제4호, 서울대학교 경제연구소.

이경엽, 2010, 「굿문화의 전통과 문화적 정체성」, 『서지학연구』제20권, 남도민속학회.

이광숙, 2013, 「한국 최초의 독일어학교와 독일인 교사 요한 볼얀(1862-1928)」, 『독어교육』제56권 제56호, 한국독어독문학교육학회.

이동수, 2010, 「지구시민의 정체성과 횡단성」, 『21세기정치학회보』제20권 제3호, 21세기정치학회.

_____, 정화열, 2012, 「횡단성의 정치 : 소통정치의 조건」, 『한국정치연구』제21권 제1호, 서울대학교 한국정치연구소.

이미나, 2015, 「이미륵 작품에 나타난 식민지 근대성과 경계인 의식」, 『국제한인문학연구』제15호, 국제한인문학회.

이미륵, 정규화 옮김, 2010, 『압록강은 흐른다』, 다림.

_____, 2000, 『그래도 압록강은 흐른다(외)』, 범우사.

이미정, 2019, 「근대적 지리로서의 금강산 표상 연구-노르베르트 베버의 『수도사와 금강산」을 중심으로」,『비평문학』제74호, 한국비평문학회.

이민희, 2021,「19세기 말~21세기 초 서양인 여행자의 금강산 여행기 연구」,『한국문화연구』제67호, 동국대학교 한국문화연구소.

이상길, 2019,「이중적 커뮤니케이션 형식으로서의 고백:미셸 푸코의 논의를 중심으로」,『언론과 사회』제27권 제3호, 사단법인 언론과 사회.

이상현, 1999,「18세기와 19세기의 독일민속학 민족주의 이념과 민속학연구」,『비교민속학』제17권, 비교민속학회.

이 선, 2018,「연민의 사회적 역할:누스바움의 연민 분석을 중심으로」,『교육문화연구』제24권 6호, 인하대학교 교육연구소.

이수기, 2019,「개항기 한국에 관한 기록을 남긴 서양인의 서지학적 특징 분석-방분시기별 국적을 중심으로 한 서지학적 특징」,『기록과 정보·문화 연구』제8호, 한국외국어대학교 정보·기록학연구소.

이승수, 2022,「압록강 국경 표상의 형성」,『한국문학연구』제68호, 동국대학교 한국문학연구소.

이승은, 2020,「서구인의 기행문에 재현된 '동양적 자연'의 표상-동해 기행문을 중심으로」,『리터러시연구』제11권 제6호, 한국리터러시학회.

_____, 2021,「19세기 말~21세기 초 서양인의 금강산 여행기 연구」,『강원문화연구』제44권, 강원대학교 강원문화연구소.

이영관, 2002,「동서문화의 충돌 : 독일과 조선의 통상 및 교훈 1884-1894」,『중앙사론』제16집, 한국중앙사학회.

이영석, 2007,「구한말 내한 독일인의 한국 이해-오페르트, 묄렌도르프, 분쉬의 경우」,『독일어문학』제37권, 한국독일어문학회.

이용균, 2006,「인문지리학 패러다임의 변화에 대한 맥락적 접근의 필요성」,『문화 역사 지리』제18권 제3호, 한국문화역사지리학회.

이용규, 김용완, 2023,「다크투어리즘 연구 용어 사용의 부적절성 고찰」,『한국과 국제사회』제7권 제3호, 한국정치사회연구소.

이윤정, 2017,「단기 선교여행의 관광학적 의의」,『관광학연구』제41권 제6호, 한국관광학회.

이은영, 2016,「파리외방전교회의『한불자전』(1880)과『불한사전』(1869)」비교 연구-19세기 한국어 연구와 번역용례 말뭉치 구축을 위한 기반」,『코기토』제80권,

부산대학교 인문학연구소.

이은정, 이영석, 2009, 「독일 한국학의 성립과 발전」, 『독일어문학』제17권 제2호, 한 국독일어문학회.

이정은, 1999, 「이미륵과「한국의 문제」」, 『한국독일운동사연구』제13집, 독립기념관 한국독립운동사연구소.

이지성, 2013, 「타인의 고통, 연민을 넘어 공감으로」, 『대동철학』제63권, 대동철학회.

이진일, 2018, 「해양과'공간혁명'-칼 슈미트(Carl Schmitt)의 <땅과 바다>를 중심으로」, 『사림』제63호, 수선사학회.

이태영, 2020, 「하르트무트 로자의 공명이론과 교육학적 시사점」, 『교육의 이론과 실 천』제25권 제1호, 한독교육학회.

이혜자, 2004, 「유럽인의 시각에서 본 조선의 근대화 풍경」, 『독어교육』제30권, 한국 독어독문학교육학회.

장상훈, 2013, 「독일 함부르크 민족학박물관 소장 목판본《大東輿地圖》시론」, 『동원 학술논문집』제14권, 국립중앙박물관.

장석흥, 2017, 「안중근과 빌렘」, 『한국학논총』통권 47호, 국민대학교 한국학연구소.

장정란, 2003, 「독일 베네딕도회의 한국 진출과 교육 활동」, 『인간연구』제5권, 가톨릭 대학교 인간학연구소.

_____, 2004, 「외국 선교회의 한국 선교 : 독일 베네딕도회의 원산교구 시대」, 『인간 연구』제7호, 가톨릭대학교 인간학연구소.

전광식, 1991, 「독일의 대학과 학문연구」, 『학생생활연구』제6권, 고신대학교 학생생 활연구소.

전성곤, 2011, 「'식민지 고고학'과 하마다 고사쿠(濱田耕作)의 시선」, 『일본문화연구』 제40집, 동아시아일본학회.

전우형, 2021, 「다중적 국경경관(Muti-scalar Borderscapes)과 접경의 재현 정치」, 『역사 비평』제136호, 역사문제연구소.

전제훈, 2022, 「근대문명충돌기 이양선 출몰에 따른 조선의 해외인식 연구」, 『한국도 서연구』제34권 제4호, 한국도서(섬)학회.

정규화, 1999, 「이미륵의 문학활동과 휴머니즘」, 『한국학연구』제11집, 고려대학교 한 국학연구소.

정규화, 박균, 2010, 『이미륵 평전』, 종합출판범우.

정현백, 2012, 「서구 동양학의 계보와 동양인식-제국주의 시대 독일의 동아시학과 그 학자들을 중심으로」, 『아시아문화연구』제26권, 가천대학교 아시아문화연구소.

정희선, 2020, 「지그프리트 겐테의 조선 기행문에 투영된 근대 지리학자의 시선-제국주의와 과학적 경험주의의 결합」, 『문화역사지리』통권 72호, 한국문화역사지리학회.

조관연, 2007, 「헤르만 산더의 한국 기행(1906~07) 목적과 조사방법」, 『역사문화연구』제26권, 한국외국어대학교 역사문화연구소.

조난주, 2020, 「담론적 실천으로서 파레시아」, 『시대와 철학』제31권 제3호, 한국철학사상연구회.

조록주, 2021, 「루돌프 차벨 기행문으로 살펴본 1904년 제철로 양상 검토」, 『중원문화재연구원』제6권, 중원문화재연구원.

조명철, 2019, 「러일 전쟁기 일본 육군의 대러시아 작전 계획과 사할린 점령 문제」, 『일본연구』제 31호, 고려대학교 글로벌일본연구원.

조성운, 2016, 「1910년대 조선총독부의 금강산 관광개발」, 『한일문제문제연구』제30권, 한일민족문제학회.

조우호, 2013, 「괴테와 바이마르 공국의 대학정책」, 『독어교육』제58권 제58호, 한국독어독문학교육학회.

조원기, 2012, 「일제의 만주침략과 간도참변」, 『독립운동사연구』제41호, 한국독립운동사연구.

조준희 엮음, 2019, 『이극로 전집 I 유럽 편』, 소명출판.

조준희, 2010, 「1927년 브뤼셀 피압박민족대회 한국 관계 사료」, 『숭실사학』제25권, 숭실사학회.

조해룡, 2019, 「한국 최초 방문 선교사 칼 귀츨라프(Karl F. Gützlaff)의 선교 사상과 조선 선교 연구」, 『복음과 선교』제45권 제 1호, 한국복음주의선교신학회.

조현범, 2017, 「덕산 사건과 프랑스 선교사 페롱」, 『한국학』통권 148호, 한국학중앙연구원.

조혜숙, 2013, 「근대기 전쟁영웅연구-일본교과서를 통해서 본 노기장군」, 『일본사상』제 24호, 한국일본사상사학회.

존 어리, 요나스 라슨, 도재학, 이정훈 옮김, 2021, 『관광의 시선』, 소명출판.

지그프리트 겐테, 권영경 옮김, 2007, 『독일인 겐테가 본 신선한 나라 조선, 1901』, 책과함께.

차민기, 1998, 「고루 이극로 박사의 삶」, 『지역문화연구』제2권, 경남부산지역문학회, 1998.

차배근 외 3인, 2019, 『한국언론학 선구자-김동성과 김현준』, 서울대학교출판문화원.

최석희, 2004, 「독일인의 한국여행기에 나타난 한국상」, 『독일어문학』제26권, 한국독일어문학회.

최정화, 2019, 「일제 강점기에 기독교는 어떻게 조선인들의 일상적이고 정치적인 욕구를 충족시켰는가? '시민공동체'를 통해 보는 선교와 개종의 만남」, 『한국문화』제85호, 서울대학교 규장각한국학연구원.

최종고, 1985, 「독립운동과 한독관계」, 『한국정치외교사논총』제2집, 한국정치외교사학회.

카타예프, 신세라, 정재호 옮김, 2013, 『제물포해전과 《바략》』, 글로벌콘텐츠.

한성민, 2023, 「공공역사의 관점에서 다크 투어리즘의 한국적 맥락 이해」, 『한국사학보』제92호, 고려사학회.

한숙영, 박상곤, 허중욱, 2011, 「다크투어리즘에 대한 탐색적 논의」, 『관광연구저널』제25권 제2호, 한국관광연구학회.

한숙영, 조광익, 2010, 「현대사회에서의 위험과 관광-다크투어리즘의 경우」, 『관광학연구』제34권 9호, 한국관광학회.

한지영, 2018, 「문학사 교육에서 망명 작가의 문학사적 위치와 의의:이미륵을 중심으로」, 『학습자중심교과교육연구』제18권 제20호, 학습자중심교육학회.

한창균, 2017, 『하담 도유호』, 혜안.

한해정, 2019, 「일제강점기 독일유학 한인들의 독일인식」, 『독일연구-역사·사회·문화』제42호, 한국독일사학회.

_____, 2023, 「신자유주의 시대 대안적 대인소통법으로서의 파레시아(Parrhsia)-우정과 호기, 비판이 순환되는 소통-게임」, 『인문사회과학연구』제24권 1호, 부경대학교 인문사회과학연구소.

함 현, 2014, 「초창기 한국 휴먼다큐멘터리의 시대적 분석 연구=노르베르트 베버 총아쁘스의 <고요한 아침의 나라에서>를 중심으로」, 『한국산학기술학회논문지』제15권 제1호, 한국산학기술학회.

헤르만 라우텐자흐, 김종규, 강경원, 손명철 옮김, 2014, 『코레아, 일제 강점기의 한국

지리』, 푸른길.

헤르만 산더, 국립민속박물관 편, 2006, 『독일인 헤르만 산더의 여행: 1906~1907 한 국·만주·사할린』, 국립민속박물관.

홍명순, 2010, 「19세기 말 독일인의 조선여행기- 문화간 커뮤니케이션 관점을 중심으 로」, 『외국어로서의 독일』제27권, 한국독일어교육학회.

홍미숙, 「20세기 초 성 오틸리엔 베네딕도회 선교사들의 한국 진출과 노르베르트 베버 의『수도사와 금강산』연구」, 『미술사와 문화유산』제6집, 명지대학교 문화유 산연구소.

홍선표, 2006, 「1920년 유럽에서의 한국독립운동」, 『한국독립운동사연구』제27집, 독 립기념관 한국독립운동연구소.

_____, 2014, 「관동대지진 때 한인 학살에 대한 歐美 한인세력의 대응」, 『동북아역사 논총』제43호, 동북아역사재단.

홍유진, 2010, 「서구 제국주의 지리학의 영향을 받은 19세기 말 20세기 초 한국과 일본 의 근대 지리학적 사고에 대한 비교학적 고찰」, 『지리교육논집』제54권, 서울 대학교 지리교육과.

홍은희, 2009, 「한·일 특파원의 보도 경향:朝蘇日報와 讀賣新聞을 중심으로」, 『사회과 학논총』제29권, 명지대학교 사회과학연구소.

황정욱, 2012, 「소현세자와 아담 샬」, 『신학논단』제69집, 연세대학교 신과대학 연합 신학대학원.

Dr.C. Gottsche, 김항묵 역, 1987, 「韓國의 地質槪觀」, 『Journal of the Korean Earth Science Society』제8권 제1호, 한국지구과학회,

E.J.오페르트, 신복룡, 장우영 역주, 1999, 『금단의 나라 조선』, 집문당.

山室建德, 2012, 「일본 근대 군신상(軍神像)의 변천」, 『일본학연구』제37집, 단국대학 교 일본연구소.

2. 국외논저

Hoffmann, Frnak, 2015, Berlin Koreans and pictured Koreans, Praesens,

Marcel, Gabriel. Craudfurd, Emma and Seaton, Pau(trans), 2010, Home Viator: Introductuion to the Metaphysic of Hope, St.Augustines Press,

井出 明, 2018,『ダークツーリズム 悲しみの記憶を巡る旅』, 幻冬舎,

井出 明, 2018,『ダークツーリズム拡張―近代の再構築』, 美術出版社,

佐滝剛弘, 2019,『観光公害――インバウンド4000万人時代の副作用』, 祥伝社,

3. 온라인 자료

https://archive.org/details/landundleuteink00gottgoog/page/n3/mode/2up

횡단적 암흑 구경의 목소리

근대 조선인과 독일인의 여행기를 중심으로

초판 1쇄 인쇄일	2024년 5월 23일
초판 1쇄 발행일	2024년 5월 31일

지은이	김용하
펴낸이	한선희
편집/디자인	정구형 이보은 박재원
마케팅	정진이 김형철
영업관리	정찬용 한선희
책임편집	이보은
인쇄처	으뜸사
펴낸곳	국학자료원 새미(주)
	등록일 2005 03 15 제25100-2005-000008호
	경기도 고양시 덕양구 권율대로 656 클래시아더퍼스트 1519호
	Tel 02)442-4623 Fax 02)6499-3082
	www.kookhak.co.kr
	kookhak2010@hanmail.net

ISBN	979-11-6797-162-3 *94910
	979-11-6797-160-9 (SET)
가격	29,000원